PESTALOZZI
LIENHARD UND GERTRUD

LIENHARD UND GERTRUD

Ein Buch für das Volk

von

Johann Heinrich Pestalozzi

Vollständiger Text des Teils I
und pädagogisch wichtigste Partien der Teile II-IV

Herausgegeben von Professor Dr. Albert Reble

Fünfte Auflage

1999

VERLAG JULIUS KLINKHARDT · BAD HEILBRUNN/OBB.

Die Deutsche Bibliothek – CIP-Einheitsaufnahme

Pestalozzi, Johann Heinrich :
Lienhard und Gertrud :
e. Buch für d. Volk ; vollst. Text d. Teils 1 und pädag. wichtigste Partien d. Teile 2-4 /
von Johann Heinrich Pestalozzi. Hrsg. von Albert Reble. –
5. Aufl. – Bad Heilbrunn / Obb. : Klinkhardt 1999.
ISBN 3-7815-0982-6

1999.7.Ki. © by Julius Klinkhardt
Das Werk ist einschließlich aller seiner Teile urheberrechtlich geschützt.
Jede Verwertung außerhalb der engen Grenzen des Urheberrechtsgesetzes ist ohne Zustimmung
des Verlages unzulässig und strafbar. Das gilt insbesondere für Vervielfältigungen,
Übersetzungen, Mikroverfilmungen und die
Einspeicherung und Verarbeitung in elektronischen Systemen.
Gesamtherstellung: WB-Druck GmbH & Co. Buchproduktions-KG, Rieden
Printed in Germany 1999
Gedruckt auf chlorfrei gebleichtem alterungsbeständigem Papier
ISBN 3-7815-0982-6

Inhalt

TEIL I. 1781

Vorrede zur ersten Auflage 9

§ 1 Ein herzguter Mann, der aber doch Weib und Kind höchst unglücklich macht 11

§ 2 Eine Frau, die Entschlüsse nimmt und ausführt und einen Herrn findet, der ein Vaterherz hat 13

§ 3 Ein Unmensch erscheint 16

§ 4 Er ist bei seinesgleichen; und da ist's, wo man Schelmen kennenlernt 19

§ 5 Er findet seinen Meister 21

§ 6 Wahrhafte Bauerngespräche 24

§ 7 Er fängt eine Vogtsarbeit an 29

§ 8 Wenn man die Räder schmiert, so geht der Wagen 30

§ 9 Von den Rechten im Land 32

§ 10 Des Scherers Hund säuft Wasser zur Unzeit und verderbt dem Herrn Untervogt ein Spiel, das recht gut stand 33

§ 11 Wohlüberlegte Schelmenprojekte 36

§ 12 Haushaltungsfreuden 39

§ 13 Beweis, daß Gertrud ihrem Manne lieb war 41

§ 14 Niedriger Eigennutz 45

§ 15 Der klugen Gans entfällt ein Ei; oder eine Dummheit, die ein Glas Wein kostet 47

§ 16 Zieht den Hut ab, Kinder! es folgt ein Sterbbett 48

§ 17 Die kranke Frau handelt vortrefflich 51

§ 18 Ein armer Knabe bittet ab, daß er Erdäpfel gestohlen hat, und die Kranke stirbt 54

§ 19 Guter Mut tröstet, heitert auf und hilft; Kummerhaftigkeit aber plagt nur 56

§ 20 Dummer, zeitverderbender Vorwitz hat den Mann zum Müßiggang verführt 58

§ 21 Undank und Neid 58

§ 22 Die Qualen des Meineids lassen sich nicht mit spitzfindigen Künsten ersticken 59

§ 23 Ein Heuchler und eine leidende Frau 62

§ 24 Ein reines, fröhliches und dankbares Herz 65

§ 25 Wie Schelmen miteinander reden 65

§ 26 Hochmut in Armut und Elend führt zu den unnatürlichsten, abscheulichsten Taten 66

§ 27 Fleiß und Aufmerksamkeit ohne ein dankbares und mitleidiges Herz 68

§ 28	Der Abend vor einem Festtage in eines Vogts Hause, der wirtet	70
§ 29	Fortsetzung, wie Schelmen miteinander reden und handeln	73
§ 30	Fortsetzung, wie Schelmen miteinander reden und handeln, eine andere Manier	76
§ 31	Der Abend vor einem Festtage im Hause einer rechtschaffenen Mutter	79
§ 32	Die Freuden der Gebetsstunde	80
§ 33	Die Ernsthaftigkeit der Gebetsstunde	81
§ 34	So ein Unterricht wird verstanden und geht ans Herz, aber es gibt ihn eine Mutter	83
§ 35	Ein Samstagabendgebet	84
§ 36	Noch mehr Mutterlehren. Reine Andacht und Emporhebung der Seele zu Gott	86
§ 37	Sie bringen einem armen Mann eine Erbsbrühe	89
§ 38	Die reine stille Größe eines wohltätigen Herzens	90
§ 39	Eine Predigt	92
§ 40	Ein Beweis, daß die Predigt gut war. Item vom Wissen und Irrtum; und von dem, was heiße, den Armen drücken	96
§ 41	Der Ehegaumer zeigt dem Pfarrer Unfug an	101
§ 42	Zugabe zur Morgenpredigt	102
§ 43	Die Bauern im Wirtshause werden beunruhigt	103
§ 44	Geschichte eines Menschenherzens während dem Nachtmahle	104
§ 45	Die Frau sagt ihrem Manne große Wahrheiten; aber viele Jahre zu spät	105
§ 46	Selbstgespräch eines Mannes, der mit seinem Nachdenken unglücklich weit kömmt	106
§ 47	Häusliche Sonntagsfreuden	108
§ 48	Etwas von der Sünde	110
§ 49	Kindercharakter und Kinderlehren	111
§ 50	Unarten und böse Gewohnheiten verderben dem Menschen auch die angenehmen Stunden, in denen er etwas Gutes tut	113
§ 51	Es kann keinem Menschen in Sinn kommen, was für gute Folgen auch die kleinste gute Handlung haben kann	115
§ 52	Am Morgen sehr früh ist viel zu spät für das, was man am Abend vorher hätte tun sollen	116
§ 53	Je mehr der Mensch fehlerhaft ist, je unverschämter begegnet er denen, die auch fehlen	117
§ 54	Armer Leute unnötige Arbeit	118
§ 55	Ein Heuchler macht sich einen Schelmen zum Freund	118
§ 56	Es wird Ernst, der Vogt muß nicht mehr Wirt sein	120
§ 57	Wie er sich gebärdet	121

§ 58	Wer bei ihm war	122
§ 59	Auflösung eines Zweifels	122
§ 60	Eine Ausschweifung	123
§ 61	Der alte Mann leert sein Herz aus	124
§ 62	Das Entsetzen der Gewissensunruhe	125
§ 63	Daß man mit Liebe und mit Teilnehmung der gänzlichen Kopfsverwirrung angstvoller Menschen vorkommen könne	126
§ 64	Ein Pfarrer, der eine Gewissenssache behandelt	126
§ 65	Daß es auch beim niedrigsten Volk eine Delikatesse gebe, selbst bei der Annahme von Wohltaten, um die sie bitten	129
§ 66	Ein Förster, der keine Gespenster glaubt	130
§ 67	Ein Mann, den es gelüstet, einen Markstein zu versetzen, möchte auch gern die Gespenster nicht glauben, und er darf nicht	131
§ 68	Die untergehende Sonne und ein verlorner armer Tropf	132
§ 69	Wie man sein muß, wenn man mit den Leuten etwas ausrichten will	132
§ 70	Ein Mann, der ein Schelm ist und ein Dieb, handelt edelmütig, und der Mäurers Frau ist weise	133
§ 71	Die Hauptauftritte nähern sich	135
§ 72	Die letzte Hoffnung verläßt den Vogt	136
§ 73	Er macht sich an den Markstein	137
§ 74	Die Nacht betrügt Besoffene und Schelmen, die in der Angst sind, am stärksten	137
§ 75	Das Dorf kömmt in Bewegung	138
§ 76	Der Pfarrer kömmt ins Wirtshaus	140
§ 77	Seelsorgerarbeit	140
§ 78	Zween Briefe vom Pfarrer an Arner	144
§ 79	Des Hühnerträgers Bericht	146
§ 80	Des Junkers Antwortschreiben an den Pfarrer	147
§ 81	Ein guter Küher	148
§ 82	Ein Kutscher, dem seines Junkers Sohn lieb ist	149
§ 83	Ein Edelmann bei seinen Arbeitsleuten	150
§ 84	Ein Junker und ein Pfarrer, die beide ein gleich gutes Herz haben, kommen zusammen	151
§ 85	Des Junkers Herz gegen seinen fehlenden Vogt	151
§ 86	Der Pfarrer zeigt abermals sein gutes Herz	152
§ 87	Vom guten Mut und von Gespenstern	153
§ 88	Von Gespenstern in einem andern Ton	156
§ 89	Ein Urteil	158
§ 90	Vortrag Hartknopfs, des Ehegaumers	159

§ 91	Des Junkers Antwort	160
§ 92	Rede des Hühnerträgers an die Gemeinde	162
§ 93	Daß die Armen bei diesem Lustspiel gewinnen	164
§ 94	Der Junker dankt dem Pfarrer	165
§ 95	Der Junker bittet einen armen Mann, dem sein Großvater Unrecht getan hatte, um Verzeihung	166
§ 96	Reine Herzensgüte eines armen Mannes gegen seinen Feind	167
§ 97	Seine Dankbarkeit gegen seinen edeln Herrn	168
§ 98	Auftritte, die ans Herz gehen sollen	169
§ 99	Eine angenehme Aussicht	171
§100	Des Hühnerträgers Lohn	171
Vorwort zur zweiten Auflage		172

AUS TEIL II. 1783

| § 9 | Hausordnung und Hausunordnung | 174 |
| § 22 | Erziehungs- und Haushaltungsgrundsätze | 179 |

AUS TEIL III. 1785

§ 2	Schulordnung und Baurenküchlein	180
§ 10	Folgen der Erziehung	182
§ 11	Eine Art Wiedergeburt	183
§ 13	Ein Leutenant wird Dorfschulmeister, und einer schönen Frau wird ohnmächtig	184
§ 16	Ein Wort darüber, was die Bauren sind, wie und wo und wann sie zeigen, was sie sind und was sie nicht sein dörfen	185
§ 17	Dieses Gemäld' ist nichts weniger als Spaß, sondern ganz nach der Natur	186
§ 18	Worauf eine gute Schule sich gründe	187
§ 19	Das Fundament einer guten Schul' ist das gleiche mit dem Fundament alles Menschenglücks und nichts anders als wahre Weisheit des Lebens	189
§ 20	Ein Werberstuck	191
§ 24	Von Jugend auf zwei Batzen sparen. Ein Mittel wider den Ursprung der Verbrechen, gegen die man sonst Galgen und Rad braucht	193
§ 26	Was ist Wahrheit, wenn es nicht die Natur ist	196
§ 51	Wer Kräfte hat, wird Meister	198
§ 63	Der neunzigste Psalm und hinten darein ein Schulmeister, der stolz ist	199
§ 64	Schuleinrichtungen	200

§ 65	Fortsetzung der Schuleinrichtung	202
§ 66	Gottes Wort ist die Wahrheit	204
§ 67	Um so gut zu sein als menschenmöglich, muß man bös' scheinen	206
§ 68	Wer Rechnungsgeist und Wahrheitssinn trennt, der trennt, was Gott zusammengefügt	208
§ 69	Ein bewährtes Mittel wider böse, lügenhafte Nachreden	210
§ 70	Narrenwort und Schulstrafen	212
§ 71	Das Elend und die Leiden dieses Narren	213
§ 75	Ein Schritt zur Volkserleuchtung, die auf Fundamenten ruht	216
§ 81	Erziehung und nichts anders ist das Ziel der Schul'	219

AUS TEIL IV. 1787

	Vorrede	228
§ 23	Unsterblichkeit und Wahrheit, Deutschland und Asien	229
§ 25	Grundsätze zur Bildung des Adels	231
§ 31	Zwei Schulmeisterherzen	233
§ 33	Ein Phantast, der auf eine Religionswahrheit kommt, und ein Pfarrer, der sich auf der Kanzel vergißt und nur wie ein Mensch red't	234
§ 36	Der Staatsminister in der Schule und bei dem Schulmeister	235
§ 41	Die Philosophie meines Leutenants und diejenige meines Buchs	237
§ 42	Übereinstimmung der Philosophie meines Leutenants mit der Philosophie des Volks	241
§ 59	Wodurch Arner das Volk vor dem Aberglauben bewahrt	243
§ 71	Der Autor weiß zum voraus, daß der Schlendrian der Geistlichkeit nicht für ihn stimmt	244
§ 73	Das ist wieder langweilig für Leute, die nicht fürs Allgemeine denken; und dieser sind viel	248
§ 74	Der Leutenant zeigt noch wie im Flug, was er in einer höhern Sphäre sein würde. – Und der Autor beschließt sein Werk	250

Anmerkungen des Herausgebers 252
Nachwort des Herausgebers 259
Bibliographie (Auswahl) 265

TEIL I. 1781

Vorrede zur ersten Auflage

Leser!

Diese Bogen sind die historische Grundlage eines Versuchs, dem Volk einige ihm wichtige Wahrheiten auf eine Art zu sagen, die ihm in Kopf und ans Herz gehen sollte.

Ich suchte sowohl das gegenwärtige Historische als das folgende Belehrende auf die möglichst sorgfältige Nachahmung der Natur und auf die einfache Darlegung dessen, was allenthalben schon da ist, zu gründen.

Ich habe mich in dem, was ich hier erzähle und was ich auf der Bahn eines tätigen Lebens meistens selbst gesehn und gehört habe, sogar gehütet, nicht einmal meine eigene Meinung hinzuzusetzen **zu dem, was ich sah und hörte, daß das Volk selber empfindet, urteilt, glaubt, red't und versucht.**

Und nun wird es sich zeigen; sind meine Erfahrungen wahr und gebe ich sie, wie ich sie empfangen habe und wie mein Endzweck ist, so werden sie bei allen denen, welche die Sachen, die ich erzähle, selber täglich vor Augen sehn, Eingang finden. Sind sie aber unrichtig, sind sie das Werk meiner Einbildungen und der Tand meiner eigenen Meinungen, so werden sie wie andere Sonntagspredigten am Montag verschwinden.

Ich sage nichts weiter, sondern ich füge nur noch zwei Betrachtungen bei, welche meine Grundsätze über die Art eines weisen Volksunterrichts ins Licht zu setzen geschickt scheinen.

Die erste ist aus einem Buche unsers seligen Luthers, dessen Feder in jeder Zeile Menschlichkeit, Volkskenntnis und Volksunterricht atmet. Sie lautet also:

„Die heilige Schrift meint es auch darum so gut mit uns, daß sie nicht bloß mit den großen Taten der heiligen Männer **rumplet**, sondern uns auch ihre kleinsten Worte an Tag gibt und so den innern Grund ihres Herzens uns aufschließt."

Die zweite ist aus einem jüdischen Rabbiner und lautet nach einer lateinischen Übersetzung also:

„Es waren unter den Völkern der Heiden, die rings umher und um das Erbteil Abrahams wohnen, Männer voll Weisheit, die weit und breit auf der Erde ihresgleichen nicht hatten; diese sprachen: Lasset uns zu den Königen und zu ihren Gewaltigen gehn und sie lehren die Völker auf Erden glücklich machen.

Und die weisen Männer gingen hinaus und lernten die Sprache des Hauses der Könige und ihrer Gewaltigen und redeten mit den Königen und mit ihren Gewaltigen in ihrer Sprache.

Und die Könige und die Gewaltigen lobten die weisen Männer und gaben ihnen Gold und Seide und Weihrauch, **taten aber gegen die Völker wie vorhin.** Und die weisen Männer wurden von dem Gold und der Seide und dem

Weihrauch blind und sahen nicht mehr, daß die Könige und ihre Gewaltigen unweise und töricht handeln an allem Volk, das auf Erden lebt.

Aber ein Mann aus unserem Volk beschalt die Weisen der Heiden, gab dem Bettler am Weg seine Hand, führte das Kind des Dieben und den Sünder und den Verbannten in seine Hütte, grüßte die Zoller und die Kriegsknechte und die Samariter wie seine Brüder, die aus seinem Stamme sind.

Und sein Tun und seine Armut und sein Ausharren in seiner Liebe gegen alle Menschen gewann ihm das Herz des Volks, daß es auf ihn traute als auf seinen Vater. Und als der Mann aus Israel sah, daß alles Volk auf ihn traute als auf seinen Vater, lehrte er das Volk, worin sein wahres Wohl bestehe; und das Volk hörte seine Stimme, und die Fürsten hörten die Stimme des Volks."

Das ist die Stelle des Rabbiners, zu der ich kein einziges Wort hinzusetze.

Und jetzt, ehe ihr aus meiner Stille geht, liebe Blätter! an die Orte, wo die Winde blasen und die Stürme brausen, an die Orte, wo kein Friede ist —

Nur noch dies Wort, liebe Blätter! möge es euch vor bösen Stürmen bewahren.

Ich habe keinen Teil an allem Streit der Menschen über ihre Meinungen; aber das, was sie fromm und brav und treu und bieder machen, was Liebe Gottes und Liebe des Nächsten in ihr Herz und was Glück und Segen in ihr Haus bringen kann, das, meine ich, sei außer allem Streit, aus allen und für uns alle in unsere Herzen gelegt.

Den 25. Hornung 1781

Der Verfasser

§ 1

Ein herzguter Mann, der aber doch Weib und Kind höchst unglücklich macht

Es wohnt in Bonnal ein Mäurer.*) Er heißt Lienhard — und seine Frau Gertrud. Er hat sieben Kinder und ein gutes Verdienst.[1] — Aber er hat den Fehler, daß er sich im Wirtshaus oft verführen läßt. Wann er da ansitzt[2]), so handelt er wie ein Unsinniger; — und es sind in unserm Dorfe schlaue abgefeimte Bursche, die darauf losgehen und daraus leben, daß sie den Ehrlichern und Einfältigern auflauern und ihnen bei jedem Anlaß das Geld aus der Tasche locken. Diese kannten den guten Lienhard und verführten ihn oft beim Trunk noch zum Spiel und raubten ihm so den Lohn seines Schweißes. Aber allemal, wenn das am Abend geschehen war, reuete es Lienharden am Morgen — und es ging ihm ans Herz, wenn er Gertrud und seine Kinder Brot mangeln sah, daß er zitterte, weinte, seine Augen niederschlug und seine Tränen verbarg.

Gertrud ist die beste Frau im Dorf — aber sie und ihre blühenden Kinder waren in Gefahr, ihres Vaters und ihrer Hütte beraubt, getrennt, verschupft[3]), ins äußerste Elend zu sinken, weil Lienhard den Wein nicht meiden konnte.

Gertrud sah die nahe Gefahr und war davon in ihrem Innersten durchdrungen. Wenn sie Gras von ihrer Wiese holte, wenn sie Heu von ihrer Bühne[4]) nahm, wenn sie die Milch in ihren reinlichen Becken besorgte, ach! bei allem, bei allem ängstigte sie immer der Gedanke — daß ihre Wiese, ihr Heustock und ihre halbe Hütte ihnen bald werden entrissen werden, und wenn ihre Kinder um sie her stunden und sich an ihren Schoß drängten, so war ihre Wehmut immer noch größer; allemal flossen dann Tränen über ihre Wangen.

Bis jetzt konnte sie zwar ihr stilles Weinen vor den Kindern verbergen; aber am Mittwochen vor der letzten Ostern — da ihr Mann auch gar zu lang nicht heim kam, war ihr Schmerz zu mächtig, und die Kinder bemerkten ihre Tränen. Ach Mutter! riefen sie alle aus einem Munde, du weinest! und drängten sich enger an ihren Schoß. Angst und Sorge zeigten sich in jeder Gebärde. — Banges Schluchzen, tiefes, niedergeschlagenes Staunen[5]) und stille Tränen umringten die Mutter, und selbst der Säugling auf ihrem Arme verriet ein bisher ihm fremdes Schmerzengefühl. Sein erster Ausdruck von Sorge und von Angst — sein starres Auge, das zum erstenmale ohne Lächeln hart und steif und bang nach ihr blickte — alles dieses brach ihr gänzlich das Herz. Ihre Klagen brachen jetzt in lautem Schreien aus, und alle Kinder und der Säugling weinten mit der Mutter, und es war ein entsetzliches Jammergeschrei, als eben Lienhard die Türe eröffnete.

Gertrud lag mit ihrem Antlitz auf ihrem Bette, hörte das Öffnen der Tür nicht und sah nicht den kommenden Vater. — Auch die Kinder wurden seiner

---

*) Ich muß hier melden, daß in der ganzen Geschichte ein alter angesehener Einwohner von Bonnal redend eingeführt wird.

nicht gewahr. — Sie sahn nur die jammernde Mutter — und hingen an ihren Armen, an ihrem Hals und an ihren Kleidern. So fand sie Lienhard.

Gott im Himmel sieht die Tränen der Elenden — und setzt ihrem Jammer ein Ziel.

Gertrud fand in ihren Tränen Gottes Erbarmen! — Gottes Erbarmen führte den Lienhard zu diesem Anblick, der seine Seele durchdrang, — daß seine Glieder bebeten. Todesblässe stieg in sein Antlitz — und schnell und gebrochen konnte er kaum sagen: Herr Jesus! was ist das? Da erst sah ihn die Mutter, da erst sahn ihn die Kinder, und der laute Ausbruch der Klage verlor sich. — O Mutter, der Vater ist da! riefen die Kinder aus einem Munde; und selbst der Säugling weinte nicht mehr. —

So wie wenn ein Waldbach oder eine verheerende Flamme nun nachläßt — so verliert sich auch das wilde Entsetzen und wird stille, bedächtliche Sorge. —

Gertrud liebte den Lienhard, — und seine Gegenwart war ihr auch im tiefsten Jammer Erquickung — und auch Lienharden verließ jetzt das erste bange Entsetzen.

Was ist, Gertrud! sagte er zu ihr, dieser erschreckliche Jammer, in dem ich dich antraf?

O mein Lieber? erwiderte Gertrud — finstre Sorgen umhüllen mein Herz — und wenn du weg bist, so nagt mich mein Kummer noch tiefer.

Gertrud, erwiderte Lienhard, ich weiß, was du weinest — ich Elender!

Da entfernte Gertrud ihre Kinder, und Lienhard hüllte sein Antlitz in ihren Schoß und konnte nicht reden! —

Auch Gertrud schwieg eine Weile — und lehnte sich in stiller Wehmut an ihren Mann, der immer mehr weinte und schluchzte und sich ängstigte auf ihrem Schoße.

Indessen sammelte Gertrud alle ihre Stärke und faßte Mut, nun an ihn zu dringen, daß er seine Kinder nicht ferner diesem Unglück und Elend aussetze.

Gertrud war fromm — und glaubte an Gott — und ehe sie redete, betete sie still für ihren Mann und für ihre Kinder, und ihr Herz war sichtbarlich heiterer; da sagte sie:

Lienhard, trau auf Gottes Erbarmen und fasse doch Mut — ganz recht zu tun. —

O Gertrud, Gertrud! — sagte Lienhard und weinte, und seine Tränen flossen in Strömen. —

O mein Lieber! fasse Mut, sagte Gertrud, und glaube an deinen Vater im Himmel, so wird alles wieder besser gehen. Es gehet mir ans Herz, daß ich dich weinen mache. Mein Lieber! — ich wollte dir gern jeden Kummer verschweigen, — du weißest, an deiner Seite sättigt mich Wasser und Brot, und die stille Mitternachtsstunde ist mir viel und oft frohe Arbeitsstunde, — für dich und meine Kinder. Aber, mein Lieber! wenn ich dir meine Sorgen verhehlte — daß ich mich noch einst von dir und diesen Lieben trennen müßte — so wär ich nicht Mutter an meinen Kindern — und an dir wär ich nicht treu. — O Teurer! Noch sind unsere Kinder voll Dank und Liebe gegen uns — aber, mein Lienhard! wenn wir nicht Eltern bleiben — so wird ihre Liebe und ihre gute Herzlichkeit, auf die ich alles baue, notwendig verloren gehn müssen — und dann denke, o Lieber! denk auch, wie dir sein müßte wenn dein Niclas einst keine Hütte mehr hätte! und Knecht sein müßte — Er, der jetzo schon so gern von Freiheit und eigenem Herde redt — Lienhard — wenn er und alle die Lieben — durch unsern Fehler arm gemacht, einst in ihrem Herzen uns nicht mehr dankten — sondern weinten ob uns, ihren Eltern — könntest du leben, Lienhard! und sehen, wie dein Niclas, dein Jonas, wie dein Liseli (Lise) und dein Anneli (Enne),*) o Gott! verschupft, an fremden Tischen Brot suchen müßten? — ich würde sterben, wenn ich das sehen müßte! — so sagte Gertrud — und die Tränen flossen von ihren Wangen.

Und Lienhard weinte nicht minder. — Was soll ich tun? ich Unglücklicher! was kann ich machen? — ich bin noch elender, als du weißest! — O Gertrud! Gertrud! — Dann schwieg er wieder, rang seine Hände und weinte lautes Entsetzen. —

O Lieber! verzage nicht an Gottes Erbarmen! — O Teurer! was es auch sein mag — rede — daß wir uns helfen und raten. —

§ 2

Eine Frau, die Entschlüsse nimmt, ausführt und einen Herrn findet, der ein Vaterherz hat

O Gertrud, Gertrud! es bricht mir das Herz, dir mein Elend zu sagen — und deine Sorgen zu vergrößern — und doch muß ich es tun.

Ich bin Hummel, dem Vogt[1]), noch dreißig Gulden schuldig — und der ist ein Hund und kein Mensch gegen die, so ihm schuldig sind. — Ach! daß ich ihn in meinem Leben nie gesehn hätte. — Wenn ich nicht bei ihm einkehre, so droht er mir mit den Rechten[1a]) — und wenn ich einkehre, so ist der Lohn meines Schweißes und meiner Arbeit in seinen Klauen. — Das, Gertrud, das ist die Quelle unsers Elends. —

O Lieber! sagte hierauf Gertrud, darfst[2]) du nicht zu Arner, dem Landesvater, gehen? Du weißt, wie alle Witwen und Waisen sich seiner rühmen — O Lieber, ich denke, er würde dir Rat und Schutz gewähren gegen diesen Mann. —

---

*) Diese Geschichte ist schweizerisch. Die Szene davon ist in der Schweiz, und ihre Helden sind Schweizer. Man hat deshalb die schweizerischen Namen beibehalten und sogar schweizerische Provinzialworte, wie z. E. verschupfen, welches den Fall bedeutet, da ein Mensch von einem Orte zum andern mit einer Art von Drucke und von Verachtung verstoßen wird.

O Gertrud! erwiderte Lienhard – ich kann nicht – ich darf nicht – was wollte ich gegen den Vogt sagen? – der tausenderlei anbringt, kühn ist und schlau und hundert Helfershelfer und Wege hat, einen armen Mann vor der Obrigkeit zu verschreien, daß man ihn nicht anhört.

Gertrud. O Lieber! ich habe noch mit keiner Obrigkeit geredt – Aber wenn Not und Elend mich zu ihr führeten, ich weiß, ich würde die Wahrheit gerade gegen jedermann sagen können. – O Teurer! fürchte dir nicht – denke an mich und deine Kinder und gehe! –

O Gertrud! sagte Lienhard – ich kann nicht – ich darf nicht – ich bin nicht unschuldig – Der Vogt wird sich kaltblütig aufs ganze Dorf berufen – daß ich ein liederlicher Tropf bin. – O Gertrud! ich bin nicht unschuldig! – was will ich sagen? Niemand wird ihn für[3] den Kopf stoßen – und aussagen, daß er mich zu allem verleitet hat. – O Gertrud! könnt' ich's! dörft ich's! wie gerne wollt ich's! Aber tät ich's und mißlung's, denk, wie würde er sich rächen!

Gertrud. Aber auch wenn du schweigst, richtet er dich unausweichlich zugrunde. Lienhard, denk an deine Kinder und gehe – diese Unruhe unsers Herzens muß enden – gehe, oder ich gehe!

Lienhard. O Gertrud! ich darf nicht! Darfst du's, ach Gott! Gertrud! ach Gott! darfst du's, so gehe schnell hin zu Arner – und sag ihm alles. –

Ja, ich will gehen, sagt Gertrud – und schlief keine Stunde in der Nacht – aber sie betete in der schlaflosen Nacht – und ward immer stärker und entschlossener, zu gehen zu Arner, dem Herrn des Orts. –

Und am frühen Morgen nahm sie den Säugling, der wie eine Rose blühete, und ging zwo Stunden weit zum Schlosse des Junkers.

Arner saß eben bei seiner Linde vor der Pforte des Schlosses, als Gertrud sich ihm nahete. – Er sah sie – er sahe den Säugling auf ihrem Arme – und Wehmut und Leiden und getrocknete Zähren auf ihrem Antlitz. –

Was willst du, meine Tochter? Wer bist du? sagte er so liebreich, daß sie Mut fassete zu reden. –

Ich bin Gertrud, sagte sie – das Weib des Mäurer Lienhards von Bonnal.

Du bist ein braves Weib, sagte Arner. Ich habe deine Kinder vor allen andern im Dorf ausgezeichnet. – Sie sind sittsamer und bescheidener als alle übrigen Kinder, und sie scheinen besser genährt – und doch, höre ich, seid ihr sehr arm. – Was willst du, meine Tochter?

O gnädiger Herr! mein Mann ist längst dem Vogt Hummel dreißig Gulden schuldig – und das ist ein harter Mann – Er verführt ihn zum Spiel und zu aller Verschwendung – Und da er ihn fürchten muß, so darf er sein Wirtshaus nicht meiden, wenn er schon fast alle Tage sein Verdienst und das Brot seiner Kinder darin zurücklassen muß. Gnädiger Herr! es sind sieben unerzogene Kinder. Und ohne Hilf und ohne Rat gegen den Vogt ist's unmöglich, daß wir nicht an den Bettelstab geraten; und ich weiß, daß Sie sich der Witwen und der Waisen erbarmen, und darum durfte ich es wagen, zu Ihnen zu gehn und Ihnen unser Unglück zu sagen. Ich habe aller meiner Kinder Spargeld bei mir – in der Absicht, es Ihnen zu hinterlegen, damit ich Sie bitten dörfe, Verfügungen zu treffen, daß der Vogt meinen Mann, bis er bezahlt sein wird, nicht mehr drängen und plagen dörfe. —

Arner hatte längst einen Verdacht auf Hummel — Er erkannte sogleich die Wahrheit dieser Klage und die Weisheit der Bitte. — Er nahm eine Schale Tee, die vor ihm stund, und sagte: Du bist nüchtern, Gertrud? Trink diesen Tee und gib deinem schönen Kind von dieser Milch.

Errötend stand Gertrud da. — Diese Vatergüte ging ihr ans Herz, daß sie ihre Tränen nicht halten konnte. —

Und Arner ließ sie jetzt die Taten des Vogts und seiner Mitgesellen und die Not und die Sorge vieler Jahre erzählen, hörte aufmerksam zu, und einmal fragte er sie: Wie hast du, Gertrud! das Spargeld deiner Kinder retten können, in aller dieser Not?

Da antwortete Gertrud: Das war wohl schwer, gnädiger Herr! aber es mußte mir sein, als ob das Geld nicht mein wäre, als ob es ein Sterbender mir auf seinem Todbette gegeben hätte, daß ich es seinen Kindern aufbehalten sollte. So, fast ganz so, sah ich es an. — Wenn ich zu Zeiten in der dringendsten Not den Kindern Brot daraus kaufen mußte, so ruhete ich nicht, bis ich mit Nachtarbeit wieder soviel nebenhin erspart und den Kindern wieder erstattet hätte.

War das allemal wieder möglich — Gertrud? fragt Arner. —

O gnädiger Herr! wenn der Mensch sich etwas fest vornimmt — so ist ihm mehr möglich, als man glaubt — und Gott hilft im äußersten Elend — wenn man redlich für Not und Brot arbeitet — gnädiger Herr! mehr, als Sie es in Ihrer Herrlichkeit glauben und begreifen können.

Arner war durch und durch von der Unschuld und von der Tugend dieses Weibes gerührt — fragte aber immer noch mehr — und sagte: Gertrud, wo hast du dieses Spargeld?

Da legte Gertrud sieben reinliche Päckchen auf Arners Tisch — und bei jedem Päckchen lag ein Zettel, von wem alles wäre — und wenn Gertrud etwas davon genommen hatte — so stand es aufgeschrieben — und wie sie es wieder zugelegt hätte.

Arner las diese Zettel aufmerksam durch. —

Gertrud sah's und errötete. Ich habe diese Papiere wegnehmen sollen, gnädiger Herr!

Arner lächelte — und las fort — aber Gertrud stand beschämt da, und sichtbarlich pochte ihr Herz ob diesen Zetteln; — denn sie war bescheiden — und demütig — und grämte sich auch über den mindesten Anschein von Eitelkeit.

Arner sah ihre Unruhe, daß sie die Zettel nicht beiseits gelegt hatte, und fühlte die reine Höhe der Unschuld, die beschämt dasteht, wenn ihre Tugend und ihre Weisheit bemerkt wird, — und beschloß, dem Weib mehr, als es bat und hoffete, Gnade zu erweisen; denn er fühlte ihren Wert — und daß unter tausenden kein Weib ihr gleichkäme. Er legte jetzt einem jeden Päckchen etwas bei und sagte: Bring deinen Kindern ihr Spargeld wieder, Gertrud! — und ich lege aus meiner Börse dreißig Gulden beiseits für den Vogt — bis er bezahlt ist. — Gehe nun heim, Gertrud — morgen werde ich ohnedies in dein Dorf kommen; und da werde ich dir Ruhe schaffen vor dem Hummel.

Gertrud konnte vor Freuden nicht reden — Kaum brachte sie stammelnd ein gebrochenes schluchzendes »Gott lohne es Ihnen, gnädiger Herr!« hervor. Und nun ging sie mit ihrem Säugling und mit ihrem Trost in ihres Mannes Arme. — Sie eilete — betete — und dankte Gott auf dem langen Wege — und weinte Tränen des Danks und der Hoffnung, bis sie in ihrer Hütte war.

Lienhard sah sie kommen — und sah den Trost ihres Herzens in ihren Augen. — Bist du schon wieder da? rief er ihr entgegen — es ist dir wohlgegangen bei Arner. —

Wie weißt du's schon? sagte Gertrud. Ich sehe dir's an, du Gute, du kannst dich nicht verstellen.

Das kann ich nicht, sagte Gertrud, und ich möcht es nicht — wenn ichs auch könnte, dir die gute Botschaft einen Augenblick vorenthalten, Lienhard! Da erzählte sie ihm die Güte des Vater Arners, wie er ihren Worten glaubte — und wie er ihr Hilfe versprach. — Denn gab sie den Kindern des Arners Geschenke und küßte ein jedes wärmer und heiterer, als es schon lange nicht geschehen war, und sagte ihnen: Betet alle Tage, daß es Arner wohlgehe, Kinder — wie ihr betet, daß es mir und dem Vater wohlgehe! Arner sorgt, daß es allen Leuten im Lande wohlgehe — er sorgt, daß es euch wohlgehe — und wann ihr brav, verständig und arbeitsam sein werdet — so werdet ihr ihm lieb sein, wie ihr mir und dem Vater lieb seid.

Von dieser Zeit an beteten die Kinder des Mäurers, wenn sie am Morgen und am Abend für ihren Vater und Mutter beteten, auch für Arner, den Vater des Landes. —

Gertrud und Lienhard faßten nun neue Entschlüsse für die Ordnung ihres Hauses und für die Bildung ihrer Kinder zu allem Guten — und dieser Tag war ihnen ein seliger Festtag. — Lienhards Mut stärkte sich wieder, und am Abend machte Gertrud ihm ein Essen, das er liebte — und sie freuten sich beide des kommenden Morgens, der Hilfe Arners — und der Güte ihres Vaters. —

Auch Arner sehnete sich nach dem kommenden Morgen — eine Tat zu tun — wie er tausende tat, um seinem Dasein einen Wert zu geben. —

§ 3

Ein Unmensch erscheint

Und da am gleichen Abend sein Vogt zu ihm kam, nach seinen Befehlen zu fragen, sagte er ihm: Ich werde morgen selbst nach Bonnal kommen; ich will einmal den Bau der Kirche in Ordnung haben. — Der Untervogt aber antwortete: Gnädiger Herr! Hat Euer Gnaden Schloßmäurer jetzt Zeit? — Nein, erwiderte Arner; aber es ist in deinem Dorf ein Mäurer, Lienhard, dem ich dieses Verdienst gern gönne. Warum hast du mir ihn noch nie zu einer Arbeit empfohlen?

Der Vogt bückte sich tief und sagte: Ich hätte den armen Mäurer nicht empfehlen dürfen zu Euer Herrlichkeit Gebäuden.

A r n e r. Ist er ein braver Mann, Vogt, daß ich auf ihn gehn kann?

V o g t. Ja, Ihr Gnaden können sich auf ihn verlassen, er ist nur gar zu treuherzig.

A r n e r. Man sagt, er habe ein braves Weib! ist sie keine Schwätzerin? fragte hierauf Arner mit Nachdruck.

Nein, sagte der Vogt; sie ist wahrlich eine arbeitsame, stille Frau.

Gut, sagte Arner. Sei morgen um neun Uhr auf dem Kirchhof — ich werde dich daselbst antreffen. —

Da ging der Vogt fort, ganz erfreut über diese Rede; denn er dachte bei sich selber: das ist eine neue Milchkuh in meinen Stall, und sann schon auf Ränke, dem Mäurer das Geld, das er bei diesem Bau verdienen möchte, abzulocken; und schnell eilte er heim und nach des Mäurers kleiner Hütte.

Es war schon dunkel, als er mit Ungestüm anpochte.

Lienhard und Gertrud saßen noch beim Tische. Noch stund der Rest ihres Essens vor ihnen. Lienhard aber erkannte die Stimme des neidischen Vogts. Er erschrak und schob das Essen in einen Winkel.

Gertrud ermunterte ihn zwar, daß er sich nicht fürchten und daß er auf Arner vertrauen sollte. Dennoch wurde er todblaß, als er dem Vogt die Türe öffnete. Dieser roch schnell wie ein gieriger Hund das verborgene Nachtessen; tat aber doch freundlich und sagte — nur lächelnd: —

Ihr laßt euch recht wohl sein, ihr Leute; so endlich ist's leicht, ohne das Wirtshaus zu sein; nicht wahr, Lienhard?

Dieser schlug die Augen nieder und schwieg; aber Gertrud war kühner — und sagte: Was befiehlt dann der Herr Vogt? — Es ist ganz sonderbar, daß er einem so schlechten Haus näher als ans Fenster kommt. —

Hummel verbarg seinen Zorn, lächelte und sagte: Es ist wahr, ich hätte eine so gute Küche hier nicht erwartet; sonst hätte ich vielleicht mehr zugesprochen.

Das erbitterte Gertrud. Vogt! antwortete sie ihm, du riechst unser Nachtessen und mißgönnst es uns; du solltest dich schämen, einem armen Mann ein Nachtessen, das er liebt und vielleicht im Jahr nicht dreimal hat, zu verbittern. —

Es ist nicht so bös gemeint, antwortete der Vogt, immer noch lächelnd. Eine Weile darauf aber setzte er etwas ernsthafter hinzu: Du bist gar zu trotzig, Gertrud; das steht armen Leuten nicht wohl an. Du solltest wohl denken, ihr ginget mich vielleicht auch etwas an; — doch ich will jetzt nicht hievon anfangen. Ich bin deinem Mann immer gut; und wenn ich ihm dienen kann, so tue ich's; darvon kann ich Proben geben.

G e r t r u d. Vogt! Mein Mann wird alle Tage in deinem Wirtshaus zum Spiel und zum Trunke verführt — und denn muß ich daheim mit meinen Kindern alles mögliche Elend erdulden; das ist der Dienst, den wir von dir zu rühmen haben.

Hummel. Du tust mir Unrecht, Gertrud! Es ist wahr, dein Mann ist etwas liederlich; ich habe es ihm auch schon gesagt, aber in meinem Wirtshause muß ich in Gottes Namen einem jeden, der's will, Essen und Trinken geben; — das tut ja jedermann. —

Gertrud. Ja — aber nicht jedermann drohet einem unglücklichen armen Mann mit den Rechten, wenn er nicht alle Jahre seine Schuld wieder doppelt groß macht.

Nun konnte sich der Vogt nicht mehr halten; mit Wut fuhr er den Lienhard an: —

Bist du so ein Gesell Lienhard, daß du solches von mir redest? — Muß ich noch in meinen Bart hinein hören, wie ihr Lumpenvolk mich alten Mann um Ehr und guten Namen bringen wollt? — Hab ich nicht jeweilen vor Vorgesetzten mit dir gerechnet? Gut, daß deine Zettel fein alle noch bei mir und in meinen Handen sind — Willst du mir etwan gar meine Anforderung leugnen, Lienhard? —

Es ist ganz nicht die Rede hievon — sagte Lienhard; Gertrud sucht nur, daß ich ferner nicht neue Schulden mache. —

Der Vogt besann sich schon wieder, milderte den Ton und sagte: Das ist endlich nicht so gar übel, doch bist du der Mann — sie wird dich nicht wollen in ein Bockshorn hineinschieben. —

Gertrud. Nichts weniger, Vogt! ich möchte ihn gern aus dem Bockshorn, darin er steckt, herausbringen — und das ist dein Buch, Vogt, und seine schönen Zettel. —

Hummel. Er hat mich nur zu bezahlen; so ist er augenblicklich aus diesem Bockshorn, wie du's heißest. —

Gertrud. Das wird er wohl tun können — wenn er nichts Neues mehr macht. —

Hummel. Du bist stolz, Gertrud — es wird sich zeigen. — Gelt Gertrud, du willst lieber mit deinem Mann daheim allein bröseln*) als ihm ein Glas Wein bei mir gönnen.

Gertrud. Du bist niederträchtig, Vogt! aber deine Rede tut mir nicht weh.

Hummel konnte diese Sprache nicht länger aushalten. Er empfand, daß etwas vorgefallen sein mußte, das dieses Weib so kühn machte. Darum durfte er nicht seinen Mut kühlen und nahm Abschied.

Hast du sonst etwas zu befehlen? sagte Gertrud.

Nichts, wenn's so gemeint ist, antwortete Hummel.

Wie gemeint? erwiderte Gertrud lächelnd — und sah ihm steif ins Gesicht. Das verwirrte den Vogt noch mehr, daß er sich nicht zu gebärden wußte.

Er ging jetzt — und brummte bei sich selbst die Treppe hinunter, was doch das sein möchte.

Dem Lienhard war zwar nicht wohl bei der Sache; aber dem Vogt noch viel weniger.

---

*) Euch etwas zugut tun.

§ 4

Er ist bei seinesgleichen; und da ist's, wo man Schelmen kennenlernt

Es war jetzt fast Mitternacht, und doch war er kaum heim, so sandte er noch zu zweien von Lienhards Nachbaren, daß sie des Augenblicks zu ihm kämen.

Sie waren schon im Bette, als er nach ihnen schickte; aber doch säumeten sie nicht. Sie stunden auf und gingen in der finstern Nacht zu ihm hin.

Und er fragte über alles, was Lienhard und Gertrud seit einigen Tagen getan hätten. Da sie ihm aber nicht gleich etwas sagen konnten, das ihm Licht gab, stieß er seine Wut gegen sie aus.

Ihr Hunde! was man von euch will, ist immer nichts mit euch ausgerichtet. Wofür muß ich immer euer Narr sein? Wenn ihr Holz frevelt und ganze Fuder raubet — so muß ich nichts wissen — wenn ihr in den Schloßtriften weidet — und alle Zäune wegtraget, so muß ich schweigen.

Du Buller! mehr als ein Drittel von deiner Waisenrechnung war falsch — und — ich schwieg — meinst du, das bißchen verschimmelt Heu stelle mich zufrieden? — es ist noch nicht verjährt. —

Und du, Krüel! deine halbe Matte gehört deines Bruders Kindern. Du alter Dieb! — was habe ich von dir, daß ich dich nicht dem Henker überlasse, dem du gehörst? —

Dieses Gerede machte den Nachbaren bang. Was können wir tun? was können wir machen — Herr Untervogt? — weder Tag noch Nacht ist uns zuviel — zu tun, was du uns heißest.

Ihr Hunde! ihr könnt nichts, ihr wißt nichts. Ich bin außer mir vor Wut. Ich muß wissen, was des Mäurers Gesindel diese Woche gehabt hat — was hinter diesem Pochen steckt! — So wütete er. —

Indessen besann sich Krüel. Halt, Vogt — ich glaub, ich könne dienen, erst fällt mir's ein — Gertrud war heute bis Mittag über Feld — und am Abend hat ihr Liseli beim Brunnen den Schloßherrn sehr gerühmt — gewiß war sie im Schloß — am Abend vorher war ein Geheul in ihrer Stube — aber niemand weiß, warum. Heute sind sie alle ganz besonders fröhlich.

Der Vogt war nun überzeugt, daß Gertrud im Schloß gewesen wäre. Zorn und Unruhe wüteten nun noch gewaltiger in seiner Seele.

Er stieß greuliche Flüche aus, schimpfte mit abscheulichen Worten auf Arner, der alles Bettelgesindel anhörte, und Lienhard und Gertrud schwur er, [seine][1]) Rache ernstlich empfinden zu machen. Doch müßt ihr schweigen, Nachbaren — ich will mit dem Gesindel freundlich tun, bis es reif ist. Forschet fleißig nach, was sie tun, und bringt mir Nachricht. Ich will euer Mann sein, wo es nötig sein wird.

Da nahm er noch Buller beiseits und sagte: Weißt du nichts von den gestohlenen Blumengeschirren? Man sah dich vorgestern über den Grenzen mit einem geladenen Esel; was hattest du zu führen?

Buller erschrak — ich - - ich — hatte — Nu! nu! sprach der Vogt — sei mir treu! Ich bin dir Mann, wo es die Not erheischt.

Da gingen die Nachbaren fort. Der Morgen aber war schon nahe. —

Und Hummel wälzte sich noch eine Stunde auf seinem Lager, staunte, sann auf Rache, knirschte oft im wilden Schlummer mit den Zähnen und stampfte mit seinen Füßen — bis der helle Tag ihn aus dem Bette trieb.

Er beschloß jetzt, noch einmal Lienharden zu sehen, sich zu überwinden und ihm zu sagen, daß er ihn Arnern zum Kirchenbau empfohlen hätte. Er raffte alle seine Kräfte zum Heucheln zusammen und ging zu ihm hin.

Gertrud und Lienhard hatten diese Nacht sanfter geruht, als es ihnen seit langem nicht geschehn war. Und sie beteten am heitern Morgen um den Segen dieses Tages. Sie hofften auf die nahe Hülfe vom Vater Arner. Diese Hoffnung breitete Seelenruhe und ungewohnte wonnevolle Heiterkeit über sie aus.

So fand sie Hummel. Er sah's — und es ging dem Satan ans Herz, daß sein Zorn noch mehr entbrannte; aber er war seiner selbst mächtig, wünschete ihnen freundlich einen guten Morgen und sagte: Lienhard! wir waren gestern unfreundlich gegeneinander; das muß nicht so sein. Ich habe dir etwas Gutes zu sagen. Ich kam eben vom Gnädigen Herrn; er redete vom Kirchbau und fragte auch nach dir. Ich sagte, daß du den Bau wohl machen könntest; und ich denke, er werde ihn dir geben. Sieh, so kann man einander dienen, — man muß sich nie so leicht aufbringen lassen.

L i e n h a r d. Er soll ja den Bau dem Schloßmäurer verdungen haben, das hast du längst an der Gemeind[2]) gesagt.

H u m m e l. Ich hab's geglaubt, aber es ist nicht; der Schloßmäurer hat nur ein Kostenverzeichnis gemacht, und du kannst leicht denken, er habe sich selber nicht vergessen. Wenn du ihn nach diesem Überschlag erhältst, so verdienst du Geld wie Laub. — Lienert — da siehst du jetzt, ob ich's gut mit dir meine. —

Der Mäurer war von der Hoffnung des Baus übernommen und dankte ihm herzlich.

Aber Gertrud sah, wie der Vogt vom erstickten Zorn blaß war — und wie hinter seinem Lächeln verbissener Grimm verborgen lag; und sie freuete sich gar nicht. Indessen ging der Vogt weg, und im Gehen sagte er noch: Innert[3]) einer Stunde wird Arner kommen, und Lienhards Lise, die an der Seite ihres Vaters stand, sagte zum Vogt: wir wissens schon seit gestern.

Hummel erschrak zwar ob diesem Wort, aber er tat doch nicht, als ob er's hörte. —

Und Gertrud, die wohl sah, daß der Vogt dem Geld, so beim Kirchenbau zu verdienen wäre, auflauerte, war hierüber sehr unruhig.

§ 5

Er findet seinen Meister

Indessen kam Arner auf den Kirchhof; und viel Volk aus dem Dorfe sammelte sich um ihn her — den guten Herrn zu sehen.
Seid ihr so müßig, oder ist's Feiertag, daß ihr alle so Zeit habt, hier herumzuschwärmen? sagte der Vogt zu einigen, die ihm zu nahe stunden; denn er verhütete immer, daß niemand vernehme, was er für Befehle erhielte. —
Aber Arner bemerkte es und sagte laut: Vogt! ich hab' es gern, daß meine Kinder auf dem Kirchhof bleiben und selbst hören, wie ich es mit dem Bau haben will; warum jagst du sie fort?
Tief bis an die Erde krümmte sich Hummel und rief den Nachbaren alsobald laut: Kommt doch wieder zurück, Ihr Gnaden mag euch wohl dulden. —
Arner. Hast du die Schatzung vom Kirchbau gesehen?
Vogt. Ja, gnädiger Herr!
Arner. Glaubst du, Lienhard könne den Bau um diesen Preis gut und dauerhaft machen?
Ja, gnädiger Herr! antwortete der Vogt laut; und sehr leise setzte er hinzu: ich denke, da er im Dorfe wohnt — könnte er es vielleicht noch etwas weniges wohlfeiler übernehmen.
Arner aber antwortete ganz laut: So viel ich dem Schloßmäurer hätte geben müssen, so viel gebe ich auch diesem. Laß ihn rufen und sorge, daß alles, was aus dem Wald und aus den Magazinen dem Schloßmäurer zukommen sollte, auch diesem ausgeliefert werde.
Lienhard war eben wenige Minuten, ehe Arner ihn rufen ließe, ins obere Dorf gegangen; und Gertrud entschloß sich alsobald mit dem Boten selbst auf den Kirchhof zu gehn und Arnern ihre Sorgen zu entdecken.
Als aber der Vogt Gertrud und nicht Lienhard mit dem Boten zurückkommen sah, wurde er todblaß. —
Arner bemerkt es und fragte ihn: Wo fehlt's, Herr Untervogt? —
Vogt. Nichst, gnädiger Herr! gar nichts, doch ich habe diese Nacht nicht wohl geschlafen.
Man sah dir fast so was an, sagte Arner und sah ihm steif in die roten Augen, kehrte sich dann zu Gertrud, grüßte sie freundlich und sagte: Ist dein Mann nicht da? doch es ist gleichviel, du mußt ihm nur sagen, daß er zu mir komme. Ich will ihm diesen Kirchenbau anvertrauen. —
Gertrud stand eine Weile sprachlos da und durfte vor soviel Volk fast nicht reden.
Arner. Warum redest du nicht, Gertrud? Ich will deinem Mann den Bau so geben, wie ihn der Schloßmäurer würde übernommen haben. Das sollte dich freuen, Gertrud. —
Gertrud hatte sich wieder erholt — und sagte jetzt: gnädiger Herr! die Kirche ist so nahe am Wirtshaus. —

Alles Volk fing an zu lachen — und da die meisten ihr Lachen vor dem Vogt verbergen wollten, kehrten sie sich von ihm weg, gerade gegen Arner.

Der Vogt aber, der wohl sah, daß dieser alles bemerkt hätte, stand jetzt entrüstet auf, stellte sich gegen Gertrud und sprach: Was hast du gegen mein Wirtshaus?

Schnell aber unterbrach Arner den Vogt und sagte: Geht diese Rede dich an, Untervogt! daß du darein redest? Dann wandte er sich wieder zu Gertrud und sagte: Was ist das? Warum steht dir die Kirche zu nahe am Wirtshaus?

Gertrud. Gnädiger Herr! Mein Mann ist beim Wein leicht zu verführen, und wenn er täglich so nahe am Wirtshaus arbeiten muß, ach Gott! ach Gott! ich fürchte, er halte die Versuchung nicht aus.

Arner. Kann er denn das Wirtshaus nicht meiden, wenn's ihm so gefährlich ist?

Gertrud. Gnädiger Herr! Bei der heißen Arbeit dürstet man oft, und wenn denn immer Saufgesellschaft vor seinen Augen auf jede Art mit Freundlichkeit und mit Spotten, mit Weinkäufen[1]) und mit Wetten ihn zulocken wird, ach Gott! ach Gott! wie wird ers aushalten können. Und wenn er denn nur ein wenig wieder Neues schuldig wird, so ist er wieder angebunden. Gnädiger Herr! wenn Sie doch wüßten, wie ein einziger Abend in solchen Häusern arme Leute ins Joch und in Schlingen bringen kann, wo es fast unmöglich ist, sich wieder herauszuwickeln.

Arner. Ich weiß es, Gertrud — und ich bin entrüstet über das, was du mir gestern sagtest; da vor deinen Augen und vor allem Volk will ich dir zeigen, daß ich arme Leute nicht will drücken und drängen lassen.

Sogleich wandte er sich gegen dem Vogt und sagte ihm mit einer Stimme voll Ernst und mit einem Blicke, der durch Mark und Beine drang:

Vogt! ist's wahr, daß die armen Leute in deinem Hause gedrängt, verführt und vervorteilt werden?

Betäubt und blaß wie der Tod antwortete der Vogt: In meinem Leben, gnädiger Herr! ist mir nie so etwas begegnet; und solang ich lebe und Vogt bin, sagt er, wischt den Schweiß von der Stirne — hustet — räuspert — fängt wieder an — Es ist erschrecklich — —

Arner. Du bist unruhig, Vogt! die Frage ist einfältig. Ist's wahr, daß du arme Leute drängest, in Verwirrungen bringest und ihnen in deinem Wirtshause Fallstricke legest, die ihre Haushaltungen unglücklich machen?

Vogt. Nein, gewiß nicht, gnädiger Herr! Das ist der Lohn, wenn man Lumpenleuten dient; ich hätte es vorher denken sollen. Man hat allemal einen solchen Dank anstatt der Bezahlung.

Arner. Mache dir vor die Bezahlung keine Sorge! es ist nur die Frage, ob dieses Weib lüge.

Vogt. Ja gewiß, gnädiger Herr! ich will es tausendfach beweisen.

Arner. Es ist genug am einfachen, Vogt! Aber nimm dich in Acht. Du sagtest gestern, Gertrud sei eine brave, stille, arbeitsame Frau und gar keine Schwätzerin.

Ich weiß nicht — ich - - - ich - - - besinne - - - Sie haben mich - - - ich habe sie - - - ich habe sie dafür angesehen — sagte der keichende[2]) Vogt. —

Arner. Du bist auf eine Art unruhig, Vogt! daß man jetzt nicht mit dir reden kann; es ist am besten, ich erkundige mich gerade da bei diesen da stehenden Nachbaren. Und sogleich wandte er sich zu zween alten Männern, die still und aufmerksam und ernsthaft da stunden, und sagte ihnen: Ist's wahr, liebe Nachbaren, werden die Leute in eurem Wirtshaus so zum Bösen verführt und gedrückt?

Die Männer sahn sich einer den andern an und durften nicht reden.

Aber Arner ermunterte sie liebreich: Fürchtet euch nicht! Sagt mir geradezu die reine Wahrheit.

Es ist mehr als zu wahr, gnädiger Herr! aber was wollen wir arme Leute gegen den Vogt klagen? sagte endlich der ältere, doch so leise, daß es nur Arner verstehn konnte.

Es ist genug, alter Mann! sagte Arner und wandte sich denn wieder zum Vogt: Ich bin eigentlich jetzt nicht da, um diese Klage zu untersuchen; aber gewiß ist es, daß ich meine Armen vor aller Bedrückung will sicher haben, und schon längst dachte ich, daß kein Vogt Wirt sein sollte. Ich will aber das bis Montag verschieben. — Gertrud! sage deinem Mann, daß er zu mir komme, und sei du wegen den Wirtshausgefahren seinethalben jetzt nur ruhig.

Da nahm Arner noch einige Geschäfte vor, und als er sie vollendet hatte, ging er noch in den nahen Wald — und es war spät, da er heimfuhr. — Auch der Vogt, der ihm in den Wald folgen mußte, kam erst des Nachts wieder heim in sein Dorf.

Als dieser jetzt seinem Hause nahe war und nur kein Licht in seiner Stube sah, auch keine Menschenstimme darin hörte, ahndete ihm Böses; denn sonst war alle Abende das Haus voll — und alle Fenster von den Lichtern, die auf allen Tischen standen, erheitert, und das Gelärm der Saufenden tönte in der Stille der Nacht immer, daß man's zu unterst an der Gasse noch hörte, obgleich die Gasse lang ist und des Vogts Haus zu oberst daran steht.

Über dieser ungewöhnlichen Stille war der Vogt sehr erschrocken. Er öffnete mit wilder Ungestümheit die Türe und sagte: Was ist das? was ist das, daß kein Mensch hier ist?

Sein Weib heulete in einem Winkel. O Mann! bist du wieder da. Mein Gott! was ist für[3]) ein Unglück begegnet! Es ist ein Jubilieren im Dorf von deinen Feinden, und kein Mensch wagt mehr auch nur ein Glas Wein bei uns zu trinken. Alles sagt, du seist aus dem Wald nach Arnburg geführt worden.

Wie ein gefangenes wildes Schwein in seinen Stricken schnaubet, seinen Rachen öffnet, seine Augen rollt und Wut grunzt, so wütete jetzt Hummel, stampfte und tobte, sann auf Rache gegen Arner und rasete über den Edeln. Denn redte er mit sich selbst: So kömmt das Land um seine Rechte. Er will mir das Wirtsrecht rauben und den Schild in der Herrschaft allein aushängen. Bei Mannsgedenken haben alle Vögte gewirtet. Alle Händel gingen durch unsere Hände. Dieser läuft jetzt allenhalben selbst nach und frägelt*) jeden Floh aus, wie ein

---

*) Frägeln heißt schwatzhaft und zudringlich sein.

Dorfschulmeister. Daher trotzet jetzt jeder Bub einem Gerichtsmann und sagt, daß er selbst mit Arner reden könne. So kömmt das Gericht um alles Ansehn, und wir sitzen und schweigen, wie andere Schurken, da er so an uns alle alte Landsrechte kränkt und beugt.

So verdrehte der alte Schelm die guten und weisen Taten des edeln Herrn bei sich selbst, schnaubte und sann auf Rache, bis er entschlief.

§ 6

Wahrhafte Bauerngespräche

Am Morgen aber war er frühe auf und sang und pfiff unter dem Fenster, auf daß man glaube, er sei wegen dem, so gestern vorgefallen war, ganz unbesorgt.

Aber Fritz, sein Nachbar, rief über die Gasse: Hast du schon so frühe Gäste, daß es so lustig geht? und lächelte bei sich selbst.

Sie werden schon kommen, Fritz! — Hopsasa und Heisasa, Zwetschgen sind nicht Feigen, sagt der Vogt, streckt das Brenntsglas*) zum Fenster hinaus und ruft: Willst eins Bescheid tun, Fritz?

Es ist mir noch zu früh, antwortete Fritz, ich will warten, bis mehr Gesellschaft da ist.

Du bist immer der alte Schalk, sagte der Vogt; aber glaub's, der gestrige Spaß wird nicht so übel ausschlagen. Es fliegt kein Vögelein so hoch, es läßt sich wieder nieder.

Ich weiß nicht, antwortete Fritz. Der Vogel, den ich meine, hat sich lange nicht heruntergelassen. Aber wir reden vielleicht nicht vom gleichen Vogel. Willst 's mithalten, Vogt? man ruft zur Morgensuppe! und hiemit schob Fritz das Fenster zu.

Das ist kurz abgebunden, murrte der Vogt bei sich selbst und schüttelte den Kopf, daß Haare und Backen zitterten. Ich werde, denk ich, des Teufels Arbeit haben, bis das gestrige Henkerszeug den Leuten allen wieder aus dem Kopf sein wird. So sagt er zu sich selber, schenkt sich ein — trinkt — sagt denn wieder: Mut gefaßt! Kommt Zeit, kommt Rat! Heute ist's Samstag, die Kälber lassen sich scheren, ich gehe ins Barthaus²), da gibt sich um ein Glas Wein eins nach dem andern. Die Bauern glauben mir immer eher zehen als dem Pfarrer ein halbes.

So sagt der Vogt zu sich selber, und dann zur Frau: Füll mir die Saublatter**) mit Tabak; — aber nicht von meinem, nur vom Stinker, er ist gut für die Bursche. Und wenn des Scherers Bub Wein holt, so gib ihm vom dreimal geschwefelten und tue in jede Maß ein halb Glas Brennts.

*) Brennts ist gebranntes Wasser.¹)
**) Tabaksäckel.

Er ging fort. Aber auf der Gasse noch nahe beim Hause besann er sich wieder, kehrte zurück und sagte der Frau: Es könnten Schelmen mitsaufen. Ich muß mich in Acht nehmen. Schick mir vom gelbgesottenen Wasser, wenn ich La Cote*) fordern lasse, und bring das selber. Drauf ging er wieder fort.

Aber ehe er noch im Barthaus war, unter der Linde beim Schulhaus, trifft er Nickel Spitz und Jogli Rubel an. Wohinaus so im Sonnabend-Habit, Herr Untervogt? fragte Nickel Spitz —

Vogt. Ich muß den Bart herunter haben. —

Nickel. Das ist sonderbar, daß du am Samstagmorgen schon Zeit hast.

Vogt. Es ist wahr, es ist nicht so das Jahr durch. —

Nickel. Nein. Einmal seit langem kamst du immer sonntags zwischen der Morgenpredigt zum Scherer.

Vogt. Ja, ein paarmal.

Nickel. Ja, — ein paarmal, die letzten. Da der Pfarrer dir deinen Hund aus der Kirche jagen ließ, seitdem kamst du ihm nicht viel mehr ins Gehege.

Vogt. Du bist ein Narr, Nickel, daß du so was reden magst. Man muß essen und vergessen. Die Hundsjagd ist mir längst aus dem Kopf.

Nickel. Ich möchte mich nicht drauf verlassen, wenn ich Pfarrer wäre.

Vogt. Du bist nicht klug, Nickel. Warum das nicht? Aber kommt in die Stube, es gibt wohl etwan einen Weinkauf oder sonst kurze Zeit.

Nickel. Du würdest dem Scherer aufwarten, wenn er in seinem Haus einen Weinkauf trinken ließe!**)

Vogt. Ich bin nicht halb so eigennützig. Man will mir ja das Wirtschaftsrecht ganz nehmen. Aber Nickel! wir sind noch nicht da; der, den ich meine, hat noch aufs wenigste sechs Wochen und drei Tage Arbeit, ehe ers bekömmt. —

Nickel. Ich glaub es selbst. Doch ist's immer nicht die beste Ordnung für dich, daß der junge Herr seines Großvaters Glauben changiert hat.

Vogt. Ja, er hat einmal nicht völlig des Großvaters Glauben.

Nickel. Ich traue fast, er sei in keinem Punkt und in keinem Artikel von allen zwölfen mit dem Alten des gleichen Glaubens.

Vogt. Es kann sein. Aber der Alte war mir in seinem Glauben ein anderer Mann.

Nickel. Ich denk's wohl. Der erste Artikel seines Glaubens hieß: Ich glaube an dich, meinen Vogt —

Vogt. Das ist lustig. Aber wie hieß denn der andere?

Nickel. Was weiß ich grad jetzt! Ich denk, er hieß: Ich glaub außer dir, meinem Vogt, keinem Menschen kein Wort.

Vogt. Du solltest Pfarrer werden, Nickel, du würdest den Katechismus nicht bloß erklären; du würdest noch einen aufsetzen.

Nickel. Das würde man mir wohl nicht zulassen. Tät ich's, ich würde ihn

---

*) La Cotte. Vin de Côte. — Welsch-Berner-Wein.

**) Der Vogt als Wirt duldete nicht, daß in einem Hause als in dem seinen bei keinem Anlaß Wein ausgeschenkt würde.

machen so deutsch und so klar, daß ihn die Kinder ohne den Pfarrer verstünden; und denn würde er ja natürlich nichts nütze sein.

Vogt. Wir wollen beim Alten bleiben, Nickel! Es ist mir mit dem Katechismus wie mit etwas anderm. Es kömmt nie nichts bessers hinten nach.

Nickel. Das ist so ein Sprichwort, das manchmal wahr ist und manchmal nicht. Für dich, scheints, trifft's diesmal ein mit dem neuen Junker. —

Vogt. Es wird erst für andere nachkommen, wenn ihr ordentlich wartet. Und für mich fürchte ich mich nicht so übel vor diesem neuen Herrn. Es findet jeder seinen Meister.

Nickel. Das ist wahr. Doch ist deine alte Zeit mit dem vorigen Sommer*) unter dem Boden —

Vogt. Nickel! Ich habe sie doch einmal gehabt; suche sie ein anderer jetzt auch.

Nickel. Das ist wahr, du hast sie gehabt, und sie war recht gut. Aber wie hätt's können fehlen; der Schreiber, der Weibel und der Vikari waren dir schuldig.

Vogt. Man redte mir das nach; aber es war drum nicht wahr.

Nickel. Du magst jetzt auch das sagen; du hattest ja mit ein Paaren öffentlich Händel, daß das Geld nicht wieder zurückkommen wollte.

Vogt. Du Narr, du weißt auch gar noch alles!

Nickel. Noch viel mehr als das weiß ich noch. Ich weiß noch, wie du mit des Rudis Vater gedrölt**) — und wie ich dich da neben dem Hundstall unter den Strohwellen³) auf dem Bauch liegend vor des Rudis Fenstern antraf. Sein Anwalt war eben bei ihm; bis um zwei Uhr am Morgen horchtest du auf deinem Bauch, was in der Stube geredet wurde. Ich hatte eben die Nachtwache — und eine ganze Woche war mir der Wein frei bei dir, daß ich schweige.

Vogt. Du bist ein Ketzer, daß du das sagst; es ist kein Wort wahr, und du würdest schön stehen, wenn du's beweisen müßtest.

Nickel. Vom Beweisen ist jetzt nicht die Rede, aber ob's wahr sei, weißt du wohl.

Vogt. Es ist gut, daß du's einsteckst***) —

Nickel. Der Teufel gab dir das in Sinn, unter dem Stroh in tiefer Nacht zu horchen; du hörtest alle Worte und hattest da gut mit dem Schreiber deine eigne Aussage zu verdrehen.

Vogt. Was du auch redest!

Nickel. Was ich auch rede? Hätte der Schreiber nicht vor der Audienz⁴) deine Aussage verändert, so hätte der Rudi seine Matte noch, und der Wüst und der Keibacker hätten den schönen Eid nicht tun müssen.

Vogt. Ja — du verstehst den Handel wie der Schulmeister Hebräisch.

Nickel. Wenn ich ihn nicht verstünde, ich hätte ihn von dir gelernt. Mehr als zwanzigmal lachtest du mir ob deinem gehorsamen Diener, dem Herrn Schreiber.

*) Man begrub im vorigen Sommer Arners Großvater — Sein Vater war viele Jahre vorher in einem Treffen in Preußischen Diensten gestorben. —
**) Drölen heißt in der Schweiz mutwillig rechten, prozedieren.
***) zurücknimmst.

Vogt. Ja! das wohl; aber das, was du sagst, tat er doch nicht. Sonst ist's wahr, er war ein schlauer Teufel. Tröst Gott seine Seele — es wird nun zehn Jahr auf Michaelis, seitdem er unter dem Boden ist.
Nickel. Seitdem er hinabgefahren ist zur Höllen — wolltest du sagen.
Vogt. Das ist nicht recht. Von den Toten unter dem Boden muß man nichts Böses sagen.
Nickel. Du hast recht — sonst würde ich erzählen, wie er bei Nöppis Kindern geschrieben hat.
Vogt. Er wird dir auf dem Todbett gebeichtet haben, daß du alles so wohl weißt!
Nickel. Einmal weiß ich's.
Vogt. Das beste ist, daß ich den Handel gewonnen habe; wenn du wüßtest, daß ich den Handel verloren hätte, denn wär's mir leid.
Nickel. Nein! ich weiß wohl, daß du den Handel gewonnen hast; aber auch wie!
Vogt. Vielleicht, vielleicht nicht.
Nickel. Behüte Gott alle Menschen, die arm sind, vor der Feder.
Vogt. Du hast recht. Es sollten nur Ehrenleute und wohlhabende Männer schreiben dürfen vor Audienz. Das wäre gewiß gut; aber es wäre noch mehr gut, Nickel! Was machen? man muß eben mit allem zufrieden sein, wie es ist.
Nickel. Vogt! dein weiser Spruch da mahnet mich an eine Fabel, die ich von einem Pilgrim hörte. Es war einer aus dem Elsaß. Er erzählte vor einem ganzen Tisch Leute: Es habe ein Einsiedler in einem Fabelbuch die ganze Welt abgemalt, und er könne das Buch fast auswendig. Da baten wir ihn, er solle uns auch eine von diesen Fabeln erzählen, und da erzählte er uns eben die, an die du mich mahnest.
Vogt. Nun, was ist sie denn, du Plauderer?
Nickel. Sie heißt — ich kann sie zum Glück noch:
Es klagte und jammerte das Schaf, daß der Wolf, der Fuchs, der Hund und der Metzger es so schrecklich quälten — Ein Fuchs, der eben vor dem Stall stund, hörte die Klage — und sagte zum Schaf: Man muß immer zufrieden sein mit der weisen Ordnung, die in der Welt ist — wenn es anders wäre, so würde es gewiß noch schlimmer sein.
Das läßt sich hören, antwortete das Schaf, wenn der Stall zu ist — aber wenn er offen wäre — so würde es denn doch auch keine Wahrheit für mich sein.
Es ist freilich gut, daß Wölfe, Füchse und Raubtiere da sein — aber es ist auch gut, daß man die Schafställe ordentlich zumache — und daß die guten schwachen Tiere gute Hirten und Schutzhunde haben gegen die Raubtiere.
Behüte mir Gott meine Hütte, setzte der Pilger hinzu. Es gibt eben allenthalben viel Raubtiere und wenig gute Hirten.*) — Heiliger Gott, du weißest, warum es so ist; wir müssen schweigen. Seine Kameraden setzten hinzu: Ja

---

*) Das geschahe nicht unter der gegenwärtigen Regierung Ludwigs des XVI.

wir müssen wohl schweigen — und denn: Heilige Mutter Gottes! bitte für uns jetzt und in der Stunde unsers Absterbens, Amen.

Es rührete uns alle, wie die Pilger so herzlich redeten, und wir konnten einmal jetzt nicht den Narren treiben wie sonst ob ihrem „Heilige Mutter Gottes! bitte für uns!"

V o g t. Ja, das „Heilige Mutter Gottes" gehört auch zu einer so herzlichen Schafsmeinung, nach welcher aber Wölfe und Füchse und alle Tiere von der Art Hunger krepieren müßten. —

N i c k e l. Es wäre eben auch kein Schade.

V o g t. Weißt du das so gewiß?

N i c k e l. Nein. Ich bin ein Narr — sie müßten nicht Hunger krepieren; sie würden noch immer Aase und Gewild finden, und das gehört ihnen, und nicht zahmes Vieh — das mit Mühe und Kosten erzogen und gehütet werden muß.

V o g t. So ließest du sie doch auch nicht ganz Hunger krepieren, das ist noch viel für einen Freund der zahmen Tiere. Aber es friert mich; komm in die Stube.

N i c k e l. Ich kann nicht; ich muß weiters.

V o g t. Nun so behüt' euch Gott, Nachbaren! Auf Wiedersehen — (Er geht ab.)

Rubel und Nickel stehen noch eine Weile, und Rubel sagt zum Nickel: Du hast ihm Gesalzenes aufgestellt.

N i c k e l. Ich wollte, es wäre noch dazu gepfeffert gewesen, daß es ihn bis morgen auf der Zunge brennte.

R u b e l. Du würdest vor acht Tagen nicht so mit ihm geredt haben.

N i c k e l. Und er würde vor acht Tagen nicht also geantwortet haben. —

R u b e l. Das ist auch wahr. Er ist zahm geworden wie mein Hund, als er das erstemal das Nasband trug.

N i c k e l. Wann die Maß voll ist, so überläuft sie — das war noch immer bei einem jeden wahr und wird es auch beim Vogt werden. —

R u b e l. Behüte Gott einen vor Ämtern; ich möchte nicht Vogt sein mit seinen zween Höfen. —

N i c k e l. Aber wenn dir jemand einen halben anböte und den Vogtsdienst dazu, was würdest du machen?

R u b e l. Du Narr! —

N i c k e l. Du Gescheiter! was würdest du machen? Gelt, du würdest dem, der dir ihn anböte, geschwind einschlagen, das Tuch mit den zwo Farben[5]) um dich wickeln und denn Vogt sein. —

R u b e l. Meinst du's so? —

N i c k e l. Ja ich mein's so. —

R u b e l. Wir schwätzen die Zeit weg — B'hüte Gott, Nickel. —

N i c k e l. B'hüte Gott, Rubel.

§ 7

Er fängt eine Vogtsarbeit an

Da der Vogt jetzt in die Scherstube kam, grüßte er den Scherer und die Frau und die Nachbaren — ohne Husten, und ehe er sich setzte. Sonst hustete er und räusperte sich allemal vorher und warf sein: Gott grüß euch! erst dar, wenn er ausgespien und sich gesetzt hatte.

Die Bauern antworteten mit Lächeln und setzten ihre Kappen viel schneller wieder auf den Kopf, als sie sonst taten, wenn der Herr Untervogt sie gegrüßt hatte. Er aber fing alsobald das Gespräch an.

Immer gute Losung¹), Meister Scherer! sagt er; und soviel Arbeit, daß mich wundert, wie ihr das alles nur so mit zwo Händen machen könnt.

Der Scherer war sonst ein stiller Mann, der auf solche Worte nicht gern antwortete. Aber der Vogt hatte ihn jetzt etliche Monate hintereinander und das allemal am Sonntag am Morgen zwischen der Predigt mit solchen Stichelreden verdrüßlich gemacht; und wie's denn geht, er wollte einmal jetzt auch antworten und sagte:

Herr Untervogt! Es sollte euch nicht wundern, wie man mit zwo Händen viel arbeiten und doch wenig verdienen könne. Aber wie man mit beiden Händen nichts tun und dabei viel Geld verdienen könne: das sollte euch wundern.

V o g t. Ja, das ist wahr, Scherer! Du solltest es auch probieren. Die Kunst ist: Man legt die Hände auf eine Art und Gattung zusammen, wie's recht ist — denn regnet es Geld zum Dach hinein. —

Der Scherer wagte noch eins und sagte: Nein, Vogt, man wickelt sie wohl unter den zweifarbigten Mantel und sagt die drei Worte. *Es ist so,* bei meinem Eid, *es ist so* — und bei gutem Anlaß streckt man kräftig drei Finger hinauf, zween hinab — *abrakadabra* — und die Säcke strotzen von Geld. —

Das machte den Vogt toll, und er antwortete: Du könntest zaubern, Scherer! Aber das ist nicht anders. Leute von deinem Handwerk müssen notwendig auch Zauber- und Henkerskünste verstehen.

Das war jetzt freilich dem guten Scherer zu rund, und es hat ihn übel gereuet, daß er sich mit dem Vogt eingelassen. Er schwieg auch, ließ den andern reden und seifte mausstill den Mann ein, der ihm saß.

Der Vogt aber fuhr tüchtig fort und sagte: Der Scherer ist ein ausgemachter Herr! er darf unser einem wohl nicht antworten. Er trägt ja Spitzhosen, Stadtschuhe — und am Sonntag Manschetten. Er hat Hände so zart wie ein Junker — und Waden wie ein Stadtschreiber.

Die Bauern liebten den Scherer, hatten das auch schon gehört — und lachten nicht über des Vogts Witz.

Nur der junge Galli, der eben saß, mußte über die Stadtschreiberwaden lachen; denn er kam eben aus der Kanzlei, wo der Spaß mit den Waden just eintraf. Aber der Scherer, dem er sich unter dem Messer bewegte, schnitt ihn in die obere Lippe.

Das machte die Bauern unwillig, daß alle die Köpfe schüttelten.
Und der alte Uli nahm die Tabakspfeife aus dem Munde und sagte:
Vogt! es ist gar nicht recht, daß du da dem Scherer Molest[2]) machest.
Und da die andern sahn, daß der alte Uli sich nicht scheute und das laut sagte, murreten sie auch lauter und sagten:
Der Galli blutet! Ja wir können so dem Scherer nicht ansitzen.
Es ist mir leid, sagte der Vogt, ich will den Schaden wieder gut machen.
Bub! hol drei Flaschen Wein vom guten, der heilt Wunden, ohne daß man ihn warm macht.
Sobald der Vogt vom Wein redte, verlor sich das ernste Murren der Bauern. Einige trauten zwar nicht, daß es Ernst gelte.
Aber Lenk, der in einer Ecke saß, löste ihnen das Rätsel auf und sagte:
Des Vogts Wein hat gestern auf dem Kirchhof so abgeschlagen.
Der Vogt aber nahm jetzt seinen Säckel voll Tabak und legte ihn auf den Tisch.
Und Christen, der Ständlisänger*), forderte ihm zuerst eine Pfeife voll ab.
Er gab sie. Da stunden immer mehrere herbei, und die Stube ward bald voll Rauch vom Stinktabak. Der Vogt aber rauchte vom bessern.
Indessen waren der Scherer und die Nachbaren immer noch still und machten gar nicht viel Wesens. Das schien dem Meister Urias nicht gut. Er ging die Stube hinauf und hinunter und drehete den Zeigefinger über die Nase, wie er es immer macht, wenn ihm sein Krummes nicht grad gehen will.
Es ist verteufelt kalt in der Stube; so in der Kälte richte ich nichts aus, sagt er zu sich selber, geht aus der Stube, gibt der Magd einen Kreuzer, daß sie stärker einheize; und es war bald warm in der Stube. —

§ 8

Wenn man die Räder schmiert, so geht der Wagen

Indessen kömmt der geschwefelte Wein. Gläser, Gläser her, Meister Scherer, ruft der Vogt. Und Frau und Junge bringen bald Gläser's genug.
Die Nachbaren nähern sich sämtlich den Weinkrügen, und der Vogt schenkt ihnen ein.
Jetzt sind der alte Uli und alle Nachbaren wieder zufrieden.
Und des jungen Gallis Wunde ist ja nicht der Rede wert. Wäre der Narr nur still gesessen, so würde ihn der Scherer nicht geschnitten haben.
Nach und nach geht jetzt einem jeden das Maul auf, und lautes Saufgewühl erhebt sich.

*) Bänkelsänger.

Alles lobt wieder den Vogt, und der Mäurer Lienhard, ist jetzt am vordern Tisch ein Schlingel und am hintern ein Bettler.

Da erzählt der eine, wie er sich alle Tage vollsoff und jetzt den Heiligen mache, und der andere, wie er wohl merke, warum die schöne Gertrud und nicht der Mäurer zum jungen Herrn ins Schloß gegangen sei; und wieder ein anderer, wie ihm diese Nacht von der Nase geträumt habe, die der Vogt dem Mäurer nach Verdienen bald drehen werde.

Wie ein garstiger Vogel den Schnabel in Sumpf steckt und sich von fäulendem Kot nährt, so labete Hummel bei dem Gerede der Nachbaren sein arges Herz.

Doch mischet' er sich sehr bedachtsam und ernsthaft in das verworrene Gewühl dieser Säufer und Schwätzer.

Nachbar Richter! sagt er und reicht ihm das Glas dar, das er annimmt: Ihr waret ja selber bei der letzten Rechnung, und noch ein beeidigter Mann. Ihr wisset, daß mir damals der Mäurer dreißig Gulden schuldig geblieben ist. Nun ist's schon ein halbes Jahr; und er hat mir noch keinen Heller bezahlt. — Ich habe auch ihm das Geld nicht einmal gefordert und ihm kein böses Wort gegeben, und doch kann es leicht kommen, ich verliere die Schuld bis auf den letzten Heller.

Das versteht sich, schwuren die Bauern. Du wirst keinen Heller mehr von deinem Geld sehen, und schenkten sich ein.

Der Vogt aber nahm aus seinem Sackkalender die Handschrift des Mäurers, legte sie auf den Tisch und sagte: Da könnet ihr sehen, ob's wahr ist.

Die Bauern beguckten die Handschrift, als ob sie lesen könnten, und sprachen: Das ist ein Schurke, der Mäurer.

Und Christen, der Ständlisänger, der bis jetzt viel und stillschweigend heruntergeschluckt hatte, wischt mit dem Rockärmel das Maul ab, steht auf, hebt sein Glas in die Höhe und ruft:

Es lebe der Herr Untervogt! und alle Kalfaktor[1]) müssen verrecken, so ruft er, trinkt aus, hebt das Glas wieder dem dar, der einschenkt, trinkt wieder aus und singt:

      Der, der dem andern Gruben gräbt,
      Der, der dem andern Stricke legt,
      Und wär er wie der Teufel fein;
      Und wär er noch so hoch am Brett,
      Er fällt, wie man zu sagen pflegt,
      Am Ende selbst in Dr.. hinein —
            In Dr.. hinein —
Juhe,
        Mäurer!
                Juhe! —

§ 9

Von den Rechten im Lande

Nicht so lärmend, Christen! sagte der Vogt; das nützt nichts. Es wäre mir leid, wenn dem Mäurer ein Unglück begegnete. Ich verzeihe es ihm gerne. Er hat's aus Armut getan. Aber das ist schlimm, daß keine Rechte mehr im Land sicher sind.

Die Nachbaren horchten steif, als er von den Rechten im Land redte. Etliche stellten sogar die Gläser beiseits, da sie von den Rechten im Land hörten, und horchten.

Ich bin ein alter Mann, Nachbaren! und mir kann nicht viel dran liegen. Ich habe keine Kinder, und mit mir ist's aus. Aber ihr habt Jungens — Nachbaren! Euch muß an euern Rechten viel gelegen sein.

Ja, unsere Rechte, riefen die Bauern. Ihr seid unser Vogt. Vergebt kein Haar von unsern Rechten.

V o g t. Ja, Nachbaren! Es ist mit dem Wirtsrecht eine Gemeindsache und ein teures Recht um das Wirtsrecht; wir müssen uns wehren.

Etliche wenige Bauern schüttelten die Köpfe und sagten einander leise ins Ohr: Er hat der Gemeind nie nichts nachgefragt. Jetzt will er die Gemeind in den Kot hineinziehen, in dem er steckt.

Aber die mehrern lärmten immer stärker, stürmten und schwuren und fluchten, daß ihnen grad übermorgen Gemeind sein müsse.

Die Verständigern schwiegen und sagten nur ganz still untereinander: wir wollen denn sehen, wenn ihnen der Wein aus dem Kopf sein wird.

Indessen trank der Vogt bedächtlich immer von seinem gesottenen Wasser und fuhr fort, die erhitzten Nachbaren wegen ihren Landesrechten in Sorgen zu setzen.

Ihr wißt alle, sagt' er zu ihnen, wie unser Altvater Rüppli vor zweihundert Jahren mit dem grausamen Ahnherrn dieses Junkers zu kämpfen hatte. —

Dieser alte Rüppli*) (mein Großvater hat es mir tausendmal erzählt) hatte zu seinem liebsten Sprichwort: Wenn die Junker den Bettlern im Dorf höfelen (gute Worte geben), so helf Gott den Bauern. Sie tun das nur, damit sie die Bauern entzweien und denn allein Meister sein. Nachbaren, wir müssen immer nur die Narren im Spiel sein.

B a u e r n. Nichts ist gewisser. Wir müssen immer nur die Narren im Spiel sein.

V o g t. Ja, Nachbaren! Wenn eure Gerichtsmänner nichts mehr zu bedeuten haben, dann habet ihrs gerade wie die Soldaten, denen der Hinterhut[1]) abgeschnitten ist. Der neue Junker ist fein und listig wie der Teufel. Es sähe ihm's

---

*) Rüppli war ein ehrwürdiger Altvater von Bonnal und hatte gegen einen alten Erbherrn von Arnheim sich der Gemeind treulich angenommen und Hab und Gut dran gesetzt, daß das Dorf nicht einen Tag mehr Frondienste tragen müsse. Aber das Sprichwort, das ihm Hummel da in den Mund legt, von dem weiß kein Mensch mit Wahrheit, daß es Rüppli in seinem Leben ein einziges Mal gesagt hätte.

kein Mensch an, und gewiß gibt er ohne gute Gründe keinem Menschen kein gutes Wort. Wenn ihr nur das halbe wüßtet, was ich, ich würde denn nicht nötig haben zu reden. Aber ihr seid doch auch nicht Stocknarren. Ihr werdet wohl etwas merken und auf eurer Hut sein.

Aebi, mit dem es der Vogt abgeredt und dem er ein Zeichen gegeben hatte, antwortete ihm:
Meinst du, Vogt, wir merken den Griff nicht? Er will das Wirtsrecht ins Schloß ziehen.

V o g t. Merkt ihr etwas?

B a u e r n. Ja, bei Gott! Aber wir leiden es nicht. Unsere Kinder sollen ein Wirtshaus haben, das frei ist, wie wir's jetzt haben.

A e b i. Er könnt uns im Schloß die Maß Wein für einen Ducaten verkaufen. Und wir würden Schelmen an unsern Kindern sein.

V o g t. Das ist auch zuviel geredt, Aebi! Auf einen Ducaten kann er die Maß Wein doch nicht bringen.

A e b i. Ja, ja. Schmied und Wagner schlagen auf, daß es ein Grausen ist, und selber das Holz ist zehnmal teurer als vor fünfzig Jahren. Was kannst du sagen, Vogt? So wie alles im Zwang ist, muß alles so steigen. Was kannst du sagen, wie hoch die Maß Wein noch kommen könnte, wenn das Schloß allein ausschenken dürfte? Es ist jetzt schon teufelsteuer wegen dem Umgeld.[2])

V o g t. Es ist so; es ist in allem immer mehr Zwang und Hindernis, und das verteuert alles.

Ja, ja, wenn wir's leiden, sagten die Bauern, lärmten, soffen und drohten. Das Gespräch wurd endlich wildes Gewühl eines tobenden Gesindels, das ich nicht mehr beschreiben kann.

§ 10

Des Scherers Hund sauft Wasser zur Unzeit und verderbt dem Herrn Untervogt ein Spiel, das recht gut stand

Die meisten waren schon tüchtig besoffen. Christen, der Ständlisänger, der neben dem Vogt saß, am stärksten. Dieser schrie einsmals: Laßt mich hervor! Der Vogt und die Nachbaren stunden auf und machten ihm Platz. Aber er schwankte über den Tisch und stieß des Vogts Wasserkrug um. Erschrocken wischt dieser, so geschwind er kann, das verschüttete Wasser vom Tisch ab, damit niemand das Verschüttete auffasse und den Betrug merke. Aber des Scherers Hund, der unter dem Tische war, war durstig, lappete das verschüttete Wasser vom Boden, und unglücklicherweise sah es ein Nachbar, der wehmütig nach dem guten Wein unter dem Tische hinabguckte, daß Hector ihn aufleckte. Er rief dem Vogt: Wunder und Zeichen, Vogt! seit wenn saufen die Hunde Wein?

Du Narr! seit langem, antwortet der Vogt und winkt ihm mit der Hand und mit dem Kopf und stößt ihn mit den Füßen unter dem Tisch, daß er doch schweige. Auch dem Hund gibt er einen Stoß, daß er anderswo hingehe; aber der verstund den Befehl nicht, denn er gehörte dem Scherer; er gab Laut, murrete und leckte denn ferner das verschüttete Wasser vom Boden. Der Herr Untervogt aber erblaßte über diesem Saufen des Hunds; denn es guckten immer mehrere Nachbaren unter den Tisch. Man stieß bald in allen Ecken die Köpfe zusammen und zeigte auf den Hund. Des Scherers Frau nahm jetzt sogar die Scherben des zerbrochenen Kruges vom Boden auf und an die Nase; und da sie nach Wasser rochen, schüttelte sie mächtig den Kopf und sagte laut:

„Das ist nicht schön!"

Nach und nach murmelten die Bauern an allen Ecken: Darhinter steckt was.

Und der Scherer sagte dem Vogt unter die Nase: Vogt! dein schöner Wein ist gesottenes Wasser.

Ist das wahr? riefen die Bauern. Was Teufels ist das, Vogt! warum saufest du Wasser? —

Betroffen antwortete der Vogt: Es ist mir nicht recht wohl; ich muß mich[1]) schonen.

Aber die Bauern glaubten die Antwort nicht — und links und rechts murmelte je länger je mehr alles: Es geht hier nicht recht zu.

Über das klagten jetzt noch einige, es schwindle ihnen von dem Weine, den sie getrunken hätten, und dies sollte von so wenigem nicht sein.

Die zween Vornehmsten aber, die da waren, stunden auf, gaben dem Scherer den Lohn, sprachen: Behüte Gott, Nachbaren! und gingen gegen die Stubentüre[1a]).

So einsmals, ihr Herren, warum so einsmals[2]) aus der Gesellschaft? rief ihnen der Vogt.

Wir haben sonst zu tun, antworteten die Männer und gingen fort.

Der Scherer begleitete sie außer der Stube und sagte zu ihnen: Ich wollte lieber, der Vogt wäre gegangen. Das ist kein Stücklein, bei dem er's gut meint, weder mit dem Wein noch mit dem Wasser.

Wir glauben's auch nicht; sonst würden wir noch dasitzen, antworteten die Männer.

S c h e r e r. Und dieses Saufgefühl kann ich nicht leiden —

D i e M ä n n e r. Du hast auch keine Ursache — Und du könntest noch in Ungelegenheit kommen. Wenn ich dich wäre, setzte der Ältere hinzu, ich bräche selber ab.

Ich darf nicht wohl, antwortete der Scherer.

Es ist nicht mehr die alte Zeit, und du bist doch in deiner Stube etwan noch Meister, sagten die Männer.

Ich will euch folgen, sagte der Scherer und ging wieder in die Stube.

Wo fehlt's diesen Herren, Scherer? daß sie so einsmals aufbrechen? fragte der Vogt.

Und der Scherer antwortete: Es ist mir eben wie ihnen; so ein Gewühl ist nicht artig, und mein Haus ist gar nicht dafür.

Vogt. A ha — ist das die Meinung?
Scherer. Ja wahrlich, Herr Untervogt! ich habe gern eine ruhige Stube.
Dieser Streit aber gefiel den Ehrengästen nicht wohl.
Wir wollen stiller sein, sagte der Eine.
Wir wollen recht tun, sagte der Andere.
Immer gut Freund sein ist Meister, ein Dritter.
Vogt! noch einen Krug — sagte Christen. —
Ha, Nachbaren! ich habe auch eine Stube; wir können den Herrn Scherer gar wohl in Ruhe lassen, sagte der Vogt.
Das wird mir lieb sein, antwortete der Scherer.
Aber die Gemeindsache ist vergessen und das teure Wirtsrecht, Nachbaren! sagte noch durstig Aebi der ältere.
Mir nach, wer nicht falsch ist, rief drohend der Vogt, murrete Donner und Wetter, blickte wild umher, sagte zu niemand „behüte Gott" und schlug die Tür hinter sich zu, daß die Stube zitterte. —
Das ist unverschämt, sagte der Scherer.
Ja, es ist unverschämt, sagten viele Bauern.
Das ist nicht richtig, sagte der jüngere Meyer, ich einmal gehe nicht ins Vogts Haus.
Ich auch nicht, antwortete Läupi —
Nein, der Teufel, ich auch nicht, ich denke an gestern morgen, sagte der Renold. Ich stund zunächst bei ihm und bei Arner, und ich sah wohl, wie es gemeint war.
Die Nachbaren sahn sich einer den andern an, was sie tun wollten; aber die meisten setzten sich wieder und blieben.
Nur Aebi und Christen und noch ein paar Lumpen nahmen des Vogts leere Flaschen ab dem Tische[3]) unter den Arm und gingen ihm nach.
Dieser aber sah jetzt aus seinem Fenster nach der Gasse, die ins Scherers Haus führte, und als ihm lange niemand nachkam, wurd er über sich selber zornig.
Daß ich ein Ochs bin, ein lahmer Ochs. Es ist bald Mittag, und ich habe nichts ausgerichtet. Der Wein ist gesoffen, und jetzt lachen sie mich noch aus. Ich habe mit ihnen gepaperlet wie ein Kind, das noch säugt, und mich herabgelassen wie einer ihresgleichen. Ja, wenn ich's mit diesen Hundskerls im Ernst gut meinte; wenn das, was der Gemeinde nützlich ist, auch mir lieb und recht wäre, oder wenn ich mich zuletzt nur äußerlich mehr gestellt hätte, als ob ich's gut mit ihr meine, denn wäre es angegangen. So eine Gemeinde tanzt im Augenblick nach eines Gescheiten Pfeife, wenn sie denkt, daß man es gut meine. Aber die Zeiten waren gar zu gut für mich. Unter dem Alten fragte ich der Gemeind oder einem Geißbock ungefähr gleichviel nach. Solang ich Vogt bin, war's meine Lust und meine Freude, sie immer nur zu narren, zu beschimpfen und zu meistern, und eigentlich hab ich gut im Sinn, es noch ferner zu tun. Aber darum muß und soll ich sie auch tüchtig drei Schritt vom Leib halten; das Händedrücken, das Herablassen, das Mit-Jedermann-Rat-Halten-und-freundlich-Tun wie ein aller Leute Schwager geht nicht mehr an, wenn man einen zu wohl kennt. Unsereiner muß

still und allein für sich handeln, nur die Leute brauchen, die er kennt, und die Gemeind Gemeind sein lassen. Ein Hirt beratet sich nicht mit den Ochsen; und doch war ich heut Narrs genug und wollte es tun.

Indessen kamen die Männer mit den leeren Flaschen.
Seid ihr allein — wollten die Hunde nicht mit? fragte der Vogt. —
Nein, kein Mensch, antwortete Aebi.
Und der Vogt. Daran liegt viel.
C h r i s t e n. Ja, recht viel, ich denk's auch.
V o g t. Doch möcht ich gern wissen, was sie jetzt miteinander schwätzen und raten. Christen, geh und suche noch mehr Flaschen.
C h r i s t e n. Es sind keine mehr da.
V o g t. Du Narr, das ist gleichviel. Geh nur und suche. Wenn du nichts find'st, so laß dich scheren oder laß zur Ader und wart und horch auf alles, was sie erzählen; überbringst du mir vieles, so sauf ich mit dir bis an den Morgen.
Und du, Löli, du mußt zu des Mäurers ältern Gesellen — dem Joseph, gehen; aber sieh, daß dich niemand merke. Du mußt ihm sagen, daß er zu mir komme in der Mittagsstunde.
Noch ein Glas Wein auf den Weg. Mich dürstet — sagt Löli — ich will dann laufen wie ein Jagdhund und im Blitz wieder da sein.
Gut, sagte der Vogt und gab ihnen noch eins auf den Weg.
Da gingen diese, und die Vögtin stellte den zween andern auch Wein dar zum Trinken.

§ 11
Wohlüberlegte Schelmenprojekte

Der Vogt aber ging staunend in seine Nebenstube und ratschlagte mit sich selber, wenn Joseph kommen werde, wie er's anstellen wolle. Falsch ist er, darauf kann ich zählen; und schlau wie der Teufel. Es stehn viel Taler, die er versoffen, auf seines Meisters Rechnung — aber mein Begehren ist rund. Er wird sich fürchten und mir nicht trauen. - - - Es läutet schon Mittag. Ich will ihm bis zehn Taler bieten; innert drei Wochen fällt der ganze Bestich*) vom Turm herunter, wenn er tut, was ich will. Zehn Taler sollen mich nicht reuen, sagt der Vogt — und da er so mit sich selber redt, kommt Löli und hinter ihm Joseph — sie kamen nicht miteinander, damit man desto weniger Verdacht schöpfe.
Gott grüß dich, Joseph; weiß dein Meister nicht, daß du hier bist?
Joseph antwortete: er ist noch im Schloß, aber er wird auf den Mittag wieder kommen; wenn ich nur um ein Uhr wieder auf der Arbeit sein werde, so wird er nichts merken.

*) Das äußere Pflaster der Mauer.

Gut — Ich habe mit dir zu reden, Joseph! Wir müssen allein sein, sagte der Vogt, führte ihn in die hintere Stube, schloß die Türe zu und stieß den einen Riegel.

Es stunden Schweinefleisch, Würste, Wein und Brot auf dem Tische. Der Vogt nahm zween Stühle, stellte sie zum Tisch und sagte zu Joseph:

Du versäumest dein Mittagessen, halts mit und setze dich.

Das läßt sich tun, antwortete Joseph, setzte sich hin und fragte den Vogt: Herr Vogt! sag er, was will er, ich bin zu seinen Diensten!

Der Vogt antwortete: Auf dein gut Wohlsein, Joseph! trink eins; und denn wiederum: versuch diese Würste, sie sollen gut sein. Warum greifst du nicht zu? Du hast ja sonst teure Zeit genug bei deinem Meister.

J o s e p h. Das wohl — Aber es wird doch jetzt besser kommen, wenn er Schloßarbeit kriegt.

V o g t. Du bist ein Narr, Joseph! Du solltest dir wohl einbilden, wie lange das gehn möchte. Ich wollt's ihm gerne gönnen; aber er ist nicht der Mann zu so etwas. Er hat auch noch nie ein Hauptgebäude gehabt; aber er verläßt sich auf dich, Joseph.

J o s e p h. Das kann sein — Es ist so was.

V o g t. Ich hab' es mir wohl eingebildet und darum mit dir reden wollen. Du könntest mir einen großen Gefallen tun.

J o s e p h. Ich bin zur Aufwart, Herr Untervogt! Auf sein gut Wohlsein! (Er trinkt.)

Es soll dir gelten, Mäurer! sagt der Vogt und legt ihm wieder Würste vor und fährt fort: Es wäre mir lieb, daß das Fundament der Kirchmauer von gehauenen Steinen aus dem Schwendibruch gesetzt würde.

J o s e p h. Potz Blitz, Herr Vogt! das geht nicht an; er versteht das jetzunder nicht. Dieser Stein ist hierzu nicht gut, und zum Fundament taugt er gar nicht.

V o g t. O der Stein ist nicht so schlimm; ich habe ihn schon gar zu viel brauchen gesehn. Er ist, bei Gott! gut, Joseph! Und mir geschähe ein großer Gefallen, wenn diese Steingrube wieder eröffnet würde.

J o s e p h. Vogt! es geht nicht an.

V o g t. Ich will dankbar sein für den Dienst, Joseph!

J o s e p h. Die Mauer ist innert sechs Jahren faul, wenn sie aus diesem Stein gemacht wird.

V o g t. Ach, ich mag von diesem nichts hören; das sind Narreteien.

J o s e p h. Bei Gott, es ist wahr. Es sind am Fundamente zwo Miststätte[1]) und ein ewiger Ablauf von Ställen. Der Stein wird abfaulen wie ein tannenes Brett.

V o g t. Und denn zuletzt, was fragst du darnach, ob die Mauer in zehn Jahren noch gut ist? Du wirst fürchten, der Schloßherr vermöge alsdann keine neue mehr. Tust du, was ich sage, so hast du ein großes, recht großes Trinkgeld zu erwarten.

J o s e p h. Das ist wohl gut; aber wenn der Junker es selber merkte, daß der Stein nichts nütze ist?

V o g t. Wie sollte er das verstehn? davon ist keine Rede.

Joseph. Er weiß in gewissen Sachen viel mehr, als man glauben sollte; du kennst ihn aber besser als ich.

Vogt. Ach! das versteht er nicht.

Joseph. Ich glaub's zuletzt selbst nicht. Der Stein ist dem Ansehen nach sehr schön und zu anderer Arbeit vortrefflich gut.

Vogt. Gib mir deine Hand darauf, daß der Meister die Steine aus diesem Bruche nehmen muß. Tut er's, so kriegst du fünf Taler Trinkgeld.

Joseph. Das ist viel! wenn ich's nur schon hätte!

Vogt. Es ist mir, bei Gott! Ernst. Ich zahle dir fünf Taler, wenn er's tut.

Joseph. Nun, da hat er mein Wort, Herr Vogt. (Er streckt ihm die Hand dar und versprichts ihm's in die Hand.) Es soll so sein, Herr Vogt! wie geredt; was scher ich mich um den Herrn im Schloß!

Vogt. Noch ein Wort, Joseph. Ich habe ein Säckchen voll Zeugs von einem Herrn aus der Apothek. Es soll gut sein, daß der Bestich an den Mauern halte wie Eisen, wenn man's unter den Kalch[2]) mischt. Aber wie es ist mit diesen Spitzhöslerkünsten*), man darf ihnen eben nicht ganz trauen. Ich möchte es lieber an einem fremden Bau als an meinem eigenen versuchen.

Joseph. Das kann ich schon. Ich will's an eines Nachbaren Ecken probieren.

Vogt. Das an einem Ecken probieren, so im Kleinen, ist nie nichts nütze. Man irret sich dabei, wenn's gerät und wenn's fehlt.[3]) Man darf nie trauen und ist nie sicher, wie's denn im Großen kömmt. Ich möchte es am ganzen Kirchturn probieren, Joseph, ist das nicht möglich?

Joseph. Braucht's viel solcher War unter den Kalch?

Vogt. Ich glaub auf ein Fäßlein nur ein paar Pfunde.

Joseph. Dann ist's gar leicht.

Vogt. Willst du mir's tun?

Joseph. Ja freilich.

Vogt. Und schweigen, wenn's fehlt?

Joseph. Es kann nicht übel fehlen, und natürlich schweigt man.

Vogt. Du holest die War allemal bei mir ab, wenn du sie brauchst, und ein Glas Wein dazu.

Joseph. Ich werde nicht ermangeln, Herr Untervogt! Aber ich muß fort. Es hat ein Uhr geschlagen. (Er nimmt das Glas:) Zur schuldigen Dankbarkeit, Herr Untervogt!

Vogt. Du hast nichts zu danken. Wenn du Wort haltest, so kriegst du fünf Taler.

Es soll nicht fehlen, Herr Untervogt! sagt Joseph, steht auf, stellt seinen Stuhl in einen Ecken und sagt dann: Es muß sein, Herr Untervogt! schuldigen Dank; und trinkt jetzt das letzte.

Vogt. Nun, wenn es sein muß, so behüt Gott, Joseph! Es bleibt bei der Abrede.

Da ging Joseph und sagte im Gehen zu sich selber: das ist ein sonderbares

---

*) Spitzhösler sagen die Schweizerbauern den Herren, weil sie nicht große weite Hosen tragen wie sie.

Begehren mit den Steinen und noch sonderbarer mit der War in Kalch. Man probiert so etwas nicht am ganzen Kirchturn. Aber einmal das Trinkgeld soll mir jetzt nicht entwischen. Das, mein' ich, sei richtig, ich mag's denn tun oder nicht.

Das ist gut gegangen, recht gut, sagte der Vogt zu sich selber; besser, als ich geglaubt habe, und noch um den halben Preis. Ich hätte ihm zehn Taler versprochen wie fünfe, wenn er den Handel verstanden hätte. Wie's mich freut, daß der Handel in Ordnung ist! Nein, nein! man muß den Mut nie fallen lassen. Wär' nur auch die Mauer schon außer dem Boden! Geduld! am Montag brechen sie schon Steine dazu. — O du guter Mäurer! Deine Frau hat dir ein böses Fressen gekochet, und du meinst, du sitzest oben auf dem Thron.

§ 12

Haushaltungsfreuden

Der Mäurer Lienhard, der am Morgen früh ins Schloß gegangen war, war nun auch wieder zurück und bei seiner Frau.

Diese hatte geeilt, ihre Samstagsarbeit zu vollenden, ehe ihr Mann wieder zurückkäme. Sie hatte die Kinder gekämmt, ihnen die Haare geflochten, ihre Kleider durchgesehn, die kleine Stube gereiniget und während der Arbeit ihre Lieben ein Lied gelehrt —

Das müßt ihr dem lieben Vater singen, wenn er heimkommen wird, sagte sie den Kindern, und die Kinder lernten gern, was den Vater freuen würde, wenn er heimkäme.

Mitten in ihrer Arbeit, ohne Müh', ohne Versäumnis, ohne Buch sangen sie es der Mutter nach, bis sie es konnten.

Und da der Vater jetzt heimkam, grüßte ihn die Mutter und sang dann, und alle Kinder sangen mit ihr:

> Der du von dem Himmel bist,
> Kummer, Leid und Schmerzen stillest;
> Den, der doppelt elend ist,
> Doppelt mit Erquickung füllest:
>
> Ach! ich bin des Umtriebs müde,*)
> Bangen Schmerzens, wilder Lust!
> Süßer Friede!
> Komm, ach komm in meine Brust.[1]

---

*) Müde von Unruhe und Begierden, von Hoffnung und Sorgen, immer ohne feste innere Zufriedenheit umhergetrieben zu werden.

Goethe und Reiser

Eine Träne schoß Lienhard ins Auge, da die Mutter und die Kinder alle so heiter und ruhig ihm entgegensangen.

Daß euch Gott segne, ihr Lieben! daß dich Gott segne, du Liebe! sagte er mit inniger Bewegung zu ihnen.

Lieber! antwortete Gertrud, die Erde ist ein Himmel, wenn man Friede sucht, recht tut und wenig wünscht.

Lienhard. Wenn ich eine Stunde diesen Himmel des Lebens, den Frieden im Herzen genießen werde, so hast du mir ihn gegeben. Bis in Tod will ich dir danken, daß du mich rettetest, und diese Kinder werden's dir danken, wenn du einst gestorben sein wirst. O Kinder! tut doch immer recht und folget eurer Mutter, so wird's euch wohlgehen.

Gertrud. Du bist doch auch gar zärtlich heute.

Lienhard. Es ist mir auch gutgegangen bei Arner.

Gertrud. Ach, Gott Lob, mein Lieber!

Lienhard. Das ist doch auch ein Mann, der seinesgleichen nicht hat. Frau! daß ich doch auch so ein Kind war und nicht zu ihm gehn durfte.

Gertrud. Daß wir immer auch so hintennach klug werden, mein Lieber! Aber erzähle mir auch, wie es dir bei ihm gegangen ist.

(Sie setzt sich neben ihn hin, nimmt einen Strumpf zum Stricken in die Hand, und er sagt hierauf zu ihr:)

§ 13

Beweis, daß Gertrud ihrem Manne lieb war

Wenn du dich so setzest wie am Sonntag abends zu deiner Bibel, so werde ich dir wohl viel erzählen müssen.
Gertrud. Alles, alles, du Lieber! mußt du mir erzählen.
Lienhard. Ja, ich werde jetzt noch alles so wissen! Aber, aha, mein Trutscheli, es ist Samstag, du hast nicht so gar lang Zeit.
Gertrud lacht: Tu deine Augen auf!
Lienhard sieht sich um: Aha! Bist du schon fertig?
Lise (zwischenein). Sie hat recht geeilt, Vater! Ich und Enne, wir halfen ihr aufräumen. Ist das nicht recht?
Wohl! Es ist mehr als recht, antwortete der Vater.
Aber fang jetzt einmal an zu erzählen, sagte Gertrud.
Und Lienhard: Arner frug mich sogar meines Vaters Namen und die Gasse, wo ich wohne, und das Numero meines Hauses.
Gertrud. O, du erzählest nicht recht, Lienhard! ich weiß, er hat nicht so angefangen.
Lienhard. Warum das nicht, du Schnabel! wie denn anders?
Gertrud. Du hast ihn zuerst gegrüßt, und er hat dann gedankt. Wie habt ihr das gemacht?
Lienhard. Du Hexli! du hast doch recht; ich habe nicht von vornen angefangen.
Gertrud. Gelt, Lieni!
Lienhard. Nun, er frug mich, sobald er mich sah, ob ich ihn nicht mehr fürchtete. Ich bückte mich, so tief und so gut ich konnte, und sagte: Verzeih er mir, gnädiger Herr! Er lachte und ließ mir gleich einen Krug Wein vorsetzen.
Gertrud. Nun, das ist doch wirklich ein ganz andrer Anfang. Warst du fein bald fertig mit dem Krug? Ohne Zweifel.
Lienhard. Nein, Frau. Ich tat so züchtig wie eine Braut, und ich wollte ihn nicht anrühren; aber er verstund's anders. Ich weiß wohl, daß du den Wein auch kennest, schenk dir nur ein, sagte er. Ich tat sachte, was er sagte, trank eins auf sein Wohlsein; aber er sah mich so steif an, daß mir das Glas am Munde zitterte.
Gertrud. Das gute Gewissen, Lieni! das kam dir eben jetzt in die Finger; aber du hast dich doch wieder vom Schrecken erholt?
Lienhard. Ja, und das recht bald. Er war gar liebreich und sagte: Es ist ganz natürlich, daß ein Mann, der stark arbeitet, gern ein Glas Wein trinkt. Es ist ihm auch wohl zu gönnen; aber das ist ein Unglück, wenn einer, anstatt sich mit einem Glas Wein zu erquicken, beim Wein ein Narr wird und nicht mehr an Weib und Kind denkt und an seine alten Tage: Das ist ein Unglück, Lienhard!
Frau! Es ging mir ein Stich ins Herz, als er das sagte. Doch faßte ich mich und antwortete:

Ich wäre in so unglückliche Umstände verwickelt gewesen, daß ich mir in Gottes Namen nicht mehr zu helfen gewußt hätte; und ich hätte, weiß Gott, in der Zeit kein Glas Wein mit einem freudigen Herzen getrunken.

G e r t r u d. Hast du doch das herausbringen können?

L i e n h a r d. Wenn er nicht so liebreich gewesen wäre, ich hätt' es gewiß nicht gekonnt.

G e r t r u d. Was sagte er noch weiter?

L i e n h a r d. Es sei ein Unglück, daß die meisten Armen in ihrer Not mit Leuten anbinden, die sie fliehen sollten wie die Pest. Ich mußte einmal jetzt seufzen; ich glaube, er merkte es, denn er fuhr wie mitleidig fort:

Wenn man es den guten Leuten nur auch beibringen könnte, ehe sie es mit ihrem Schaden lernen. Der Arme ist schon halb errettet, wenn er nur keinem Blutsauger unter die Klauen fällt. Bald hernach fing er wieder an und sagte: es geht mir ans Herz, wenn ich denke, wieviel Arme sich oft im abscheulichsten Elend aufzehren und nicht den Verstand und das Herz haben, ihre Umstände an einem Ort zu entdecken, wo man ihnen herzlich gerne helfen würde, wenn man nur auch recht wüßte, wie sich die Sachen verhalten. Es ist vor Gott nicht zu verantworten, wie du dich Jahr und Tag vom Vogt hast herumschleppen lassen, und wie du Weib und Kind so in Unruhe und Gefahr setzen konntest, ohne auch nur ein einzigmal mich um Rat und Hülfe zu bitten. Mäurer! denke nur auch, wenn deine Frau nicht mehr Herz und Verstand gehabt hätte als du, wo es am Ende mit deinen Sachen hinausgelaufen wäre.

G e r t r u d. Das alles hat er gesagt, ehe er dem Hausnumero nachgefragt hat?

L i e n h a r d. Du hörst es ja wohl.

G e r t r u d. Du hast mir's mit Fleiß nicht sagen wollen; Du!

L i e n h a r d. Es wäre, denk' ich wohl, das Gescheiteste gewesen. Du wirst mir sonst noch gar zu stolz, daß du soviel Herz gehabt hast.

G e r t r u d. Meinst du's, Hausmeister? Ja, ja einmal auf diesen Streich werde ich mir etwas einbilden, solang ich leben werde und solang er uns wohltun wird. Aber was sagte Arner noch weiter?

L i e n h a r d. Er nahm mich wegen dem Bau ins Examen. Es war gut, daß ich noch nicht alles vergessen hatte. Ich mußte ihm alles beim Klafter ausrechnen — und die Fuhren von Kalch und Sand und Steinen auf's Pünktchen ausspitzen.

G e r t r u d. Bist du um keine Nulle verirrt im Rechnen?

L i e n h a r d. Nein, dasmal nicht, du Liebe.

G e r t r u d. Gott Lob!

L i e n h a r d. Jawohl Gott Lob!

G e r t r u d. Ist jetzt alles in der Ordnung?

L i e n h a r d. Ja, recht schön ist's in der Ordnung. — Rate, wieviel hat er mir vorgeschossen? (Er klingelt mit den Talern im Sack und sagt:) Gelt, es ist lang, daß ich nicht so geklingelt habe?

Gertrud seufzt.

L i e n h a r d. Seufze du jetzt nicht, du Liebe! wir wollen hausen und sparen, und wir werden jetzt gewiß nicht mehr in die alte Not kommen.

Gertrud. Ja! Gott im Himmel hat uns geholfen.
Lienhard. Und noch mehr Leuten im Dorf mit uns. Denk! er hat zehn arme Hausväter, die gewiß alle sehr in der Not waren, zu Taglöhnern bei diesem Bau angenommen, und er gibt jedem des Tags 25 Kreuzer. — Du Liebe! du hättest sehn sollen, mit was für Sorgfalt er die Leute ausgewählt hat.
Gertrud. O, sag mir doch das recht!
Lienhard. Ja, wenn ich's jetzt noch so wüßte.
Gertrud. Besinne dich ein wenig.
Lienhard. Nun denn: Er fragte allen armen Hausvätern nach, wieviel Kinder sie hätten, wie groß diese wären; was für Verdienst und Hilfe sie hätten. Dann suchte er die Verdienstlosesten und die, welche am meisten unerzogene Kinder hatten, daraus und sagte zweimal zu mir: Wenn du jemand kennst, der wie du im Drucke ist, so sag es mir. Ich nannte vor allen aus den Hübel Rudi, und der hat jetzt für ein Jahr gewiß Verdienst.
Gertrud. Es ist brav, daß du dem Rudi deine Erdäpfel nicht hast entgelten lassen.
Lienhard. Ich könnte keinem Armen nichts nachtragen, Frau! und diese Haushaltung ist erschrecklich elend. Ich habe den Rudeli erst vor ein paar Tagen wieder bei der Grube angetroffen, und ich tat, als ob ich ihn nicht sähe. Es ging mir ans Herz; er sieht aus wie Teurung und Hunger, und wir hatten doch in Gottes Namen zuletzt noch immer zu essen.
Gertrud. Das ist wohl gut, du Lieber! aber stehlen hilft nicht im Elend; und der Arme, der's tut, kömmt dadurch nur gedoppelt in die Not.
Lienhard. Freilich; aber beim nagenden Hunger Eßwaren vor sich sehen und wissen, wieviel davon in den Gruben verfaulen muß und wie selber alles Vieh davon genug hat, und sie dann doch liegen lassen und sie nicht anrühren: O, Liebe! wieviel braucht's dazu!
Gertrud. Es ist gewiß schwer; aber gewiß muß der Arme es können, oder er ist unausweichlich höchst unglücklich.
Lienhard. O, Liebe! wer würde in seinem Fall es tun? Wer will's von ihm fordern?
Gertrud. Gott! der's vom Armen fordert, gibt ihm Kraft, es zu tun, und bildet ihn durch den Zwang, durch die Not und durch die vielen Leiden seiner Umstände zu der großen Überwindung, zu der er aufgefordert ist. Glaube mir, Lienert! Gott hilft dem Armen so im Verborgenen und gibt ihm Stärke und Verstand, zu tragen, zu leiden und auszuhalten, was schier unglaublich scheint. Wenn's denn durchgestritten, wenn das gute Gewissen bewahrt ist, Lienert! denn ist ihm himmelwohl; viel besser als allen, die nicht Anlaß hatten, soviel zu überwinden.
Lienhard. Ich weiß es, Gertrud! an dir weiß ich's. Ich bin auch nicht blind. Ich sah es oft, wie du in der größesten Not auf Gott trautest und zufrieden warst: aber wenig Menschen sind im Elend wie du, und viele sind wie ich bei dem Drang der Not und des Elends sehr schwach; darum denke ich immer, man sollte mehr tun, um allen Armen Arbeit und Brot zu verschaffen. Ich glaube, sie

würden denn alle auch besser sein, als sie in der Verwirrung ihrer Not und ihres vielen Jammers jetzo sind.

Gertrud. O Lieber! das ist bei weitem nicht so; wenn es nichts als Arbeit und Verdienst brauchte, die Armen glücklich zu machen, so würde bald geholfen sein. Aber das ist nicht so; bei Reichen und bei Armen muß das Herz in Ordnung sein, wenn sie glücklich sein sollen. Und zu diesem Zweck kommen die weit mehrern Menschen eher durch Not und Sorgen als durch Ruhe und Freuden; Gott würde uns sonst wohl gerne lauter Freude gönnen. Da aber die Menschen Glück und Ruhe und Freuden nur alsdenn ertragen können, wenn ihr Herz zu vielen Überwindungen gebildet, standhaft, stark, geduldig und weise ist, so ist offenbar notwendig, daß viel Elend und Not in der Welt sein muß; denn ohne das kömmt bei wenigen Menschen das Herz in Ordnung und zur innern Ruhe. Und wo das mangelt, so ists gleichviel, der Mensch mag Arbeit haben oder nicht; er mag Überfluß haben oder nicht. Der reiche alte Meyer hat, was er will, und steckt alle Tage im Wirtshause. Dabei aber ist er nicht glücklicher als der arme Wächter, der's nicht hat; und ob er gleich auch alle Tage dürstet, dennoch nur dann und wann ein Glas Wein in seinem Winkel findet.

Lienhard seufzte, und Gertrud schwieg auch eine Weile, dann sagte sie: hast du auch nachgesehen, ob die Gesellen arbeiten? Ich muß dir sagen, der Joseph ist heute wieder ins Wirtshaus geschlichen.

Lienhard. Das ist verdrießlich! Gewiß hat ihn der Vogt kommen lassen. Er hat sich eben gar sonderbarlich aufgeführt. Ich bin, ehe ich heimkam, bei ihnen auf der Arbeit gewesen, und wenn er eben aus dem Wirtshaus gekommen ist, so macht mir das, was er gesagt hat, Unruhe; es ist denn nicht aus seinem Hafen.[1])

Gertrud. Was ist's denn?

Lienhard. Er sagte: der Stein aus dem Schwendibruch wäre so vortrefflich zur Kirchmauer, und da ich ihm antwortete, die großen Feldkiesel, die in Menge nahe daherum lägen, wären viel besser, sagte er, ich woll immer ein Narr bleiben und meine Sachen nie recht anstellen. Die Mauer werde von den Schwendisteinen viel schöner und ansehnlicher werden. Ich dachte eben, er sage das aus guter Meinung. Doch hat er so plötzlich von dem Stein angefangen, daß es mich schon da sonderbar dünkte; und wenn er beim Vogt gewesen ist, so steckt gewiß etwas darhinter. Der Schwendistein ist mürb und sandigt und zu dieser Arbeit gar nichts nütze. Wenn das eine Fuchsfalle wäre?

Gertrud. Joseph ist nicht durch und durch gut. Nimm dich in Acht.

Lienhard. Da fangen sie mich nicht. Der Junker will keine Sandsteine an der Mauer haben.

Gertrud. Warum das?

Lienhard. Er sagte, weil unten an der Mauer Miststellen und Abläufe von Ställen wären, so würde der Sandstein faulen und vom Salpeter angefressen werden.

Gertrud. Ist das wahr?

Lienhard. Ja; ich habe selbst einmal in der Fremde an einem Gebäude gearbeitet, da man das ganze Fundament, das von Sandsteinen war, wieder hat wegnehmen müssen.

Gertrud. Daß er das so versteht?

Lienhard. Es verwunderte mich selber, aber er versteht's vollkommen. Er fragte mich auch, wo der beste Sand sei. Ich sagte: im Schachen²) bei der untern Mühlin.

Das ist sehr weit zu führen und bergan, antwortete er; man muß Leute und Vieh schonen. Weißest du keinen, der näher wäre? Ich sagte, es sei gerad oben an der Kirche sehr reiner Sand im Mattenbühl; aber es sei eigentümliches Land³), man müßte die Grube zahlen und könnte nicht anders als durch Matten fahren, wo man einen Abtrag⁴) würde tun müssen. Das schadet nichts, antwortete er, es ist besser, als Sand aus dem Schachen heraufholen. Ja ich muß dir noch etwas erzählen.

Eben da er vom Sand redete, meldete der Knecht den Junker von Oberhofen. Ich glaubte, ich müßte jetzt sagen, ich wollte ihn nicht aufhalten und ein andermal kommen. Er lachte und sagte: Nein, Mäurer! ich mache gern eine Arbeit aus, und erst wenn ich fertig bin, sehe ich dann, wer weiter etwas mit mir wolle. Du kommst mir eben recht mit deinem Abschiednehmen! Es gehört zu deiner alten Ordnung, die aufhören muß, so liederlich bei jedem Anlaß Geschäfte und Arbeit liegen zu lassen.

Ich kratzete hinter den Ohren, Frau! hätte ich nur auch mit meinem Ein-andermal-Kommen, geschwiegen.

Es hat dir auch etwas gehört, sagte Gertrud, und eben rief jemand vor der Türe: Holaho! Ist niemand daheim?

§ 14

Niedriger Eigennutz

Der Mäurer machte die Türe auf, und die Schnabergritte des Siegristen¹) Sohnsfrau und des Vogts Bruder sel. Tochter, kam in die Stube. Nachdem sie den Mäurer und die Frau gegrüßt, dabei aber den Mund nur ein klein wenig aufgetan hatte, sagte sie zu ihm:

Du wirst wohl jetzt nicht mehr unsern schlechten Ofen bestreichen wollen? Lienhard!

Lienhard. Warum denn das nicht, Frau Nachbarin? fehlt etwas daran?

Gritte. Nein, jetzt gar nicht; ich wollte nur in der Zeit fragen, damit ich in der Not wisse, woran ich sei.

Lienhard. Du bist so sorgfältig, Grittli; es hätte aber übel fehlen können.

Gritte. Ja, die Zeiten ändern sich und mit ihnen die Leute auch.

Lienhard. Das ist wohl war; aber Leute zum Ofenbestreichen findet man doch immer.

Gritte. Das ist eben der Vorteil.

Gertrud, die bis jetzt so geschwiegen hatte, nimmt das Brotmesser von der Wand und schneidet von einem altgebachenen Roggenbrot ein zur Nachtsuppe.

Das ist schwarz Brot, sagte Gritte. Es gibt aber jetzt bald bessers, da dein Mann Herr Schloßmäurer geworden ist.

Du bist närrisch, Gritte! Ich will Gott danken, wenn ich mein Lebtag genug solches habe, sagte Gertrud.

Und Gritte: Weiß Brot ist doch besser, und wie sollt's fehlen? Du wirst noch Frau Untervögtin und dann dein Mann vielleicht Herr Untervogt; aber es würde uns dabei übelgehen.

Lienhard. Was willst du mit dem Sticheln? Ich habe das nicht gern; gerade heraus ist Meister, wenn man was hat, das man sagen darf.

Gritte. Ha, Mäurer, das darf ich, wenns sein muß. Mein Mann ist doch auch des Siegristen Tochtermann[2]), und es ist, solange die Kirche steht, nie erhört worden, daß, wenn es Arbeit daran gegeben hat, des Siegristen Leute nicht den Vorzug gehabt hätten.

Lienhard. Und jetzt was weiters?

Gritte. Ja, und jetzt, eben jetzt hat der Untervogt einen Zettel im Haus, darin mehr als ein Dutzend der größten Lumpen aus dem Dorf als Arbeiter bei dem Kirchbau aufgezeichnet sind, und von des Siegristen Leuten steht kein Wort darin.

Lienhard. Aber Frau Nachbarin, was geht das mich an? Hab' ich den Zettel geschrieben?

Gritte. Nein, geschrieben hast du ihn nicht; aber, ich denk wohl, angegeben.

Lienhard. Das wär wohl viel, wenn ich dem Junker seine Zettel angeben müßte.

Gritte. Ha, einmal weiß man, daß du alle Tage im Schloß steckst und gerad heute wieder dort warst. Und wenn du auch berichtet hättest, wie es vor diesem gewesen ist, so wär es beim Alten geblieben.

Lienhard. Du gehst an den Wänden[3]), Gritte, wenn du das glaubst. Arner ist nicht der Mann, der beim Alten bleibt, wenn er glaubt, er könn's mit dem Neuen besser machen.

Gritte. Man sieht's. —

Lienhard. Und zudem wollte er mit dem Verdienst den Armen und Notleidenden aufhelfen.

Gritte. Ja eben will er nur Lumpen- und Bettelgesindel aufhelfen.

Lienhard. Es sind nicht alle Arme Gesindel, Gritte; man muß nie so reden. Es weiß keiner, wie's ihm gehn wird, bis er unter den Boden kommen wird.

Gritte. Eben das ist's. Es muß ein jeder für sein Stück Brot sorgen; und darum tut's uns auch weh, daß man unser so gar vergessen hat.

Lienhard. Ach Gritte! das ist jetzt was anders. Du hast schöne Güter und issest bei deinem Vater, und dieser hat das beste Verdienst im Dorf, und du mußt nicht wie unsere Armen für das tägliche Brot sorgen.

Gritte. Du magst jetzt sagen, was du willst. Es tut einem jeden weh, wenn er glaubt, es gehör ihm etwas, und wenn es ihm dann ein anderer Hund vor dem Maul wegfrißt.
Lienhard. Spare die Hunde, Grittli, wenn du von Menschen redest, sonst findest du einen, der dich beißt. Und wenn du glaubst, das Verdienst gehöre dir, so bist du jung und stark, und so hast du gute Füße und ein gutes Mundstück; du kannst also deine Sache selbst an Ort und Stelle hintragen und anbringen, wo man dir zu deinem Recht verhelfen kann.
Gritte. Großen Dank, Herr Mäurer! für den schönen Rat.
Lienhard. Ich kann keinen bessern geben.
Gritte. Es gibt etwan auch wieder Gelegenheit, den Dienst zu erwidern — Leb wohl, Lienert! —
Lienhard. Leb auch wohl, Gritte! Ich kann dir nicht besser helfen.
Gritte geht fort und Lienhard zu seinen Gesellen.

§ 15

Der klugen Gans entfällt ein Ei; oder eine Dummheit, die ein Glas Wein kostet

Dieser war heute am Morgen nicht so bald aus dem Schloß weg, so sandte Arner den Zettel, auf dem er die Taglöhner aufgeschrieben hatte, durch den Harschier[1]) Flink dem Vogt mit dem Befehl, es ihnen anzuzeigen. Der Harschier brachte den Befehl dem Vogt noch Vormittag; aber bisher waren sonst alle Briefe, die aus dem Schloß an ihn kamen, überschrieben: „An den ehrsamen und bescheidenen, meinen lieben und getreuen Vogt Hummel in Bonnal", und auf diesem stand nur: „An den Vogt Hummel in Bonnal."
Was denkt der verdammte Spritzer, der Schloßschreiber, daß er mir den Titel nicht gibt, wie er mir gehört, sagte der Vogt, sobald er den Bief in die Hände nahm, zu Flink, der ihn überbrachte.
Der Harschier aber antwortete: Besinn dich, Vogt! was du redest. Der Junker hat den Brief selbst überschrieben.
Vogt. Das ist nicht wahr. Ich kenne die Hand des gepuderten Bettelbuben, des Schreibers.
Flink schüttelte den Kopf und sagte: Das ist herzhaft. Ich sah mit meinen Augen, daß der Junker ihn überschrieb; ich stand neben ihm in der Stube, als er's tat.
Vogt. So hab' ich mich denn verdammt geirrt, Flink! Das Wort ist mir so entfahren — Vergiß es und komm, trink ein Glas Wein mit mir in der Stube.
Nimm dich ein andermal in acht, Vogt! Ich mache nicht gern Ungelegenheit,

sonst könnte das geben, sagt Flink — geht mit dem Vogt in die Stube, stellt das kurze Gewehr ab in einen Ecken, läßt sich eins belieben und geht dann wieder fort.

Da machte der Vogt den Brief auf, las ihn und sagte:

Das sind ja alles lauter Lumpen und Bettler, vom ersten bis zum letzten. Donner! wie das denn auch geht. Von meinen Leuten kein einziger als der Schabenmichel! Nicht einmal einen Taglöhner kann ich ihm mehr aufsalzen.[2]) Und jetzt soll ich es ihnen heute noch ansagen; das ist schwere Arbeit für mich. Aber ich will's tun. Es ist noch nicht aller Tage Abend. Gerade jetzt will ich's ansagen und ihnen raten, am Montag ins Schloß zu gehn, dem Junker zu danken. Er kennt von den Burschen nicht einen. Es fehlt nicht, der Mäurer hat sie ihm alle angeraten. Wenn sie denn am Montag ins Schloß kommen und so alle miteinander zerrissen wie Hergeloffene — der eine ohne Schuh, der andre ohne Hut — vor dem Erbherren dastehn: es nimmt mich wunder, ob es dann nichts geben wird, das mir in meinen Kram dient. So ratschlagt er mit sich selber, kleidet sich an und nimmt dann wieder den Zettel zur Hand, um zu sehen, wie einer dem andern in der Nähe wohne, damit er den Weg nicht zweimal gehn müsse.

Der Hübelrudi war zwar nicht der nächste; aber er ging, seitdem er seinem Vater die Brunnenmatte abgerechtiget hatte, nicht mehr gern in sein Haus; denn es stiegen ihm allemal allerhand Gedanken auf, wenn er die armen Leute darin sah. Ich will zuerst geschwind zu dem Pack, sagt er und ging alsobald hin vor[3]) das Fenster.

§ 16

Zieht den Hut ab, Kinder! es folgt ein Sterbbett

Der Hübelrudi saß eben bei seinen vier Kindern. Vor drei Monaten war ihm seine Frau gestorben, und jetzt lag seine Mutter sterbend auf einem Strohsack und sagte zu Rudi:

Suche mir doch Nachmittag etwas Laub in meine Decke, ich friere.

O Mutter! sobald das Feuer im Ofen verloschen sein wird, will ich gehen.

Die Mutter. Hast du auch noch Holz, Rudi? Ich denke wohl, nein; du kannst nicht in den Wald von mir und den Kindern weg. O Rudi! ach ich bin dir zur Last. —

Rudi. O Mutter, Mutter! sag doch das nicht, du bist mir nicht zur Last. Mein Gott! mein Gott! Könnte ich dir nur auch, was du nötig hast, geben. — Du dürstest, du hungerst und klagst nicht. Das geht mir ans Herz, Mutter!

Die Mutter. Gräme dich nicht, Rudi! Meine Schmerzen sind, Gott Lob! nicht groß; und Gott wird bald helfen, und mein Segen wird dir lohnen, was du mir tust.

Rudi. O Mutter! noch nie tat mir meine Armut so weh als jetzt, da ich dir nichts geben und nichts tun kann. Ach Gott! so krank und elend leidest du und trägst du meinen Mangel. —

Die Mutter. Wenn man seinem Ende nahe ist, so braucht man wenig mehr auf Erden, und was man braucht, gibt der Vater im Himmel. Ich danke ihm, Rudi; er stärkt mich in meiner nahen Stunde.

Rudi (in Tränen). Meinst du denn, Mutter! du erholest dich nicht wieder?

Die Mutter. Nein, Rudi! Gewiß nicht.

Rudi. O mein Gott!

Die Mutter. Tröste dich, Rudi! Ich geh ins bessere Leben.

Rudi (schluchzend). O Gott!

Die Mutter. Tröste dich, Rudi! Du warst die Freude meiner Jugend und der Trost meines Alters. Und nun danke ich Gott! Deine Hände werden jetzt bald meine Augen schließen. Dann werde ich zu Gott kommen, und ich will für dich beten, und es wird dir wohlgehen ewiglich. Denk an mich, Rudi. Alles Leiden und aller Jammer dieses Lebens, wenn sie überstanden sind, machen einem nur wohl. Mich tröstet und mir ist wie heilig alles, was ich überstanden habe, so gut als alle Lust und Freude des Lebens. Ich danke Gott für diese frohe Erquickung der Tage meiner Kindheit; aber wenn die Frucht des Lebens im Herbst reifet, und wenn der Baum sich zum Schlafe des Winters entblättert; dann ist das Leiden des Lebens ihm heilig, und die Freuden des Lebens sind ihm nur ein Traum. Denk an mich, Rudi! Es wird dir wohlgehen bei allem deinem Leiden!

Rudi. O Mutter! Liebe Mutter!

Die Mutter. Aber jetzt noch eins, Rudi!

Rudi. Was? Mutter.

Die Mutter. Es liegt mir seit gestern wie ein Stein auf dem Herzen. Ich muß dir's sagen.

Rudi. Was ist's denn, liebe Mutter?

Die Mutter. Ich sah gestern, daß sich der Rudeli hinter meinem Bette versteckte und gebratene Erdäpfel aus seinem Sack aß. Er gab auch seinen Geschwistern, und auch sie aßen verstohlen. Rudi! Diese Erdäpfel sind nicht unser; sonst würde der Junge sie auf den Tisch geworfen und seinen Geschwistern laut gerufen haben, ach! er würde auch mir einen gebracht haben, wie ers tausendmal tat. Es ging mir allemal ans Herz, wenn er so mit etwas auf den Händen zu mir sprang und so herzlich zu mir sagte: Iß auch, Großmutter! O, Rudi! wenn dieser Herzensjunge ein Dieb werden sollte. O Rudi! wie mir dieser Gedanke seit gestern so schwer macht! Wo ist er? Bring mir ihn, ich will mit ihm reden.

Rudi. O ich Elender! (Er läuft geschwind, sucht den Knaben und bringt ihn der Mutter ans Bett.)

Die Mutter setzt sich mühselig zum letztenmal auf, kehrt sich gegen den Knaben, nimmt seine beiden Hände in ihre Arme und senkt das schwache sterbende Haupt hinab auf den Knaben.

Der Kleine weint laut — Großmutter! Was willst du? Du stirbst doch nicht — ach stirb doch nicht, Großmutter!

Sie antwortet gebrochen: Ja, Rudeli! ich werde gewiß bald sterben.

Jesus! ach mein Gott! stirb doch nicht, Großmutter, sagt der Kleine.

Die Kranke verliert den Atem und muß sich niederlegen.

Der Knab und sein Vater zerfließen in Tränen —

Sie erholt sich aber bald wieder und sagt: Es ist mir schon wieder besser, da ich jetzt liege —

Und der Rudeli: Du stirbst doch jetzt nicht mehr, Großmutter!

Die Mutter. Tu doch nicht so, du Lieber! ich sterbe ja gern; und ich werde denn auch zu einem lieben Vater kommen. Wenn du wüßtest, Rudeli! wie es mich freut, daß ich bald zu ihm kommen soll, du würdest dich nicht so betrüben.

Rudeli. Ich will mit dir sterben, Großmutter, wenn du stirbst.

Die Mutter. Nein, Rudeli! du wirst nicht mit mir sterben, du wirst, will's Gott, noch lang leben und brav werden und wenn einst dein Vater alt und schwach sein wird, seine Hilfe und sein Trost sein. Gelt, Rudeli! du willst ihm folgen und brav werden und recht tun? Versprich mir's, du Lieber!

Rudeli. Ja, Großmutter! ich will gewiß recht tun und ihm folgen.

Die Mutter. Rudeli! Der Vater, zu dem ich jetzt bald kommen werde, sieht und hört alles, was wir tun und was wir versprechen! Gelt, Rudeli! du weißt das? und du glaubst es.

Rudeli. Ja, Großmutter! ich weiß es und glaube es.

Die Mutter. Aber warum hast du denn doch gestern hinter meinem Bette verstohlen Erdäpfel gegessen?

Rudeli. Verzeih mir's doch, Großmutter! ich will's nicht mehr tun. Verzeih mir's doch, ich will's gewiß nicht mehr tun, Großmutter!

Die Mutter. Hast du sie gestohlen?

Rudeli (schluchzend). J—j—ja, Großmutter!

Die Mutter. Wem hast du sie gestohlen?

Rudeli. Dem Mäu- Mäu- Mäurer.

Die Mutter. Du mußt zu ihm gehen, Rudeli! und ihn bitten, daß er dir verzeihe.

Rudeli. Großmutter! um Gottes willen, ich darf nicht!

Die Mutter. Du mußt! Rudeli! damit du es ein andermal nicht mehr tust. Ohne Widerrede mußt du gehen! und um Gottes Willen, mein Lieber! wenn dich schon hungert, nimm doch nichts mehr. Gott verläßt niemand; er gibt allemal wieder — O Rudeli! wenn dich schon hungert; wenn du schon nichts hast und nichts weißt, traue auf deinen lieben Gott und stiehl nicht mehr.

Rudeli. Großmutter! Großmutter! ich will gewiß nicht mehr stehlen, wenn mich schon hungert; ich will nicht mehr stehlen.

Die Mutter. Nun, so segne dich denn mein Gott, auf den ich hoffe — und er bewahre dich, du Lieber! Sie drückt ihn an ihr Herz, weinet und sagt dann: Du mußt jetzt zum Mäurer gehen und ihn um Verzeihung bitten. Rudi! gehe doch auch mit ihm — und sag des Mäurers, daß auch ich sie um Verzeihung bitte und daß es mir leid sei, daß ich ihnen die Erdäpfel nicht zurückgeben könne — sag ihnen, ich wollte Gott für sie bitten, daß er ihnen ihr Übriges segne — Es tut mir so wehe — Sie haben das Ihrige auch so nötig — und wenn die Frau nicht so Tag und Nacht arbeitete, sie könnten's bei ihrer großen Haushaltung fast nicht ermachen. Rudi! du arbeitest ihm gern ein paar Tage dafür, daß er das Seinige wieder erhalte.

Rudi. Ach mein Gott! von Herzen gern, meine liebe Mutter!

Da er eben das sagte, klopfte der Vogt ans Fenster.

§ 17

Die kranke Frau handelt vortrefflich

Und die Kranke erkannte ihn an seinem Husten und sagte: O Gott! Rudi! Es ist der Vogt! Gewiß sind das Brot und der Anken[1]), wovon du mir Suppen kochest, noch nicht bezahlt.

Rudi. Um Gottes willen, bekümmere dich nicht, Mutter! Es ist nichts daran gelegen. Ich will ihm arbeiten und in der Ernte schneiden, was er will.

Ach! er wartet dir nicht, sagt die Mutter, und der Rudi geht aus der Stube zum Vogt.

Die Kranke aber seufzet bei sich selber und sagt —

Seit unserm Handel — Gott verzeih ihn dem armen verblendeten Tropf! ist mir immer ein Stich ins Herz gegangen, wenn ich ihn sah — Ach Gott! und in meiner nahen Stunde muß er noch vor mein Fenster kommen und husten — Es ist Gottes Wille, daß ich ihm ganz, daß ich ihm jetzt verzeihe und den letzten Groll überwinde und für seine Seele bete. Ich will es tun.

Gott, du leitetest den Handel! Verzeih ihm. Vater im Himmel! Verzeih ihm. Sie hört jetzt den Vogt laut reden, erschrickt und sagt:

Ach Gott, er ist zornig! O du armer Rudi! Du kommst um meinetwillen unter seine Hände. Sie hört ihn noch einmal reden und sinkt ihn Ohnmacht.

Der Rudeli springt aus der Stube zum Vater und ruft ihm: Vater! Komm doch, komm doch! die Großmutter ist, glaub ich, tot.

Der Rudi antwortete: Herr Jesus! Vogt, ich muß in die Stube.

Und der Vogt: Ja, es tut not; das Unglück wird gar groß sein, wenn die Hexe einmal tot sein wird.

Der Rudi hörte nicht, was er sagte, und war schnell in der Stube.

Die Kranke erholte sich bald wieder, und wie sie die Augen öffnete, sagte sie: Er war zornig, Rudi? Er will dir gewiß nicht warten.

Rudi. Nein, Mutter! es ist etwas recht Gutes. Aber hast du dich auch wieder recht erholet?

Ja, sagt die Mutter, sieht ihn ernsthaft und wehmütig an. Was Gutes kann dieser bringen? Was sagst du? willst du mich trösten und allein leiden? Er hat dir gedrohet!

Rudi. Nein, weiß Gott, Mutter! er hat mir angesagt, ich sei Taglöhner beim Kirchbau; und der Junker zahle einem des Tags 25 Kreuzer.
Die Mutter. Herr Gott! ist das auch wahr?
Rudi. Ja gewiß, Mutter! und es ist da mehr als für ein ganzes Jahr Arbeit.
Die Mutter. Nun ich sterbe leichter, Rudi! Du bist gut, mein lieber Gott. Sei doch bis an ihr Ende ihr guter Gott! Und Rudi, glaub's doch ewig fest:
        Je größer Not,
        Je näher Gott.
Sie schwieg jetzt eine Weile; dann sagte sie wieder:
Ich glaube, es sei mit mir aus — Mein Atem nimmt alle Augenblicke ab — Wir müssen scheiden, Rudi, ich will Abschied nehmen.

Der Rudi bebt, zittert, nimmt seine Kappe ab, fällt auf seine Knie vor dem Bette seiner Mutter, faltet seine Hände, hebt seine Augen gen Himmel und kann vor Tränen und Schluchzen nicht reden.

Dann sagt die Mutter: Fasse Mut, Rudi! zu hoffen aufs ewige Leben, wo wir uns wiedersehen werden. Der Tod ist ein Augenblick, der vorübergeht; ich fürchte ihn nicht. Ich weiß, daß mein Erlöser lebt und daß er, mein Erretter, wird über meinen Staub stehen; und nachdem sich meine Haut wiederum wird über das Gebein gezogen haben, alsdann werde ich in meinem Fleisch Gott sehen. Meine Augen werden ihn sehen und nicht eines andern.

Der Rudi hatte sich jetzt wieder erholt und sagte: so gib mir deinen Segen, Mutter! Wills Gott, komm ich dir auch bald nach ins ewige Leben.
Und dann die Mutter:
Erhöre mich, Vater im Himmel! und gib deinen Segen meinem Kind — meinem Kind, dem Einigen, so du mir gegeben hast und das mir so innig lieb ist — Rudi! mein Gott und mein Erlöser sei mit dir; und wie er Isaak und Jakob um ihres Vaters Abrahams willen Gutes getan hat, ach! so möge er auch, um meines Segens willen, dir Gutes tun die Fülle; daß dein Herz sich wieder erfreue und frohlocke und seinen Namen preise.

Höre mich jetzt, Rudi! und tue, was ich dir sage. Lehre deine Kinder Ordnung und Fleiß, daß sie in der Armut nicht verlegen[2]), unordentlich und liederlich werden. Lehre sie auf Gott im Himmel trauen und bauen und Geschwister aneinander bleiben in Freude und Leid; so wirds ihnen auch in ihrer Armut wohlgehen.

Verzeihe auch dem Vogt, und wenn ich tot und begraben sein werde, so geh zu ihm hin und sage ihm: ich sei mit einem versöhnten Herze gegen ihn gestorben; und wenn Gott meine Bitte erhöre, so werde es ihm wohlgehen, und er werde noch zur Erkenntnis seiner selbst kommen, ehe er von hinnen scheiden werde.

Nach einer Weile sagte dann die Mutter wieder: Rudi! Gib mir meine zwo Bibeln, mein Gebetbuch und eine Schrift, die unter meinem Halstuch in einem Schächtelchen liegt.

Und Rudi stand von seinen Knien auf und brachte alles der Mutter.
Da sagte sie: Bring mir jetzt auch die Kinder alle. Er brachte sie vom Tisch, wo sie saßen und weinten, zu ihrem Bett.
Und auch diese fielen auf ihre Knie vor dem Bette der Mutter.

Da sagte sie zu ihnen: Weinet nicht so, ihr Lieben! Euer Vater im Himmel wird euch erhalten und euch segnen. Ihr waret mir lieb, ihr Teuern! und es tut mir weh, daß ich euch so arm und ohne eine Mutter verlassen muß. — Aber hoffet auf Gott und trauet auf ihn in allem, was euch begegnen wird; so werdet ihr an ihm immer mehr als Vaterhilfe und Muttertreue finden. Denket an mich, ihr Lieben! ich hinterlasse euch zwar nichts; aber ihr waret mir lieb, und ich weiß, daß ich euch auch lieb bin.

Da meine Bibeln und mein Gebetbuch sind fast alles, was ich noch habe; aber haltet es nicht gering, Kinder! Es war in meinem schweren Leben mir tausendmal Trost und Erquickung. Lasset Gottes Wort euch euern Trost sein, Kinder! und euere Freude; und liebet einander und helfet und ratet einander, solang ihr leben werdet; und seid aufrichtig, treu, liebreich und gefällig gegen alle Menschen, so wirds euch wohlgehen im Leben.

Und du, Rudi! behalte dem Betheli die größere und dem Rudeli die kleinere Bibel; und dem Kleinen die zwei Betbücher zum Angedenken von mir.

Ach, dir habe ich keines, Rudi! Aber du hast keines nötig: du vergissest meiner nicht.

Dann ruft sie noch einmal dem Rudeli: Gib mir deine Hand, du Lieber! Gelt, du nimmst doch niemand nichts mehr?

Nein doch auch, Großmutter! glaub mir's doch auch: ich werde gewiß niemand nichts nehmen! sagte der Rudeli mit heißen Tränen.

Nun ich will dir's glauben und zu Gott für dich beten, sagte die Mutter. Sieh Lieber! da geb ich deinem Vater ein Papier, das mir der Herr Pfarrer gab, bei dem ich diente. Wenn du älter sein wirst, so lies es und denk an mich und sei fromm und treu.

Es war ein Zeugnis von dem verstorbenen Pfarrer in Eichstätten, daß die kranke Catherine zehn Jahre bei ihm gedienet und ihm sozusagen geholfen hätte, seine Kinder erziehen, nachdem seine Frau ihm gestorben war; daß der Catherine alles anvertraut gewesen sei und daß sie alles wohl so sorgfältig als seine Frau sel. regiert habe. Der Pfarrer dankt ihr darum und sagt: daß sie wie eine Mutter an seinen Kindern gehandelt habe; und daß er in seinem Leben nicht vergessen werde, was sie in seinem Witwenstand an ihm getan habe. Sie hatte auch wirklich ein beträchtliches Stück Geld in diesem Dienst erworben und solches ihrem sel. Mann an die Matte gegeben, die der Vogt ihnen hernach wieder abprozessiert hat.

Nachdem sie dem Rudi dieses Papier gegeben hatte, sagte sie ferner: Es sind noch zwei gute Hemder da. Gib mir keines von diesen ins Grab; das, so ich trage, ist recht.

Und meinen Rock und meine zwei Fürtücher[3]) lasse, sobald ich tot sein werde, den Kindern verschneiden.

Und dann sagte sie bald darauf: Siehe doch sorgfältig zum Betheli, Rudi! es ist wieder so flüssig.[4]) Halte die Kinder doch immer rein mit Waschen und Strehlen[5]) und suche ihnen doch alle Jahr Ehrenpreis und Hollunder*), ihr Geblüt

*) (Holder) Schweizernamen von blutreinigenden Kräutern.

zu verbessern; sie sind so verderbt. Wenn du's immer kannst, so tue doch ihnen eine Geiß zu den Sommer durch, das Betheli kann sie jetzt hüten — Du dauerst mich, daß du so alleine bist; aber fasse Mut und tue was du kannst. Der Verdienst an dem Kirchbau erleichtert dich jetzt auch wieder — Ich danke Gott auch für dieses.

Die Mutter schwieg jetzt — und der Vater und die Kinder blieben noch eine Weile auf ihren Knien, und der Vater und die Kinder beteten alle Gebete, die sie konnten. Dann stunden sie auf von ihren Knien, und Rudi sagt zu der Mutter: Mutter! ich will dir jetzt auch Laub in die Decke holen.

Sie antwortete: Das hat jetzt nicht Eil, Rudi! Es ist, Gott Lob! jetzt wärmer in der Stube; und du mußt mit dem Kleinen jetzt zum Mäurer.

Und der Rudi winkt dem Betheli aus der Stube und sagt: Gib auf die Großmutter acht, wenn ihr etwas begegnet, so schick das Anneli mir nach; ich werde bei des Mäurers sein.

§ 18

Ein armer Knabe bittet ab, daß er Erdäpfel gestohlen hat, und die Kranke stirbt

Und nahm dann den Kleinen an die Hand und ging mit ihm.

Gertrud war allein bei Hause, als sie kamen, und sah bald, daß der Vater und der Knabe Tränen in den Augen hatten.

Was willst du, Nachbar Rudi? Warum weinest du? warum weint der Kleine? fragte sie liebreich und bot dem Kleinen die Hand.

Ach, Gertrud! Ich bin in einem Unglück, antwortete Rudi — Ich muß zu dir kommen, weil der Rudeli euch etliche Mal aus eurer Grube Erdäpfel genommen hat. Die Großmutter hat's gestern gemerkt, und er hat's ihr bekennt — Verzeih es uns, Gertrud!

Die Großmutter ist auf dem Todbett. Ach, mein Gott! sie hat soeben Abschied bei uns genommen. Ich weiß vor Angst und Sorge nicht, was ich sage. Gertrud! Sie läßt dich auch um Verzeihung bitten.

Es ist mir leid, ich kann sie dir jetzt nicht zurückgeben; aber ich will gern ein paar Tage kommen, dafür zu arbeiten. Verzeih's uns! der Knabe hat's aus dringendem Hunger getan.

Gertrud. Schweig einmal hievon, Rudi! Und du, lieber Kleiner! komm, versprich mir, daß du niemand nichts mehr nehmen willst. Sie küßt ihn und sagt: Du hast eine brave Großmutter, werde doch auch so fromm und brav wie sie.

R u d e l i. Verzeih mir, Frau! ich will, weiß Gott! nicht mehr stehlen.

G e r t r u d. Nein, Kind! tue es nicht mehr; du weißest jetzt noch nicht, wie elend und unglücklich alle Dieben werden. Tue es doch nicht mehr! Und wenn dich hungert, komm lieber zu mir und sag' es mir. Wenn ich kann, ich will dir etwas geben.

R u d i. Ich danke Gott, daß ich jetzt bei der Kirche zu verdienen habe, und hoffe, der Hunger werde ihn nun nicht mehr so bald zu so etwas verleiten.

G e r t r u d. Es hat mich und meinen Mann gefreut, daß der Junker mit dem Verdienst auch an dich gedacht hat.

R u d i. Ach! es freuet mich, daß die Mutter noch den Trost erlebt hat. Sage doch deinem Mann, ich wolle ihm ehrlich und treu arbeiten und früh und spät sein[1]); und ich wolle mir die Erdäpfel doch auch herzlich gern am Lohn abziehen lassen.

G e r t r u d. Von dem ist keine Rede, Rudi! Mein Mann tut das gewiß nicht. Wir sind, Gott Lob! durch den Bau jetzt auch erleichtert. Rudi! ich will mit dir zu deiner Mutter gehn, wenn es so schlimm ist.

Sie füllt dem Rudeli seinen Sack mit dürrem Obst — sagt ihm noch einmal: Du Lieber! nimm doch niemand nichts mehr; und geht dann mit dem Rudi zu seiner Mutter.

Und als er unter einem Nußbaum Laub zusammenlas, die Decke ihres Betts besser zu füllen, half ihm Gertrud Laub aufsammeln, und dann eilten sie zu ihr hin.

Gertrud grüßte die Kranke, nahm ihre Hand und weinte.

Du weinest, Gertrud! sagte die Großmutter; wir sollten weinen. Hast du uns verziehen?

G e r t r u d. Ach! was verziehen, Cathrine! Eure Not geht mir zu Herzen und noch mehr deine Güte und deine Sorgfalt. Gott wird deine Treue und deine Sorgfalt gewiß noch an den Deinigen segnen, du Gute!

C a t h r i n e. Hast du uns verziehen, Gertrud?

G e r t r u d. Schweig doch hievon, Cathrine! Ich wollte, ich könnte dich in etwas in deiner Krankheit erleichtern.

C a t h r i n e. Du bist gut, Gertrud! Ich danke dir; aber Gott wird bald helfen — Rudeli! hast du sie um Verzeihung gebeten? Hat sie's dir verziehen?

R u d e l i. Ja, Großmutter! sieh doch, wie gut sie ist. (Er zeigt ihr den Sack voll dürr Obst.)

Wie ich schlummere, sagte die Großmutter. Hast du sie auch recht um Verzeihung gebeten?

R u d e l i. Ja, Großmutter! Es war mir gewiß Ernst.

C a t h r i n e. Es übernimmt mich ein Schlummer, und es dunkelt vor meinen Augen — Ich muß eilen, Gertrud! sagte sie leise und gebrochen — Ich wollte dich doch noch etwas bitten; aber darf ich? Dieses unglückliche Kind hat dir gestohlen — darf ich dich noch bitten, Gertrud — wenn — — ich tot sein — — — diesen armen — — verlasse - - nen Kindern — — sie sind so verlassen — — Sie streckt die Hand aus — (die Augen sind schon zu) darf ich — — hoffen — — folg ihr — — — Rud — — — Sie verschied, ohne ausreden zu können.

Der Rudi glaubte, sie sei nur entschlafen, und sagte den Kindern; Rede keins kein Wort, sie schläft; wenn sie sich auch wieder erholte!

Gertrud aber vermutete, daß es der Tod sei, und sagt es dem Rudi.
Wie jetzt dieser und wie alle Kleinen die Hände zusammenschlugen und trostlos waren, das kann ich nicht beschreiben — Leser — Laß mich schweigen und weinen; denn es geht mir ans Herz — wie die Menschheit im Staube der Erden zur Unsterblichkeit reifet und wie sie im Prunk und Tand der Erden unreif verwelket.

Wäge doch, Menschheit! wäge doch den Wert des Lebens auf dem Todbette des Menschen — und du, der du den Armen verachtest, bemitleidest und nicht kennest — sage mir, ob der also sterben kann, der unglücklich gelebt hat. Aber ich schweige; ich will euch nicht lehren, Menschen! Ich hätte nur dies gern, daß ihr selber die Augen auftätet und selbst umsähet, wo Glück und Unglück, Segen und Unsegen in der Welt ist.

Gertrud tröstete den armen Rudi und sagte ihm noch den letzten Wunsch der edeln Mutter, den er in seinem Jammer nicht gehört hatte.

Der Rudi nimmt treuherzig ihre Hand — Wie mich die liebe Mutter reuet! wie sie so gut war! Gertrud! gelt, du willst auch an ihre Bitte denken?

Gertrud. Ich müßte ein Herz haben wie Stein, wenn ich's vergessen könnte. Ich will an deinen Kindern tun, was ich kann.

Rudi. Ach! Gott wird dir's vergelten, was du an uns tun wirst.

Gertrud kehrt sich gegen das Fenster, wischt ihre Tränen vom Angesicht, hebt ihre Augen gen Himmel, seufzet, nimmt dann den Rudeli und seine Geschwister, eins nach dem andern mit warmen Tränen, besorgt die Tote zum Grabe und geht erst, nachdem sie alles, was nötig war, getan hatte, wieder in ihre Hütte.

§ 19

Guter Mut tröstet, heitert auf und hilft; Kummerhaftigkeit aber plagt nur

Der Untervogt, der zuerst zu Rudi gegangen war, ging von ihm weg zu den übrigen Taglöhnern, und zuerst zu Jogli Bär. Dieser spaltete eben Holz, sang und pfiff beim Scheitstock[1]); als er aber den Vogt sah, machte er große Augen: Wenn du Geld willst, Vogt, so ist nichts da.

Vogt. Du singst und pfeifst ja wie die Vögel im Hanfsamen; wie könnt's dir am Geld fehlen?

Bär. Wenn Heulen Brot gäbe, ich würde nicht pfeifen; aber im Ernst, was willst du?

Nichts als dir sagen, du seist Handlanger beim Kirchbau und habest des Tages fünfundzwanzig Kreuzer.

Bär. Ist das auch wahr?

Vogt. Im Ernst. Du sollst am Montag ins Schloß kommen.

Bär.[2]) Wenn's Ernst ist, so sag ich schuldigen Dank, Herr Untervogt! Da siehest du jetzt, warum ich heute singen und pfeifen mag. Lachend ging der Vogt von ihm weg und sagte im Gehen: Keine Stunde in meinem Leben ist mir so wohl als diesem Bettler.

Der Bär aber ging in seine Stube zu seinem Weib. Ha, nur immer gutes Muts! Unser lieber Herrgott meint's immer noch gut, Frau! ich bin Taglöhner am Kirchbau.

Frau. Ja, es wird lange gehen, bis es an dich kommen wird. Du hast immer den Sack voll Trost; aber nie Brot.

Bär. Das Brot soll nicht fehlen, wenn ich einst den Taglohn haben werde.

Frau. Aber der Taglohn kann fehlen.

Bär. Nein, mein Sack nicht. Arner zahlt die Taglöhner brav; das wird nicht fehlen.

Frau. Spaßest du, oder ist's wahr mit dem Bau?

Bär. Der Vogt kommt soeben und sagte: ich müsse am Montag mit den Taglöhnern, die an der Kirche arbeiten, ins Schloß; also kann's doch nicht wohl fehlen.

Frau. Das wär doch auch! Gott Lob! wenn ich einst eine ruhige Stunde hoffen könnte.

Bär. Du sollt deren noch recht viele haben; ich freue mich wie ein Kind darauf. Du bist denn auch nicht mehr bös, wenn ich munter und lustig heimkomme; ich will dir den Wochenlohn allemal bis auf den Kreuzer heimbringen, sobald ich ihn haben werde. Es würde mich nicht mehr freuen zu leben, wenn ich nicht hoffen dürfte, es werde auch noch eine Zeit kommen, in der du mit Freuden denken werdest, du habest doch einen braven Mann, wenn schon dein Gütlein in meinen armen Händen so stark abgenommen hat. Verzeih mir's! will's Gott, bring ich noch was rechtes davon wieder ein.

Frau. Dein guter Mut macht mir Freude; aber ich denke und fürchte doch immer, es sei Liederlichkeit.

Bär. Was versäume ich denn? oder was vertue ich?

Frau. Ich sage das eben nicht: aber es ist dir nie schwer, wenn schon kein Brot da ist.

Bär. Aber kommt denn Brot, wenn ich mich gräme?

Frau. Ich kann's in Gottes Namen nicht ändern, mir ist einmal immer schwer.

Bär. Fasse Mut, Frau! und muntre dich auf, es wird dir wohl auch wieder leichter werden.

Frau. Ja, jetzt hast du noch keinen ganzen Rock am Montag ins Schloß.

Bär. O, so geh ich mit dem halben. Du hast immer Sorgen, sagte er; ging sodann wieder zu seinem Scheitstock und spaltete Holz, bis es dunkel wurd.

Von diesem weg geht der Vogt zu Läupi, der war nicht bei Hause; da sagte er es dem Hügli, seinem Nachbar, und ging dann zu Hans Leemann.

§ 20

Dummer, zeitverderbender Vorwitz hat den Mann zum Müßiggang verführt

Er stund vor seiner Haustüre, gaffte umher, sah den Vogt von ferne, sagte zu sich selber: da gibt's was Neues, und rief ihm: Wo hinaus, Herr Untervogt! so nahe auf mich zu?
Vogt. Sogar zu dir selber, Leemann.
Leemann. Das wäre mir viel Ehre, Vogt! aber sage mir doch, was macht des Mäurers Frau? Tut sie ihren Mund noch so weit auf wie vorgestern auf dem Kirchhof? das war eine Hexe, Vogt!
Vogt. Du kannst so was sagen, du! Du bist jetzt Handlanger bei ihrem Mann.
Leemann. Weißest sonst nichts Neues, daß du so mit dem kommst?
Vogt. Nein, es ist mir Ernst! und ich komme auf Befehl aus dem Schloß, es dir anzusagen.
Leemann. Wie komm' ich zu dieser Ehre? Herr Untervogt!
Vogt. Es dünkt mich im Schlaf.
Leemann. Ich werde wohl darob erwachen, wenn's wahr ist. Um welche Zeit muß man an die Arbeit?
Vogt. Ich denk', am Morgen.
Leemann. Und am Abend denkst du auch wieder davon. Wieviel sind unser, Herr Untervogt?
Vogt. Es sind zehen.
Leemann. Sag mir doch, es wundert mich, welche?
Der Vogt sagt ihm einen nach dem andern daher.
Zwischenein fragt Leemann mehr als von zwanzigen: der nicht, der auch nicht? Ich versäume mich, sagte endlich der Vogt und geht weiter.

§ 21

Undank und Neid

Von ihm weg geht der Vogt zu Jögli Lenk. Dieser lag auf der Ofenbank; er rauchte seine Pfeife, die Frau spinnte, und fünf halb nackende Kinder lagen um den Ofen.
Der Vogt sagt ihm kurz den Bericht. Lenk nimmt die Pfeife aus dem Munde und antwortet: Das ist wohl viel, daß auch einmal etwas Gutes an mich kommt. Sonst war ich, solang ich lebe, vor allem Guten sicher.
Vogt. Lenk! eben noch viel Leute, denk ich, mit dir.

Lenk. Ist mein Bruder auch unter den Taglöhnern?
Vogt. Nein.
Lenk. Wer sind die andern?
Der Vogt nennet sie.
Lenk. Mein Bruder ist doch ein viel besserer Arbeiter als der Rudi, der Bär und der Marx; vom Kriecher mag ich nicht reden. Es ist bei Gott außer mir kein einziger unter allen zehen nur ein halb so guter Arbeiter als er. Vogt! könntest du nicht machen, daß er auch kommen müßte?
Ich weiß nicht, sagt der Vogt, bricht das Gespräch ab und geht.
Die Frau bei der Kunkel[1]) schwieg, solange der Vogt da war; aber das Gespräch tat ihr im Herzen weh; und sobald der Vogt fort war, sagte sie dem Mann:
Du bist undankbar gegen Gott und Menschen. Da dir Gott in der tiefsten Not Hilfe und Rat zeigt, verleumdest du deine Nachbaren, denen Gott eben das Gute tut, das er dir tun will.
Lenk. Ich werde meinen Batzen verdienen müssen und ihn eben nicht umsonst bekommen.
Frau. Aber bis jetzt hattest du gar nichts zu verdienen.
Lenk. Aber auch keine Mühe!
Frau. Und deine Kinder kein Brot.
Lenk. Aber ich, was hatte ich mehr als ihr? sagte der Limmel. Die Frau schwieg und weinte bittere Tränen.

§ 22

Die Qualen des Meineids lassen sich nicht mit spitzfindigen Künsten ersticken

Vom Lenk weg geht der Vogt zum Kriecher und trifft im Dahingehen unversehens den Hans Wüst an.
Wenn er ihn von ferne gesehn hätte, so würde er ihm ausgewichen sein; denn seit des Rudis Handel klopfte dem Vogt und dem Wüst beiden das Herz, wo sie einander trafen; aber unversehens stieß der Vogt am Ecken von der Seitenstraße beim untern Brunnen hart auf diesen an.
Bist du's? sagte der Vogt. Ja, ich bin's, antwortete Wüst.
Vogt. Warum kommst du nicht mehr zu mir? und denkest auch gar nicht an das Geld, das ich dir geliehen habe?
Wüst. Ich habe jetzt kein Geld. Und wenn ich zurückdenke, so fürchte ich, es sei nur zu teuer bezahlt, dein Geld.
Vogt. Du redetest doch nicht so, da ich dir's gab, Wüst! und so ist doch bös dienen.

Wüst. Ja, dienen, das ist etwas; aber dienen, daß einem hernach auf Gottes Erdboden keine Stunde mehr wohl ist, das ist etwas anders.

Vogt. Rede nicht so, Wüst! Du hast nichts ausgesagt, als was wahr ist.

Wüst. Du sagst freilich das immer; aber immer ist mir in meinem Herzen, ich habe falsch geschworen.

Vogt. Das ist nicht wahr, Wüst! es ist auf meine Seele nicht wahr. Du beschwurest nur, was dir vorgelesen wurde, und das war unverfänglich geschrieben. Ich habe dir's mehr als hundertmal vorgelesen, und du sahst es ein wie ich und sagtest mir allemal: ja, dazu kann ich schwören! War das nicht ehrlich und geradezu? Was willst du jetzt mit deinem Hinten-nach-Grämen? Aber es ist dir nur um die Schuld; du denkst, wenn du so redest, ich warte dir noch länger.

Wüst. Nein, Vogt! da irrest du. Wenn ich das Geld hätte, so würde ich es dir in diesem Augenblick hinwerfen, damit ich dich nicht wieder sehe; denn mein Herz klopft mir, sooft ich dich erblicke.

Du bist ein Narr, sagte der Vogt; aber auch ihm klopfte das Herz.

Wüst. Ich sah es auch lang an, wie du vorsagtest; aber es gefiel mir doch gerad im Anfange nicht, daß es mich dünkte, der Junker habe so geredt, als ob er's anders verstanden hätte.

Vogt. Es geht dich ganz und gar nichts an, was der Junker mündlich geredt hat. Du schwurst nur auf den Zettel, den man dir vorlas.

Wüst. Aber er hat doch darauf geurteilt, wie er ihn mündlich verstanden hat.

Vogt. Wenn der Junker ein Narr war, so seh er zu, was geht das dich an? Er hatte ja den Zettel vor sich. Und wenn er ihm nicht deutlich gewesen wäre, so hätte er ihn ja anders schreiben lassen können.

Wüst. Ich weiß wohl, daß du mir es allemal wieder ausreden kannst. Aber das macht mir nicht wohl im Herzen; und auf die Communion ist mir immer gar zu entsetzlich, daß ich versinken möchte. Vogt! O, daß ich dir nie schuldig gewesen wäre! O, daß ich dich nie gekannt hätte oder daß ich gestorben wäre am Tage, ehe ich den Eid tat!

Vogt. Aber um Gottes willen, Wüst! Quäle dich nicht so; es ist Narrheit. Denke doch nur auch allen Umständen nach; wir gingen bedächtlich; in deiner Gegenwart fragte ich den Vicari deutlich und klar: Muß dann der Wüst etwas anders beschwören, als im Zettel steht? sagt es ihm doch, er versteht es nicht recht. Weißest du noch, was er geantwortet?

Wüst. Ja, aber dann ist's ‒ ‒

Vogt. Ja, er sagte doch mit ausdrücklichen Worten: Der Wüst muß kein Haar mehr beschwören, als im Zettel steht. Sagte er nicht genau diese Worte?

Wüst. Ja, aber dann ist's[1]), wann er das gesagt hat!

Vogt. Was aber dann ist's? Ist dir das auch nicht genug?

Wüst. Nein, Vogt! ich will nur heraus reden, es muß doch sein. Der Vicari war dir schuldig wie ich; und du weißest, was er für ein Held war und wie er allen Huren nachzog. Es mag mich also wenig trösten, was so ein leichtsinniger Tropf zu mir sagte.

Vogt. Sein Leben geht dich nichts an; aber die Lehre verstund er doch, das weißest du.

Wüst. Nein, ich weiß das nicht; aber das weiß ich, daß er nichts taugte.

Vogt. Aber das geht dich nichts an.

Wüst. Ha, es ist mit dem so; wenn ich einen Menschen in einem Stück als sehr schlimm und gottlos kenne, so darf ich ihm in allem andern eben auch nicht viel Gutes zutrauen. Deshalben fürchte ich, der Taugenichts, dein Herr Vicari, habe mich eingeschläfert, und das würde mich denn doch so etwas angehen.

Vogt. Lasse diese Gedanken fahren, Wüst! Du schwurst auf nichts, als was wahr war.

Wüst. Ich dachte lang auch so; aber es ist aus; ich kann mein Herz nicht mehr betören. Der arme Rudi! wo ich gehe und stehe, sehe ich ihn vor mir. Der arme Rudi! wie er im Elend und Hunger und Mangel gegen mich zu Gott seufzet. O! o seine Kinder, sie serben[2]), sind gelb, krumm und schwarz wie Zigeuner. Sie waren schön und blüheten wie Engel, und mein Eid brachte sie zu um ihre Matte.

Vogt. Ich hatte recht, es war, wie ich sagte; und jetzt hat der Rudi Arbeit beim Kirchbau, daß er auch wieder zurechtkommt.

Wüst. Was geht das mich an; hätte ich nicht geschworen, mir würde gleichviel sein, ob der Rudi reich wäre oder ein Bettler.

Vogt. Laß dich doch das nicht anfechten! ich hatte recht.

Wüst. Nicht anfechten? — Ja, Vogt! Hätt ich ihm sein Haus erbrochen und all sein Gut gestohlen, es würde mir noch besser zumute sein. O, Vogt! daß ich das getan habe. O, o! Es ist wieder bald heilige Zeit! O, wär ich doch tausend Klafter unter dem Boden!

Vogt. Um Gottes willen, Wüst! tue doch nicht so auf der offenen Straße vor den Leuten, wenn's auch jemand hörte! Du plagest dich mit deiner Dummheit: Alles, was du schwurst, ist wahr!

Wüst. Dummheit hin und Dummheit her. Hätte ich nicht geschworen, so hätte der Rudi noch seine Matte.

Vogt. Aber du hast sie ihm doch nicht abgesprochen, und mir hast du sie nicht zuerkannt! Was geht's also in's Teufels Namen zuletzt dich an, wem die Matte sei.

Wüst. Nichts geh's mich an, wem die Matte sei; aber daß ich falsch geschworen habe, das geht mich leider, Gott erbarm, an.

Vogt. Aber das ist nicht wahr, du hast nicht falsch geschworen; das, worauf du schwurst, war wahr.

Wüst. Aber das ist nur verdreht; ich sagte dem Junker nicht, wie ich die Schrift verstund; und er verstunde sie anders, du magst sagen, was du willst. Ich weiß! ich empfinde es in mir selber. Ich war ein Judas und ein Verräter; und mein Eid, Worte hin und Worte her, war Meineid.

Vogt. Du dauerst mich, Wüst! mit deinem Unverstand; aber du bist krank; du siehst ja aus, wie wenn du aus dem Grabe kämest; und wenn's einem nicht wohl ist, so sieht man alles anders an, als es ist. Beruhige dich, Wüst! Komm mit mir heim und trink ein Glas Wein mit mir!

Wüst. Ich mag nicht, Vogt! mich erquickt nichts mehr auf Erden.
Vogt. Beruhige dich, Wüst! Schlag es doch jetzt aus dem Kopf und vergiß es, bis du wieder gesund sein wirst. Du wirst dann wohl wieder sehen, daß ich recht habe; und ich will dir deine Handschrift zerreißen, es macht dich vielleicht auch ruhiger.
Wüst. Nein, Vogt! Behalte die Handschrift. Sollte ich vor Hunger mein Fleisch fressen, so werd ich dir die Schuld bezahlen. Ich will kein Blutgeld auf meiner Seele. Hast du mich betrogen, hat mich der Vicari eingeschläfert, so wird vielleicht Gott noch mir verzeihen; ich meinte nicht, daß es so kommen würde.
Vogt. Nimm diese Handschrift, Wüst! sieh, ich zerreiße sie vor deinen Augen, und ich nehme es auf mich, daß ich recht hatte. Sei doch ruhig!
Wüst. Nimm auf dich, was du willst, Vogt! ich werde dir die Schuld zahlen. Übermorgen verkauf ich meinen Sonntagsrock und werde dir die Schuld zahlen.
Vogt. Besinne dich eines Bessern, du irrest dich in Gottes Namen; aber ich muß einmal weiter.
Wüst. Gott Lob! daß du gehst; bliebest du länger, ich würde außer mir selber kommen vor deinen Augen.
Vogt. Beruhige dich, Wüst, in Gottes Namen!
Sie gingen jetzt voneinander.
Der Vogt aber, der allein war, mußte, so sehr er auch nicht wollte, doch bei sich selber seufzen und sagte: daß mir jetzt auch das noch hat begegnen müssen; ich hatte doch heut sonst genug.
Er verhärtete sich aber bald wieder und sagte dann weiter:
Der arme Schelm dauert mich, wie er sich plagt! Aber er hat nicht recht, es geht ihn nichts an, wie ihn der Richter verstanden hat. Der Teufel möchte Eide schwören, wenn man den Sinn so genau und so scharf herausklauben wollte. Ich weiß auch, wie andere Leute, und eben die, so das am besten verstehen müssen, den Eid nach ihren Auslegungen nehmen und ruhig sind, wo ein jeder anderer armer Schelm, der wie der Wüst denkt, meinen müßte, er sähe mit seinen Augen sonnenklar, daß sie ihn verdrehen; und doch wollte ich, ich hätte diese Gedanken jetzt aus dem Kopf, sie machen mich verdrießlich. Ich will zurück und ein Glas Wein trinken. So sagte er und tat treulich, was er gesagt hatte.

§ 23

Ein Heuchler und eine leidende Frau

Er ging sodann zum Felix Kriecher. Das war ein Kerl, der immer umherging wie die Geduld selbst, wenn sie im tiefsten Leiden schmachtet. Vor dem Scherer, dem Vogt und dem Müller und vor einem jeden Fremden bückte er sich so tief als vor dem Pfarrer, und diesem ging er in alle Wochenpredigten und in alle

Singstunden am Sonntag abends. Dafür erhielt er aber auch dann und wann ein Glas Wein und durfte er zuweilen, wenn er recht spät kam und nahe genug zustande, auch zum Nachtessen bleiben. Mit den Pietisten im Dorf aber kam er nicht zurecht, ob ers gleich sorgfältig versuchte; denn er wollte um ihrentwillen es mit den andern auch nicht verderben, und das geht bei den Pietisten nicht an; sie leidens nicht an ihren Schülern, daß sie auf beiden Achseln tragen, und so ward er, trotz allem Anschein von Demut, trotz aller ausgelernten Heuchlerkunst und trotz seines geistlichen Hochmuts, welches sonst alles bei den Pietisten gar wohl empfiehlt, ausgeschlossen.

Neben diesen äußerlichen und öffentlich bekannten Eigenschaften hatte er auch noch einige andre, zwar nur zum stillen Gebrauch seines häuslichen Lebens; aber doch muß ich sie auch erzählen.

Er war mit seiner Frau und mit seinen Kindern ein Teufel. In der äußersten Armut wünschet er immer etwas Gutes zu essen, und wenn er's dann nicht hatte, so lag ihm alles nicht recht; bald waren die Kinder nicht recht gekämmt, bald nicht recht gewaschen, und so tausenderlei; und wenn er nichts fand zum Zanken, so sah ihn etwan das kleine vierteljährige sauer an, dann gab er ihm tüchtig auf die kleinen Hände, daß es Respekt lerne.

Du bist ein Narr! sagte ihm einst bei einem solchen Anlasse die Frau, und sie hatte freilich recht und nicht mehr als die reine Wahrheit geredt; aber er stieße sie mit den Füßen; sie wollte entfliehn und fiel unter der Türe zwei Löcher in den Kopf. Ob diesen Löchern ist der Nachbar erschrocken, denn er dachte weislich in seinem Sinn: der zerschlagene Kopf könne sein Leben ruchtbar machen.

Und wie alle Heuchler im Schrecken sich biegen und schmiegen und krümmen, so krümmte und schmiegte sich damals auch Kriecher; er bat die Frau auf seinen Knien und um tausend Gottes Willen, zwar nicht, daß sie es ihm verzeihe, sondern nur, daß sie es niemand sage.

Sie tat es und litte geduldig die Schmerzen einer starken Verwundung und sagte zum Scherer und zu den Nachbarn, sie sei von der Bühne gefallen; diese glaubten ihr zwar nicht alle, und ach, die gute Frau! sie hätte es vorher denken sollen. Kein Heuchler war je dankbar, kein Heuchler hält sein Wort, sie hätte ihm also nicht glauben sollen. Doch was sage ich! sie hatte das alles wohl gewußt, aber dabei an ihre Kinder gedacht und empfunden, daß niemand als Gott sein Herz ändern könne und daß also alles Gerede unter den Leuten umsonst sein würde, die brave Frau! Ach! daß sie nicht glücklicher ist — O daß ihr Herz alle Tage Kränkungen von ihm leiden muß!

Sie schweigt und betet zu Gott und dankt ihm für die Prüfungen der Leiden.

O Ewigkeit! wenn du einst enthüllest die Wege Gottes und den Segen der Menschen, die Gott durch Leiden, Elend und Jammer so in ihrem Innern Stärke, Geduld und Weisheit lehrt, o Ewigkeit! wie wirst du die Geprüfte erhöhen, die du hier so erniedriget hast!

Kriecher hatte das Loch im Kopf vergessen, fast eh als es wieder geheilet war, und er ist immer der gleiche. Er kränkt und plagt die Frau ohne Ursach und Anlaß alle Tage, und er verbittert ihr das Leben. Eine Viertelstunde ehe der

Vogt kam, hatte die Katze die Öllampe vom Ofen heruntergeworfen, und ein paar Tropfen gingen verloren. Du Laster! hättest du sie besser versorgt, sagte er mit seiner gewöhnten Wut zur Frau; du kannst jetzt im Finstern sitzen und das Feuer mit Kühkot anzünden, du Hornvieh!

Die Frau antwortete kein Wort; aber häufig flossen die Tränen von ihren Wangen, und die Kinder in allen Ecken weinten wie die Mutter.

Soeben klopfte der Vogt an.

Schweigt doch! um aller Liebe willen, schweigt doch! Was will's geben, der Vogt ist vor der Türe, sagt Kriecher; wischt den Kindern mit seinem Schnupftuch geschwind die Tränen vom Backen; droht ihnen: wenn eines nur noch muckset, so sehet zu, wie ich's zerhauen werde; öffnet dann dem Vogt die Türe, bückt sich und fragt ihn: was habt ihr zu befehlen, Herr Untervogt? Der Vogt sagt ihm kurz den Bericht.

Kriecher aber, der bei der Türe die Ohren spitzt und niemand mehr weinen hört, antwortet dem Vogt: kommt doch in die Stube, Herr Untervogt! ich will's doch auch geschwind meiner lieben Frau sagen, wie ein großes Glück mir widerfahre. Der Vogt geht mit ihm in die Stube, und Kriecher sagt seiner Frau:

Der Herr Untervogt bringt mir eben die glückliche Botschaft, daß ich an dem Kirchbau Anteil habe, und das ist eine große Gnade, für die ich nicht genug danken kann.

Die Frau antwortet: Ich danke Gott! (Ein Seufzer entfährt ihr.)

Vogt. Fehlt deiner Frau etwas?

Kriecher. Es ist ihr leider die Zeit her nicht gar wohl, Herr Untervogt! Seitwärts blickte er zornig und drohend gegen die Frau.

Vogt. Ich muß wieder gehen. Gute Besserung, Frau!

Frau. Behüt euch Gott, Herr Untervogt!

Kriecher. Seid doch auch so gut und danket dem gnädigen Herrn in meinem Namen für diese Gnade, wenn ich beten darf, Herr Untervogt!

Vogt. Du kannst es selber tun.

Kriecher. Ihr habt auch recht, Herr Untervogt! Es war unverschämt von mir, daß ich euch drum bat. Ich will nächster Tagen expreß ins Schloß gehn; es ist meine Schuldigkeit.

Vogt. Am Montag morgens gehn die andern alle, und ich denke, du werdest wohl mitgehn können.

Kriecher. Natürlich, Herr Untervogt! Ja, freilich. Ich wußte es nur nicht, daß sie auch gingen.

Vogt. Behüt euch Gott, Kriecher!

Kriecher. Ich sag euch schuldigen Dank, Herr Untervogt!

Vogt. Du hast mir nichts zu danken. (Er geht.) Und sagt im Gehn zu sich selbst: Wenn der nicht den Teufel im Schild führt, so treugt mich denn alles. Vielleicht wäre das ein Mann, wie ich einen brauchte gegen den Mäurer; aber wer will einem Heuchler trauen. Ich will den Schabenmichel lieber, der ist geradezu ein Schelm.

§ 24

Ein reines, fröhliches und dankbares Herz

Vom Kriecher weg kommt der Vogt zu Aebi dem jüngern. Als dieser hörte, was ihm begegnete, jauchzte er vor Freuden und sprang auf, wie ein junges Rind am ersten Frühlingstage auf der Weide aufspringt — Das will ich jetzt auch meiner Frau sagen, daß sie sich recht freue.

Ich warte bis morgen; es sind just morgen acht Jahre, daß sie mich nahm. Es war Josephstag, ich weiß es noch, wie wenn's gestern wäre. Wir haben seitdem manche saure, aber auch manche frohe Stunde gehabt. Gott sei Lob und Dank für alles. Aber ja morgen, sobald sie erwachen wird, will ich's ihr dann sagen — Wär's doch schon morgen! Es ist mir, ich sehe es jetzt schon, wie sie weinen und lachen wird durcheinander und wie sie ihre Lieben und mich in ihrer Freude ans Herz drücken wird. Ach! wär's doch schon morgen! Ich töte das eine Huhn ihr zur Freude und koch es, ohne daß sie's merkt, in der Suppe; es freut sie dann doch, wenn sie es schon reuet. Nein, ich mache mir kein Gewissen davor, es ist für diese Freude nicht Sünde — Ich tue es und töte es. Den ganzen Tag bleib ich daheim und freue mich mit ihr und mit den Kindern. — Nein, ich gehe mit ihr zur Kirche und zum Nachtmahl. Jauchzen und freuen wollen wir uns und dem lieben Gott danken, daß er so gut ist. — So redte der jüngere Aebi in der Freude seines Herzens über des Vogts gute Botschaft mit sich selber und konnte vor Sehnsucht den Morgen fast nicht erleben und tat dann, was er eben gesagt hatte.

§ 25

Wie Schelmen miteinander reden

Vom Aebi weg ging der Vogt zum Schabenmichel. Dieser sieht ihn von ferne, winkt ihm in einen Ecken hinter das Haus und fragt ihn: Was Teufel hast du?
Vogt. Etwas Lustiges.
Michel. Ja du bist der Kerl, den man schickt zu Hochzeiten, zum Tanz und zum Lustigmachen einzuladen!
Vogt. Es ist einmal nichts Trauriges.
Michel. Was denn?
Vogt. Du seist in eine neue Gesellschaft gekommen.
Michel. Mit wem denn einmal, und warum?
Vogt. Mit dem Hübelrudi, mit dem Lenk, mit dem Leemann, mit dem Kriecher und mit dem Marx auf der Reuti.
Michel. Du Narr! Was soll ich mit diesen?

Vogt. Aufbauen und ausputzen das Haus des Herrn in Bonnal und seine Mauern am Kirchhof.
Michel. Im Ernst?
Vogt. Bei Gott!
Michel. Aber wer hat hiezu die Blinden und die Lahmen ausersehn?
Vogt. Mein Wohledelgeborner, der wohlweise und gestrenge Junker.
Michel. Ist er ein Narr?
Vogt. Was weiß ich.
Michel. Es hat einmal das Ansehen.
Vogt. Vielleicht ist es nicht das schlimmste, daß er so ist, leicht Holz ist gut drehen, aber ich muß fort. Komme diesen Abend zu mir, ich muß mit dir reden.
Michel. Ich will nicht fehlen. — Zu wem geht jetzt die Reise?
Vogt. Auf die Reuti zum Marx.
Michel. Das ist ein Kerl zur Arbeit. Man muß von Sinnen sein, so einen anzustellen. Ich glaube nicht, daß der bei Jahr und Tag einen Karst[1]) oder Schaufel in der Hand gehabt habe; und er ist auf der einen Seite halb lahm.
Vogt. Was macht das? Komme du auf den Abend richtig zu mir. — Jetzt ging der Vogt von ihm weg zum Marx auf der Reuti.

§ 26

Hochmut in Armut und Elend führt zu den unnatürlichsten, abscheulichsten Taten

Dieser war vor Zeiten wohlhabend und hatte Handelschaft getrieben; aber jetzt war er schon längst vergantet[1]) und lebte fast gänzlich vom Almosen des Pfarrers und einiger bemittelter Verwandten, die er hatte.
In allem seinem Elend aber blieb er immer gleich hochmütig und verbarg den dringenden Mangel und Hunger seines Hauses außert da, wo er bettelte, allenthalben, wie er konnte und mochte.
Dieser, als er den Vogt sah, erschrak heftig, aber er ward darum nicht blaß; denn er war ohne das schon todgelb. Er nahm schnell die umherliegenden Lumpen und schob sie unter die Decke des Betts. Befahl den fast nackenden Kindern, auf der Stelle sich in die Kammer zu verbergen — Herr Jesus! sagen die Kinder, es schneiet und regnet ja hinein — höre doch, wie's stürmt, Vater! es ist ja kein Fenster mehr in der Kammer.
Geht, ihr gottlosen Kinder! wie ihr mich so toll machet. Meint ihr, es sei euch nicht nötig, daß ihr euer Fleisch kreuzigen lernet? — Es ist nicht auszustehn, Vater, sagen die Kinder.
Es wird ja nicht lang währen, ihr Ketzern, geht doch, sagt der Vater, stoßt sie hinein, schließt die Türe und ruft dann dem Vogt in die Stube.

Dieser sagt ihm den Bericht. Der Marx aber dankt dem Vogt und fragt: Bin ich Aufseher unter diesen Leuten?

Was denkst du, Marx? antwortete der Vogt. Nein, Arbeiter bist du wie die andern.

Marx. So! Herr Untervogt!

Vogt. Es steht dir frei, wenn du etwan allenfalls die Arbeit nicht willst.

Marx. Ich bin freilich sonst solcher Arbeit nicht gewohnt. Aber weil's das Schloß und den Herrn Pfarrer antrifft, so darf ich wohl nicht anders und will ich sie annehmen.

Vogt. Es wird sie gar freuen, und ich denke fast, der Junker werde mich noch einmal zu dir schicken, dir zu danken.

Marx. Ha! ich mein's eben nicht so; aber insgemein möchte ich doch nicht bei Jedermann taglöhnen.

Vogt. Du hast sonst Brot!

Marx. Gott Lob! noch immer.

Vogt. Ich weiß wohl; aber wo sind deine Kinder?

Marx. Bei meiner Frau sel. Schwester, sie essen da zu Mittag.

Vogt. Es war mir, ich hörte eben in der Kammer Kinder schreien.

Marx. Es ist kein einziges bei Hause.

Der Vogt hört das Geschrei noch einmal, öffnet ohne Komplimenten die Kammertüre, sieht die fast nackenden Kinder von Wind, Regen und Schnee, die in die Kammer hineinstürmen, zitternd und schlotternd, daß sie fast nicht reden konnten, und sagt dann:

Essen deine Kinder da zu Mittag, Marx? — Du bist ein Hund und ein Heuchler, und du hast das um deines verdammten Hochmuts willen schon mehr so gemacht.

Marx. Um Gottes willen! sag es doch niemand, bring mir's doch nicht aus, Vogt! Um Gottes willen! unter der Sonne wäre kein unglücklicherer Mensch als ich, wenn's mir auskäme.

Vogt. Bist du denn auch von Sinnen? Auch jetzo sagst du nicht einmal, daß sie aus dem Hundsstall herauskommen sollen. Siehest du denn auch nicht, daß sie braun und blau sind vor Frieren? So würde ich einmal meinen Pudel nicht einsperren.

Marx. Kommt jetzt nur heraus; aber Vogt! um Gottes willen! sag's doch niemand.

Vogt. Und du spielst dennoch beim Pfarrer den Frommen —

Marx. Um Gottes willen! sag's doch niemand.

Vogt. Das ist doch hündisch — du Heiliger! ja du Ketzer! Hörst du, das bist du, ein Ketzer! Denn so macht es kein Mensch. Du hast dem Pfaffen den Schlaghandel[2]) die vorige Woche auch erzählt. Kein Mensch als du. Du gingst eben um zwölf Uhr, da es geschah, von einer frommen Fresseten[3]) heim und neben meinem Haus vorbei.

Marx. Nein, um Gottes willen! glaub doch das nicht. Gott im Himmel weiß, daß es nicht wahr ist.

Vogt. Darfst du auch das sagen?
Marx. Weiß Gott! es ist nicht wahr. Vogt! ich wollte, daß ich nicht mehr hier vom Platze käme, wenn's wahr ist.
Vogt. Marx! darfst du das, was du jetzt sagst, vor meinen Augen dem Pfarrer unter die Nase sagen? Ich weiß mehr, als du glaubst.
Der Marx stotterte — ich weiß — ich möchte — ich ha — — habe nicht davon angefangen.
So einen Hund und einen Lügner, wie du bist, habe ich in meinem Leben keinen gesehen. Wir kennen jetzt einander, sagte der Vogt, ging und erzählte alles in eben der Stunde des Pfarrers Köchin, die sich denn fast zu Tode lachte ob dem frommen Israeliten ab der Reuti und heilig versprach, es dem Pfarrer getreulich zu überbringen. Der Vogt aber freute sich in seinem Herzen, daß hoffentlich der Pfarrer dem wüsten Ketzer das Wochenbrot jetzt nicht mehr geben würde, worin er sich aber gröblich irrte; denn der Pfarrer hatte ihm bis jetzt das Brot wahrlich nicht um seiner Tugend, sondern um seines Hungers willen gegeben.

§ 27

Fleiß und Aufmerksamkeit ohne ein dankbares und mitleidiges Herz

Vom Marx weg ging der Vogt nun endlich zum letzten. Dieses war der Kienast, ein kränklicher Mann. Er ging zwar erst gegen die fünfzig; aber Armut und Sorgen hatten ihn gar abgeschwächt, und heute war er besonders in einem erschrecklichen Kummer.
Seine älteste Tochter hatte gestern in der Stadt Dienste genommen und zeigte dann heute dem Vater den Dingpfennig[1]), worüber der arme Mann gewaltig erschrocken war.
Seine Frau, die noch kindete, war eben jetzt nähig[2]), und das Susanneli war unter den Kindern das einzige, das der Haushaltung Hilfe leisten konnte, jetzt aber sollte es in vierzehn Tagen den Dienst antreten.
Der Vater bat es mit weinenden Augen und um Gottes willen, es solle das Haftgeld wieder zurückgeben und bei ihm bleiben bis nach der Mutter Kindbette.
Ich will nicht, antwortete die Tochter; wo finde ich denn gleich wieder einen andern Dienst, wenn ich diesen aufsage?
Der Vater. Ich will nach der Kindbette selbst mit dir in die Stadt gehn und dir helfen einen andern suchen; bleib doch nur so lange!
Die Tochter. Es geht ein halbes Jahr, Vater! bis zum andern Ziel[3]), und der Dienst, den ich jetzt habe, ist gut. Wer kann wissen, wie dann der sein werde, den du mir willst suchen helfen. Und kurzum, ich warte nicht bis auf das andere Ziel.

Der Vater. Du weißest doch, Susanneli! daß ich auch alles an dir getan habe, was ich immer konnte. Denke doch auch an deine jüngern Jahre und verlasse mich jetzt nicht in meiner Not!
Die Tochter. Willst du mir denn vor meinem Glück sein? Vater!
Der Vater. Ach! es ist nicht dein Glück, daß du deine armen Eltern in diesen Umständen verlassest; tue es doch nicht, Susanneli! ich bitte dich. Meine Frau hat noch ein schönes Fürtuch, es ist das letzte, und es ist ihr lieb; sie hat es von ihrer sel. Gotten[4]) zum Seelgerät (Todesandenken), aber sie muß es dir nach der Kindbette geben, wenn du nur bleibest.
Die Tochter. Ich mag nichts, weder von euern Lumpen noch von euerer Hoffart. Ich kann das und bessers selber verdienen. Es ist einmal Zeit, daß ich für mich selber sorge. Wenn ich noch zehn Jahre bei euch bliebe, ich würde nicht zu Bett und Kasten kommen.
Der Vater. Es wird doch auch nicht alles auf dieses halbe Jahr ankommen — Ich will dich nach der Kindbette dann gewiß nicht mehr versäumen. Bleib doch nur noch diese wenigen Wochen.

Nein, ich tue es nicht, Vater! antwortete die Tochter — kehrt sich um und läuft zu einer Nachbarin.

Der Vater steht jetzt da! niedergeschlagen von seinen Sorgen und von seinem Kummer, und sagt zu sich selber: Wie will ich mir in diesem Unglück helfen — Wie will ich's nur meiner armen Frau anbringen, die Hiobsbotschaft? Ich bin doch ein elender Tropf, daß ich mit diesem Kind so gefehlt habe. Es arbeitet so brav, dacht ich immer und verzieh ihm dann alles. Meine Frau sagte mir hundertmal: Es ist so frech und so grob gegen seine Eltern, und was es seinen Geschwistern tun und zeigen muß, das tut und zeiget es ihnen alles so hässig, so unartig und so ganz ohne Anmut und Liebe, daß keines nichts von ihm lernt. — — Es arbeitet doch brav, vielleicht sind die andern auch schuld, man muß ihm etwas verzeihen, war immer meine Antwort. — Jetzt habe ich dieses Arbeiten; ich hätte es doch denken sollen, wenn bei einem Menschen das Herz einmal hart ist, so ist's aus, was er auch sonst Gutes hat, man kann nicht mehr auf ihn zählen. Aber wenn ich's nur auch meiner Frau schon gesagt hätte; wie wird sie doch tun?

Da der Mann so mit ihm selber redte, stund der Vogt neben ihm zu, und er sah ihn nicht einmal.

Was darfst du denn deiner Frau nicht sagen, Kienast? fragte ihn jetzt dieser.
Der Kienast sieht auf, erblickt den Vogt und sagt: Bist du da, Vogt? Ich sah dich nicht. — Ha, was darf ich meiner Frau nicht sagen? Das Susanneli hat in der Stadt Dienste genommen, und wir hätten's jetzt auch so nötig! Aber ich hätte fast vergessen zu fragen, was willst du bei mir?
Vogt. Es kann dir vielleicht ein Trost sein, was ich bringe, weil's mit dem Susanneli so ist.
Kienast. Das wär wohl ein Glück in meiner Not.
Vogt. Du hast Arbeit an dem Kirchbau und alle Tage 25 Kreuzer Taglohn; damit kannst du dir in allweg helfen.
Kienast. Herr Gott im Himmel, darf ich diese Hilfe hoffen?

Vogt. Ja, ja, Kienast! Es ist gewiß, wie ich sage.

Kienast. Nun so sei Gott gelobt und ihm gedankt! (Es wird ihm blöd, seine Glieder zittern.) Ich muß niedersitzen, diese Freude hat mich so übernommen auf mein Schrecken. Er setzt sich auf einen nahen Holzstock und lehnt sich an die Wand des Hauses, daß er nicht sinke.

Der Vogt sagte: Du magst wenig erleiden.

Und der Kienast: Ich bin noch nüchtern.

So spät, erwiderte der Vogt und ging seines Weges fort.

Die arme Frau in der Stube sah, daß der Vogt bei ihrem Mann war, und jammerte entsetzlich: Das ist ein Unglück! Mein Mann ist heute den ganzen Tag wie verwirrt und weiß nicht, was er tut; und eben jetzt sah ich das Susanneli bei der Nachbarin beide Hände zerwerfen, als wenn es vor Verdruß außer sich wäre, und jetzt noch der Vogt! Was ist doch für ein Unglück obhanden? Es ist keine geplagtere Frau unter der Sonne. Schon so weit in vierzig und noch alle Jahr ein Kind, und Sorgen und Mangel und Angst um mich her — So grämte sich die arme Frau in der Stube. — Der Mann aber hatte sich indessen wieder erholt und kam mit einem so heitern und freudigen Gesicht hinein zu seiner Lieben, als er seit Jahren nicht hatte.

Du tust fröhlich! Meinst du, ich wisse nicht, daß der Vogt da war? sagte die Frau.

Und er antwortete: wie vom Himmel herab ist er gekommen zu unserm Trost.

Ist das möglich? erwiderte die Frau.

Kienast. Setze dich nieder, Frau! ich muß dir Gutes erzählen. — Da sagte er ihr, was eben mit dem Susanneli begegnet und wie er in einer großen Herzensangst gewesen wäre und wie ihm, Gott Lob! jetzt gänzlich aus der Not geholfen sei.

Da aß er die Suppe, die er in der Angst zu Mittag hatte stehn lassen; und er und die Frau weineten heiße Tränen des Danks und der Freude gegen Gott, der ihnen also geholfen in ihrer Not.

Und sie ließen das Susanneli noch desselbigen Tages gehen in seinen Stadtdienst, wie es wollte.

§ 28

Der Abend vor einem Festtage in eines Vogts Hause, der wirtet

Nun eilte der Vogt von seinem Laufen ermüdet und durstig wieder heim; es war schon sehr spät, und der Kienast wohnete beinahe eine Stunde vom Dorf weg auf dem Berg.

Allenthalben hatte er durch seine Gesellen schon verkündet, daß er über den gestrigen Vorfall gar nicht erschrocken und bei einem Jahre nie so lustig und munter gewesen wäre wie heute.

Das machte denn, daß auf den Abend etliche wieder Mut faßten und sich still dem Wirtshause zuschlichen.

Da es dunkelte, kamen immer noch mehrere, und zu Nacht gegen den Sieben waren die Tische alle wieder fast ebenso voll als gewöhnlich.

So geht es; wenn ein Jäger in der Heuet von einem Kirschbaum einen Vogel herunterschießt, so fliegt die Schar der Vögel, die Kirschen fraß, erschrocken und schnell vom Baum weg, und alle die Vögel kreischen vor der Gefahr. Aber nach einer Weile setzt sich schon wieder einer, im Anfange nur einer, an den Baum; und sieht er dann den Jäger nicht mehr, so pfeift er nicht das Gekreisch des erschreckten Vogels; er pfeift dann den muntern Laut der Freßlust bei der nahen Speise. Auf den Ruf des kühnern Fressers rücken dann die furchtsamern auch wieder an; und alle fressen Kirschen, als ob der Jäger keinen erschossen hätte.

So war es und kam es, daß die Stube jetzt wieder voll war von Nachbaren, die gestern und heute vormittags sich noch nicht getrauten zu kommen.

Bei allem Bösen und selbst bei Schelmentaten, wird alles munter und mutig, wenn viel Volks beieinander ist und wenn die, so den Ton geben, herzhaft und frech sind; und da das in den Wirtshäusern nie fehlt, so ist unstreitig, daß sie das gemeine Volk zu allen Bosheiten und zu allen schlimmen Streichen frech und leichtsinnig genug zu bilden und zu stimmen weit besser eingerichtet sind, als es die armen einfältigen Schulen sind, die Menschen zu einem braven, stillen, wirtschaftlichen Leben zu bilden.   Aber zur Historie.

Die Nachbaren im Wirtshause waren jetzt alle wieder des Vogts Freunde, denn sie saßen bei seinem Wein. Da sprach der eine, wie der Vogt ein Mann sei und wie ihn bei Gott! noch keiner gemeistert habe. Ein andrer, wie Arner ein Kind sei und wie der Vogt seinen Großvater in Ordnung gehalten habe. Ein andrer, wie es vor Gott im Himmel nicht recht und am jüngsten und letzten Tage nicht zu verantworten sei, daß er dem armen Gemeindlein das Wirtsrecht abstehlen wolle, das es doch seit Noahs und Abrahams Zeiten besessen hätte. Dann wieder ein andrer, wie er es beim Donner doch noch nicht habe und wie er's vor allen Teufeln erzwingen wolle — daß morgen schon darwider Gemeind sein müsse. Dann erzählt wieder ein andrer, wie es mit dem gar nicht so not tue und wie der Vogt seine Feinde alle immer so schön in die Grube gebracht habe und wie er jetzt weder mit dem Gnädigen Herrn noch mit dem Bettler, dem Mäurer, eine neue Mode anfangen werde. — So schwatzten die Männer und soffen.

Die Vögtin lachte mitunter, trug einen Krug nach dem andern auf den Tisch und zeichnete alle richtig an die Tafel in der Nebenstube mit ihrer Kreide.

Indessen kam der Vogt, und es freute ihn in seinem Herzen, daß er die Tische alle wieder so besetzt fand mit seinen Lumpen.

Das ist brav, ihr Herren! daß ihr mich nicht verlasset, sagte er zu ihnen.

Du bist uns noch nicht feil, antworteten die Bauern und tranken mit Lärmen und Brüllen auf seine Gesundheit.

Der Lärm ist groß, Nachbaren! Man muß ohne Ärgernis leben, sagte der Vogt; es ist heiliger Abend.

Mache die Fensterläden zu, Frau! und lösche die Lichter gegen der Gasse. — Es ist besser, wir gehen in die hintere Stube, Nachbaren! Ist's warm dort, Frau?

Frau. Ja, ich habe daran gedacht und einheizen lassen.

Vogt. Gut. Nehmet alles vom Tisch in die hintere Stube.

Da nahmen die Frau und die Nachbaren Gläser, Flaschen, Brot, Käs, Messer und Teller und Karten und Würfel und trugen alles in die hintere Stube, in deren man, geschähe auch ein Mord, auf der Gasse nichts hört.

Da sind wir sicher vor Schelmen, die vor den Fenstern horchen, und vor den heiligen Knechten*) des Schwarzen.

Aber ich bin durstig wie ein Jagdhund, Wein her!

Die Frau bringt ihn.

Und Christen fragt alsobald: Ist das vom heutigen, Vogt! den des Scherers Hund mitsäuft?

Vogt. Ja, so ein Narr bin ich wieder.

Christen. Was hattest du wohl für eine Teufelsabsicht dabei?

Vogt. Bei Gott! keine. Es war ein bloßer Narreneinfall. Ich war noch nüchtern und wollte nicht saufen.

Christen. Pfeif das dem Scheitstock, vielleicht glaubt er's, ich mag nicht.

Vogt. Warum nicht?

Christen. Warum nicht? Weil dein Wein, den wir soffen, auch nach Schwefel roch wie die Pest.

Vogt. Wer sagt das?

Christen. Ich, Meister Urias! Ich merkte es nicht in der Stube; aber da ich den leeren Krug heimtrug, roch es mir noch in die Nase, daß es mich fast zurückschlug — Alles und alles zusammengenommen, so ist einmal ziemlich am Tage, daß du mit Gunst etwas gesucht hast.

Vogt. Ich weiß so wenig, was für Wein die Frau geschickt hat, als ein Kind in der Wiege. — Mit deinen Einbildungen, du Narr!

Christen. Aber du weißt doch auch noch, daß du eine schöne Predigt von den Rechten im Lande gehalten hast? Du hast das, denk ich, auch aus so unbedachtem Mute getan, wie man eine Prise Tabak nimmt.

Vogt. Schweig jetzt, Christen! Das beste wär, ich ließe dich brav zerprügeln, daß du mir den Krug umgeleert hast. Aber ich muß jetzt wissen, wie es heute beim Scherer gegangen ist, da ich fort war.

Christen. Aber das Versprechen, Vogt?

Vogt. Was für ein Versprechen?

Christen. Daß ich weinfrei sein soll bis am Morgen, wenn ich was Rechts wisse.

Vogt. Wenn du denn aber nichts weißt, willst du doch saufen?

Christen. Ja, nichts wissen; nur Wein her, und hör dann.

---

*) Er meint Chorrichter, Stillständer, Kirchenältesten, deren Pflicht es ist, dem Pfarrer solche nächtliche Ungebühren anzuzeigen; und dieser ist's, den der gottlose Vogt, nach einem wirklich eingerissenen Ton, den Schwarzen nennt.

Der Vogt gibt ihm, sitzt zu ihm hin, und Christen erzählt jetzt, was er weiß und was er nicht weiß. Einst[1]) machte er es so bunt, daß es der Vogt merkte. Lüg doch auch so, du Hund! daß man es nicht mit Händen greift, sagte er.

Nein, bei Gott! antwortete Christen, so wahr ich ein Sünder bin, es fehlt kein Haar und kein Punkt an dem, was ich sage.

Nun denn, sagte der Vogt, der jetzt doch genug hatte, der Schabenmichel ist eben gekommen, ich muß etwas mit ihm reden, und geht dann an den andern Tisch, wo dieser saß, klopft ihm auf die Achsel und sagt:

§ 29

Fortsetzung, wie Schelmen miteinander reden und handeln

Bist du auch unter den Sündern? Ich dachte, du seist, seit deinem Beruf an die Kirchmauer, auf einmal heilig geworden, so wie unser Metzger, als er einst eine Woche für den Siegrist Mittag läuten mußte.
Michel. Nein, Vogt! Meine Bekehrung geht nicht so blitzschnell; aber wenn's einmal angeht, so lasse ich dann nicht nach.
Vogt. Ich möchte dann dein Beichtiger sein, Michel!
Michel. Ich mag dich aber nicht hiezu.
Vogt. Warum das?
Michel. Du würdest mir die Sünden wohl doppelt machen mit deiner heiligen Kreiden.
Vogt. Wäre dir das nicht recht?
Michel. Nein, Vogt! Ich will einen Beichtiger haben, der die Sünden verzeiht und nachläßt, und nicht einen, der sie aufkreidet.
Vogt. Ich kann auch Sünden verzeihen und nachlassen.
Michel. Sünden aus deinem Buche?
Vogt. Freilich! oft und viel muß ich's leider; aber besser ist's, man halte sich, daß ich's gern tue.
Michel. Kann man das, Herr Untervogt?
Vogt. Wir wollen sehn. (Er winkt ihm.)
Sie gehn miteinander an's kleine Tischlein am Ecken beim Ofen.
Und der Vogt sagt: Es ist gut, daß du da bist, es kann dein Glück sein.
Michel. Ich habe Glück nötig.
Vogt. Ich glaub es; aber wenn du dich anschickst, so fehl't's nicht, du machst Geld auf deinem Posten.
Michel. Aber wie muß ich das anstellen?
Vogt. Du mußt dich bei dem Mäurer einschmeicheln und recht hungrig und arm tun.
Michel. Das kann ich ohne Lügen.

Vogt. Du mußt dann viel und oft deinen Kindern dein Abendbrot geben, damit sie glauben, du habest ein Herz so weich wie zerlassene Butter, und die Kinder müssen dir barfuß und zerlumpt nachlaufen.
Michel. Auch das ist nicht schwer.
Vogt. Und dann, wenn du unter allen Zehen der Liebste sein wirst, erst dann wird deine rechte Arbeit angehn.
Michel. Und was ist denn die?
Vogt. Alles zu tun, was bei dem Bau Streit und Verdacht anzetteln, was die Arbeit in Unordnung bringen und was die Taglöhner und den Meister dem Junker erleiden[1]) kann.
Michel. Das mag jetzt wohl ein bißchen ein schwerers Stücklein sein.
Vogt. Aber es ist auch ein Stücklein, dabei du Geld verdienen kannst.
Michel. Ohne diese Hoffnung könnte wohl ein Gescheiter diese Wegweisung geben; aber nur ein Narr könnte sie annehmen.
Vogt. Das versteht sich, daß du Geld dabei verdienen mußt.
Michel. Zween Taler Handgeld, Herr Untervogt! das muß bar voraus bezahlt sein, sonst dinge ich nicht in diesen Krieg.
Vogt. Du wirst alle Tage unverschämter, Michel! Du verdienst bei der Arbeit, die ich dir zeige, Geld mit Müßiggehen, und du willst denn noch, ich soll dir den Lohn geben, daß du den guten Rat annimmst.
Michel. Ich mag nichts hören. Du willst, daß ich in deinem Dienst den Schelmen mache, und ich will's tun und treu sein und herzhaft; aber Handgeld und Dingpfennig, zween Taler und keinen Kreuzer minder, das muß heraus, sonst stehe du selber hin, Vogt!
Vogt. Du Hund! du weißt, wo du zwingen kannst; da sind die zween Taler.
Michel. Nun ist's in der Ordnung, Meister! jetzt nur befohlen.
Vogt. Ich denke, so etwan in der Nacht Gerüststangen abbrechen und mit einem Schlag ein paar Kirchenfenster von oben herunter spalten, das sei dir ein leichtes; und daß Seiler und Kärste, und was Kleines herumliegt, bei einem solchen Ehrenanlaß verschwinden müssen, das versteht sich von selbst.
Michel. Natürlich.
Vogt. Und dann in einer dunkeln Nacht die Gerüstbretter alle den Hügel hinab in Fluß tragen, daß sie weiter nach Holland fahren, das ist auch nicht schwer.
Michel. Nichts weniger; das kann ich vollkommen. Ich hänge ein großes weißes Hemd mitten auf den Kirchhof an eine Stange, daß der Wächter und die Frau Nachbarin, wenn sie ein Gepolter hören, das Gespenst sehen, sich segnen und mir vom Leib bleiben.
Vogt. Du loser Ketzer du! was für ein Einfall!
Michel. Ich tu es gewiß; es bewahrt vor dem Halseisen.[2])
Vogt. Ja, aber das muß noch sein; wenn Zeichnungen, Rechnungen und Pläne, die dem Junker gehören, etwan umherliegen, die mußt du ordentlich hintragen, wo sie kein Hund sucht, und des Nachts dann abholen zum Einheizen.
Michel. Ganz wohl, Herr Untervogt!

Vogt. Auch mußt du es so einfädeln, daß deine ehrende Gesellschaft im Herrndienst sich recht wohl sein lasse, daß sie liederlich arbeite und besonders daß, wenn der Junker oder jemand aus dem Schloß kömmt, die Lumpenordnung am größesten sei — und daß du dann auch diesen winken mußt, wie schön es gehe, versteht sich.
Michel. Ich will alles probieren, und ich versteh jetzt ganz wohl, was du eigentlich willst.
Vogt. Aber vor allem aus ist's wahrlich nötig, daß du und ich Feinde werden.
Michel. Auch das versteht sich.
Vogt. Wir wollen damit gerade jetzt anfangen. Es könnten Mamelucken dasein und erzählen, wie wir hier in Eintracht in diesem Ecken Rat gehalten haben.
Michel. Du hast recht.
Vogt. Trink noch ein paar Gläser, dann tue ich dergleichen, als ob ich mit dir rechnen wollte, und du läugnest mir etwas. Ich fange Lärm an; du schmälst auch, und wir stoßen dich zur Türe hinaus.
Michel. Das ist gut ausgedacht. (Er säuft geschwind den Krug aus und sagt dann zum Vogt: Fang jetzt nur an.)
Der Vogt murmelt von der Rechnung und sagt etwas vernehmlich: Nun einmal den Gulden hab ich nicht erhalten.
Michel. Besinn dich, Vogt!
Vogt. Ich weiß in Gottes Namen nichts davon. Er ruft seiner Frau: Frau! hast du die vorige Woche einen Gulden vom Michel erhalten?
Frau. Behüt' uns Gott! Keinen Kreuzer.
Vogt. Das ist wunderlich — Gib mir den Rodel.[3]) (Sie bringt ihn.)
Der Vogt liest: Da ist Montag — nichts von dir — Dienstag — nichts von dir — Da ist Mittwochen — — Am Mittwochen, sagtest du ja, war es.
Michel. Ja.
Vogt. Da ist Mittwochen — siehe da, es ist nichts von dir — und auch Donnerstag, Freitag und Samstag, es ist kein Wort da von dem Gulden.
Michel. Das ist vom Teufel; ich hab ihn doch bezahlt.
Vogt! Sachte, sachte, Herr Nachbar! Ich schreibe alles auf.
Michel. Was hab ich von deinem Aufschreiben, Vogt? Ich habe den Gulden bezahlt.
Vogt. Das ist nicht wahr, Michel!
Michel. Ein Schelm sagt, ich hab ihn nicht bezahlt.
Vogt. Was sagst du, du ungehängter Spitzbub?
Etliche Bauern stehn auf: Er hat den Vogt gescholten, wir haben's gehört.
Michel. Es ist nicht wahr; aber ich habe den Gulden bezahlt.
Bauern. Was sagst du, Schelm! du habst ihm nicht gescholten? Wir haben's alle gehört.
Vogt. Werft mir den Hund aus der Stube.
Michel (mit dem Messer in der Hand). Wer mich anrührt, der sehe zu —
Vogt. Nehmt ihm das Messer.

Sie nehmen ihm das Messer, stoßen ihn zur Tür hinaus und kommen dann wieder.

V o g t. Es ist gut, daß er fort ist; er war nur ein Spion vom Mäurer.
B a u e r n. Bei Gott! das war er. Es ist gut, daß der Schelm fort ist.

§ 30

Fortsetzung, wie Schelmen miteinander reden und handeln, auf eine andere Manier

Wein her, Frau Vögtin! Vogt! wir saufen auf die Ernte hin; eine Garbe vom Zehenten für die Maß!
V o g t. Ihr wollt mich bald bezahlen.
B a u e r n. Nicht so bald, aber desto schwerer.
Der Vogt setzt sich zu ihnen und säuft auch mit ihnen nach Herzenslust auf den künftigen Zehnten.
Nun sind alle Mäuler offen; ein wildes Gewühl von Fluchen und Schwören, von Zoten und Possen, von Schimpfen und Trotzen erhebt sich an allen Tischen. Sie erzählen von Hurereien und Diebstählen, von Schlaghändeln und Scheltworten, von Schulden, die sie listig geleugnet, von Prozessen, die sie mit feinen Streichen gewonnen hätten, von Bosheiten und Unsinn — davon das meiste erlogen, viel aber, leider Gott erbarm! wahr war; wie sie den alten Arner in Holz und Feld und Zehnten bestohlen hätten; auch wie ihre Weiber jetzt bei den Kindern Trübsal bliesen, wie die eine das Betbuch nähme — die andere einen Krug Wein in Spreuer oder in Strohsack verberge; auch von ihren Buben und Mädchen, wie eines dem Vater helfe die Mutter betrügen und ein anderes der Mutter helfe den Vater erwischen; und wie sie es als Buben auch so gemacht hätten und noch viel schlimmer. Dann kamen sie auf den armen Uli, der über etlichen solchen Narrenpossen ertappt worden und elendiglich umgekommen wäre am Galgen; wie er aber andächtig gebetet hätte und gewiß selig gestorben wäre, nachdem er, wie man wohl wisse, nicht das Halbe bekennet habe, aber doch um des unchristlichen Pfarrers willen hätte ins Gras beißen müssen.
Sie waren eben an dieser Geschichte und an des Pfarrers Bosheit, als die Vögtin ihrem Mann winkte, daß er herauskäme.
Wart, bis die Geschichte mit dem Gehängten vorüber ist, war seine Antwort. Sie aber sagt' ihm leise in's Ohr: Der Joseph ist da. Er antwortete: Versteck ihn, ich will bald kommen.
Der Joseph hatte sich in die Küche geschlichen. Es war aber soviel Volk im Haus, daß die Vögtin befürchtete, man sehe ihn da.
Sie löschte das Licht aus und sagte ihm: Joseph! ziehe deine Schuh ab und schleich mir nach in die untere Stube, der Mann kommt hinunter.

Der Joseph nahm sein Schuhe in die Hand und folgte ihr nach auf den Zehen in die untere Stube.
Und es ging nicht lange, so kam der Vogt auch und fragte ihn: Was willst du noch so spät, Joseph?
Joseph. Nicht viel. Ich will dir nur sagen: Es sei mit den Steinen recht gut in der Ordnung.
Vogt. Das freut mich, Joseph!
Joseph. Der Meister redte heute von der Mauer und schwatzte da, daß die nahen Kiesel und Feldsteine recht gut wären. Ich sagte ihm aber geradezu, daß er ein Narr sei und seine Sachen nie recht anstellen wolle. Die Mauer werde vom Schwendistein so schön und glatt werden wie ein Teller. Er sagte kein Wort dagegen, und ich fuhr fort: Wenn er nicht Schwendisteine nehme, so stoße er sein Glück mit Füßen von sich.
Vogt. Hat er sich dazu entschlossen?
Joseph. Ja freilich; das war im Augenblick richtig. Am Montag werden wir den Bruch angreifen.
Vogt. Die Taglöhner müssen ja am Montag ins Schloß.
Joseph. Sie werden zu Mittag schon wieder zurück und mit der War in dem Kalch sein. Das hat seine Richtigkeit, wie wenn's schon drinnen wäre.
Vogt. Das ist recht und gut; wenn's doch nur schon gemacht wäre. Dein Trinkgeld liegt schon parat, Joseph!
Joseph. Ich hätte es eben jetzt recht nötig, Vogt!
Vogt. Komm nur am Montag, wenn ihr den Bruch angefangen haben werdet; es liegt parat.
Joseph. Meinst du, ich halte nicht Wort?
Vogt. Wohl, Joseph! ich traue dir.
Joseph. So gib mir doch gerade jetzo drei Taler — auf unsere Abrede — Ich wollte gern morgen meine neuen Stiefel beim Schuster abholen; es ist mein Namenstag, und ich mag jetzt dem Meister kein Geld fordern.
Vogt. Ich kann jetzt nicht wohl. Komme doch am Montag abend.
Joseph. Da sehe ich, wie du mir trauest. Man mag wohl etwas versprechen, aber halten, das ist was anders! Ich glaubte auf dein Trinkgeld zählen zu dürfen, Herr Untervogt!
Vogt. Meiner Seele! ich gib' es dir.
Joseph. Ich seh's ja —
Vogt. Es ist am Montag auch noch Zeit.
Joseph. Vogt! du zeigest mir, daß man's mit Händen greifen kann, daß du mir nicht traust. Also darf ich auch sagen, wie's mir ist: Wird der Steinbruch einmal angegriffen sein, so wirst du mir kein gut Wort mehr geben.
Vogt. Das ist doch unverschämt, Joseph! ich werde dir gewiß Wort halten.
Joseph. Ich mag nichts hören, wenn's nicht jetzt sein kann, so ist alles aus.
Vogt. Kannst du es jetzt nicht mit zween Talern machen?
Joseph. Nein, ich muß drei haben; aber dann kannst du auch auf mich zählen in allem.

Vogt. Ich will's endlich tun, aber du haltest dann mir doch dein Wort?

Joseph. Wenn ich dich dann anführe, so sage, wo du willst, ich sei der größte Schelm und Dieb auf Erden.

Der Vogt rief jetzt der Frau und sagt' ihr: Gib dem Joseph drei Taler.

Die Frau nimmt ihn beiseits und sagt ihm: tue doch das nicht.

Vogt. Rede mir nichts ein. Tue, was ich sage.

Frau. Sei doch kein Narr; du bist besoffen, es wird dich morgen reuen.

Vogt. Rede mir kein Wort ein. Drei Taler im Augenblick — hörst du, was ich sage?

Die Frau seufzt, holt die Taler, wirft sie dem Vogt dar. Dieser gibt sie dem Joseph und sagt noch einmal: Du wirst mich doch nicht anführen wollen?

Behüte mich Gott davor! Was denkst du auch, Vogt? antwortete Joseph — geht, zählt außer der Türe noch einmal seine drei Taler und sagt zu sich selbst:

Nun ist mein Lohn zwischen den Fingern, und da ist er sicherer als in des Vogts Kisten. Er ist ein alter Schelm, und ich will nicht sein Narr sein. Nehm jetzt meinethalben der Meister Kiesel- oder Blaustein.

Die Vögtin heulete vor Zorn auf der Herdstätte in der Küche und ging nicht mehr in die Stube bis nach Mitternacht.

Auch dem Vogt ahndete, sobald er fort war, daß er sich übereilt hätte; aber er vergaß es bald wieder bei der Gesellschaft. Der Greuel der Saufenden dauerte bis nach Mitternacht.

Endlich kam die Vögtin aus der Küche und sagte: Es ist Zeit, es ist einmal Zeit aufzubrechen; es geht gegen dem Morgen und ist heiliger Abend.

Heiliger Abend! sagten die Kerls, streckten sich, gähnten, soffen aus und stunden nach und nach auf.

Jetzt taumelten, wankten sie allenthalben umher, hielten sich an Tischen und Wänden und kamen mit Mühe zum Hause hinaus.

Geh doch ein jeder allein und macht kein Gewühl, sagte ihnen die Vögtin, sonst kriegen der Pfarrer und sein Chorgericht Strafen.[1]

Nein, es ist besser, wir versaufen das Geld, antworteten die Männer.

Und die Vögtin: Wenn ihr den Wächter antrefft, so saget ihm, es stehe ein Glas Wein und ein Stück Brot für ihn da.

Und sie waren kaum fort, so erschien der Wächter vor den Fenstern des Wirtshauses und rief:

> Wollt ihr hören, was ich euch will sagen,
> Die Glock und die hat Ein Uhr g'schlagen.
> Ein Uhr g'schlagen.

Die Vögtin verstund den Ruf, bracht ihm den Wein und bat, daß er doch dem Pfarrer nicht sage, wie lange sie gewirtet habe.

Und nun half sie noch dem schlummernden Besoffenen aus Schuhen und Strümpfen — — — — — — — — — — — — — — — — — —
— —
— —
— [*]

Und sie brummte noch von Josephs Talern und von der Dummheit ihres Manns; er aber schlummerte, schnarchte, wußte nicht, was er tat. Endlich kamen beide am heiligen Abend zur Ruhe.

Und nun, Gott Lob! ich habe jetzt eine Weile nichts mehr von ihnen zu erzählen. Ich kehre zurück zu Lienhard und Gertrud — Wie das eine Welt ist! Bald steht neben einem Hundsstall ein Garten, und auf einer Wiese ist bald stinkender Unrat, bald herrliches, milchreiches Futter.

Ja, es ist wunderlich auf der Welt! Selbst die schönen Wiesen geben ohne den Unrat, den wir daraufschütten, kein Futter.

§ 31

Der Abend vor einem Festtage im Hause einer rechtschaffenen Mutter

Gertrud war noch allein bei ihren Kindern. Die Vorfälle der Woche und der morndrige[1]) festliche Morgen erfüllten ihr Herz. In sich selbst geschlossen und still bereitete sie das Nachtessen, nahm ihrem Mann und den Kindern und sich

---

*) Hier standen noch ein paar Zeilen — Das ist unflätig, sagte ein Knabe von noch nicht zehn Jahren, der sie lesen hörte. Ich umarmte ihn und strich die Stelle durch. Jüngling! wirst du dein reines Gefühl und das sanfte Erröten deiner Wangen behalten, so wird der Zug deiner Jugend dir Freude machen im Alter; aber wirst du diese sanfte Unschuld deines Herzens der Kühnheit deines anwachsenden Muts aufopfern — wird dein blitzendes Auge einst sich nicht mehr niederschlagen, nicht mehr Tränen fallen lassen; wird deine Wange nicht mehr erröten beim Anblick dessen, was unrecht und schändlich ist, Jüngling! dann wirst du ob dieser Stelle weinen oder sie vielleicht nicht mehr wert achten, sie zu lesen.

In diesem Augenblick mußte mir natürlich der Gedanke auffallen: Wie weit darf ein sittlicher Schriftsteller das Laster malen? Darf mein Mund aussprechen, was Hogarth und ** gemalt haben? Aussprechen das Tun dieser Menschen, die ich ohne Bedenken vom Pinsel und vom Grabstichel gemalt sehe? Mein Gefühl bebt zurück, wenn ich's in Worte bringe und ausspreche, das Tun dieser Menschen, und ich sehe mich um, ob mich niemand höre. Aber das Bild des Malers seh ich hingelehnt am Arme des Besten, des Edelsten, und scheue mich nicht.

Die Zunge des Menschen, sein Mund sind enger mit dem Gefühl seines Herzens verbunden als seine Hand. Die Kunst, die mit Hand und Pinsel das Laster malt und kühn ist und das Tiefste treffend enthüllet, entweihet das Herz nicht mit der Gewalt, mit der es der Mund tut, wenn er mit gleicher Kühnheit das Laster entblößt darstellt.

Das ist keine Lobrede für alle angebeteten Dichter; aber es dünkt mich hingegen, besonders in einem Jahrhundert, wo es der allgemeine Ton ist, den Kopf mit Bildern des Müßiggangs, anstatt mit Berufs- und Geschäftssachen zu füllen, eine für das Menschengeschlecht höchst wichtige Wahrheit.

selber ihre Sonntagskleider aus dem Kasten und bereitete alles auf morgen, damit denn am heiligen Tage sie nichts mehr zerstreue. Und da sie ihre Geschäfte vollendet hatte, setzte sie sich mit ihren Lieben an Tisch, um mit ihnen zu beten.

Es war alle Samstage ihre Gewohnheit, den Kindern in der Abendgebetstunde ihre Fehler und auch die Vorfälle der Woche, die ihnen wichtig und erbaulich sein konnten, ans Herz zu legen.

Und heute war sie besonders eingedenk der Güte Gottes gegen sie in dieser Woche und wollte diesen Vorfall, so gut ihr möglich war, den jungen Herzen tief einprägen, daß er ihnen unvergeßlich bliebe.

Die Kinder saßen still um sie her, falteten ihre Hände zum Gebet, und die Mutter redte mit ihnen.

Ich habe euch etwas Gutes zu sagen, Kinder! Der liebe Vater hat in dieser Woche eine gute Arbeit bekommen, an deren sein Verdienst viel besser ist als an dem, was er sonst tun muß — Kinder! wir dürfen hoffen, daß wir in Zukunft das tägliche Brot mit weniger Sorgen und Kummer haben werden.

Danket, Kinder! dem lieben Gott, daß er so gut gegen uns ist, und denket fleißig an die alte Zeit, wo ich euch jeden Mundvoll Brot mit Angst und Sorgen abteilen mußte. Es tat mir da so manchmal im Herzen weh, daß ich euch so oft und viel nicht genug geben konnte; aber der liebe Gott im Himmel wußte schon, daß er helfen wollte und daß es besser für euch sei, meine Lieben! daß ihr zur Armut, zur Geduld und zur Überwindung der Gelüste gezogen würdet, als daß ihr Überfluß hättet. Denn der Mensch, der alles hat, was er will, wird gar zu gern leichtsinnig, vergißt seines Gottes und tut nicht das, was ihm selbst das Nützlichste und Beste ist. Denkt doch, solang ihr leben werdet, Kinder! an diese Armut und an alle Not und Sorgen, die wir hatten — und wenn es jetzt besser geht, Kinder! so denkt an die, so Mangel leiden, so wie ihr Mangel leiden mußtet. Vergesset nie, wie Hunger und Mangel ein Elend sind, auf daß ihr mitleidig werdet gegen den Armen[2]); und wenn ihr einen Mund voll Überflüssiges habt, es ihm gern gebet — Nicht wahr, Kinder! ihr wollt es gern tun?

O ja, Mutter! gewiß gern — sagten alle Kinder.

§ 32

Die Freuden der Gebetsstunde

Mutter. Niclas! wen kennst du, der am meisten Hunger leiden muß?
Niclas. Mutter! den Rudeli. Du warst gestern bei seinem Vater, der muß schier Hunger sterben; er isset Gras ab dem Boden.
Mutter. Wolltest du ihm gern dann und wann dein Abendbrot geben?
Niclas. O ja, Mutter! darf ich es gerad morgen?
Mutter. Ja, du darfst es.

Niclas. Das freut mich.

Mutter. Und du, Lise! wem wolltest du dann und wann dein Abendbrot geben?

Lise. Ich besinne mich jetzt nicht gerade, wem ich's am liebsten gäbe.

Mutter. Kommt dir denn kein Kind in Sinn, das Hunger leiden muß?

Lise. Wohl freilich, Mutter!

Mutter. Warum weißt du denn nicht, wem du's geben willst? Du hast immer so kluges Bedenken, Lise!

Lise. Ich weiß es jetzt auch, Mutter!

Mutter. Wem denn?

Lise. Des Reutimarxen Beteli — Ich sah es heute auf des Vogts Mist verdorbene Erdäpfel heraussuchen.

Niclas. Ja, Mutter! ich sah es auch und suchte in allen meinen Säcken, aber ich fand keinen Mundvoll Brot mehr — hätte ich's nur auch eine Viertelstunde länger gespart.

Die Mutter fragte jetzt eben das auch die andern Kinder — und sie hatten alle eine herzinnige Freude darüber, daß sie morgen ihr Abendbrot armen Kindern geben sollten.

Die Mutter ließ sie eine Weile diese Freude genießen — dann sagte sie zu ihnen: Kinder! es ist jetzt genug hievon — Denket jetzt auch daran, wie unser Gnädiger Herr euch so schöne Geschenke gemacht hat.

Ja unsere schönen Batzen! — willst du sie uns doch zeigen, Mutter? sagten die Kinder.

Hernach, nach dem Beten, sagte die Mutter.

Die Kinder jauchzeten vor Freuden.

§ 33

Die Ernsthaftigkeit der Gebetsstunde

Ihr lärmet, Kinder! sagte die Mutter. Wenn euch etwas Gutes begegnet, so denket doch bei allem an Gott, der uns alles gibt. Wenn ihr das tut, Kinder! so werdet ihr in keiner Freude wild und ungestüm sein. Ich bin gern selber mit euch fröhlich, ihr Lieben! aber wenn man in Freude und Leid ungestüm und heftig ist, so verlieret man die stille Gleichmütigkeit und Ruhe seines Herzens. Und wenn der Mensch kein stilles, ruhiges und heiteres Herz hat, so ist ihm nicht wohl. Darum muß er Gott vor Augen haben. Die Gebetsstunde des Abends und Morgens ist darfür, daß ihr das nie vergesset. Denn wenn der Mensch Gott dankt oder betet, so ist er in seinen Freuden nie ausgelassen und in seinen Sorgen nie ohne Trost. Aber darum, Kinder! muß der Mensch besonders in seiner Gebetsstunde suchen ruhig und heiter zu sein — Sehet, Kinder! wenn ihr dem Vater recht danket für etwas, so jauchzet und lärmet ihr nicht — Ihr fallet ihm still und mit wenig Worten um den Hals; und wenn's euch recht zu Herzen gehet, so steigen euch Tränen in die Augen — Sehet, Kinder! so ist's auch gegen Gott! Wenn's euch recht freuet, was er euch Gutes tut, und wenn es euch recht im Herzen ist zu danken, so machet ihr gewiß nicht viel Geschreies und Geredes — aber Tränen kommen euch in die Augen, daß der Vater im Himmel so gut ist — Sehet, Kinder! dafür ist alles Beten, daß einem das Herz im Leib gegen Gott und Menschen immer dankbar bleibe; und wenn man recht betet, so tut man auch recht und wird Gott und Menschen lieb in seinem ganzen Leben.

Niclas. Auch dem gnädigen Herrn werden wir recht lieb, wenn wir recht tun, sagtest du gestern.

Mutter. Ja, Kinder! es ist ein recht guter und frommer Herr! Gott lohne ihm alles, was er an uns tut. Wenn du ihm einst nur recht lieb wirst, Niclas!

Niclas. Ich will ihm tun, was er will; wie dir und dem Vater will ich ihm tun, was er will, weil er so gut ist.

Mutter. Das ist brav, Niclas! denk nur immer so, so wirst du ihm gewiß lieb werden.

Niclas. Wenn ich nur auch einmal mit ihm reden dürfte.

Mutter. Was wolltest du mit ihm reden?

Niclas. Ich wollte ihm danken für den schönen Batzen.

Anneli. Dürftest du ihm danken?

Niclas. Warum das nicht?

Anneli. Ich dürft's nicht.

Lise. Ich auch nicht.

Mutter. Warum dürftet ihr das nicht, Kinder?

Lise. Ich müßte lachen —

Mutter. Was lachen? Lise! und noch voraus sagen, daß du nicht anders als läppisch tun könntest. Wenn du nicht viel Torheiten im Kopf hättest, es könnte dir an so etwas kein Sinn kommen.

Anneli. Ich müßte nicht lachen, aber ich würde mich fürchten.

Mutter. Er würde dich bei der Hand nehmen, Anneli! und würde auf dich herabläcelln wie der Vater, wenn er recht gut mit dir ist. Dann würdest du dich doch nicht mehr fürchten, Anneli?

Anneli. Nein — dann nicht.

Jonas. Und ich dann auch nicht.

§ 34

So ein Unterricht wird verstanden und geht ans Herz, aber es gibt ihn eine Mutter

M u t t e r. Aber ihr Lieben! wie ist's in dieser Woche mit dem Rechttun gegangen?
Die Kinder sehen eines das andere an und schweigen.
M u t t e r. Anneli! tatest du recht in dieser Woche?
A n n e l i. Nein, Mutter! du weißt es wohl mit dem Brüderlein.
M u t t e r. Anneli! es hätte dem Kind etwas begegnen können; es sind schon Kinder, die man so alleingelassen hat, erstickt. Und über das, denk nur, wie's dir wäre, wenn man dich in eine Kammer einsperrte und dich da hungern und dürsten und schreien ließe. Die kleinen Kinder werden auch zornig und schreien, wenn man sie lang ohne Hilfe läßt, so entsetzlich, daß sie für ihr ganzes Leben elend werden können. — Anneli! so dürfte ich, weiß Gott! keinen Augenblick mehr ruhig vom Hause weg, wenn ich fürchten müßte, du hättest zu dem Kind nicht recht Sorge.
A n n e l i. Glaube mir's doch, Mutter! ich will gewiß nicht mehr von ihm weggehn.
M u t t e r. Ich wills zum lieben Gott hoffen, du werdest mich nicht mehr so in Schrecken setzen.
Und, Niclas! wie ists dir in dieser Woche gegangen?
N i c l a s. Ich weiß nichts Böses.
M u t t e r. Denkst du nicht mehr dran, daß du am Montag das Grüteli umgestoßen hast?
N i c l a s. Ich hab's nicht mit Fleiß getan, Mutter!
M u t t e r. Wenn du es noch gar mit Fleiß getan hättest, schämest du dich nicht, das zu sagen?
N i c l a s. Es ist mir leid! ich will's nicht mehr tun, Mutter!
M u t t e r. Wenn du einmal groß sein und so wie jetzt nicht Achtung geben wirst, was um und an dir ist, so wirst du es mit deinem großen Schaden lernen müssen. Schon unter den Knaben kommen die Unbedachtsamen immer in Händel und Streit — und so muß ich fürchten, mein lieber Niclas! daß du dir mit deinem unbedachtsamen Wesen viel Unglück und Sorgen auf den Hals ziehen werdest.
N i c l a s. Ich will gewiß achtgeben, Mutter!
M u t t e r. Tue es doch, mein Lieber! und glaub mir, dieses unbedachtsame Wesen würde dich gewiß unglücklich machen.
N i c l a s. Liebe, liebe Mutter! ich weiß es, und ich glaub es, und ich will gewiß achtgeben.
M u t t e r. Und du, Lise! wie hast du dich in dieser Woche aufgeführt?
L i s e. Ich weiß einmal nichts anders diese Woche, Mutter!
M u t t e r. Gewiß nicht?

Lise. Nein einmal, Mutter! soviel ich mich besinne; ich wollte es sonst gern sagen, Mutter!

Mutter. Daß du immer, auch wenn du nichts weißt, mit soviel Worten antwortest als ein anders, wenn es recht viel zu sagen hat.

Lise. Was habe ich jetzt denn auch gesagt, Mutter?

Mutter. Eben nichts, und doch viel geantwortet. Es ist das, was wir dir tausendmal schon sagten, du seist nicht bescheiden, du besinnest dich über nichts, was du reden sollst, und müssest doch immer geredt haben — Was hattest du gerad vorgestern dem Untervogt zu sagen, du wissest, daß Arner bald kommen werde.

Lise. Es ist mir leid, Mutter!

Mutter. Wir haben's dir schon so oft gesagt, daß du nicht in alles, was dich nicht angeht, reden sollst, insonderheit vor fremden Leuten; und doch tust du es immerfort — Wenn jetzt dein Vater es nicht hätte sagen dürfen, daß er es schon wisse, und wenn er so Verdruß von deinem Geschwätze gehabt hätte?

Lise. Es würde mir sehr leid sein; aber weder du noch er haben doch kein Wort gesagt, daß es niemand wissen soll.

Mutter. Ja, ich will's dem Vater sagen, wenn er heimkömmt. Wir müssen so zu allen Worten, die wir in der Stube reden, allemal hinzusetzen: Das darf jetzt die Lise sagen bei den Nachbaren und beim Brunnen erzählen — aber das nicht — und das nicht — und das wieder — so weißt du dann recht ordentlich und richtig, wovon du plappern darfst.

Lise. Verzeih mir doch, Mutter! Ich meinte es auch nicht so.

Mutter. Man hat es dir für ein und allemal gesagt, daß du in nichts, was dich nicht angeht, plaudern sollst; aber es ist vergeblich. Der Fehler ist dir nicht abzugewöhnen als mit Ernst, und das erstemal, daß ich dich wieder bei so unbesonnenem Geschwätz antreffen werde, werde ich dich mit der Rute abstrafen.

Die Tränen schossen der Lise in die Augen, da die Mutter von der Rute redte. Die Mutter sah es und sagte zu ihr: Lise! die größten Unglücke entstehen aus unvorsichtigem Geschwätze, und dieser Fehler muß dir abgewöhnt sein.

So redte die Mutter mit allen, sogar mit dem kleinen Grütli: Du mußt deine Suppe nicht mehr so ungestüm fordern, sonst laß ich dich ein andermal noch länger warten, oder ich gebe sie gar einem andern.

Nach allem diesem beteten die Kinder ihre gewöhnten Abendgebete und nach denselben das Samstagsgebet, das Gertrud sie gelehrt hatte. Es lautet also:

§ 35

Ein Samstagsabendgebet

Lieber Vater im Himmel! Du bist immer gut mit den Menschen auf Erden, und auch mit uns bist du immer gut und gibst uns alles, was wir nötig haben. Ja, du gibst uns Gutes zum Überfluß. Alles kömmt von dir — das Brot und alles, was uns der liebe Vater und die liebe Mutter geben, alles gibst du ihnen, und sie geben es uns gern. Sie freuen sich über alles, was sie uns tun und geben können, und sagen uns, wir sollen es dir danken, daß sie so gut mit uns sind; sie sagen uns, wenn sie dich nicht kennten und du ihnen nicht lieb wärest, so wären auch wir ihnen nicht so lieb, und sie würden, wenn sie dich nicht kennten und liebten, uns gar viel weniger Gutes tun können. Sie sagen uns ferner, daß wir es dem Heiland der Menschen danken sollen, daß sie dich, himmlischer Vater! erkennen und lieben, und daß alle Menschen, welche diesen lieben Heiland nicht kennen und lieben und nicht allem guten Rate folgen, den er den Menschen auf Erden gegeben hat, auch dich, himmlischer Vater! nicht so lieben und ihre Kinder nicht so fromm und sorgfältig erziehen als die, so dem Heiland der Welt glauben. Unser lieber Vater und die liebe Mutter erzählen uns immer viel von diesem lieben Jesus, wie er es so gut mit den Menschen auf Erden gemeint, wie er, damit er alles tue, was er könne, die Menschen zeitlich und ewig glücklich zu machen, sein Leben in tausendfachem Elend zugebracht habe und wie er endlich am Kreuze gestorben sei; wie ihn Gott wieder vom Tode auferweckt habe und wie er jetzt in der Herrlichkeit des Himmels zur Rechten auf dem Throne Gottes, seines Vaters, lebe und noch jetzt alle Menschen auf Erden gleich liebe und suche glücklich und selig zu machen — Es geht uns allemal ans Herz, wenn wir von diesem lieben Jesus hören — wenn wir nur auch lernen so leben, daß wir ihm lieb werden und daß wir einst zu ihm kommen in den Himmel.

Lieber Vater im Himmel! Wir arme Kinder, die wir hier beisammensitzen und beten, sind Brüder und Schwestern; darum wollen wir immer echt gut miteinander sein und einander nie nichts zuleid tun, sondern alles Gute, was wir können und mögen. Zu den Kleinen wollen wir Sorge tragen mit aller Treue und mit allem Fleiß, daß der liebe Vater und die liebe Mutter ohne Sorgen ihrer Arbeit und ihrem Brote nachgehen können; das ist das Einzige, so wir ihnen tun können — für alle Mühe und Sorgen und Ausgaben, die sie für uns haben. Vergilt ihnen, du Vater im Himmel! alles, was sie an uns tun, und laß uns ihnen in allem, was sie wollen, folgen, daß wir ihnen lieb bleiben bis ans Ende ihres Lebens, da du sie von uns nehmen und belohnen wirst für ihre Treue, die sie uns werden erwiesen haben.

Lieber himmlischer Vater! Laß uns den morgenden heiligen Tag deiner Güte und der Liebe Jesu Christi und auch alles dessen, was uns unser Vater und unsere Mutter und alle Menschen Gutes tun, recht eingedenk sein! damit wir gegen Gott und Menschen dankbar werden und gehorsam, und damit wir in der Liebe wandeln vor deinen Augen unser Lebenlang —

Hier mußte Niclas innehalten. Dann sprach Gertrud allemal nach den Vorfällen der Woche das weitere vor.

Heute sagte sie ihnen: Wir danken dir, himmlischer Vater! daß du unsern lieben Eltern in dieser Woche die schweren Sorgen für ihr Brot und für ihre Haushaltung erleichtert und dem Vater einen guten, einträglichen Verdienst gezeiget hast. Wir danken dir, daß unsere Obrigkeit mit wahrem Vaterherzen unser Schutz, unser Trost und unsere Hilfe in allem Elend und in aller Not ist.

Wir danken dir für die Guttat unsers Gnädigen Herrn. Wir wollen, will's Gott! aufwachsen, wie zu deiner Ehre, also auch zu deinem Dienst und Wohlgefallen; denn er ist uns wie ein treuer Vater.

Hierauf sprach sie der Lise vor: Verzeih mir, o mein Gott! meine alte Unart und lehre mich meine Zunge im Zaum halten — schweigen, wo ich nicht reden soll, und behutsam und bedächtlich antworten, wo man mich fraget.

Sodann spricht sie dem Niclas vor: Bewahre mich, Vater im Himmel! doch in Zukunft in meinem hastigen Wesen und lehre mich, mich auch in acht nehmen, was ich mache, und wer um und an mir sei.

Dann dem Anneli: Es ist mir leid, mein lieber Gott! daß ich mein Brüderlein so leichtsinnig verlassen und damit die liebe Mutter so in Schrecken gesetzt habe. Ich will es in meinem Leben nicht mehr tun, mein lieber Gott!

Und nachdem die Mutter allen Kindern so vorgesprochen hatte, betete sie ferner:

>   Herr! erhöre uns.
>   Vater! verzeih uns.
>   Jesus! erbarm dich unser.

Dann betete Niclas das heilige Vaterunser.

Und dann Enne: Behüt mir, Gott! den lieben Vater und die liebe Mutter und die lieben Geschwister, auch unsern lieben gnädigen Herrn von Arnheim und alle guten lieben Menschen auf Erden —

Und dann die Lise:

>   Das walt Gott,
>   Der Vater!
>   Der Sohn!
>   Und der heilige Geist!

Und dann die Mutter:

>   Nun Gott sei mit euch!
>   Gott erhalte euch!

Der Herr lasse sein heiliges Angesicht über euch leuchten und sei euch gnädig!

Eine Weile noch saßen die Kinder und die Mutter in der ernsten Stille, die ein wahres Gebet allen Menschen einflößen muß.

§ 36

Noch mehr Mutterlehren.
Reine Andacht und Emporhebung der Seele zu Gott

Lise unterbrach diese Stille — Du zeigest uns jetzt die neuen Batzen, sagte sie zur Mutter — Ja, ich will sie euch zeigen, antwortete die Mutter.

Aber, Lise! du bist immer das, so zuerst redet.

Niclas juckt jetzt vom Ort auf, wo er saß, drängt sich hinter dem Grütli hervor, daß er näher beim Licht sei, um die Batzen zu sehen, und stößt denn das Kleine, daß es laut weint.

Da sagte die Mutter: Niclas! es ist nicht recht; in eben der Viertelstunde versprachst du, sorgfältiger zu sein, und jetzt tust du das.

N i c l a s. Ach Mutter! es ist mir leid; ich will's in meinem Leben nicht mehr tun.

M u t t e r. Das sagtest du eben jetzt zu deinem lieben Gott und tatst es wieder; es ist dir nicht Ernst.

N i c l a s. Ach ja, Mutter! Es ist mir gewiß Ernst. Verzeih mir, es ist mir gewiß Ernst und recht leid.

M u t t e r. Mir auch, du Lieber! Aber du denkst nicht daran, wenn ich dich nicht abstrafe. Du mußt jetzt ungeessen ins Bett. Sie sagts und führt den Knaben von den andern Kindern weg in seine Kammer. Seine Geschwister standen alle traurig in der Stube umher; es tat ihnen weh, daß der liebe Niclas nicht zu Nacht essen mußte.

Daß ihr euch doch nicht mit Liebe leiten lassen wollt, Kinder! sagte ihnen die Mutter.

Laß ihn doch diesmal wieder heraus, sagten die Kinder.

Nein, meine Lieben! Seine Unvorsichtigkeit muß ihm abgewöhnt werden, antwortete die Mutter.

So wollen wir jetzt die Batzen nicht sehn bis morgen; er sieht sie denn mit uns, sagte Enne.

Und die Mutter: Das ist recht, Enne! Ja, er muß sie alsdann mit euch sehn.

Jetzt gab sie noch den Kindern ihr Nachtessen und ging dann mit ihnen in ihre Kammer, wo Niclas noch weinte.

Nimm dich doch ein andermal in acht, lieber, lieber Niclas! sagte ihm die Mutter.

Und Niclas: Verzeih mir's doch, meine liebe, liebe Mutter! Verzeih mir's doch und küsse mich; ich will gern nichts zu Nacht essen!

Da küßte Gertrud ihren Niclas, und eine heiße Träne floß auf sein Antlitz, als sie ihm sagte: O Niclas! Niclas! werde bedachtsam — Niclas mit beiden Händen umschlingt den Hals der Mutter und sagt: O Mutter! Mutter! verzeih mir.

Gertrud segnete noch ihre Kinder und ging wieder in ihre Stube.

Jetzt war sie ganz allein — Eine kleine Lampe leuchtete nur schwach in der Stube, und ihr Herz war feierlich still, und ihre Stille war ein Gebet, das unaussprechlich ohne Worte ihr Innerstes bewegte. Empfindung von Gott und von seiner Güte! Gefühl von der Hoffnung des ewigen Lebens und von der innern Glückseligkeit der Menschen, die auf Gott im Himmel trauen und bauen; alles dieses bewegte ihr Herz, daß sie hinsank auf ihre Knie, und ein Strom von Tränen floß ihre Wangen herunter.

Schön ist die Träne des Kindes, wenn es, von der Wohltat des Vaters gerührt, schluchzend zurücksieht, seine Wange trocknet und sich erholen muß, ehe es den Dank seines Herzens stammeln kann.

Schön sind die Tränen des Niclas, die er in dieser Stunde weint, daß er die gute gute Mutter erzürnet hat, die ihm so lieb ist.

Schön sind die Tränen des Menschen alle, die er also aus gutem Kinderherzen weint. Der Herr im Himmel sieht herab auf das Schluchzen seines Danks — und auf die Tränen seiner Augen, wenn er ihn lieb hat.

Der Herr im Himmel sah die Tränen der Gertrud und hörte das Schluchzen ihres Herzens, und das Opfer ihres Danks war ein angenehmer Geruch vor ihm.

Gertrud weinte lang vor dem Herrn ihrem Gott, und ihre Augen waren noch naß, als ihr Mann heimkam.

Warum weinest du, Gertrud? Deine Augen sind rot und naß. Warum weinest du heute, Gertrud? fragte sie Lienhard.

Gertrud antwortete: Mein Lieber! Es sind keine Tränen von Kummer — fürchte dich nicht! — Ich wollte Gott danken für diese Woche, da ward mir das Herz zu voll, ich mußte hinsinken auf meine Knie, ich konnte nicht reden — ich mußte nur weinen; aber es war mir, ich habe in meinem Leben Gott nie so gedankt.

Du Liebe! antwortete Lienhard; wenn ich nur auch mein Herz wie du so schnell emporheben und zu Tränen bringen könnte! Es ist mir jetzt auch gewiß Ernst, recht zu tun und gegen Gott und Menschen redlich und dankbar zu sein; aber es wird mir nie so, daß ich auf meine Knie fallen und Tränen vergießen möchte.

G e r t r u d. Wenn's dir nur Ernst ist, recht zu tun, so ist alles andre gleichviel. Der eine hat eine schwache Stimme und der andre eine starke; daran liegt nichts. Nur wozu sie ein jeder braucht, darauf kömmt's allein an. — Mein Lieber! Tränen sind nichts, und Kniefallen ist nichts; aber der Entschluß, gegen Gott und Menschen redlich und dankbar zu sein, das ist alles. Daß der eine Mensch weichmütig und daß der andre es weniger ist, das ist ebensoviel, als daß der eine Wurm schwerfälliger und der andre leichter in dem Staube daherschleicht. Wenn es dir nur ernst ist, mein Lieber! so wirst du ihn finden; ihn, der aller Menschen Vater ist.

Lienhard senkt mit einer Träne im Aug sein Haupt auf ihren Schoß, und sie hält ihr Angesicht in stiller Wehmut über das seine.

Sie bleiben eine Weile in dieser Stellung still, staunen — und schweigen.

Endlich sagte Gertrud zu ihm: Willst du nicht zu Nacht essen?

Ich mag nicht, antwortete er. Mein Herz ist zu voll, ich könnte jetzt nicht essen.

Ich mag auch nicht, mein Lieber! erwiderte sie; aber weißt du, was wir tun wollen — Ich trage das Essen zu dem armen Rudi — seine Mutter ist heute gestorben.

§ 37

Sie bringen einem armen Mann eine Erbsbrühe

Lienhard. Ist sie endlich ihres Elends los?
Gertrud. Ja, Gott Lob! aber du hättest sie sollen sterben sehn, mein Lieber! Denk, sie entdeckte an ihrem Todestag, daß ihr Rudeli uns Erdäpfel gestohlen hätte. Der Vater und der Knab mußten zu mir kommen und um Verzeihung bitten. Sie ließ uns auch ausdrücklich in ihrem Namen bitten, wir sollten es ihr verzeihen, daß sie die Erdäpfel nicht zurückgeben könne, und der gute Rudi versprach so herzlich, daß er es dir abverdienen wolle — Denk, wie mir bei dem allem war, mein Lieber! Ich lief zu der Sterbenden, aber ich kann dir's nicht erzählen; es ist nicht auszusprechen, mit welcher Wehmut, wie innig gekränkt sie mich noch einmal fragte, ob ich's ihnen verziehen hätte; und da sie sah, daß mein Herz gerührt war, empfahl sie mir ihre Kinder — wie sie das fast nicht tun und fast nicht wagen dürfte — wie sie es bis auf den letzten Augenblick verspart und dann, da sie empfand, daß sie eilen müßte, endlich es wagte und mit einer Demut und Liebe gegen die Ihrigen tat — und wie sie mitten, indem sie es tat, ausgelöscht ist, das ist nicht auszusprechen und nicht zu erzählen.
Lienhard. Ich will mit dir zu ihnen gehn.
Gertrud. Ja, komme, wir wollen gehn. Sie nimmt ihre Erbsbrühe, und sie gehen.
Da sie kamen, saß der Rudi neben der Toten auf ihrem Bett, weinte und seufzte, und der Kleine rief dem Vater aus seiner Kammer und bat ihn um Brot — Nein, nicht um Brot — um rohe Wurzeln nur, oder was es wäre.
Ach! ich habe nichts, gar nichts — um Gottes willen, schweig doch bis morgen; ich habe nichts, sagt ihm der Vater.
Und der Kleine: O! wie mich hungert, Vater! ich kann nicht schlafen — O! wie mich hungert, Vater!
O wie mich hungert! hören ihn Lienhard und Gertrud rufen, öffnen die Türe, stellen das Essen den Hungrigen dar und sagen zu ihnen: Esset doch geschwind, ehe es kalt ist.
O Gott! sagte der Rudi, was ihr an mir tut. Rudeli, das sind die Leute, denen du Erdäpfel gestohlen hast; und auch ich habe davon gegessen.
Gertrud. Schweig doch einmal hievon, Rudi!
Rudi. Ich darf euch nicht ansehn, so geht's mir an's Herz, daß wir euch das haben tun dürfen.
Lienhard. Iß doch jetzt, Rudi!
Rudeli. Iß doch, Vater! wir wollen doch essen, Vater!
Rudi. So bete eben.
Rudeli. Speis Gott —
    Tröst Gott —
      Alle armen Kind,
    Die auf Erden sind,
    An Seel' und Leib, Amen!

So betet der Knabe, nimmt den Löffel, zittert, weint und ißt.

So vergelt's euch Gott zu tausendmalen — sagt der Vater, ißt auch, und Tränen fallen über seine Wangen in seine Speise.

Sie aßen aber das Essen nicht auf, sondern stellten ein Plättlein voll den Kindern beiseits, die schliefen, dann betete der Rudeli ab Tische.

> Wer geessen hat,
> Gott danken soll,
> Der uns gespeist hat
> Abermal.
> Ihm sei Lob, Preis und Dank gesagt,
> Von nun an bis in Ewigkeit, Amen!

Als nun der Rudi ihnen noch einmal danken wollte, entfuhr ihm ein Seufzer —

§ 38

Die reine stille Größe eines wohltätigen Herzens

Fehlt dir etwas, Rudi? Wenn's etwas ist, da wir dir helfen können, so sag es, sagten Lienhard und Gertrud zu ihm.

Nein, es fehlt mir jetzt nichts; ich dank euch, antwortete der Rudi.

Aber sichtbar erstickt' er das tiefe Seufzen des Herzens, das immer empordringen wollte.

Mitleidig und traurig sahen ihn Lienhard und Gertrud an und sprachen: Du seufzest doch, und man sieht's, dein Herz ist über etwas beklemmt.

Sag's doch, ach sag's doch, Vater! sie sind ja so gut, bittet ihn der Kleine.

Tu es doch und sag es, wenn wir helfen können, bitten ihn Lienhard und Gertrud.

Darf ich's? erwiderte der Arme; ich habe weder Schuh noch Strümpfe und sollte morgen mit der Mutter zum Grabe und übermorgen ins Schloß gehn.

L i e n h a r d. Daß du dich auch so grämen magst über dieses! Warum sagtest du doch das nicht auch geradezu? Ich kann und will dir ja das gern geben.

R u d i. Wirst du mir, ach mein Gott! nach allem, was vorgefallen ist, auch glauben, daß ich dir es unversehrt und mit Dank wieder zurückgeben werde?

L i e n h a r d. Schweig doch hievon, Rudi! Ich glaub dir noch mehr als das; aber dein Elend und deine Not haben dich zu ängstlich gemacht.

G e r t r u d. Ja, Rudi, Trau auf Gott und Menschen, so wird dir durchaus leichter ums Herz werden, und du wirst dir in allen Umständen besser helfen können.

R u d i. Ja, Gertrud! Ich sollte wohl meinem Vater im Himmel mehr trauen, und euch kann ich nicht genug danken.

L i e n h a r d. Rede nicht hievon, Rudi!

Gertrud. Ich möchte deine Mutter noch sehen.

Sie gehn mit einer schwachen Lampe an ihr Bett — und Gertrud und Lienhard und der Rudi und der Kleine, alle mit Tränen in den Augen — staunen in tiefem stillen Schweigen eine Weile sie an, decken sie dann wieder zu und nehmen fast ohne Worte herzlich Abschied voneinander.

Und im Heimgehen sagte Lienhard zu Gertrud: Es geht mir ans Herz; welche Tiefe des Elends! Nicht mehr in die Kirche gehn können, nicht mehr um Arbeit bitten, nicht mehr dafür danken können, weil man keine Kleider, nicht einmal Schuh und Strümpfe dazu hat.

Gertrud. Wenn der Mann nicht unschuldig an seinem Elend wäre, er müßte verzweifeln.

Lienhard. Ja, Gertrud! er müßte verzweifeln; gewiß, er müßte verzweifeln, Gertrud! Wenn ich meine Kinder so um Brot schreien hörte und keines hätte und schuld daran wäre, Gertrud! ich müßte verzweifeln; und ich war auf dem Weg zu diesem Elend.

Gertrud. Ja, wir sind aus großen Gefahren errettet.

Indem sie so redten, kamen sie neben dem Wirtshaus vorbei, und das dumpfe Gewühl der Säufer und Prasser ertönte in ihren Ohren. Dem Lienhard klopfte das Herz schon von ferne; aber ein Schauer durchfuhr ihn und ein banges Entsetzen, als er sich ihm näherte. Sanft und wehmütig sah ihn Gertrud jetzt an, und beschämt erwiderte Lienhard den wehmütigen Anblick seiner Gertrud und sagte:

O des herrlichen Abends an deiner Seite! und wenn ich jetzt auch hier gewesen wäre! So sagt er.

Die Wehmut der Gertrud wächst jetzt zu Tränen, und sie hebt ihre Augen gen Himmel. Er sieht's — Tränen steigen auch ihm in die Augen und gleiche Wehmut in das Antlitz wie seiner Geliebten. Auch er hebt seine Augen gen Himmel, und beide hefteten eine Weile ihr Antlitz auf den schönen Himmel. Sie sahn mit wonnevollen Tränen den helleuchtenden Mond an, und noch wonnevollere innere Zufriedenheit versicherte sie, daß Gott im Himmel die reinen und unschuldigen Gefühle ihrer Herzen guthieße.

Nach dieser kleinen Verweilung gingen sie in ihre Hütte.

Alsobald suchte Gertrud Schuhe und Strümpfe für den Rudi, und Lienhard brachte sie ihm noch am gleichen Abend.

Da er wieder zurück war, beteten sie noch ein Vorbereitungsgebet zum heiligen Nachtmahl und entschliefen in gottseligen Gedanken.

Am Morgen stunden sie früh auf und freuten sich des Herrn, lasen die Leidensgeschichte des Heilands und die Einsetzung des heiligen Abendmahls und lobten Gott in der frühen Stunde vor dem Aufgange der Sonne am heiligen Tage.

Dann weckten sie ihre Kinder, warteten noch ihr Morgengebet ab und gingen zur Kirche.

Eine Viertelstunde vor dem Zusammenleuten stund auch der Vogt auf. Er konnte den Schlüssel zum Kleiderkasten nicht finden, fluchte Entsetzen und Greuel, stieß den Kasten auf mit dem Schuh, kleidete sich an, ging zur Kirche, setzte sich in den ersten Stuhl des Chors, nahm den Hut vor den Mund, blickte mit den Augen in alle Ecken der Kirche und betete zugleich unter dem Hute.

Bald darauf kam auch der Pfarrer.

Da sang die Gemeinde zwei Stücke von dem Passionslied: O Mensch! bewein' dein Sünden groß, und wie es weiter lautet.

Dann trat der Pfarrer auf die Kanzel und predigte und lehrte an diesem Tage seine Gemeinde also:

§ 39

Eine Predigt

Meine Kinder!

Wer den Herrn fürchtet und fromm und aufrichtig vor seinen Augen wandelt, der wandelt im Licht.

Aber wer des Herrn seines Gottes in seinem Tun vergißt, der wandelt in der Finsternis.

Darum lasset euch nicht verführen, es ist nur einer gut, und der ist euer Vater.

Warum laufet ihr in der Irre umher und tappet in der Finsternis? Es ist niemand euer Vater als nur Gott.

Hütet euch vor den Menschen, daß ihr von ihnen nicht Dinge lernt, die euerm Vater mißfallen.

Selig ist der Mensch, dessen Vater Gott ist.

Selig ist der Mensch, der sich vor dem Bösen fürchtet und der das Arge hasset; denn es geht denen nicht wohl, die Böses tun, und der Arge verstrickt sich in seiner Arglist.

Es geht denen nicht wohl, die ihren Nächsten drücken und drängen. Nein, es geht dem Menschen nicht wohl, über den der Arme zu Gott schreit.

Weh dem Elenden, der im Winter den Armen speiset und in der Ernte das Doppelte von ihm wieder abnimmt.

Weh dem Gottlosen, der dem Armen im Sommer Wein aufdringt und im Herbst ihm zweimal soviel wieder fordert.

Weh ihm, wenn er dem Armen sein Stroh und sein Futter abdrückt, daß er sein Land nicht mehr bauen kann.

Weh ihm, wenn die Kinder des Armen um seiner Hartherzigkeit willen Brot mangeln.

Weh dem Gottlosen, der den Armen Geld leiht, daß sie seine Knechte werden, ihm zu Gebote stehn, ohne Lohn arbeiten und doch zinsen müssen.

Weh ihm, wenn sie vor Gericht und Recht für ihn aussagen, falsches Zeugnis geben und Meineide schwören, daß er recht hat.

Weh ihm, wenn er Bösewichter in seinem Haus versammelt und mit ihnen dem

Gerechten auflauert, ihn zu verführen, daß er auch werde wie sie, und daß er seines Gottes und seines Weibs und seiner Kinder vergesse und verschwende bei ihnen den Lohn seiner Arbeit, auf den die Mutter samt den Kindern hoffet.

Und weh auch dem Elenden, der sich also von dem Gottlosen verführen läßt und in seinem Unsinn verschwendet das Geld, das in seiner Haushaltung nötig ist.

Weh ihm, wenn sein Weib über ihn zu Gott seufzt, daß sie nicht Milch hat, den Säugling zu nähren.

Weh ihm, wenn der Säugling um seines Saufens willen serbet!¹)

Weh ihm, wenn die Mutter über seiner Kinder Brotmangel und über unvernünftig aufgebürdete Arbeit weint.

Weh dem Elenden, der das Lehrgeld seiner Söhne verspielt; wenn sein Alter kommen wird, werden sie zu ihm sagen: Du warst nicht unser Vater, du lehrtest uns nicht Brot verdienen, womit können wir dir helfen?

Weh denen, die mit Lügen umgehen und das Krumme gerad und das Gerade krumm machen, denn sie werden zuschanden werden.

Weh euch, wenn ihr der Witwe Äcker und des Waisen Haus zu wohlfeil gekauft habt, weh euch! denn der Witwe und des Waisen Vater ist euer Herr, und die Armen und die Witwen und die Waisen sind ihm lieb, und ihr seid ihm ein Greuel und ein Abscheu darum, daß ihr bös seid und hart mit den Armen.

Weh euch, die ihr euer Haus voll habt von dem, was nicht euer ist.

Ob ihr gleich jauchzet beim Saufen des Weins, der in den Reben des Armen gewachsen ist;

Ob ihr gleich lachet, wenn elende hungernde Menschen ihr Korn mit Seufzen in eure Säcke ausschütten;

Ob ihr gleich spöttelt und scherzet, wenn euer Unterdrückter sich vor euch wie ein Wurm windet und den zehnten Teil eures Raubs von euch wieder um Gottes willen auf Borg bittet; ob ihr euch gleich gegen alles das verhärtet, so ist es euch doch keine Stunde wohl in eurem Herzen.

Nein, es ist dem Menschen nicht wohl auf Gottes Erdboden, der den Armen aussaugt.

Mög er sein, wer er will, mög er über alle Gefahr, über alle Verantwortung und über alle Strafe auf der Erde hinaus sein;

Mög er sogar Richter im Lande sein und Elende, die besser als er sind, mit seiner Hand gefangennehmen und mit seinem Munde anklagen;

Mög er sogar sitzen und richten selber über sie auf Leben und Tod und sprechen das Urteil auf Schwert und Rad:

Er ist schlimmer als sie.

Wer den Armen aus Übermut drückt und elenden Leuten Fallstricke legt und die Häuser der Witwen aussaugt — der ist schlimmer als Diebe und Mörder, deren Lohn der Tod ist.

Darum ist dem Menschen auf Erden, der das tut, auch keine Stunde wohl in seinem Herzen.

Er irret auf Gottes Erdboden umher, belastet mit dem Fluche des Brudermörders, der seinem Herzen keine Ruhe läßt.

Er irret umher und will und sucht immer die Schrecken seines Inwendigen vor sich selber zu verbergen.

                Mit Saufen und Prassen,
                Mit Mutwillen und Bosheiten,
                Mit Hader und Streit,
                Mit Lug und Betrug,
                Mit Zoten und Possen,
                Mit Schmähen und Schimpfen,
                Mit Aufhetzen und Hinterreden

will er sich selbst die Zeit, die ihm zur Last ist, vertreiben.

Aber er wird die Stimme seines Gewissens nicht immer ersticken, er wird dem Schrecken des Herrn nicht immer entgehen können; es wird ihn überfallen wie ein Gewaffneter, und ihr werdet ihn sehn zittern und zagen wie einen Gefangenen, dem der Tod droht.

Aber selig ist der Mensch, der keinen Teil hat an seinem Tun.

Selig ist der Mensch, der nicht schuld ist an der Armut eines seiner Nebenmenschen.

Selig ist der Mensch, der von keinem Armen Gaben oder Gewinn in seiner Hand hat.

Selig seid ihr, wenn euer Mund rein ist von harten Worten und euer Aug von harten Blicken.

Selig seid ihr, wenn der Arme euch segnet und wenn Witwen und Waisen Tränen des Danks über euch zu Gott weinen.

Selig ist der Mensch, der in der Liebe wandelt vor dem Herrn seinem Gott und vor allem seinem Volk.

Selig seid ihr, ihr Frommen! Kommet und freut euch beim Mahl des Herrn der Liebe.

Der Herr, euer Gott, ist euer Vater. Die Pfänder der Liebe aus seiner Hand werden euch erquicken, und das Heil eures Herzens wird wachsen, weil eure Liebe gegen Gott, euern Vater, und gegen die Menschen, eure Brüder, wachsen und stark werden wird.

Aber ihr, die ihr ohne Liebe wandelt und in euerm Tun nicht achtet, daß Gott euer Vater ist, daß eure Nebenmenschen Kinder eures Gottes sind und daß der Arme euer Bruder ist, ihr Gottlosen! was tut ihr hier? Ihr, die ihr morgen wieder wie gestern den Armen drücken und drängen werdet! was tut ihr hier? Wollet ihr das Brot des Herrn essen und seinen Kelch trinken und sagen: daß ihr ein Leib und ein Herz, ein Geist und eine Seele mit euern Brüdern seid?

Verlasset doch diese Vorhöfe und meidet das Mahl der Liebe! Bleibet, bleibet von hinnen, daß der Arme nicht beim Mahl des Herrn über euerm Anblick erblasse, und daß er in der Stunde seiner Erquickung nicht denken müsse, ihr werdet ihn morgen erwürgen. Gönnet! ach! gönnet ihm doch diese Stunde des Friedens, daß er Ruhe habe vor euch und euch nicht sehe.

Denn der Arme zittert vor euch, und dem Waisen klopfet das Herz, wo ihr um den Weg seid.

Aber warum rede ich mit euch? Ich verschwende umsonst meine Worte. Ihr geht nicht von da weg, wo ihr Menschen kränken könnet; wo ihr sie vor euch zitternd und angstvoll sehet, da ist euch wohl, und ihr meinet, es müsse wie ihr niemand Ruhe haben in seinem Herzen.

Aber ihr irret euch; siehe, ich wende mich von euch weg, als ob ihr nicht da wäret.

Und ihr Arme und Gedrückte in meiner Gemeinde, wendet euch von ihnen weg, als ob ihr sie nicht sähet, als ob sie nicht da wären.

Der Herr ist da!
Auf den ihr hoffet —
Der Herr ist da!

Glaubet und trauet auf ihn; und die Frucht eurer Trübsal und eurer Leiden wird euch zum Segen werden.

Glaubet und trauet dem Herrn euerm Gott und fürchtet euch nicht vor den Gottlosen; aber hütet euch vor ihnen, geduldet euch lieber, traget lieber allen Mangel, leidet lieber Schaden, als daß ihr Hilfe bei dem Hartherzigen suchet; denn die Worte eines harten Mannes sind Lügen, und seine Hilfe ist eine Lockspeise, womit er den Armen fange, daß er ihn töte. Darum fliehet den Gottlosen, wenn er euch lächelnd grüßet, wenn er seine Hand euch bietet und die eure schüttelt und drücket. Wenn er euch alle seine Hilfe anträgt, so fliehet, denn der Gottlose verstrickt den Armen. Fliehet vor ihm und bindet nicht mit ihm an; aber fürchtet ihn nicht, wenn ihr ihn sehet stehen fest und groß — wie die hohe Eiche fest und groß! fürchtet ihn nicht.

Gehet hin, ihr Lieben! in euern Wald, an den Ort, wo die hohen alten Eichen standen, und sehet, wie die kleinen Bäume, die unter ihrem Schatten serbten, jetzt zugenommen haben, wie sie grünen und blühen. Die Sonne scheint jetzt wieder auf die jungen Bäume, und der Tau des Himmels fällt auf sie in seiner Kraft, und die großen weiten Wurzeln der Eiche, die alle Nahrung aus der Erde sogen, faulen jetzt und geben den jungen Bäumen Nahrung, die im Schatten der Eiche serbten.

Darum hoffet auf den Herrn, denn seine Hilfe mangelt denen nie, die auf ihn hoffen.

Der Tag des Herrn wird über den Gottlosen kommen, und an demselben Tage wird er, wenn er den Unterdrückten und Elenden ansehen wird, heulen und sprechen: Wär ich wie dieser einer!

Darum trauet auf den Herrn, ihr Betrübten und Unterdrückten! und freuet euch, daß ihr den Herrn erkennet, der das Mahl der Liebe eingesetzt hat.

Denn durch die Liebe tragt ihr der Erde Leiden wie einen Schatz von dem Herrn, und unter euern Lasten wachsen eure Kräfte und euer Segen.

Darum freuet euch, daß ihr den Herrn der Liebe erkennet, denn ohne Liebe würdet ihr erliegen und werden wie die Gottlosen, die euch plagen und betrügen.

Lobpreiset den Herrn der Liebe, daß er das Abendmahl eingesetzt und unter seinen Millionen auch euch zu seinem heiligen Geheimnis berufen hat!

Lobpreiset den Herrn!

Die Offenbarung der Liebe ist die Erlösung der Welt!
Liebe ist das Band, das den Erdkreis verbindet.
Liebe ist das Band, das Gott und Menschen verbindet.
Ohne Liebe ist der Mensch ohne Gott; und ohne Gott und ohne Liebe, was ist der Mensch?
Dörft ihr's sagen?
Dörft ihr's aussprechen?
Dörft ihr's denken?
Was der Mensch ist ohne Gott und ohne Liebe.
Ich darf's nicht sagen; ich kann's nicht aussprechen.
Nicht Mensch — Unmensch ist der Mensch ohne Gott und ohne Liebe.
Darum freuet euch, daß ihr den Herrn der Liebe erkennet, der den Erdkreis von der Unmenschlichkeit zur Liebe, von der Finsternis zum Licht und vom Tod zum ewigen Leben berufen hat!
Und noch einmal sage ich euch: Freuet euch, daß ihr den Herrn erkennet, und betet für alle die, so ihn nicht erkennen, daß sie zur Erkenntnis der Wahrheit und zu eurer Freude gelangen.
Meine Kinder! Kommet zum heiligen Mahl euers Herrn — Amen!
Nachdem der Pfarrer dieses gesagt und fast eine Stunde seine Gemeinde christlich gelehret hatte, betete er mit ihnen, und die ganze Gemeinde nahm das Nachtmahl des Herrn. Der Vogt Hummel aber dienete zu beim Nachtmahl des Herrn[2]); und nachdem alles Volk dem Herrn gedankt hatte, sangen sie wieder ein Lied, und der Pfarrer segnete die Gemeinde; und ein jeder ging in seine Hütte.

§ 40

Ein Beweis, daß die Predigt gut war. Item vom Wissen und Irrtum; und von dem, was heiße, den Armen drücken

Der Vogt Hummel aber ergrimmte über die Rede des Pfarrers, die er über den Gottlosen gehalten hatte, in seinem Herzen; und am Tage des Herrn, den die ganze Gemeinde in stiller Feier heiligte, tobte und wütete er, schimpfte und redte er greuliche Dinge über den Pfarrer.

Sobald er vom Tisch des Herrn heimging, sandte er sogleich zu den gottlosen Gesellen seines Lebens, daß sie geschwind zu ihm kämen. Diese waren bald da und führten mit dem Vogt lasterhafte, leichtfertige Reden über den Pfarrer und über seine christliche Predigt.

Der Vogt fing zuerst an: Ich kann das verdammte Schimpfen und Sticheln nicht leiden.

Es ist auch nicht recht, es ist Sünde, besonders an einem heiligen Tag ist es Sünde, daß er's tut, sagte Aebi.

Und der Vogt: Er weiß es, der Bösewicht, daß ich es nicht leiden kann; aber desto mehr tut er's. Es muß ihm ein rechtes Wohlleben sein, wenn er die Leute mit seinem Predigen und mit seinem Verdrehen alles dessen, was er nicht versteht und was ihn nichts angeht, recht in Zorn und Wut bringen kann.
Aebi. Einmal der liebe Heiland und die Evangelisten und die Apostel im neuen Testament haben niemand geschimpft.
Christen. Das mußt du nicht sagen; sie haben auch geschimpft, und noch mehr als der Pfarrer.
Aebi. Das ist nicht wahr, Christen!
Christen. Du bist ein Narr, Aebi! Ihr blinden Führer, ihr Schlangen, ihr Ottergezüchte, und so tausenderlei. Du verstehst die Bibel, Aebi!
Bauern. Ja, Aebi! es ist wahr, sie haben auch geschimpft.
Christen. Ja, aber Rechtshändel, die sie nicht verstanden, und Rechnungssachen, die vor der Obrigkeit ausgemacht und in der Ordnung sind, ahndeten sie doch nicht; und zudem, es waren andre Leute, die das wohl durften.
Bauern. Es versteht sich, es waren andre Leute.
Christen. Ja, es mußten wohl andre Leute sein, denn sonst hätten sie es nicht dürfen; denket, wie sie es machten – Einst einem Annas – ja Annas hieß er – und hintennach auch seiner Frauen; nur daß sie eine Lüge sagten, sind sie zu Boden gefallen und waren tot.
Bauern. Ist das auch wahr, um einer Lüge willen?
Christen. Ja, so wahr ich lebe und da vor euch stehe.
Aebi. Es ist doch schön, wenn man die Bibel versteht.
Christen. Ich dank's meinem Vater und dem Boden; er war leider, Gott erbarm! eben nichts Sonderbares. Er hat uns unser ganzes Muttergut durchgebracht bis auf den letzten Heller; und das könnte ich noch wohl verschmerzen, hätte er sich nur nicht mit dem gehängten Uli so eingelassen! so etwas trägt man Kind und Kindskindern nach; aber lesen konnte er in der Bibel, trotz einem Pfarrer, und das mußten wir auch können; er ließ es keinem nach.
Aebi. Es hat mich tausendmal gewundert, wie er auch so ein Schlimmling hat sein können, da er doch soviel wußte.
Bauern. Ja, es ist freilich wunderlich, soviel er wußte.
Jost (ein Fremder, der eben im Wirtshaus ist). Ich muß nur lachen, Nachbaren! daß ihr euch hierüber verwundert. Wenn vieles Wissen die Leute brav machen würde, so wären ja eure Anwälte und eure Tröler[1]) und eure Vögte und euere Richter, mit Respekt zu melden, immer die Brävsten.
Bauern. Ja, es ist so, Nachbar! es ist so.
Jost. Glaubt es nur, Nachbaren! Es ist zwischen Wissen und Tun ein himmelweiter Unterschied. Wer aus dem Wissen allein sein Handwerk macht, der hat wahrlich groß achtzugeben, daß er das Tun nicht verlerne.
Bauern. Ja, Nachbar! es ist so, was einer nicht treibt, das verlernt er.
Jost. Natürlich, und wenn einer den Müßiggang treibt, so wird er nichts nütze. Und so geht's denen, die sich aus Müßiggang und langer Zeit aufs Frägeln und Schwatzen legen, sie werden nichts nütze. Gebt nur acht, die meisten dieser

Bursche alle, die immer bald Kalender und bald Bibelhistorien und bald die alten und bald die neuen Mandate in der Hand oder im Mund haben, sind Tagdieben. — Wenn man mit ihnen etwas, das Hausordnung, Kinderzucht, Gewinn und Gewerb antrifft, reden will, wenn sie Rat geben sollen, wie dieses oder jenes, das jetzt notwendig ist, anzugreifen wäre; so stehn sie da wie Tröpfe und wissen nichts und können nichts. Nur da, wo man müßig ist, in Wirtshäusern, auf Tanzplätzen, bei dem Sonn- und Feiertagsgeschwatzen — da wollen sie sich dann zeigen; sie bringen aber Quacksalbereien, Dummheiten und Geschichten an, an denen hinten und vornen nichts wahr ist. Und doch ist's weit und breit eingerissen, daß ganze Stuben voll brave Bauern bei Stunden so einem Großmaul, das ihnen eine Lüge nach der andern aufbindet, zuhören können.

Aebi. Es ist bei meiner Seel so, wie der Nachbar da sagt; und, Christen! er hat deinen Vater durch und durch abgemalt. Vollkommen so hatten wir's mit ihm. Dumm war er in allem, was Holz und Feld, Vieh und Futter, Dreschen und Pflügen und alles dergleichen antraf, wie ein Ochs und zu allem, was er angreifen sollte, träg wie ein Hammel — Aber im Wirtshaus und bei den Kirchständen*), bei Lichtstubeten²) und auf den Gemeindeplätzen redte er wie ein Weiser aus Morgenland — bald vom Doktor Faust, bald vom Herrn Christus, bald von der Hexe von Endor oder deren von Hirzau und bald von den Stiergefechten in Mastricht und dem Pferdrennen in London — So toll und dumm er alles machte und so handgreiflich er Lügen aufband, so hörte man ihm dennoch immer gern zu, bis er fast gehenkt wurde, da hat endlich sein Kredit mit dem Erzählen abgenommen.

Jost. Das ist ziemlich spät.

Aebi. Ja, wir waren lang Narren und zahlten ihm manchen guten Krug Wein für lautre Lügen.

Jost. Ich denke, es wäre ihm besser gewesen, ihr hättet ihm keinen bezahlt.

Aebi. Bei Gott! ich glaube selbst, wenn wir ihm keinen bezahlt hätten, so wäre er nicht unter den Galgen gekommen; er hätte alsdann arbeiten müssen.

Jost. So ist ihm eure Gutherzigkeit eben übel bekommen.

Bauern. Jawohl, in Gottes Namen.

Jost. Es ist ein verflucht verführerisches Ding um das müßiggängerische Histörlein-Aufsuchen und Histörlein-Erzählen und gar heillos, die Bibel in diesen Narrenzeitvertreib hineinzuziehen.

Leupi. Mein Vater hat mich einst tüchtig geprügelt, da ich so über einem Histörlein, ich glaube, es war auch aus der Bibel, vergessen, das Vieh ab der Weide zu holen.

Jost. Er hatte auch recht. Tun, was in der Bibel steht, ist unsereinem seine Sache, und davon erzählen, des Pfarrers. — Die Bibel ist ein Mandat, ein Befehl, und was würde der Commandant zu dir sagen, wenn er einen Befehl ins Dorf

---

*) Die Plätze, wo die Bauern am Sonntag zwischen den Predigten und des Abends, leider Gott erbarm! vor langer Zeit, Mann und Weib, jung und alt, zusammen stehn und schwatzen.

schickte, man sollte Fuhren in die Festung tun, und du dann, anstatt in den Wald zu fahren und zu laden, dich ins Wirtshaus setztest, den Befehl zur Hand nähmest, ihn abläsest und den Nachbaren bei deinem Glas bis auf den Abend erklärtest, was er ausweise und wolle.

A e b i. Ha! was würd er mir sagen? Alle Schand und Spott würd' er mir sagen und mich ins Loch werfen lassen, daß ich ihn für einen Narren gehalten habe.

J o s t. Und just das sind die Leute auch wert, die aus lauter Müßiggang, und damit sie im Wirtshaus Histörlein erzählen können, in der Bibel lesen.

C h r i s t e n. Ja; aber man muß doch darin lesen, damit man den rechten Weg nicht verfehle.

J o s t. Das versteht sich; aber die, so bei allen Stauden stillstehen und vor allen Brunnen und Marksteinen und Kreuzen, die sie auf dem Weg antreffen, Geschwätz treiben, sind nicht die, welche auf dem Weg f o r t w a n d e l n w o l l e n.*)

A e b i. Aber wie ist denn das, Nachbar? Man sagt sonst, man trage an nichts zu schwer, das man wisse; aber es dünkt mich, man könne am Vielwissen auch zu schwer tragen.

J o s t. Ja freilich, Nachbar! Man trägt an allem zu schwer, was einen an etwas Besserm und Notwendigerm versäumt. Man muß alles nur wissen um des Tuns willen. Und wenn man sich darauf legt, um des Schwätzens willen viel wissen zu wollen, so wird man gewiß nichts nütze.

Es ist mit dem Wissen und Tun wie mit einem Handwerk. Ein Schuhmacher z. E. muß arbeiten, das ist seine Hauptsache; er muß aber auch das Leder kennen und seinen Einkauf verstehen, das ist das Mittel, durch welches er in seinem Handwerk wohlfährt, und so ist's in allem. Ausüben und Tun ist für alle Menschen immer die Hauptsache. Wissen und Verstehn ist das Mittel, durch welches sie in ihrer Hauptsache wohlfahren.

Aber darum muß sich auch alles Wissen des Menschen bei einem jeden nach dem richten, was er auszuüben und zu tun hat oder was für ihn die Hauptsache ist.

A e b i. Jetzt fang ich's bald an zu merken — Wenn man den Kopf mit zu vielem und Fremdem voll hat, so hat man ihn nicht bei seiner Arbeit und bei dem, was allemal am nötigsten ist.

J o s t. Eben das ist's. Gedanken und Kopf sollten einem jeden bei dem sein, was ihn am nächsten angeht. Einmal ich mach's so. — Ich habe keine Wassermatten, darum liegt es mir nicht schwer im Kopf, wie man wässern muß, und bis ich eigenes Gehölze habe, staune ich gewiß nicht mit Mühe nach, wie man es am

---

*) Man verwundert sich wahrscheinlich über die Ernsthaftigkeit des Gesprächs, an welchem ausgezeichnete Lumpen und Säufer teilnehmen — Aber es gibt Gesichtspunkte von Sachen, welche diese Leute interessieren wie unsereinen, und Augenblicke, wo sie sehr ernsthaft, und nach ihrer Art sehr naiv und sehr richtig von allen Dingen reden und urteilen; und man ist sehr irrig, wenn man den liederlichen Bauer und Säufer sich immer als einen besoffenen Trunkenbold ohne Verstand und ohne Teilnehmung an ernsten Sachen vorstellt — Er ist nur alsdann so beschaffen, wenn er wirklich zuviel getrunken hat, und das war jetzt noch nicht der Fall.

besten besorge. Aber meine Gillenbehälter³) sind mir wohl im Kopf, weil sie meine magern Matten fett machen — So würde es in allen Ecken gut gehn, wenn ein jeder das Seine recht im Kopf hätte. Man kömmt immer früh genug zum Vielwissen, wenn man lernt recht wissen, und recht wissen lernt man nie, wenn man nicht in der Nähe bei dem Seinigen und bei dem Tun anfängt. Auf den Fuß⁴) kömmt das Wissen in seiner Ordnung in den Kopf. Und man kömmt gewiß weit im Leben, wenn man so anfängt; aber beim müßigen Schwatzen und von Kalenderhistorien oder andern Träumen aus den Wolken und aus dem Mond lernt man gewiß nichts als liederlich werden.

A e b i. Man fängt das in der Schul an.

Während dem ganzen Gespräch stunde der Vogt am Ofen, staunte, wärmte sich, hörte kaum, was sie sagten, und sprach nur wenig und ganz verwirrt in das, so sie redten. Er vergaß sogar den Wein bei seinem Staunen, darum währete auch das Gespräch mit dem Aebi und dem Fremden so lange. Vielleicht aber hat er seinen Kram nicht gerne ausgeleert, bis der Fremde ausgetrunken hatte und fort war; — denn er fing da endlich auf einmal damit an und sagte ihnen, als ob er's bei seinem langen Staunen auswendig gelernt hätte, herunter:

Der Pfarrer kömmt immer mit dem, daß man die Armen drücke. Wenn das, was er die Armen drücken heißt, niemand täte, so wären, mich soll der Teufel holen, wenn es nicht so ist, gar keine Arme in der Welt; aber wo ich mich umsehe, vom Fürsten an bis zum Nachtwächter, von der ersten Landeskammer bis zur letzten Dorfgemeinde, sucht alles seinen Vorteil und drückt jedes gegen das, das ihm im Weg steht. Der alte Pfarrer hat selbst Wein ausgeschenkt wie ich und Heu und Korn und Haber so wohlfeil an die Zahlung genommen, als ich's immer bekomme. Es drückt in der Welt alles den Niedern, ich muß mich auch drücken lassen. Wer etwas hat oder zu etwas kommen will, der muß drücken, oder er muß das Seine wegschenken und betteln. Wenn der Pfarrer die Armen kennte wie ich, er würde nicht soviel Kummer für sie haben; aber es ist ihm nicht um die Armen. Er will nur schimpfen und die Leute hintereinander richten und irre machen. Ja, die Armen sind Bursche; wenn ich zehn Schelmen nötig habe, so finde ich eilfe unter den Armen.*) Ich wollte wohl gerne, man brächte mir mein Einkommen auch alle Fronfasten⁵) richtig ins Haus, ich würde zuletzt wohl auch lernen es fromm und andächtig abnehmen. Aber in meinem Gewerb, auf einem Wirtshaus und auf Bauernhöfen, wo alles bis auf den Heller muß ausgespitzt⁶) sein und wo man einen auch in allen Ecken rupft — da hat's eine andre Bewandnis. Ich wette, wer da gegen Taglöhner und Arme nachsichtig und weichmütig handeln wollte, der würde um Hab und Gut kommen — Das sind allenthalben Schelmen. — So redte der Vogt und verdrehte sich selber in seinem Herzen die Stimme seines Gewissens, die ihn unruhig machte und ihm laut sagte, daß der Pfarrer recht habe und daß er der Mann sei, der allen Armen im Dorf den Schweiß und das Blut unter den Nägeln hervordrücke.

---

*) Der Erzschelm vergißt, daß die reichen Schelmen für sich selbst schaffen und sich darum nicht brauchen lassen.

Aber wie er auch mit sich selber künstelte, so war ihm doch nicht wohl. Angst und Sorgen quälten ihn sichtbar. Er ging in seiner Unruhe beklemmt die Stube hinauf und hinunter.

Alsdann sagte er wieder: Ich bin so erbittert über des Pfarrers Predigt, daß ich nicht weiß, was ich tue; und es ist mir sonst nicht wohl. Ist's auch so kalt, Nachbaren? Es friert mich immer, seitdem ich daheim bin.

Nein, sagten die Nachbaren, es ist nicht kalt; aber man sah dir's in der Kirche schon an, daß dir nicht wohl ist; du sahst todblaß aus.

Vogt. Sahe man mir's an? ja, es war mir schon da wunderlich — ich kriege das Fieber — es ist mir so blöd — ich muß saufen — wir wollen in die hintere Stube gehn während der Predigt.

§ 41

Der Ehegaumer zeigt dem Pfarrer Unfug an

Aber der Ehegaumer*) der an's Vogts Gasse wohnte und den Aebi, den Christen und die andern Lumpen zwischen der Predigt ins Wirtshaus gehn sah, ärgerte sich in seinem Herzen und gedachte in dieser Stunde an seinen Eid, den er geschworen hatte, achtzugeben auf allen Unfug und auf alles gottlose Wesen und solches dem Pfarrer anzuzeigen. Und der Ehegaumer bestellte einen ehrbaren Mann, daß er achtgeben sollte auf diese Bursche, ob sie vor der Predigt wieder aus dem Wirtshaus heimgingen oder nicht. Und da es bald zusammenläuten wollte und noch niemand wieder herauskam, ging er zum Pfarrer und sagt' ihm, was er gesehen und wie er den Samuel Treu bestellt hätte, achtzugeben.

Der Pfarrer aber erschrak über diesen Bericht; seufzete still bei sich selber und redete nicht viel.

Da dachte der Ehegaumer, der Herr Pfarrer studiere noch an seiner Predigt, und redete bei seinem Glas Wein auch minder, als er sonst gewöhnt war.

Endlich als der Pfarrer eben in die Kirche gehen wollte, kam der Samuel, und der Ehegaumer sagte zu ihm:

Du kannst jetzt dem wohlehrwürdigen Herrn Pfarrer alles selber erzählen.

Da sagte der Samuel: Gott grüß euch, wohlehrwürdiger Herr Pfarrer!

Der Pfarrer dankt' ihm und sagte: Sind denn die Leute noch nicht wieder heim?

Samuel. Nein, Herr Pfarrer! ich ging von dem Augenblick an, da mich der Ehegaumer bestellte, immer um das Wirtshaus herum, und es ist kein Mensch außer die Vögtin, die in der Kirche ist, zum Haus herausgegangen.

Pfarrer. Sie sind also noch alle ganz gewiß im Wirtshause?

---

*) Ehegaumer (Verwahrer der ehlichen Treue) sind in der Schweiz Kirchenälteste, die nebst den Pfarrern auf die Handhabung von Religion, Sitten und Ordnung zu wachen haben.

Samuel. Ja, Herr Pfarrer! ganz gewiß.
Ehegaumer. Da seht ihr jetzt, wohlehrwürdiger Herr Pfarrer! daß ich mich nicht geirrt habe und daß ich es habe anzeigen müssen.
Pfarrer. Es ist ein Unglück, daß an einem heiligen Tage solche Sachen einem Zeit und Ruhe rauben müssen.
Ehegaumer. Was wir taten, wohlehrwürdiger Herr Pfarrer! war unsre teure Pflicht.
Pfarrer. Ich weiß es, und ich danke euch für eure Sorgfalt; aber Nachbaren! vergesset doch ob einer kleinen leichten Pflicht die schwerern und größern nicht. Acht auf uns selber zu haben und über unsre eigene Herzen zu wachen, ist immer die erste und wichtigste Pflicht des Menschen. Darum ist es allemal ein Unglück, wenn solche böse Sachen einem Menschen Zerstreuungen veranlassen.

Nach einer Weile sagte er dann wieder:

Nein, es ist doch nicht länger auszustehn, dieses grenzenlose Unwesen — und mit aller Nachsicht wird es immer nur ärger.

Und darauf ging er mit diesen Männern zur Kirche.

§ 42

Zugabe zur Morgenpredigt

Es folgeten ihm aber in der Leidensgeschichte die Worte:
Und da Judas den Bissen genommen hatte, fuhr der Satan in sein Herz usw.

Und er redete mit seiner Gemeinde über die ganze Geschichte des Verräters — Und er kam in einen großen Eifer, also daß er mit den Händen stark auf das Kanzelbrett schlug, welches er sonst bei Jahren nicht getan hatte.

Und er sagte: daß alle die, so vom Nachtmahl des Herrn zum Spiel und Saufen weglaufen, nicht um ein Haar besser wären als Judas; und daß ihr Ende sein würde wie das Ende des Verräters.

Und die Leute in der Kirche fingen an zu staunen und nachzusinnen, was doch der große Eifer des Pfarrers bedeute.

Da und dort stieß man die Köpfe zusammen und murmelte umher: der Vogt habe sein Haus voll von seinen Lumpen.

Und bald warf alles links und rechts die Augen auf seinen leeren Kirchstuhl und auf die Vögtin.

Diese merkte es — zitterte — schlug die Augen nieder — durfte keinen Menschen mehr ansehn — und lief im Anfang des Singens zur Kirche hinaus.

Da sie aber das tat, ward das Gerede erst noch größer, daß man auch mit den Fingern auf sie zeigte: und es stunden in den hintersten Weiberstühlen einige sogar auf die Bänke, sie zu sehn, und das Gesang selbst mißtönte ob dem Gemürmel.

§ 43

Die Bauern im Wirtshause werden beunruhigt

Sie aber lief, so schnell sie vermochte, heim.
Und als sie in die Stube kam, warf sie das Kirchenbuch im Zorn mitten unter die Flaschen und Gläser und fing an überlaut zu heulen.
Der Vogt und die Nachbaren fragten: Was ist das?
Vögtin. Ihr solltet's wohl wissen — Es ist nicht recht, daß ihr an einem heiligen Tage hier saufet.
Vogt. Ist's nur das? so ist's wenig.
Bauern. Und das erstemal, daß du darüber heulst!
Vogt. Ich glaubte aufs wenigste, du habest den Geldsäckel verloren!
Vögtin. Treib jetzt noch den Narren! Wenn du in der Kirche gewesen wärst, du würdest nicht narren.
Vogt. Was ist's denn? Heul doch nicht so und rede! Was ist's denn?
Vögtin. Der Pfarrer muß vernommen haben, daß deine Herren da saufen während der Predigt.
Vogt. Das wäre verflucht!
Vögtin. Er weiß es gewiß.
Vogt. Welcher Satan kann es ihm jetzt schon gesagt haben?
Vögtin. Welcher Satan, du Narr! Sie kommen ja mit ihren Tabakspfeifen über die Straße und nicht zum Kamin hinab ins Haus; und dann noch ordentlich neben des Ehegaumers Haus vorbei. Jetzt hat der Pfarrer getan, daß es nicht auszusprechen ist; und alle Leute haben mit den Fingern auf mich gezeigt.
Vogt. Das ist abermal ein verdammtes Stück, das mir so ein Satan angerichtet hat!
Vögtin. Warum mußtet ihr eben heut kommen — ihr Saufhünde — Ihr wußtet wohl, daß es nicht recht ist.
Bauern. Wir sind nicht schuld; er hat uns einen Boten geschickt.
Vögtin. Ist das wahr?
Bauern. Ja, ja!
Vogt. Es war mir so wunderlich, als es mir sein konnte; und unausstehlich, allein zu sein.
Vögtin. Das ist gleichviel. Aber Nachbaren! geht doch, so schnell ihr könnt, durch die hintere Tür heim und machet, daß das Volk, wenn es aus der Kirche kommt, einen jeden vor seinem Hause antreffe; so könnt ihr die Sache noch bemänteln. Man hat noch nicht vollends ausgesungen; aber gehet, es ist doch Zeit.
Vogt. Ja, gehet — gehet — das ist ein Abigailsrat.[1])
Die Bauern gingen.
Da erzählte die Frau ihm erst recht, daß der Pfarrer vom Judas gepredigt hätte; wie der Teufel ihm in sein Herz gefahren wäre — wie er sich erhängt hätte und wie die, so vom Nachtmahl weggingen zu saufen und zu spielen, ein gleiches Ende nehmen würden. Er war so eifrig, sagte die Frau, daß er mit den

Fäusten aufs Kanzelbrett schluge, und mir ist schier geschwunden[2]) und ohnmächtig worden.

Der Vogt aber erschrak über das, so die Frau erzählte, so sehr, daß er war wie ein Stummer und kein Wort antwortete. Aber schwere tiefe Seufzer tönten jetzt aus dem stolzen Munde, den man jahrelang nie so seufzen gehört hatte.

Seine Frau fragte ihn oft und viel: Warum er so seufze?

Er antwortete ihr kein Wort. Aber mehr als einmal sagte er mit bangem Seufzen zu sich selber: Wohin kommt's noch weiter? Wohin kommt's noch mit mir?

So ging er jetzt lang seufzend die Stube hinauf und hinunter.

Endlich sagt' er zur Frau: Bring mir ein Jastpulver[3]) vom Scherer, mein Geblüt wallet in mir und macht mich unruhig; ich will morgen zu Ader lassen, wenn's auf das Pulver nicht besser wird.

Die Frau bracht' ihm das Pulver; er nahm's, und eine Weile darauf ward ihm wirklich leichter.

§ 44

Geschichte eines Menschenherzens während dem Nachtmahle

Da erzählte er der Frauen, wie er heute mit gutem versöhnten Herzen zur Kirche gegangen wäre, wie er auch in seinem Stuhl Gott um Verzeihung seiner Sünden gebeten hätte, aber da über die Predigt des Pfarrers toll geworden wäre und seither keinen guten Gedanken mehr hätte haben können; auch wie ihm erschreckliche und greuliche Dinge während dem Nachtmahl zu Sinn gekommen wären. Ich konnte, so sagte er zur Frauen, ich konnte während dem Nachtmahl nicht beten und nicht seufzen. Mein Herz war mir wie ein Stein — und da mir der Pfarrer das Brot gab, so sah er mich an, daß es nicht auszusprechen war; nein! ich kann's nicht aussprechen; aber auch nicht vergessen, wie er mich ansah — Wenn ein Richter einen armen Sünder dem Rad und dem Scheiterhaufen übergibt und eben über ihn den Stab bricht, er kann ihn nicht so ansehen. Vergessen kann ich's nicht, wie er mich ansah. Ein kalter Schweiß floß über meine Stirne, und meine Hand zitterte, da ich von ihm das Brot nahm.

Und da ich's geessen hatte, übernahm mich ein wütender schrecklicher Zorn über den Pfarrer, daß ich mit meinen Zähnen knirschte und ihn nicht mehr ansehen durfte.

Frau! ein Abscheulichers stieg mir dann nach dem andern ins Herz.

Ich erschrak über diesen Gedanken, wie ich ob großen Donnerstrahlen erschrecke; aber ich konnte ihrer nicht loswerden.

Ich zitterte vor dem Taufsteine*), daß ich den Kelch vor Schauer und Entsetzen nicht festhielt.

*) In Bonnal gehen die Kommunikanten zum Taufstein und empfangen da vom Pfarrer das Brot und von den Dorfvorgesetzten den Kelch.

Da kam Joseph in zerrissenen Stiefeln und schlug seine Schelmenaugen vor mir zu Boden — und meine drei Taler! Wie's mir durch Leib und Seel schauerte, der Gedanke an meine drei Taler.

Dann kam Gertrud, hub ihre Augen gen Himmel und dann auf den Kelch, als ob sie mich nicht sähe, als ob ich nicht da wäre. Sie hasset und verflucht mich und richtet mich zugrunde; und sie konnte tun, als ob sie mich nicht sähe, als ob ich nicht da wäre.

Dann kam der Mäurer, sah mich so wehmütig an, als ob er aus tiefem Herzensgrunde zu mir sagen wollte: Verzeih mir, Vogt! Er, der mich, wenn er könnte, an Galgen bringen würde.

Dann kam auch Schabenmichel, blaß und erschrocken wie ich, und zitterte wie ich. Denk, Frau! wie mir bei dem allem zumute war. Ich fürchtete immer, auch Hans Wüst komme nach; dann hätte ich's nicht ausgehalten, der Kelch würde mir aus der Hand gefallen, ich selbst, ich würde gewiß zu Boden gesunken sein; ich konnte mich fast nicht mehr auf den Füßen halten. Und als ich in den Stuhl zurückkam, überfiel mich ein Zittern in meinen Gliedern, daß ich beim Singen das Buch nicht in den Händen halten konnte.

Und bei allem kam mir immer in Sinn: Arner! Arner! ist an allem diesem schuld; und Zorn und Wut und Rache tobeten in meinem Herzen während der Stunde meines Dienstes. Woran ich in meinem Leben nie dachte, das kam mir während dem Nachtmahl in Sinn. Ich darf's fast nicht sagen, es schauert mich, es nur zu denken.

Es kam mir in Sinn: ich soll ihm den großen Markstein auf dem Berg über den Felsen hinunterstürzen; es weiß den Markstein niemand als ich.

§ 45

Die Frau sagt ihrem Manne große Wahrheiten; aber viele Jahre zu spät

Die Vögtin erschrak über diesen Reden ihres Manns heftig; sie wußte aber nicht, was sie sagen wollte, und schwieg, solang er redete, ganz still. Auch eine Weile hernach schwiegen beide. Endlich aber fing die Vögtin wieder an und sagte zu ihm: Es ist mir angst und bang wegen allem, was du gesagt hast. Du mußt diesen Gesellen entsagen, das Ding geht nicht gut; und wir werden älter.

Vogt. Du hast durchaus recht; aber es ist gar nicht leicht.

Vögtin. Es mag schwer sein oder nicht, es muß sein; sie müssen dir vom Hals.

Vogt. Du weißest wohl, wieviel mich an sie bindet und was sie wissen.

Vögtin. Du weißest noch viel mehr von ihnen: sie sind Schelmen und dürfen nichts sagen; du mußt dich von ihnen losmachen.

Der Vogt seufzet; die Frau aber fährt fort: Sie fressen und saufen immer bei dir und zahlen dich nicht. Und wenn du besoffen bist, so lassest du dich noch von ihnen anführen wie ein Tropf — Denk doch um Gottes willen nur, wie es gestern mit dem Joseph gegangen ist. Ich habe dir, ach mein Gott! wie gut hab ich's gemeint, raten wollen, aber wie bist du mit mir umgegangen? Und ohne das sind auch gestern zween Taler aus deinem Camisolsack weiter spaziert und sind nicht einmal aufgeschrieben — Wie lang kann das noch gehn? Wenn du bei deinen schlimmen Händeln nachrechnest, was nebenhingegangen ist, so hast du bei allem verloren; und doch fährst du noch immer fort mit diesen Leuten und oft und viel nur um deines gottlosen Hochmuts willen. Bald muß dir so ein Hund reden, was du willst, und bald ein anderer schweigen, wo du willst; dafür dann fressen und saufen sie bei dir, und zum schönen Dank, wenn dich einer kann in eine Grube bringen und verraten, so tut er's.

Ja vor alters, da dich alles fürchtete wie ein Schwert, da konntest du die Bursche in Ordnung halten; aber jetzt bist du ihrer nicht mehr Meister, und zähl darauf, du bist ein verlorner Mann in deinen alten Tagen, wenn du ihrer nicht müßig gehest[1]). Es steht so schlüpfrig um uns, als es nur kann; sobald du weg bist, lachen und narren die Knechte, arbeiten nicht und wollen nur saufen — So sagte die Frau.

Der Vogt aber antwortete auf alles kein Wort, sondern saß stillschweigend und staunend vor ihr, da sie so redete. Endlich stand er auf und ging in den Garten, aus dem Garten in seine Brunnenmatt, aus dieser in Pferdstall. Angst und Sorgen trieben ihn so umher; doch blieb er eine Weile im Pferdstall und redete da mit sich selber.

§ 46

Selbstgespräch eines Mannes, der mit seinem Nachdenken unglücklich weit kömmt

Mehr als recht hat die Frau; aber was will ich machen? Ich kann nicht helfen; unmöglich kann ich mir aus allem, worin ich stecke, heraushelfen. So sagt er; flucht dann wieder auf Arner, als ob dieser ihm alles auf den Hals gezogen; und dann auf den Pfarrer, daß er ihn auch noch in der Kirche rasend gemacht hätte; dann kam er wieder auf den Markstein und sprach: Ich versetze ihn nicht, den verwünschten Stein; aber wenn's jemand täte, so würde der Junker um den dritten Teil seiner Waldung kommen.

Sodann wieder: Das ist ganz richtig, der achte und neunte obrigkeitliche Markstein würden ihm das Stück in gerader Linie wegschneiden; aber behüte mich Gott dafür, ich versetze keinen Markstein.

Dann wieder: Wenn's auch kein rechter Markstein wäre? er liegt da wie seit der Sündflut; er hat keine Nummer und kein Zeichen.

Dann ging er in die Stube, nahm sein Hausbuch — rechnete — schrieb — blätterte — tat Papiere voneinander — legte sie wieder zusammen — vergaß, was er gelesen — suchte wieder, was er eben geschrieben hatte — legte dann das Buch wieder in den Kasten — ging die Stube hinauf und hinunter — und dachte und redete immer mit sich selber vom Markstein ganz ohne Schloßzeichen und Numero. Sonst ist kein einziger Markstein ohne Zeichen. Was mir in Sinn kömmt: ein alter Arner soll die obrigkeitliche Waldung so hart beschnitten haben; wenn es auch hier wäre? Bei Gott! es ist hier! es ist die unnatürlichste Krümmung in die obrigkeitlichen Grenzen hinein; bei zwo Stunden geht sie sonst in geräderer Linie als hier; und der Stein hat kein Zeichen und die Scheidung keinen Graben.

Wenn die Waldung der Obrigkeit gehörte, ich täte dann nicht unrecht, ich wäre treu am Landesherrn. Aber wenn ich mich irrte — Nein, ich versetze den Stein nicht. Ich müßte ihn umgraben, in der finstern Nacht müßte ich ihn einen starken Steinwurf weit auf der Ebene fortrücken bis an den Felsen, und er ist schwer. Er läßt sich nicht versenken wie eine Brunnquell. Am Tage würde man jeden Karststreich hören, so nahe ist er an der Landstraße; und zu Nacht — ich darf nicht, ich würde vor jedem Geräusch erschrecken. Wenn ein Dachs daherschliche oder ein Reh aufspränge, es würde mir ohnmächtig bei der Arbeit werden. Und wer weiß, ob nicht im Ernst ein Gespenst mich über der Arbeit ergreifen könnte. Es ist wahrlich unsicher des Nachts um die Marksteine, und es ist besser, ich lasse es bleiben.

Dahn wieder nach einer Weile:

Daß auch so viele Leute weder Hölle noch Gespenster glauben! Der alte Schreiber glaubte von allem kein Wort; und der Vicari — es ist bei Gott! nicht möglich, daß er etwas geglaubt hat; aber der Schreiber, der sagte es überlaut und wohl hundertmal zu mir, wie mit meinem Hund, wie mit meinem Roß sei es mit mir aus, wenn ich tot sein werde. Er glaubte das, fürchtete sich vor nichts und tat, was er wollte. Wenn er auch recht gehabt hätte, wenn ich's glauben könnte, wenn ich's hoffen dürfte, wenn ich's in mein Herz hineinbringen könnte, daß es wahr wäre, bei der ersten Jagd würd' ich hinter den Gebüschen Arnern auflauren und ihn totschießen — ich würde dem Pfaffen sein Haus abbrennen; aber es ist vergebens, ich kann's nicht glauben, ich darf's nicht hoffen — Es ist nicht wahr! Narren sind's, verirrte Narren, die es glauben, oder sie tun nur dergleichen.

O! o! es ist ein Gott!

Es ist ein Gott!

Markstein! Markstein! ich versetze dich nicht. So redte der Mann und zitterte und konnte dieser Gedanken nicht loswerden.

Entsetzen durchfuhr sein Innerstes. Er wollte sich selbst entfliehen, ging auf die Straße, stund zum ersten besten Nachbar, fragte ihn von Wetter und vom Wind und von den Schnecken, die im Herbst vor drei Jahren den Roggen verdünnert hatten. Dann kam er nach einer Weile mit ein paar Durstigen wieder in sein Wirtshaus, gab ihnen zu trinken, daß sie blieben — nahm noch ein Jastpulver vom Scherer und brachte so endlich den Tag des Herrn zu Ende.

§ 47

Häusliche Sonntagsfreuden

Und nun verlaß ich dich eine Weile, Haus des Entsetzens — Mein Herz war mir schwer, mein Auge war finster, meine Stirne umwölkt, und bang war's mir im Busen über deinen Greueln.

Nun verlaß ich dich eine Weile, Haus des Entsetzens!

Mein Auge erheitert sich wieder, meine Stirne entwölkt sich, und mein Busen atmet wieder unbeklommen und frei.

Ich nähere mich wieder einer Hütte, in welcher Menschlichkeit wohnt.

Da heut am Morgen der Lienhard und seine Frau zur Kirche gegangen waren, saßen ihre Kinder fromm und still in der Wohnstube beisammen, beteten, sangen und wiederholten, was sie in der Woche gelernt hatten; denn sie mußten solches alle Sonntage des Abends der Gertrud wiederholen.

Lise, das älteste, mußte allemal während der Kirche das kleine Grüteli versorgen, es aufnehmen, es tröcknen, ihm seinen Brei geben; und das ist immer der Lise größte Sonntagsfreude; wenn sie allemal das Kleine so aufnimmt und speist, so meint dann Lise, sie sei auch schon groß. Wie sie dann die Mutter spielt, ihr nachäffet, das Kleine tausendmal herzt, ihm nickt und lächelt — Wie das Kleine ihr wieder entgegenlächelt, seine Hände zerwirft und mit den Füßen zappelt auf ihrem Schoße; wie es seine Lise bald bei der Haube nimmt, bald bei den kleinen Zöpfen, bald bei der Nase; dann wie es über dem bunten Sonntagshalstuch J—ä — J—ä macht — dann wie Niclas und Enne ihm J—ä antworten; wie dann das Kleine Kopf und Augen herumdreht, den Ton sucht, den Niclas erblickt und auch gegen ihn lacht — wie Niclas dann zuspringt und das lachende Schwesterlein herzt — wie dann Lise den Vorzug will und allem aufbietet, daß das Liebe gegen sie lache, auch wie sie für es Sorge trägt, wie sie seinem Weinen vorkömmt, wie sie ihm Freude macht, es bald in die Höhe hebt bis an die Bühne, bald wieder gleich lustig und sorgfältig hinunterläßt bis an den Boden — Wie dann das Grüteli bei diesem Spiele jauchzet, auch wie sie Hände und Kopf dem Kind in Spiegel hineindrückt, und dann endlich wie es beim Anblick der Mutter weit hinunter in die Gasse jauchzet — wie's ihr entgegennickt und lächelt — wie's seine beiden Händchen nach ihr ausstreckt und nach ihr hängend fast überwälzet auf des Schwesterleins Arm — das alles ist wahrlich schön; es ist die Morgenfreude der Kinder des Lienhards an den Sonntagen und an den heiligen Festen — und diese Freuden frommer Kinder sind wahrlich schön vor dem Herrn ihrem Gott. Er sieht mit Wohlgefallen auf die Unschuld der Kinder, wenn sie sich also ihres Lebens freuen, und er segnet sie, daß es ihnen wohlgehe ihr lebenlang, wenn sie folgen und recht tun.

Gertrud war heute mit ihren Kindern zufrieden, sie hatten alles in der Ordnung getan, was ihnen befohlen war.

Es ist die größte Freude frommer Kinder auf Erden, wenn Vater und Mutter mit ihnen zufrieden sind.

Die Kinder der Gertrud hatten jetzt diese Freude, sie drängten sich an den Schoß ihrer Eltern, riefen bald Vater, bald Mutter, suchten ihre Hände, hielten sie an ihren Armen und sprangen am Arme des Vaters und am Arme der Mutter an ihren Hals.

Das war dem Lienhard und der Gertrud ein Labsal am Festtage des Herrn.

Solang sie Mutter ist, ist es die Sonntagsfreude der Gertrud, die Freude über ihre Kinder und über ihre kindliche Sehnsucht nach Vater und Mutter — darum sind ihre Kinder auch fromm und sanft.

Lienhard weinte heute, daß er oft diese Freuden des Lebens sich selber entriß.

Die häuslichen Freuden des Menschen sind die schönsten der Erden.

Und die Freude der Eltern über ihre Kinder ist die heiligste Freude der Menschheit. Sie macht das Herz der Eltern fromm und gut; sie hebt die Menschheit empor zu ihrem Vater im Himmel. Darum segnet der Herr die Tränen solcher Freuden und lohnet den Menschen jede Vatertreue und jede Muttersorge an ihren Kindern.

Aber der Gottlose, der seine Kinder für nichts achtet — der Gottlose, dem sie eine Last sind und eine Bürde — der Gottlose, der in der Woche vor ihnen fliehet und am Sonntage sich vor ihnen verbirget — der Gottlose, der Ruhe suchet vor ihrer Unschuld und vor ihrer Freude und der sie nicht leiden kann, bis ihre Unschuld und ihre Freude dahin ist, bis sie wie er gezogen sind —

Der Gottlose, der das tut, stoßet den besten Segen der Erde weg von sich mit Füßen. Er wird auch keine Freude erleben an seinen Kindern und keine Ruhe finden vor ihnen. — In der Freude ihres Herzens redeten Lienhard und Gertrud mit ihren Kindern am heiligen Festtage von dem guten Vater im Himmel und von den Leiden ihres Erlösers. Die Kinder hörten still und aufmerksam zu, und die Mittagsstunde ging schnell und frohe vorüber wie die Stunde eines Hochzeitsfestes.

Da läuteten die Glocken zusammen, und Lienhard und Gertrud gingen nochmals zur Kirche.

Der Weg führte sie wieder bei des Vogts Hause vorbei, und Lienhard sagte zu Gertrud: Der Vogt sah diesen Morgen in der Kirche erschrecklich aus; in meinem Leben sah ich ihn nie so. Der Schweiß tropfte von seiner Stirne, da er zudiente; hast du es nicht bemerkt, Gertrud? Ich sah, daß er zitterte, da er mir den Kelch gab. Ich habe es nicht bemerkt, sagte Gertrud.

L i e n h a r d. Es ging mir ans Herz, wie der Mann aussahe. Hätte ich's dürfen, Frau! ich hätte ihm überlaut zugerufen: Verzeih mir, Vogt! Und wenn ich ihm mit etwas zeigen könnte, daß ich's nicht bös meine, ich würde es gerne tun.

G e r t r u d. Lohn dir Gott dein Herz, Lieber! es ist recht, wann du Anlaß hast; aber des Rudis hungernde Kinder und noch mehr schreien Rache über den Mann, und er wird dieser Rache gewiß nicht entrinnen.

L i e n h a r d. Es geht mir ans Herz, der Mann ist höchst unglücklich. Ich sah es schon lang mitten im Lärm seines Hauses, daß ihn nagende Unruhe plagte.

G e r t r u d. Mein Lieber! wer von einem stillen, eingezogenen, frommen Leben abläßt, dem kann's niemals mehr wohl sein in seinem Herzen.

Lienhard. Wenn ich je etwas in meinem Leben deutlich erfahren und gesehen habe, so ist es dieses. Alles was immer die gewalttätigen Anhänger des Vogts in seinem Haus ratschlagten, vornahmen, erschlichen oder erzwangen, alles machte sie nie eine Stunde zufrieden und ruhig.

Unter diesen Gesprächen kamen sie zur Kirche und wurden da sehr von dem Eifer gerührt, mit welchem der Pfarrer über die Geschichte des Verräters redete.

§ 48

Etwas von der Sünde

Gertrud hatte das Gemurmel, das in den Weiberstühlen allgemein war, des Vogts Haus sei schon wieder voll von seinen Lumpen, auch gehört und sagte es nach der Kirche dem Lienhard. Dieser antwortete: Ich kann's doch fast nicht glauben — während der Kirche an einem heiligen Tage.

Gertrud. Es ist freilich erschrecklich; aber die Verwicklungen eines gottlosen Lebens führen zu allem, auch zu dem Abscheulichsten.

Lienhard seufzt. Gertrud fährt fort: Ich erinnere mich, solang ich lebe, an das Bild, das unser Pfarrer selig uns von der Sünde machte, da er uns das letztemal zum heiligen Nachtmahl vorbereitete.

Er verglich sie mit einem See, der beim anhaltenden Regen nach und nach aufschwellt. Das Steigen des See's, sagte er, ist immer unmerklich; aber es nimmt doch alle Tage und alle Stunde zu. Der See wird immer höher und höher, und die Gefahr wird gleich groß, als wenn er plötzlich und mit Sturm so aufschwellte.

Darum geht der Vernünftige und Erfahrne im Anfange zu den Wehren und Dämmen, sie zu besichtigen, ob sie dem Ausbruch zu steuern in Ordnung sind. Der Unerfahrne und der Unweise aber achten das Steigen des See's nicht, bis die Dämme zerrissen, bis Felder und Wiesen verwüstet sind und bis die Sturmglocke dem Lande aufbietet, der Verheerung zu wehren. So, sagte er, sei es mit der Sünde und dem Verderben, das sie anrichte.

Ich bin noch nicht alt, aber ich habe es doch schon hundertmal erfahren, daß der redliche Seelsorger recht hatte; und daß ein jeder, der in irgendeiner Sünde anhaltend fortwandelt, sein Herz so verhärtet, daß er das Steigen ihrer Greuel nicht mehr achtet, bis Verheerung und Entsetzen ihn aus dem Schlafe weckt.

§ 49

Kindercharakter und Kinderlehren

Unter diesen Gesprächen kamen sie aus der Kirche wieder in ihre Hütte. Und die Kinder alle liefen dem Vater und der Mutter die Stiege hinunter entgegen; riefen und baten, sobald sie sie sahen: wir wollen doch geschwind wiederholen, was wir diese Woche gelernt haben; komme doch geschwind, Mutter! daß wir bald fertig werden.

Gertrud. Warum so eifrig heut, ihr Lieben? warum tut es so not?

Kinder. Ja, wir dürfen dann, Mutter, wenn wir's können, mit dem Abendbrot, gelt, Mutter! wir dürfen? Du hast's uns gestern versprochen.

Mutter. Ich will gern sehn, wie ihr das könnt, was ihr gelernet habt.

Kinder. Aber wir dürfen alsdann, Mutter?

Mutter. Ja, wenn ihr fertig sein werdet.

Die Kinder freuten sich herzlich und wiederholten, was sie in der Woche gelernt hatten, geschwind und gut.

Da gab die Mutter ihnen ihr Abendbrot und zwo Schüsseln Milch, von der sie den Rahm nicht abgenommen hatte, weil es Festtag war.

Sie nahm jetzt auch das Grüteli an ihre Brust und hörte mit Herzensfreude zu, wie die Kinder während dem Essen eins dem andern erzählten, wem sie ihr Abendbrot geben wollten. Keines aß einen Mundvoll von seinem Brot — Keines tat ein Bröcklein davon in die Milch, sondern alle aßen sie darohne, und jedes freute sich über sein Brot, zeigte es dem andern, und jedes wollte, das seine sei das größte.

Jetzt waren sie fertig mit ihrer Milch — das Brot lag noch neben der Mutter.

Niclas schlich zu ihr hin, nahm ihr die Hand und sagte: Du gibst mir doch auch noch einen Mundvoll Brot für mich, Mutter!

Mutter. Du hast ja schon, Niclas!

Niclas. Ich muß es ja dem Rudeli geben.

Mutter. Ich habe dir's nicht befohlen; du darfst es essen, wenn du willst.

Niclas. Nein, ich will's nicht essen; aber du gibst mir doch noch einen Mundvoll?

Mutter. Nein, gewiß nicht.

Niclas. Ae — warum nicht?

Mutter. Damit du nicht meinst, man müsse erst, wenn man den Bauch voll hat und nichts mehr mag, an die Armen denken.

Niclas. Ist's darum, Mutter?

Mutter. Aber gibst du es ihm jetzt doch ganz?

Niclas. Ja, Mutter! gewiß, gewiß. Ich weiß, er hungert entsetzlich — und wir essen um sechs Uhr zu Nacht.

Mutter. Und, Niclas! ich denke, er bekomme dann auch nichts.

Niclas. Ja, weiß Gott! Mutter! er bekömmt gewiß nichts zu Nacht.

Mutter. Ja, das Elend der Armen ist groß, und man muß grausam und hart sein, wenn man nicht gern, was man kann, an sich selbst und an seinem eignen Maul erspart, ihnen ihre große Not zu erleichtern.

Tränen stehen dem Niclas in den Augen: Die Mutter frägt sodann auch noch die andern Kinder: Lise! gibst du deines auch ganz weg?

L i s e. Ja gewiß, Mutter!

M u t t e r. Und du, Enne! du auch?

E n n e. Ja freilich, Mutter!

M u t t e r. Und du auch, Jonas?

J o n a s. Das denk ich, Mutter!

M u t t e r. Nun, das ist brav, Kinder! Aber wie wollt ihr es jetzt auch anstellen? — Es hat alles so seine Ordnung; und wenn man's noch so gut meint, so kann man etwas doch unrecht anstellen — Niclas! wie willst du's machen mit dem Brot?

N i c l a s. Ich will laufen, was ich vermag, und ihm rufen, dem Rudeli; ich steck es nur nicht in Sack, daß er's geschwind kriegt. Laß mich doch jetzt gehn, Mutter!

M u t t e r. Wart noch ein wenig, Niclas! Und du, Lise! wie willst du es machen?

L i s e. Ich will's nicht so machen wie der Niclas. Ich winke dem Betheli in eine Ecke; ich verstecke das Brot da unter meine Schürze, und ich gebe ihm's, daß es niemand siehet, nicht einmal sein Vater.

M u t t e r. Und du, Enne! wie willst du's machen?

E n n e. Weiß ich's, wie ich den Heireli antreffen werde? Ich werde es ihm geben, wie's mir kommen wird.

M u t t e r. Und du, Jonas! du kleiner Schelm, du hast Tücke im Sinn, wie willst du's machen?

J o n a s. Ins Maul stecke ich's ihm, mein Brot, Mutter! wie du mir's machst, wenn du lustig bist. — Das Maul auf und die Augen zu, sag ich ihm; dann leg ich's ihm zwischen die Zähne. Es wird lachen, gelt, Mutter! es wird lachen.

M u t t e r. Das ist alles recht, Kinder! aber ich muß euch doch etwas sagen: Ihr müßt das Brot den Kindern still und allein geben, daß es niemand sehe, damit man nicht meine, ihr wollet großtun.

N i c l a s. Potz tausend, Mutter! so muß ich mein Brot auch in Sack tun?

M u t t e r. Das versteht sich, Niclas!

L i s e. Ich habe mir das wohl eingebildet, Mutter! und sagte es vorher, ich wolle es nicht so machen.

M u t t e r. Du bist immer das allerwitzigste, Lise! Ich habe nur vergessen, dich dafür zu rühmen; du tust also recht wohl, daß du mich selbst daran erinnerst.

Lise errötete und schwieg; und die Mutter sagte zu den Kindern: Ihr könnet jetzt gehn; aber denket an das, was ich euch gesagt habe — Die Kinder gehn.

Niclas läuft und springt, was er vermag, zu des Rudi's Hütte hinunter; aber dieser ist nicht auf der Gasse. Niclas hustet ihm, räuspert sich, ruft, aber vergebens; er kömmt nicht hinunter und nicht ans Fenster.

Niclas zu sich selber: Was soll ich jetzt machen? Geh ich zu ihm in die Stube? Ja, ich muß es ihm allein geben. Ich will doch hineingehn und ihm nur sagen, er soll herauskommen auf die Gasse.

Der Rudeli saß eben mit seinem Vater und mit seinen Geschwistern bei dem offenen Sarge der lieben gestorbenen Großmutter, die man in ein paar Stunden begraben sollte — und der Vater und die Kinder redeten alle mit Tränen von der großen Treue und Liebe, die die Verstorbene ihnen im Leben erzeigt hatte; sie weinten über ihren letzten Kummer wegen den Erdäpfeln und versprachen vor dem offenen Sarg dem lieben Gott im Himmel, in keiner Not, auch wenn sie noch so sehr hungern würden, keinem Menschen mehr etwas zu stehlen.

Eben jetzt öffnet Niclas die Türe — sieht die Gestorbene — erschrickt — und läuft wieder aus der Stube.

Der Rudi aber, der ihn sieht, denkt, der Lienhard wolle ihm etwas sagen lassen, läuft dem Knaben nach und fragt ihn, was er wolle. Nichts, nichts, antwortete Niclas! nur zu dem Rudeli hab ich wollen; aber er betet jetzt.

R u d i. Das macht nichts, wenn du zu ihm willst.

N i c l a s. Laß ihn doch nur ein wenig zu mir auf die Gasse.

R u d i. Es ist ja so kalt, und er geht nicht gern von der Großmutter weg. Komm doch zu ihm in die Stube.

N i c l a s. Ich mag nicht hinein, Rudi! laß ihn doch nur einen Augenblick zu mir herauskommen.

Ich mag's wohl leiden, antwortete der Rudi und geht zurück nach der Stube.

Niclas geht ihm nach bis an die Türe und ruft dem Rudeli: Komm doch einen Augenblick zu mir heraus!

R u d e l i. Ich mag jetzt nicht auf die Gasse, Niclas! Ich bin jetzt lieber bei der Großmutter; man nimmt sie mir bald weg.

N i c l a s. Komm doch nur einen Augenblick.

R u d i. Geh doch und sieh, was er will.

Der Rudeli geht hinaus. Der Niclas nimmt ihn bei dem Arm und sagt: Komm, ich muß dir etwas sagen — führt ihn in eine Ecke, steckt ihm sein Brot geschwind in den Sack und läuft davon.

Der Rudeli dankt und ruft ihm nach: Dank doch auch deinem Vater und deiner Mutter.

Niclas kehrt sich um, deutet ihm mit den Händen, daß er doch schweige, und sagt: Es muß es niemand wissen; und läuft wie ein Pfeil davon.

§ 50

Unarten und böse Gewohnheiten verderben dem Menschen auch die angenehmen Stunden, in denen er etwas Gutes tut

Lise geht indessen allgemach in ihrem Schritt ins obere Dorf zu des Reutimarxen Betheli. Dieses stund eben am Fenster. Lise winkt ihm, und das Betheli schleicht aus der Stube zu ihm heraus — Der Vater aber, der es merkt, schleicht ihm nach und versteckt sich **hinter** das Tenntor.

Die Kinder vor dem Tenntor denken an keinen Vater und schwatzen nach Herzenslust.

Lise. Du, Betheli! ich habe dir da Brot?

Betheli (das zitternd die Hand darnach streckt). Du bist gut, Lise! Es hungert mich; aber warum bringst du mir jetzt Brot?

Lise. Weil du mir lieb bist, Betheli! Wir haben jetzt genug Brot; mein Vater muß die Kirche bauen.

Betheli. Meiner auch.

Lise. Ja, aber deiner ist nur Handlanger.

Betheli. Das ist gleichviel, wenn's nur Brot gibt.

Lise. Habt ihr großen Hunger leiden müssen?

Betheli. Ach! wenn's nur jetzt besser wird.

Lise. Was habt ihr zu Mittag gehabt?

Betheli. Ich darf dir's nicht sagen.

Lise. Warum nicht?

Betheli. Wenn es der Vater vernähme, er würde mir —

Lise. Ich würd' es ihm gewiß gleich sagen?

Das Betheli nimmt ein Stück ungekochte weiße Rüben aus dem Sack und sagt: Da siehe — —

Lise. Herr Jesus! sonst nichts?

Betheli. Nein, weiß Gott! jetzt schon zween Tage.

Lise. Und du darfst es niemand sagen und niemand nichts fordern?

Betheli. Ja, wenn er nur wüßte, was ich dir gesagt habe, es würde mir gehn! —

Lise. Iß doch das Brot, ehe du wieder hinein mußt.

Betheli. Ja, ich will; ich muß bald wieder hinein, sonst fehlts — Es fängt an zu essen, und eben öffnet der fromme Marx ab der Reuti das kleinere Türlein der Tenne und sagt: Was issest du da, mein Kind?

Sein Kind worget und schlucket ganz erschrocken über dem lieben Vater den ungekauten Mundvoll herunter und sagt: Nichts, nichts, Vater!

Marx. Ja — nichts — wart nur — Und du, Lise — es ist mir kein Gefallen, wenn man meinen Kindern hinterrrucks Brot gibt, damit sie erzählen, was man im Hause esse oder trinke, und dabei so gottlos lügen. Du gottloses Betheli! aßen wir nicht einen Eierkuchen zu Mittag?

Lise zieht jetzt so geschwind wieder ab, als es allgemach dahergekommen war.

Das Betheli aber nimmt der liebe Vater mit wildem zornigem Blick am Arm in die Stube.

Und Lise höret es weit, weit vom Haus weg noch schreien —

Enne trifft den Heireli unter seiner Haustüre an und sagt ihm: Willst du Brot?

Heireli. Ja, wenn du hast. Enne gibt's ihm; er dankt und ißt, und Enne geht wieder fort.

Der Jonas schlich um des Schabenmichels Haus herum, bis Bäbeli ihn sah und herabkam. Was machst du da, Jonas? sagte Bäbeli.

Jonas. Ich möchte gern etwas Lustiges machen.

Bäbeli. Ich will mich mit dir lustig machen, Jonas!
Jonas. Willst du tun, was ich will, Bäbeli? es geht dann gewiß lustig.
Bäbeli. Was willst du denn machen?
Jonas. Du mußt's Maul auftun und die Augen zu.
Bäbeli. Jä, du tust mir etwas Garstiges ins Maul.
Jonas. Nein, das tue ich dir nicht, Bäbeli! meiner Treu! nicht.
Bäbeli. Nun — — aber sieh zu, wenn du mich anführst.
(Es tut das Maul auf und die Augen nur halb zu.)
Jonas. Recht zu mit den Augen, sonst gilt's nicht.
Bäbeli. Ja; aber wenn du ein Schelm bist? (Es tut jetzt die Augen ganz zu.)
Flugs schiebt ihm Jonas das Brot ins Maul und läuft fort.
Das Bäbeli nimmt das Brot aus dem Maul und sagt: das ist lustig; sitzt nieder und ißt.

§ 51

Es kann keinem Menschen in Sinn kommen, was für gute Folgen auch die kleinste gute Handlung haben kann

Sein Vater Michel sieht das Spiel der Kinder vom Fenster und erkennt den Jonas des Lienhards; und es geht ihm ein Stich ins Herz.

Was ich für ein Satan bin! sagt er zu sich selber. Ich verkaufe mich dem Vogt zum Verräter wider den Mäurer, der mir Brot zeigt und Verdienst — und jetzt muß ich noch sehn, daß auch dieser Kleine ein Herz hat wie ein Engel — Ich tue diesen Leuten nichts Böses; der Vogt ist mir seit gestern ein Greuel. Ich kann's nicht vergessen, wie er aussah, da er mir den Kelch gab — So sagte der Mann und blieb den ganzen Abend in ernsten Betrachtungen über sein Leben bei Hause.

Die Kinder Lienhards waren jetzt auch wieder zurück, erzählten dem Vater und der Mutter, wie's ihnen gegangen war, und waren sehr munter. Lise allein war es nicht, zwang sich aber, fröhlich zu scheinen, und erzählte mit viel Worten, wie sie das Betheli so herzlich erfreut habe.

Es ist dir gewiß etwas begegnet, sagte Gertrud.

Nein, es ist mir gewiß nichts begegnet, und es hat ihm gewiß Freude gemacht, antwortete Lise.

Die Mutter fragte jetzt nicht weiter, sondern betete mit ihren Kindern, gab ihnen ihr Nachtessen und begleitete sie zur Ruhe.

Gertrud und Lienhard lasen noch eine Stunde in ihrer Bibel und redeten miteinander von dem, was sie lasen; und es war ihnen herzinniglich wohl am Abend des heiligen Fests.

§ 52

Am Morgen sehr früh ist viel zu spät für das, was man am Abend vorher hätte tun sollen

Am Morgen aber sehr früh, sobald der Mäurer erwachte, hörte er jemand ihm vor dem Fenster rufen.
Er stund alsobald auf und öffnete die Türe.
Es war Flink, der Harschier aus dem Schloß. Er grüßte den Mäurer und sagte:
Mäurer! ich habe dir schon gestern den Befehl bringen sollen, daß man ungesäumt heute mit dem Steinbrechen anfangen soll.
M ä u r e r. Soviel ich gehört habe, hat der Vogt die Arbeiter heute ins Schloß gehen heißen; doch es ist noch früh, ich denk, sie werden noch nicht fort sein; ich will es ihnen sagen.
Da rief er dem Lenk, der in der Nähe wohnte, vor seinem Fenster; aber es antwortete niemand.
Nach einer Weile kam Killer, der mit ihm unter einem Dach wohnte, hervor und sagte: Der Lenk ist bei einer halben Stunde schon fort mit den andern ins Schloß. Der Vogt hat ihnen gestern nach dem Nachtessen noch sagen lassen, daß sie unfehlbar vor den Vieren fort sollen, weil er auf den Mittag wieder daheim sein müsse.
Der Harschier war ernstlich betroffen über diesen Bericht und sagte: Das ist verflucht. Aber was ist zu machen? erwiderte der Mäurer.
F l i n k. Kann ich sie vielleicht noch einholen?
M ä u r e r. Auf des Martis Hügel siehest du ihnen ja auf eine halbe Stunde nach; da kannst du sie, nachdem der Wind geht, zurückrufen, soweit du sie siehest.
Dieser säumt sich jetzt nicht, läuft schnell auf den Hügel, ruft, pfeift und schreit da, was er aus dem Hals vermag; aber vergebens — Sie hören ihn nicht, gehn ihres Weges fort und sind ihm bald aus den Augen.
Der Vogt aber, der noch nicht so weit entfernt war, hörte das Rufen vom Hügel, kehrte sich um, das Gewehr des Harschiers glänzte im Morgenstrahl der Sonne, daß der Vogt ihn erkannte; und es wunderte ihn, was der Harschier wolle; er ging zurück und der Harschier ihm entgegen.
Dieser erzählte ihm jetzt, wie er gestern bis zum Sterben Kopfweh gehabt und versäumt habe, dem Mäurer anzusagen, daß man schon heute mit dem Steinbrechen anfangen müsse.

§ 53

Je mehr der Mensch fehlerhaft ist, je unverschämter begegnet er denen, die auch fehlen

Du vermaledeiter Schlingel! was du für Streiche machest, antwortete der Vogt.
Flink. Es wird so gar übel nicht sein. Wie hab ich vom Teufel wissen können, daß die Kerle alle vor Tag zum Dorf hinausfliegen werden — Hast du es ihnen befohlen?
Vogt. Ja eben, du Hund! Ich muß jetzt vielleicht deinen Fehler ausfressen.
Flink. Ich werde auch kaum leer drauskommen.
Vogt. Es ist verflucht —
Flink. Das war genau auch mein Wort, da ich hörte, daß sie fort wären.
Vogt. Ich mag jetzt nicht spaßen, Schlingel!
Flink. Ich eben auch nicht; aber was machen?
Vogt. Du Narr! nachdenken.
Flink. Es ist eine halbe Stunde zu spät für meinen Kopf.
Vogt. Wart, man muß nur nie verzagt sein. Es fällt mir etwas ein. Sag du nur keck und mit Ernst, du habest den Befehl am Abend der Frau oder einem Kind des Mäurers gesagt. Sie richten wider dich nichts aus, wenn du mit Ernst daran setzest.
Flink. Mit dem hab ich nichts zu tun; es könnte fehlen.
Vogt. Nein, es könnte nicht fehlen, wenn du daran setztest; aber bei mehrerm Nachdenken fällt mir etwas ein, das noch besser ist.
Flink. Was denn?
Vogt. Du mußt zurücklaufen zum Mäurer, dich grämen und jammern und sagen: Es könne dir übel gehen, daß du den Befehl versäumt habest; aber er könne dir mit einem einzigen guten Wort aus allem helfen, wenn er nur etwan einmal dem Junker sage, er habe den Zettel am Sonntag empfangen und aus Mißverstand, da es heiliger Abend gewesen wäre, es ihnen erst heute ansagen wollen — Das schadet dem Mäurer kein Haar, und tut er's, so ist vollkommen geholfen.
Flink. Du hast recht; ich glaube, das würde angehn.
Vogt. Es fehlt gewiß nicht.
Flink. Ich muß gehen, ich habe noch Briefe; aber ich will doch noch diesen Morgen zum Mäurer hin. Behüt dich Gott, Vogt! (Er geht.)
Der Vogt allein: Ich erzähle es einmal jetzt so, wie abgeredt, im Schloß. Fehlt's dann, so sage ich, der Harschier hat mir's so erzählt.

§ 54

Armer Leute unnötige Arbeit

Indessen kamen die Taglöhner zum Schloß, setzten sich auf die Bänke bei der Scheune und warteten da, bis jemand sie rufen oder bis der Vogt kommen würde, der ihnen versprochen hatte, alsobald nachzukommen. Aber als der Hausknecht im Schlosse sie bei der Scheune sah, ging er zu ihnen hinunter und sagte: Warum seid ihr da, Nachbaren? Unser Herr glaubt, ihr seid an der Arbeit beim Kirchbau.

Die Männer antworteten: Der Untervogt habe ihnen befohlen, hierherzukommen, dem Junker für die Arbeit zu danken.

Das war nicht nötig, erwiderte Klaus. Er wird euch auch nicht viel darauf halten; aber ich will euch melden.

Der Hausknecht meldete die Männer. Der Junker ließ sie sogleich vor sich und fragte sie freundlich, was sie wollten.

Nachdem sie es gesagt und mit Mühe und Arbeit etwas vom Dankenwollen gestammelt hatten — sagte der Junker: Wer hat euch befohlen, um deswillen hieherzukommen?

Der Untervogt! antworteten die Männer und wollten noch einmal danken.

Das ist wider meinen Willen geschehen, sagte Arner. Geht jetzt in Gottes Namen und seid fleißig und treu, so freut's mich, wenn der Verdienst diesem oder jenem unter euch aufhelfen kann; aber sagt dem Meister: daß man noch heute mit dem Steinbrechen anfangen müsse.

Da gingen die Männer wieder heim.

§ 55

Ein Heuchler macht sich einen Schelmen zum Freund

Und in ihrem Heimgehen sagte einer zum andern: Das ist doch ein herzguter Herr — der junge Junker.

Der alte wäre es auch gewesen, wenn er nicht auf hunderterlei Arten betrogen und hintergangen worden wäre, sagten die ältern Männer alle aus einem Munde.

Mein Vater hat's mir tausendmal gesagt, wie er in der Jugend so gewesen und es geblieben sei, bis er endlich ganz am Vogt den Narren gefressen hatte, sagt Aebi.

Da war's aus mit des Herrn Güte; sie triefte nur in's Vogts Kisten, und der führte ihn wie einen polnischen Bären am Seil, wohin er wollte, sagte Leemann.

Was er für ein Hund ist, daß er uns jetzt so ohne Befehl im Feld herumsprengt und noch dazu allein läßt! sagt Lenk.

Das ist so sein Brauch, sagte der Kienast; aber ein Hundsbrauch, erwiderte der Lenk.

Ja, der Herr Untervogt ist doch ein braver Mann. Unsereiner kann eben nicht alles wissen, was vorfällt, antwortete der Kriecher fast so laut, als er konnte; denn er sah, daß der Untervogt im Hohlweg still daherschlich und nahe bei ihnen war.

Der Teufel! du magst ihn wohl rühmen; ich einmal rühme jetzt den Junker, sagte Lenk auch ganz laut, denn er sah den Vogt nicht im Hohlwege.

Dieser aber trittet eben, indem er's sagte, außer den Hag, grüßt die Nachbaren und fragt dann den Lenk: Warum rühmst du den Junker so mächtig?

Der Lenk antwortete betroffen: Ha, wir redeten da miteinander, wie er so liebreich und freundlich war.

Das war aber doch nicht alles, erwiderte der Vogt.

Ich weiß einmal nichts anders, sagt Lenk.

Das ist nicht schön, Lenk! wenn man so seiner Worte zurückgeht, sagt Kriecher und fährt fort: Er war aber nicht allein, Herr Untervogt! es murrten da etliche, daß ihr sie so allein gelassen hättet; ich sagte aber: unsereiner könne ja nicht wissen, was so einem Herrn allemal vorfällt. Auf dieses hin sagte einmal der Lenk: Ich mög wohl den Vogt rühmen; er einmal rühme jetzt den Junker.

Aha! es war also mit mir, daß du den Junker verglichen hast, sagt der Vogt und lachte laut.

Er hat's aber eben auch nicht so gemeint, wie man es ihm jetzt aufnimmt, sagen etliche Männer, schütteln die Köpfe und murren über den Kriecher.

Es hat gar nichts zu bedeuten und ist nichts Böses; es ist ein altes Sprichwort: Des Brot ich eß, des Lied ich sing, sagt der Vogt; drückt dem Kriecher die Hand, redet aber nichts weiter hiervon, sondern fragt die Männer: ob Arner zornig gewesen wäre.

Nein, antworteten die Männer, gar nicht; er sagte nur: wir sollten heimeilen und ungesäumt noch heute an die Arbeit gehn.

Sagt das dem Mäurer, und es habe mit dem Mißverstand nichts zu bedeuten; ich lasse ihn grüßen, sagte ihnen der Vogt, ging seines Wegs, und auch die Männer gingen den ihrigen.

Der Harschier aber war schon längst bei dem Mäurer und bat ihn und flehete, er sollte doch sagen: er habe den Befehl am Sonntag erhalten.

Der Mäurer wollte dem Vogt und dem Harschier gern gefällig sein und redte mit seiner Frau.

Ich fürchte alles, was krumm ist, antwortete die Frau; und ich wette, der Vogt hat sich jetzt schon darmit entschuldiget. Mich dünkt, wenn der Junker dich frägt, so müssest du ihm die Wahrheit sagen; wenn aber, wie es sein kann, der Sach niemand mehr nachfragt, so könnst du es gelten lassen, wie sie es machen, indem das niemand weiters nichts schadet.

Lienhard sagte darauf dem Harschier seine Meinung auf diesen Fuß.[1])

Indessen kamen die Männer von Arnburg zurück.

Ihr seid geschwind wieder da, sagte ihnen der Mäurer. Sie antworteten: Wir hätten den Gang überall ersparen können.

L i e n h a r d. War er erzörnt über diesem Versehen?

Die Männer. Nein, gar nicht. Er war gar freundlich und liebreich, und er sagte uns, daß wir heimeilen und noch heut an die Arbeit gehn sollen.
Flink. Da siehst du jetzt selbst, daß es für dich nichts zu bedeuten hat. Für mich ist es etwas ganz anders; und auch für den Vogt.
Ja, bei Anlaß des Vogts, unterbricht sie der ehrliche Hübelrudi, wir hätten's fast vergessen: er lasse dich grüßen, und es habe mit dem Mißverständnis gar nichts zu bedeuten.
Lienhard. Ist er schon beim Junker gewesen, da ihr ihn antrafet?
Die Männer. Nein, wir trafen ihn auf dem Weg zu ihm an.
Lienhard. Er weiß also nichts, als was ihr ihm sagtet; und was ich jetzt auch weiß.
Die Männer. Es kann nicht wohl anders sein.
Flink. Du bleibst doch bei deinem Versprechen?
Der Mäurer. Ja, aber ganz, wie ich's gesagt habe.
Jetzt befahl der Mäurer den Männern, noch beizeiten bei der Arbeit zu sein, und rüstete noch einige Werkzeuge; und nachdem er geessen hatte, ging er mit den Männern das erstemal an seine Arbeit. Wolle sie dir Gott segnen, sagte ihm Gertrud, da er ging — Wolle sie ihm Gott segnen, muß ich einmal auch sagen, da er geht.

§ 56

Es wird Ernst, der Vogt muß nicht mehr Wirt sein

Da der Vogt ins Schloß kam, ließ ihn Arner lang warten; endlich kam er heraus auf die Laube[1]) und fragte ihn mit Unwillen — Was ist das? warum machtest du heut die Leute alle ins Schloß kommen, ohne Befehl?
Ich glaubte, es wäre meine Pflicht, den Männern zu raten, Euer Gnaden für die Arbeit zu danken, antwortete der Vogt.
Und Arner erwiderte: deine Pflicht ist zu tun, was mir und meinen Herrschaftsleuten nützlich ist und was ich dir befehle; aber gar nicht, arme Leute im Feld herumzusprengen und sie Komplimenten zu lehren, die nichts nützen und die ich nicht suche. Das aber, warum ich dich habe hieher kommen lassen, ist, dir zu sagen: daß ich die Vogtsstelle nicht länger in einem Wirtshause lasse.
Der Vogt erblaßte, zitterte und wußte nicht, was er antworten wollte; denn er erwartete nichts weniger als einen so plötzlichen Entschluß.
Arner redte fort: Ich will dir die Wahl lassen, welches von beiden du lieber bleiben willst; aber in vierzehn Tagen will ich deinen Entschluß wissen.
Der Vogt hatte sich in etwas wieder erholt und dankte stammelnd für die Bedenkzeit.
Arner erwiderte: Ich übereile niemand gern, und ich suche dich nicht zu unterdrücken, alter Mann! aber diese zween Berufe schicken sich nicht zusammen.

Diese Güte Arners machte dem Vogt Mut. Er antwortete: Es haben doch bisher alle Vögte Ihrer Herrschaft gewirtet, und in allen Landen unsers Fürsten ist das ein gemeines[2]).

Arner aber war kurz und sagte: Du hast jetzt meine Meinung gehört — nimmt dann den Sackkalender — und sagt ferner: Heute ist der 20ste März, und in vierzehn Tagen wird der 3te April sein; also auf den 3ten April erwarte ich deine Antwort, weiter habe ich dermalen nichts zu sagen — Arner zeichnete noch den Tag in seinen Kalender und ging in seine Stube.

§ 57

Wie er sich gebärdet

Bang und beklemmt in seinem Herzen ging der Vogt auch fort. Dieser Schlag hatte ihn so verwirrt, daß er die Leute, neben denen er durch die Laube und die Stiege hinunter vorbeiging, nicht sah und nicht kannte. So, fast seiner selber nicht bewußt, kam er bis unten an die Schloßhalde[1]) zum alten dichtstämmigen Nußbaum, da steht er dann wieder still und sagt zu sich selber: Ich muß Atem holen — wie mir das Herz klopft — ich weiß nicht, wo mir der Kopf steht — ohne einzutreten in eine Klage — ohne etwas auf mich zu beweisen — bloß weil's ihm so beliebt — — — soll ich nicht Vogt sein oder nicht Wirt — — — das ist über alle Grenzen — — — kann er mich dazu zwingen — ich glaub's nicht — — — Den Mantel kann er mir ohne Klage nicht nehmen — und das Wirtsrecht ist gekauft — aber wenn er sucht — wenn er öffentlich Klage sucht, er findet, was er will — Von allen den verdammten Buben, denen ich diente, ist mir keiner, kein einziger treu.*) Was soll ich jetzt machen — vierzehn Tage ist endlich immer etwas — — Oft hab ich viel in soviel Zeit in Ordnung gebracht — wenn mir nur der Mut nicht fällt — alles kommt nur von dem Mäurer — kann ich den verderben, so fehlt's nicht, ich finde Auswege aus allem —

Aber wie mir so schwach und blöde ist. Er nimmt eine Brannteweinflasche aus dem Sack, kehrt sich gegen den Schatten[2]) des Baums, braucht sein Hausmittel und trinkt einen Schoppen auf einmal herunter. Einen Dieben oder einen Mörder, dem Steckbriefe nachjagen, erquickt der erste Trunk Wasser, den er auf dem erlaufenen Boden der Freiheit trinkt, nicht stärker, als die Branntsflasche den Vogt bei seinen Ränken erquickt. Er fühlt sich jetzt wieder besser, und mit seinen Kräften wächst auch wieder der Mut des Verbrechers. Das hat mich mächtig erfrischt, sagt er zu sich selber und stellt sich wieder wie ein Mann, der Herz hat und den Kopf hochträgt. Vor einer Weile, sagt er, glaubte ich eben noch, sie werden mich vor dem Abendbrot fressen, jetzt ist mir wieder, als ob ich das

---

*) Warum doch? Ratet, Kinder!

Mäurerlein und selber den Arner da, den gnädigen Buben, mit dem kleinen Finger zusammendrücke, daß sie jauchzen wie solche, die man bei den Ohren in die Höhe zieht.

Gut war's, daß ich meine Flasche nicht vergessen habe; aber was ich auch für ein Kerl wäre ohne sie.

So redte der Vogt mit sich selber. Der Schrecken war nun völlig seinem Zorn, seinem Stolz und seiner Branntsflasche gewichen.

Er ging wieder so hochmütig und so feindselig einher, als er je tat.

Er nickte den Leuten auf dem Feld, die ihn grüßten, vogtrichterlich stolz, nur so ein klein wenig zu. Er trug seinen knorrichten Stock so gebieterisch hoch in der Hand, als ob er im Land mehr zu befehlen habe als zehn Arner; er hing sein Maul wie eine alte Stute und machte Augen so groß und so rund, man sagt bei uns, wie ein Pflugsrädli.

So ging der Tropf einher zu einer Zeit, da er so wenig Ursach hatte.

§ 58

Wer bei ihm war

Neben ihm ging sein großer Türk, ein Hund, der auf einen Wink des Vogts die großen weißen Zähne gegen jedermann zeigte, auf einen andern aber seinen Mann auf Leib und Leben packte. Dieser große Türk, der weit und breit das Schrecken des armen lumpigten Mannes so gut war, als sein Meister das Schrecken aller armen gedrückten Müdlinge[1]) und Schuldner in der ganzen Herrschaft ist. Dieser gewaltige Türk ging neben dem Vogt gleich gravitätisch daher; aber ich darf nicht sagen, was mir in dem Maul ist. — Doch ist ganz gewiß, daß der Vogt, der entsetzlich wütend war, einmal jetzt in seinem Angesicht mit dem Hund etwas gleiches hatte.

§ 59

Auflösung eines Zweifels*)

Aber daß der Vogt nach dem gestrigen Jammer und nach dem heutigen Schrekken jetzt dennoch so stolz tut, das wundert vielleicht einen einfältigen Frägler; ein gescheiter Landmann merkets von selbst. Der Hochmut plagt einen nie stärker, als wenn man im Kot steckt. Solang alles gut geht und niemand in

---

*) In einem andern Buch würde ich den Abschnitt überschreiben: Die Sorgfalt des Autors gegen kunstrichterliches Bedenken.

Zweifel zieht, daß man oben am Brett ist, so tut niemand so gar dick; aber dann, wenn links und rechts der Schadenfroh ausstreut, es stehe nicht wie vor altem — dann regt sich das Blut, schäumt und wallt auf wie heiße Butter im Kessel — und das war eben der Fall des Vogts. Also ist es ganz natürlich und auch dem Einfältigsten begreiflich, daß er, da er sich unten an der Schloßhalden vom Schrecken wieder erholt hatte, so stolz habe tun können, als ich gesagt habe. Zudem hatte er diese Nacht auf seine zwei Pulver, und da er wenig getrunken hatte, außerordentlich wohl geschlafen und heut am Morgen den Kopf von den Schrecken und Sorgen des vorigen Tages ziemlich leer gehabt.

Ich erzähle die Sachen, wie sie geschehen und wie sie mir zu Ohren gekommen sind; aber ich könnte und möchte bei weitem nicht allemal auf unnütze Fragen so Antwort geben wie jetzt.

§ 60

Eine Ausschweifung

Freilich wär es besser gewesen, er hätte seine Brenntsflasche am Nußbaum, unter dem er stund, zerschlagen, und wäre zurückgegangen zu seinem Herrn, ihm seine Umstände zu entdecken; ihm zu sagen, daß er nicht reich sei, sondern den Vogtsdienst und das Wirtsrecht um der Schulden willen, darin er stecke, notwendig habe, und ihn um Gnad und Barmherzigkeit zu bitten; ich weiß, Arner hätte den alten Mann in diesen Umständen nicht verstoßen.

Aber eben das ist das Unglück der Gottlosen; ihre Laster bringen sie um allen Verstand, daß sie in ihren wichtigsten Angelegenheiten wie blind werden und daß sie wie unsinnig zu ihrem Verderben handeln; dahingegen die guten, redlichen Menschen, die ein einfältiges und unschuldiges Herz haben, im Unglück ihren Verstand gar viel besser behalten und sich daher auch gemeiniglich in den Zufällen des Lebens weit leichter helfen und raten können als die Gottlosen.

Sie demütigen sich im Unglück, sie beten ihre Fehler ab — sie richten in der Not ihre Augen nach der Hand, die allenthalben gegen das Elend der Menschen, welche mit reinem Herzen Hilfe suchen, sich ausstreckt.

Der Friede Gottes, der alle Vernunft übertrifft, ist ihnen Schutz und Leitstern durch ihr Leben, und sie kommen immer so durch die Welt, daß sie am Ende Gott von Herzen danken.

Aber den Gottlosen führt seine Gottlosigkeit aus einer Tiefe in die andere.

Er braucht seinen Verstand nie auf den geraden Wegen der frommen Einfalt, Ruh und Gerechtigkeit und Frieden zu suchen. — Er braucht ihn nur zu den krummen Wegen der Bosheit, Jammer anzurichten und Unruh zu stiften. Darum kömmt er immer in Unglück; in seiner Not trotzt er dann. Er leugnet im Fehler; er ist hochmütig im Elend. Hilf und Rettung will er entweder erheucheln und erlügen oder erzwingen und erstehlen. Er traut auf seinen verwirrten Sinn. Er stößt die Hand des Vaters, die sich gegen ihn ausstreckt, von sich; und wenn dieser ihm zuruft: Beug dich, mein Kind! — ich, dein Vater, ich bin, der da züchtigt, und bin, der da hilft, ich, dein Vater — so verspottet er die Stimme des Retters und sagt: Da mit meiner Hand und mit meinem Kopf will ich mir helfen, wie ich will.

Darum ist des Gottlosen Ende immer so tiefer Jammer und so tiefes Elend.

§ 61
Der alte Mann leert sein Herz aus

Ich bin jung gewesen und alt geworden, und ich habe mich viel und oft umgesehn, wie es dem Frommen und dem Gottlosen auch gehe. — Ich habe die Knaben meines Dorfs mit mir aufwachsen gesehn — Ich sah sie Männer werden — Kinder und Kindskinder zeugen; und nun hab ich die von meinem Alter alle bis auf sieben zum Grabe begleitet — Gott! du weißt meine Stunde, wenn ich meinen Brüdern folgen soll — Meine Kräfte nehmen ab; aber mein Auge harret deiner, o Herr! Unser Leben ist wie eine Blume des Felds, die am Morgen blühet, am Abend aber verwelket. O Herr, unser Herrscher! du bist gnädig und gut den Menschen, die auf dich trauen — darum hoffet meine Seele auf dich; aber der Weg des Sünders führt zum Verderben. — Kinder meines Dorfs! o ihr Lieben! laßt euch lehren, wie es dem Gottlosen geht, damit ihr fromm werdet. Ich habe Kinder gesehn, die ihren Eltern trotzten und ihre Liebe für nichts achteten — allen, allen ist's übel gegangen am Ende. Ich kannte des unglücklichen Ulis Vater — ich habe mit ihm unter einem Dache gewohnt und mit meinen Augen gesehn, wie der gottlose Sohn den armen Vater kränkte und schimpfte — und in meinem Leben werde ich's nicht vergessen, wie der alte arme Mann eine Stunde vor seinem Tode über ihn weinte — Ich sah den bösen Buben an seiner Begräbnis lachen. — Kann ihn Gott leben lassen, dachte ich, den Bösewicht? Was geschah? Er nahm ein Weib, das hatte viel Gut; und er war jetzt im Dorf einer der Reichsten und ging in seinem Stolz und in seiner Bosheit einher, als ob niemand im Himmel und niemand auf Erden über ihm wäre.

Ein Jahr ging vorüber, da sah ich den stolzen Uli an seiner Frauen Begräbnis heulen und weinen; ihr Gut mußte er ihren Verwandten bis auf den letzten Heller zurückgeben. Er war plötzlich wieder arm wie ein Bettler. In seiner Armut stahl er, und ihr wisset, welch ein Ende er genommen hat. Kinder! so sah ich immer, daß das Ende des Gottlosen Jammer und Schrecken ist.

Ich sah aber auch den tausendfachen Segen und Frieden in den stillen Hütten der Frommen — Es ist ihnen wohl bei dem, so sie haben — Bei wenigem ist ihnen wohl, und bei vielem sind sie genügsam. Arbeit in ihren Händen und Ruhe in ihren Herzen, das ist der Teil ihres Lebens — Sie genießen froh das ihrige und begehren das nicht, was ihrem Nächsten ist. Der Hochmut plagt sie nicht, und der Neid verbittert ihnen ihr Leben nicht; darum sind sie immer froher und zufriedener und mehrenteils auch gesünder als die Gottlosen. Sie haben auch des Lebens Notwendigkeiten sicherer und ruhiger; denn sie haben ihren Kopf und ihr Herz nicht bei Bosheiten, sondern bei ihrer Arbeit und bei den Geliebten ihrer stillen Hütten. — So ist ihnen wohl im Leben. Gott im Himmel sieht herab auf ihre Sorge und auf ihren Kummer und hilft ihnen.

Kinder meines Dorfs, o ihr Lieben! Ich sah viele fromme Arme auf ihrem Todbette, und ich habe nicht gefunden, daß Einer, ein Einziger von allen, in dieser Stunde sich über seine Armut und über die Not seines Lebens beklagt hätte. Alle, alle dankten Gott für die tausend Proben seiner Vatergüte, die sie in ihrem Leben genossen hatten.

O Kinder meines Dorfs! werdet doch fromm und bleibet einfältig und unschuldig — Ich habe gesehn, wie das schlaue und arglistige Wesen einen Ausgang nimmt. — Hummel und seine Gesellen waren weit schlauer als alle andern; sie wußten immer tausend Dinge, wovon uns andern nichts träumte — Das machte sie stolz, und sie glaubten, der Einfältigere sei nur darum in der Welt, daß er ihr Narr wäre. Sie fraßen einige Zeit das Brot der Witwen und Waisen und tobten und wüteten gegen die, so nicht ihre Knie bogen vor ihnen — Aber ihr Ende hat sich genähert. Der Herr im Himmel hörte der Witwen und der Waisen Seufzen — Er sah die Tränen der Mütter, die sie mit ihren Kindern weinten über den gottlosen Buben, die ihre Männer und Väter verführten und drängten; und der Herr im Himmel half dem Unterdrückten und dem Waisen, der keine Hoffnung mehr hatte, zu seinem Rechte zu gelangen.

§ 62

Das Entsetzen der Gewissensunruhe

Als am Samstag abends Hans Wüst vom Vogt heimkam, quälten ihn die Sorgen des Meineids noch tiefer, daß er auf dem Boden sich wälzte und heulte wie ein Hund, dem ein erschreckliches Grimmen die Eingeweide zerreißt; so rasete er die Nacht über und den ganzen folgenden heiligen Tag — raufte seine Haare sich aus — schlug sich mit den Fäusten bis aufs Blut — aß nichts und trank nichts, lief wütend umher und sagte: O, o des Rudi's Hausmatte.[1]) O, o seine Hausmatte, seine Hausmatte! Es brennt auf meiner Seelen! — — Der Satan, o, o! der leidige Satan ist meiner mächtig — O weh mir! O weh meiner armen Seelen!

So ging er wütend umher, geplagt und gequält von den Sorgen des Meineids, und heulte das Jammergeheul seiner entsetzlichen, greulichen Schrecken.

Abgemattet von den Qualen dieser Sorgen, konnte er endlich am Sonntag nachts wieder einschlafen.

Am Morgen darauf war ihm wieder etwas leichter, und er nahm den Entschluß, seine Qualen nicht mehr bei sich zu behalten, sondern alles dem Pfarrer zu sagen.

Er nahm auch seinen Sonntagsrock, und was er sonst fand, und band alles in einen Bündel zusammen, damit er das Geld, das er dem Vogt schuldig war, darauf entlehnen könne.

Er nimmt jetzt den Bündel, zittert, geht in den Pfarrhof, steht da, will wieder fortlaufen, steht wieder still, wirft den Bündel in den Hausgang und macht Gebärden wie ein Mensch, der nicht bei Sinnen ist.

§ 63

Daß man mit Liebe und mit Teilnehmung der gänzlichen Kopfsverwirrung angstvoller Menschen vorkommen könne

Der Pfarrer sieht ihn in diesem Zustande, geht zu ihm hinunter und sagt ihm: Was ist dir, Wüst? wo fehlt's dir? Komm mit mir hinauf in die Stube, wenn du etwas mit mir reden willst.

Da ging der Wüst mit dem Pfarrer hinauf in seine Stube.

Und der Pfarrer war mit dem Wüst so freundlich und so herzlich, als er nur konnte. Denn er sah seine Verwirrung und seine Angst, und er hatte das Gemurmel, daß er wegen seines Eids fast verzweifeln wollte, gestern auch schon gehört.

Der Wüst aber, da er sah, wie liebreich und freundlich der Pfarrer gegen ihn war, erholte sich nach und nach wieder und sagte:

Wohlehrwürdiger Herr Pfarrer! Ich glaube, ich habe einen falschen Eid getan, und verzweifle fast darüber. Ich kann es nicht mehr ertragen; ich will gern alle Strafe, die ich verdient habe, leiden, wenn ich nur auch noch Gnade und Barmherzigkeit von Gott hoffen darf.

§ 64

Ein Pfarrer, der eine Gewissenssache behandelt

Der Pfarrer antwortete: Wenn dir von Herzen leid ist über deinen Fehler, so zweifle nicht an Gottes Erbarmen.

Wüst. Darf ich, Herr Pfarrer! darf ich auch bei diesem meinem Fehler noch auf Gottes Erbarmung hoffen und der Verzeihung der Sünden mich getrösten?

Pfarrer. Wenn Gott einen Menschen dahin gebracht hat, daß er aufrichtige Buße tut und im Ernst nach der Verzeihung seiner Sünden seufzet: so hat er ihm den Weg zur Verzeihung und zur Erhaltung aller geistlichen Gnaden schon gezeigt; glaube das, Wüst! Und wenn deine Buße dir aufrichtig von Herzen geht, so zweifle nicht, sie wird Gott wohlgefällig sein.

Wüst. Aber kann ich es auch wissen, daß sie ihm wohlgefällig ist?

Pfarrer. Du kannst bei dir selber wahrlich wohl wissen, wenn du mit Ernst auf dich Achtung gibst, ob sie aufrichtig ist und ganz von Herzen geht, und wenn sie aufrichtig ist, so ist sie Gott gefällig; das ist das Einzige, was ich sagen kann.

Siehe, Wüst! wenn einer dem Nachbar den Grund vom Acker weggepflügt hat — und es reuet ihn: er geht, ohne daß der Nachbar es weiß, ohne daß er es fordert, für sich selber und im stillen, pflügt den Grund dem Nachbar wieder an seinen Acker und tut eher ein Übriges als zu wenig — so muß ich denken, es sei ihm Ernst mit seiner Reue. Gibt er ihm aber das Seinige nicht oder nicht ganz zurück; braucht er im Zurückgeben Vorteil; sorgt er nur, daß ihm der Diebstahl nicht auskomme; ist ihm nur um sich selbst und nicht um seinen Nachbar zu tun, dem er Unrecht getan hat: so sind seine Reue und sein Zurückpflügen ein Tand, mit welchem der Tropf sich selber betöret. Wüst! wenn du in deinem Herzen nichts suchest und nichts wünschest, als daß aller Schade, den deine böse Tat verursacht, und alles Ärgernis, das sie angerichtet hat, aufhöre und wieder gut werde und daß dir Gott und Menschen verzeihen; wenn du nichts anders wünschest, wenn du von Herzen gern alles leidest und tust, um deinen Fehler soviel möglich wiedergutzumachen: so ist deine Buße gewiß aufrichtig! und dann zweifle nicht, daß sie nicht Gott gefällig sei.

Wüst. Herr Pfarrer! Ich will gern leiden und tun, was ich auf Gottes Boden tun kann, wenn mir nur dieser Stein ab dem Herzen kömmt. Wie er mich drückt, Herr Pfarrer! Wo ich geh und steh, zitterʼ ich über dieser Sünde.

Pfarrer. Fürchte dich nicht! Gehe nur einfältig, gerad und redlich in deinem Unglück zu Werk, so wirdʼs dir gewiß leichter werden.

Wüst. O, wenn ich nur das hoffen darf, Herr Pfarrer!

Pfarrer. Fürchte dich nicht! Trau auf Gott! Er ist der Gott des Sünders, der ihn sucht. Tue du nur, was du kannst, gewissenhaft und redlich. Das größte Unglück, das aus deinem Eid entstanden ist, sind die Umstände des armen Rudis, der dadurch in ein entsetzliches Elend geraten ist; aber ich hoffe, der Junker werde, wenn du ihm die Sache bekennen wirst, dann selber helfen, daß der Mann in seinem Elend getröstet werden könne.

Wüst. Eben der arme Rudi, eben der istʼs, der mir immer auf dem Herzen liegt. Herr Pfarrer! meint ihr, der Junker könne ihm auch wieder zu seiner Matten helfen?

Pfarrer. Gewiß weiß ichʼs nicht. Der Vogt wird freilich alles, was er kann, anbringen, dein jetziges Zeugnis verdächtig zu machen; aber der Junker hingegen wird auch alles tun, was er kann, dem unglücklichen Mann zu dem Seinigen zu helfen.

Wüst. Wenn es ihm nur auch gerät.

Pfarrer. Ich wünsche es von Herzen und hoffe es wirklich; aber es mag auch dem Rudi hierin gehen, wie es will, so ist es um deiner selbst und um der Ruhe deines Herzens willen gleich notwendig, daß du alles dem Junker offenbarest.

Wüst. Ich will es ja gern tun, Herr Pfarrer!

Pfarrer. Es ist der gerade Weg, und es freut mich, daß du ihn so willig gehn willst; er wird dir Ruhe und Friede in dein Herz bringen — Aber freilich wird dir das Bekenntnis Schimpf und Schande und Gefängnis und schweres Elend zuziehen.

Wüst. O Herr Pfarrer! das ist alles nichts gegen den Schrecken der Verzweiflung und gegen der Furcht, daß einem Gott in der Ewigkeit nicht mehr gnädig sein werde.

Pfarrer. Du siehst die Sache in deinem Unglück so redlich und vernünftig an, daß ich wahre Freude daran habe. Bitte den lieben Gott, der dir soviel gute Gedanken und soviel Stärke zu guten und rechtschaffenen Entschlüssen gegeben hat, daß er diese Gnade dir ferner schenken wolle; so bist du auf einem recht guten Weg und wirst, will's Gott! alles, was auf dich wartet, mit Demut und mit Geduld leicht ertragen können. Und was dir immer begegnen wird, so zeige mir dein Zutrauen ferner; ich will dich gewiß nie verlassen.

Wüst. Ach Gott! Herr Pfarrer! wie ihr auch so gut und liebreich seid mit einem so schweren Sünder!

Pfarrer. Gott selber ist in seinem Tun gegen uns arme Menschen nur Schonung und Liebe; und ich würde wohl ein unglücklicher Knecht meines guten Gottes und Herrn sein, wenn ich, in welchem Fall es immer wäre, mit einem meiner fehlenden Mitknechte zankte, haderte und schmälte.

So väterlich redete der Pfarrer mit dem Wüst, der vor ihm in Tränen zerfloß und jetzt lang nichts sagte.

Der Pfarrer schwieg auch eine Weile.

Der Wüst aber fing wieder an und sagte: Herr Pfarrer! ich habe noch etwas anzubringen.

Pfarrer. Was denn?

Wüst. Ich bin seit dem Handel dem Vogt noch acht Gulden schuldig. Er sagte zwar vorgestern, er wolle die Handschrift zerreißen; aber ich will nicht, daß er mir etwas schenke, ich will ihn bezahlen.

Pfarrer. Du hast recht; das muß unumgänglich sein, und noch ehe du Arnern die Sache entdeckest.

Wüst. Ich habe unten im Haus einen Bündel; es ist mein Sonntagsrock und noch etwas darinnen, das zusammen wohl die acht Gulden wert ist. Ich muß in Gottes Namen die acht Gulden entlehnen, und ich habe gedacht, ihr zürnet es nicht, wenn ich euch bitte, daß ihr sie mir gegen dieses Pfand vorstrecket.

Pfarrer. Ich nehme nie keine Sicherheit von jemand, und oft muß ich so etwas abschlagen, so weh es mir auch tut; aber in deinem Fall schlage ich es nicht ab. Sogleich gibt er ihm das Geld und sagt: Trag es alsobald zum Vogt hin, und deinen Bündel, den nimm nur wieder mit dir heim.

§ 65

Daß es auch beim niedrigsten Volk eine Delikatesse gebe, selbst bei der Annahme von Wohltaten, um die sie bitten

Wüst zitterte, da er dem Pfarrer das Geld abnahm, dankte und sagte: Aber den Bündel nehme ich gewiß nicht heim, Herr Pfarrer!
Nun so lasse ich ihn denn nachtragen, wenn du ihn nicht gern selber nimmst, erwiderte lächelnd der Pfarrer.
W ü s t. Um Gottes willen, Herr Pfarrer! behaltet den Bündel, damit ihr für eure Sache sicher seid!
P f a r r e r. Das wird sich schon geben, Wüst! Bekümmere dich jetzt nicht hierüber und denke vielmehr an das weit Wichtigere, das dir vorsteht. Ich will heute noch dem Junker schreiben, und du bringst ihm dann morgen den Brief.
W ü s t. Ich danke euch, Herr Pfarrer! aber um Gottes willen! behaltet den Bündel, ich darf sonst das Geld nicht nehmen; weiß Gott! ich darf nicht.
P f a r r e r. Schweig jetzt hievon; geh alsobald mit dem Gelde zu dem Vogt und komme morgen etwan um neun Uhr wieder zu mir; aber rede mir kein Wort weiter vom Bündel.
Da ging Wüst erleichtert und in seinem Gewissen getröstet vom Pfarrer fort gerade in's Vogts Haus und gab das Geld, da der Mann nicht zu Hause war, der Frau.
Diese fragte ihn: Woher soviel Geld auf einmal, Wüst?
Niedergeschlagen und kurz antwortete Wüst: Ich habe es so gemacht, wie ich's gekonnt habe; Gott Lob! daß du es hast.
Die Vögtin erwiderte: Wir haben dich doch noch nie darum genötigt.
W ü s t. Ich weiß es wohl, aber es ist vielleicht eben darum nichtsdestobesser.
V ö g t i n. Das ist wunderlich geredt, Wüst! wo fehlt's dir? Du bist die Zeit her gar nicht recht.
W ü s t. Ach Gott! du wirst's wohl erfahren; aber zähl doch das Geld; ich muß gehen.
Die Vögtin zählt das Geld und sagt: Es ist richtig.
W ü s t. Nun gib es deinem Mann ordentlich. Behüt Gott, Frau Vögtin!
V ö g t i n. Muß es sein — so behüt euch Gott! Wüst!

§ 66

Ein Förster, der keine Gespenster glaubt

Der Vogt hatte auf dem Rückweg von Arnheim im Hirzauer Wirtshaus eingekehrt; da trank und prahlte er unter den Bauern. Er erzählte ihnen von seinen gewonnenen Händeln; von seiner Gewalt unter dem verstorbenen Arner; wie er unter ihm, und zwar er allein, alles Volk in Ordnung gehalten habe; und wie es jetzt allenthalben eine Lumpenordnung sei. Dann gab er seinem Hund das Ordinari[1]), was ein wohlhabender Handwerksbursch ohne den Wein zu Mittag hat; spöttelte über einen armen Mann, dem ein Seufzer entfuhr, als er die gute Suppe und das liebe Brot dem Hund darstellen sah. Gelt, du würdest auch so vorlieb nehmen, spricht er zum Armen — streichelt den Hund und prahlt und säuft und pocht so unter den Bauern bis auf den Abend.

Da kam der alte Förster vom Schloß und nahm im Vorbeigehn auch ein Glas Wein; und der Vogt, der keinen Augenblick gern allein ist, sagt zu ihm: Wir gehn miteinander heim.

Wenn du gleich kommst, antwortete der Förster; ich muß einer Spur nach.

Den Augenblick, antwortet der Vogt; trinkt aus, zahlt die Irte[2]), und sie gingen gleich miteinander.

Da sie jetzt allein auf der Straße waren, fragte der Vogt den Förster, ob es auch sicher sei zu Nacht im Wald vor den Gespenstern.

Förster. Warum fragst du mich das?

Vogt. Ha! weil's mich wundert.

Förster. Du bist ein alter Narr! schon dreißig Jahr Vogt, und solche Dummheiten fragen! du solltest dich schämen.

Vogt. Nein, bei Gott! mit den Gespenstern weiß ich nie recht, wie ich daran bin, ob ich sie glauben soll oder nicht; und doch hab ich auch noch keines gesehen.

Förster. Nun, weil du mich so treuherzig frägst, so will ich dir aus dem Wunder helfen — Du zahlst mir einst eine Bouteille für meine Erklärung.

Vogt. Gern zwei, wenn du sie recht machst.

Förster. Ich bin nun vierzig Jahr auf meinem Posten und als ein Junge schon vom vierten Jahre an von meinem Vater im Wald erzogen worden. Dieser erzählte den Bauern in den Wirtshäusern und in den Schenken immer von den vielen Gespenstern und Schrecknissen des Waldes; aber er trieb nur mit ihnen den Narren; mit mir verstund er's ganz anders. Ich sollte Förster werden und also solcherlei Zeugs weder glauben noch fürchten; deshalben nahm er mich zu Nacht, wenn weder Mond noch Sterne schienen, wenn die Stürme brausten, auf Fronfasten und Weihnacht in den Wald; wenn er dann ein Feuer oder einen Schein sah oder ein Geräusch hörte, so mußte ich mit ihm drauf los über Stauden und Stöcke, über Gräben und Sümpfe, und über alle Kreuzwege mußte ich mit ihm dem Geräusch nach; und es waren immer Zigeuner, Diebe und Bettler — sodann rief er ihnen mit seiner erschrecklichen Stimme zu: Vom Platze, ihr Schelmen!

Und wenn's ihrer zehn und zwanzig waren, sie strichen sich immer fort und ließen oft noch Häfen und Pfannen und Braten zurück, daß es eine Lust war. Oft war das Geräusch auch nur Hochgewild, das manchmal gar wunderbare Töne von sich gibt; und die faulen, alten Holzstämme geben einen Schein und machen in der Nacht Gestalten, die jedermann, der nicht hinzu darf, in Schrecken setzen können. Und das ist alles, was ich in meinem Leben im Wald Unrichtiges gefunden habe; aber immer wird's mein Amtsvorteil sein und bleiben, daß meine Nachbaren ordentlich glauben, er sei wohl gespickt mit Gespenstern und mit Teufeln; denn siehe, unsereiner altet und ist froh, bei dunkeln Nächten den Frevlern nicht nachlaufen zu müssen.

§ 67

Ein Mann, den es gelüstet, einen Markstein zu versetzen, möchte auch gern die Gespenster nicht glauben, und er darf nicht

So redete der Mann — Und sie kamen indessen an den Seitenweg, durch welchen der Förster in Wald ging; und der Vogt, der nunmehr allein war, redete da mit sich selber:

Er ist vierzig Jahre lang Förster und hat noch kein Gespenst gesehen und glaubt keines; und ich bin ein Narr und glaube sie und darf nicht einmal dran denken, eine Viertelstunde im Wald einen Stein auszugraben. Wie ein Schelm und ein Dieb nimmt er mir das Wirtsrecht, und der Hundsstein da auf dem Felsen ist keine rechte Mark; ich glaub's nicht — Und wenn sie es wäre, hätt' er ein besseres Recht als mein Wirtshaus?

So gewalttätig einem Mann sein Eigentum rauben! Wer, als der Satan, hat ihm das eingeben können? Und da er meinem Haus nicht schont, so habe ich keinen Grund, seinem verdammten Kieselstein zu schonen; aber ich darf nicht. Zu Nacht darf ich nicht auf den Platz, und am Tage kann's wegen der Landstraße nicht sein — So redete er mit sich selber; kam bald auf des Meyers Hügel, der nahe am Dorfe liegt.

Er sah die Mäurer an den großen Feldsteinen, die in der Ebne da herumliegen, arbeiten; denn es war noch nicht vollends sechs Uhr. Und er ergrimmte darüber bei sich selber.

Alles, alles, was ich anstelle und vornehme — alles, alles fehlt mir — alles — — alles wird an mir zum Schelmen — — Muß ich jetzt noch neben dem verdammten Joseph vorbeigehn — und schweigen — Nein, ich kanns nicht — neben ihm vorbeigehn und schweigen kann ich nicht — Ich will lieber hier warten, bis sie heimgehn —

Er setzt sich nieder; nach einer Weile steht er wieder auf und sagt: Ich will, ich kann ihnen auch hier nicht zusehen — ich will auf die andre Seite des Hügels gehn — O du verdammter Joseph —

Er steht auf, geht einige Schritte zurück hinter den Hügel und setzt sich wieder.

§ 68

Die untergehende Sonne und ein verlorner armer Tropf

Die Sonne ging jetzt eben unter und schien noch mit ihren letzten Strahlen auf die Seite der Anhöhe, auf der er eben saß. Um ihn her war das tiefere Feld und unten am Hügel alles schon im Schatten.

Sie ging aber herrlich und schön unter ohne Wind und ohne Gewölke, Gottes Sonne; und der Vogt, der in ihre letzten herrlichen Strahlen, die auf ihn fielen, hineinsah, sagte zu sich selber: Sie geht doch schön unter, und staunte gegen sie hin, bis sie hinter dem Berg war.

Jetzt ist alles im Schatten, und bald ist's Nacht. O mein Herz! Schatten, Nacht und Grausen ist um dich her; dir scheint keine Sonne. So mußte er zu sich selber sagen und wollte, oder er wollte nicht; denn der Gedanke schauerte ihm durch seine Seele, und er kirrete mit den Zähnen — anstatt hinzufallen und anzubeten den Herrn des Himmels, der die Sonne aus der Nacht wieder hervorruft — anstatt auf den Herrn zu hoffen, der aus dem Staub errettet und aus den Tiefen erlöst, knirschte er mit den Zähnen. Da schlug die Glocke in Bonnal sechs Uhr, und die Mäurer gingen vom Feld heim, und der Vogt folgete ihnen nach.

§ 69

Wie man sein muß,
wenn man mit den Leuten etwas ausrichten will

Die meisten Arbeiter des Mäurers hatten ihn schon an diesem ersten Abend, an dem sie bei ihm schafften, liebgewonnen. Er arbeitete die ganze Zeit mit ihnen wie sie, griff die schwersten Steine selber an, stund in Kot und Wasser, wo es nötig war, hinein wie ein anderer und noch vor ihnen. Er zeigte ihnen, da sie ganz ungeübt in dieser Arbeit waren, mit Liebe und Geduld ihr Art und Weise und ihre Vorteile und ließ auch gegen die Ungeschicktesten keine Ungeduld blicken; kein „du Narr, du Ochs" entfuhr ihm gegen einen Einzigen, ob er gleich hundertmal Anlaß und Gelegenheit dazu gehabt hätte.

Diese Geduld und diese bescheidene Sorgfalt des Meisters und sein Eifer, selber zu arbeiten, machten, daß alles sehr wohl vonstatten ging.

§ 70

Ein Mann, der ein Schelm ist und ein Dieb, handelt edelmütig, und des Mäurers Frau ist weise

Michel, als einer der Stärksten und Verständigsten, war den ganzen Abend an der Seite des Meisters und sah alle die herzliche Liebe und Güte, mit deren dieser auch gegen die Ungeschicktesten handelte, und Michel, der ein Schelm ist und ein Dieb, gewann den Lienhard lieb dieses geraden, redlichen Wesens wegen, und es ging Michel ans Herz; gegen diesen braven, rechtschaffenen Mann wollte er kein Schelm sein.

Aber dem Kriecher und dem frommen Marx ab der Reuti gefiel es schon nicht so wohl, daß er keinen Unterschied machte unter den Leuten und sogar auch mit dem Bösewicht, dem Michel, recht freundlich wäre. Auch Lenk schüttelte den Kopf wohl hundertmal und sprach bei sich selbst: Er ist ein Narr; nähm er Leute, die arbeiten können, wie ich und mein Bruder, er würde nicht halb soviel Mühe haben — Aber die mehrern, die er mit Liebe und Geduld zur Arbeit anführte, dankten ihm von Herzensgrunde, und hie und da stiegen stille Seufzer zum Vater der Menschen empor, der alle Geduld und alle Liebe, die ein Mensch seinem schwächern Bruder erweiset, lohnt und segnet.

Michel konnte die böse Abrede, die er am Samstag mit dem Vogt gemacht hatte, nicht länger auf seinem Herzen tragen und sagte im Heimgehn zu seinem Meister: Ich habe dir etwas zu sagen; ich will mit dir heimgehen; so komm denn, antwortete Lienhard.

Da ging er mit dem Meister in seine Hütte und erzählte ihm, wie der Vogt ihn am Samstag zu Schelmenstreichen gedungen und wie er ihm auf den schönen Handel zween Taler gegeben hätte. Lienhard erschrak; aber schwarz und grün war's der Gertrud vor den Augen über der Erzählung.

Das ist erschrecklich, sagte Lienhard. Ja, das ist wohl erschrecklich, erwiderte Gertrud.

Laß dich jetzt das nicht kümmern, ich bitte dich, Gertrud!

Laß dir das jetzt keine Mühe[1]) machen, ich bitte dich, Meister! sagte Michel — Seht, gegen euch versündige ich mich gewiß nicht; darauf könnt ihr zählen.

Lienhard. Ich danke dir, Michel! aber ich hab es doch an dem Vogt auch nicht verdient.

Michel. Er ist ein eingefleischter Teufel; die Hölle erfindet nicht, was er, wenn er auf Rache denkt und raset.

Lienhard. Es zittert alles an mir.

Gertrud. Beinahe ward mir ohnmächtig.

Michel. Seid doch nicht Kinder, alles hat ja ein Ende.

Gertrud und Lienhard (Beide auf einmal). Gott Lob! Gott Lob!

Michel. Seht, ihr habt jetzt das Ding, wie ihr nur wollt. Wenn ihr wollt, so will ich den Vogt auf dem Glauben lassen, daß ich ihm treu sei, und gerad morgen oder übermorgen vom Bau Geschirr wegnehmen und ins Vogts Haus tragen. Dann gehst du in aller Stille zu Arner, nimmst einen Gewaltsschein, alle Häuser durchsuchen zu dürfen; fängst bei des Vogts seinem an — dringst plötzlich in die Nebenkammer hinein, wo du es gewiß finden wirst; aber nimm das in acht: Du mußt plötzlich in dem Augenblick, in dem du den Gewaltschein zeigest, hineindringen, sonst ist es gefehlt. Sie sind imstande, sie nehmen es dir unter den Augen weg, steigen zum Fenster hinein oder legen es unter die Decke des Betts. Wenn du dann höflich bist und da nicht nachsuchst, so werden wir in einem schönen Handel sein. — Ich denke aber fast, es ist besser für dich, du schickst jemand anders; es ist kein Stück Arbeit für dich.

Lienhard. Nein, Michel! das Stück Arbeit würde mir gewiß nicht geraten.

Michel. Das ist gleichviel; ich will dir schon jemand finden, der diese Arbeit recht mache.

Gertrud. Michel! Ich denke, wir sollten Gott danken, daß wir von der Gefahr, die über uns schwebte, jetzt befreit sind, und nicht aus Rache dafür dem Vogt eine Falle legen.

Michel. Er verdient seinen Lohn; mache dir darüber kein Bedenken.

Gertrud. Was er verdiene oder nicht verdiene, das ist nicht unsere Sache zu urteilen; aber nicht Rache auszuüben, das ist unsere Sache und der einzige gerade Weg, den wir in diesem Falle gehn können.

Michel. Ich muß bekennen, du hast recht, Gertrud! und es ist viel, daß du dich so überwinden kannst; aber ja, du hast recht, er wird seinen Lohn schon finden; und überall los sein und nichts mit ihm zu tun haben, ist das beste. Ich will auch geradezu mit ihm brechen und ihm seine zween Taler zurückgeben; jetzt hab ich aber nur noch anderthalben. Er nimmt sie aus dem Sack, legt sie auf den Tisch, zählt sie und sagt dann weiter: Ich weiß jetzt nicht, ob ich ihm die anderthalben allein bringen oder ob ich auf den Wochenlohn warten will bis am Samstag, da ich dann alles beieinander haben werde.

Lienhard. Es macht mir gar nichts, dir den halben Taler jetzt voraus zu bezahlen.

Michel. Ich bin herzlich froh, wenn es sein kann, daß ich dieses Mannes noch heute loskomme. Ich trag es ihm noch in dieser Stunde ins Haus, wenn ich's habe. Meister! seit gestern beim H. Nachtmahl lag es mir schon schwer auf dem Herzen, daß ich ihm so böse Sachen versprochen hatte; auf den Abend kam noch dein Jonas und gab meinem Kinde sein Abendbrot — und auch das machte, daß es mir ans Herz ging, daß ich gegen dich ein Schelm sein wollte.

Ich habe dich nie recht gekannt und nie viel Umgang mit dir gehabt, Lienhard! aber heute habe ich gesehn, daß du mit Geduld und mit Liebe jedermann helfen und raten wolltest; und ich meinte, ich würde nicht selig sterben können, wenn ich einem so braven, treuen Menschen das Gute mit Bösem vergülte. (Er hat Tränen in den Augen.) Da seht ihr's, ob's mir nicht ernst ist.

Lienhard. Tue doch überall niemand nichts Böses mehr.

Michel. Will's Gott! will ich dir folgen.

Gertrud. Es wird dir dann gewiß auch überall wieder besser gehn.

Lienhard. Willst du noch diesen Abend zum Vogt gehn?
Michel. Ja, wenn ich kann.
Der Mäurer gibt ihm den halben Taler und sagt: Bring ihn doch nicht in Zorn.
Gertrud. Sag ihm doch nicht, daß wir etwas davon wissen.
Michel. Ich will so kurz sein, als ich kann; aber den Augenblick geh ich, so ist's bald vorüber. Behüt Gott, Gertrud! Ich danke dir, Lienhard! schlaft wohl.
Lienhard. Tu ihm auch also[2] behüt Gott, Michel! (Er geht ab.)

§ 71

Die Hauptauftritte nähern sich

Als der Vogt heimkam, traf er seine Frau allein in der Stube an. Er konnte also die Wut und den Zorn, den er den Tag über gesammelt hatte, nun ausleeren. Auf dem Feld, im Schloß und in Hirzau, da war's etwas anders. Unter den Leuten zeigt soeiner nicht leicht, wie's ihm ums Herz ist.

Ungeschickt wie ein Schäferbub, würde man sagen, würde ein Vogt sein, der das nicht könnte; und das hat man dem Hummel nie nachgeredet. Er konnte ganze Tage hinunterschlucken, Zorn und Neid und Haß und Gram, und immer lächeln und schwatzen und trinken; aber wenn er heimkam und zum Glück oder Unglück die Wohnstube leer fand, alsdann stieß er die Wut fürchterlich aus, die er unter den Leuten gesammelt hatte.

Seine Frau weinte in einer Ecke und sagte: Um Gottes willen! tue doch nicht so, mit diesem Rasen bringst du Arnern nur immer mehr auf. Er ruht nicht, bis du dich zum Ziel legst.[1]

Er wird nicht ruhen, ich mag tun, was ich will; er wird nicht ruhen, bis er mich zugrunde gerichtet haben wird. Ein Schelm, ein Dieb, ein Hund ist er; der Verfluchteste unter allen Verfluchten, sagte der Mann.

Und die Frau: Herr Jesus! Um Gottes willen! wie du redest, du bist von Sinnen.

Vogt. Hab ich nicht Ursache? Weißt du es nicht? Er nimmt mir das Wirtsrecht oder den Mantel innert vierzehn Tagen.

Vögtin. Ich weiß es; aber um Gottes willen! tue doch jetzt nicht so. Das ganze Dorf weiß es schon. Der Schloßschreiber hat's dem Weibel gesagt, und dieser hat's allerorten ausgekramt. Ich wußte nichts bis auf den Abend, da ich tränkte; da lachten die Leute auf beiden Seiten der Gasse vor allen Häusern, und die Margreth, die auch tränkte, nahm mich beiseits und sagte mir das Unglück. Und noch etwas: Hans Wüst hat die acht Gulden zurückgebracht. Woher kömmt jetzt dieser zu acht Gulden? Auch darhinter steckt Arner. Ach Gott! ach Gott! allenthalben droht ein Ungewitter — so sagte die Frau.

Wie ein Donnerschlag erschreckte das Wort, Hans Wüst hat die acht Gulden zurückgebracht, den Vogt. Er stund eine Weile, starrte mit halbgeöffnetem Mund die Frau an und sagte dann: Wo ist das Geld? Wo sind die acht Gulden? Die Frau stellt's in einem zerbrochenen Trinkglas auf den Tisch. Der Vogt starrt eine Weile das Geld an, zählt's nicht und sagt dann: Es ist nicht aus dem Schloß; der Junker gibt keine ungesönderten Sorten.
Vögtin. Ich bin froh, daß es nicht aus dem Schlosse ist.
Vogt. Es steckt doch etwas darhinter; du hättest es ihm nicht abnehmen sollen.
Vögtin. Warum das?
Vogt. Ich hätte ihn ausforschen mögen, woher er's habe.
Vögtin. Ich habe wohl daran gedacht; aber er wollte nicht warten, und ich glaube nicht, daß du etwas herausgebracht hättest. Er war so kurz und abgebrochen, als man nur sein kann.
Vogt. Es stürmt alles auf mich los; ich weiß nicht, wo mir der Kopf steht — Gib mir zu trinken (sie stellt ihm den Krug dar) — und er geht mit wilder Wut die Stube hinauf und hinunter, schnaufet, trinkt und redt mit sich selber: Ich will den Mäurer verderben, das ist das erste, so sein muß. Wenn's mich hundert Taler kostet — Der Michel muß ihn verderben; und dann will ich auch hinter den Markstein — so sagt er, und eben klopft Michel an. Wie im Schrecken juckt der Vogt zusammen, sagt: Wer ist da so spät in der Nacht? und eilt ans Fenster zu sehen.
Mach auf, Vogt! ruft Michel.

§ 72

Die letzte Hoffnung verläßt den Vogt

Wie mir der soeben recht kömmt! sagte der Vogt, eilt, öffnet die Türe, grüßt Micheln und sagt: Willkommen, Michel! Was bringst du guts Neues?
Michel. Nicht viel; ich will dir nur sagen —
Vogt. Du wirst nicht unter der Türe reden wollen? Ich gehe noch lange nicht schlafen. Komm in die Stube.
Michel. Ich muß wieder heim, Vogt! Ich will dir nur sagen, daß mich der Handel vom Samstag gereuet hat.
Vogt. Ja, bei Gott! das wäre soeben recht. Nein, der muß dich nicht gereuen. — Wenn's nicht genug ist, ich biete eher ein mehrers. Komm nur in die Stube. Es fehlt nicht, wir werden des Handels gewiß eins.
Michel. Um keinen Preis, Vogt! Da sind deine zween Taler.
Vogt. Ich nehme sie dir jetzt nicht ab, Michel! Treib nicht den Narren. Der Handel muß dir nicht schaden, und wenn dir die zween Taler zu wenig sind, so komm in die Stube.

Michel. Ich will weiter nichts hören, Vogt! da ist dein Geld!
Vogt. Bei Gott! ich nehme dir's jetzt nicht ab. Ich habe jetzt geschworen; du mußt mit mir in die Stube.
Michel. Das kann zuletzt wohl sein. (Er geht mit ihm.) Da bin ich nun in der Stube, und da ist dein Geld. (Er legt es auf den Tisch.) Und jetzt behüt Gott, Vogt! und hiemit kehrte er sich um und ging fort.

§ 73
Er macht sich an den Markstein

Der Vogt stund eine Weile stumm und sprachlos da, rollte seine Augen umher, schäumte zum Munde aus, zitterte, stampfte und rief dann: Frau! gib mir Brennt's; es muß sein, ich gehe.
Frau. Wohin, wohin willst du in der stockfinstern Nacht?
Vogt. Ich geh — ich geh und grabe den Stein aus; gib mir die Flasche.
Frau. Um Gottes willen! tue doch das nicht.
Vogt. Es muß sein, es muß sein; ich gehe.
Frau. Es ist stockfinster; es geht nach den Zwölfen, und in der Karwoche hat der Teufel sonst viel Gewalt.
Vogt. Hat er das Roß, so nehm er den Zaum auch. Gib mir die Flasche; ich gehe.
Schnell nimmt er Pickel und Schaufel und Karst auf die Achsel und eilt im tiefen Dunkel der Nacht auf den Berg, seinem Herrn den Markstein zu versetzen.
Rausch und Rache und Wut machten ihn kühn; doch wo er ein Scheinholz[1]) erblickte oder einen Hasen rauschen hörte, zitterte er, stand einen Augenblick still, und eilte dann wütend weiter, bis er endlich zum Markstein kam. Er griff jetzt schnell zur Arbeit, hackte und schaufelte umher.

§ 74
Die Nacht betrügt Besoffene und Schelmen, die in der Angst sind, am stärksten

Aber plötzlich erschreckt ihn ein Geräusche. Ein schwarzer Mann hinter dem Gesträuche kömmt auf ihn zu. Um den Mann ist's hell in der finstern Nacht, und Feuer brennt auf des Mannes Kopfe. Das ist der Teufel leibhaftig, sagt der Vogt, flieht, heult entsetzlich und läßt Karst und Pickel und Schaufel, den Hut und die leere Brenntsflasche dahinten.

Es war Christoph, der Hühnerträger von Arnheim, der Eier in Oberhofen, Lunkhofen, Hirzau und andern Orten aufgekauft hatte und nun auf seinem Heimweg begriffen war. Er trug auf seinem Korb das Fell einer schwarzen Ziege und hatte eine Laterne daran hängen, um den Weg im Finstern zu finden. Dieser Eierträger erkannte die Stimme des fliehenden Vogts; und da er dachte, daß er gewiß etwas Böses im Sinn hätte, ergrimmte er bei sich selber und sprach: Dem verfluchten Buben will ich's jetzt machen! er meint, ich sei der Teufel.

Schnell stellt er seinen Korb ab, nimmt Karst und Pickel und Schaufel und seinen mit Eisen beschlagenen Botenstock, bindet alles zusammen, schleppt es hinter sich her über den Felsweg hinunter, daß es fürchterlich rasselte, läuft so dem Vogt nach und ruft mit hohler heulender Stimme: Oh — Ah — Uh — Hummel — Oh — Ah — Uh — Du bist mein — Wa—art — Hu — Hummel — —

Der arme Vogt läuft, was er vermag, und schreit in seinem Laufen erbärmlich: Mordio — und helfio — Wächter! der Teufel nimmt mich.

Und der Hühnerträger immer hinten nach: Oh — Ah — Uh — Vo—ogt — — Wa—art — Vo—ogt! du bist mein — Vo—o—ogt —

§ 75

Das Dorf kömmt in Bewegung

Der Wächter im Dorf hörte das Laufen und Rufen vom Berge und verstund alle Worte; aber er fürchtete sich und klopfte einigen Nachbaren am Fenster an.

Steht doch auf, Nachbaren! sagt er zu ihnen, und hört, wie es am Berge geht. Es ist, als wenn der Teufel den Vogt nehmen wollte — hört doch, wie er Mordio und Helfio ruft! und er ist doch, weiß Gott! bei seiner Frau daheim; es ist keine zwo Stunden, ich hab ihn unter seinem Fenster gesehn.

Als ihrer etwan zehn beisammen waren, rieten sie, sie wollten alle miteinander mit dem Windlicht und mit Gewehr wohl versehen dem Geräusch entgegengehn; aber frisch Brot, den Psalter und das Testament mit in Sack nehmen, daß ihnen der Teufel nichts anhaben könne.

Die Männer gingen, hielten aber noch zuerst bei des Vogts Haus still, um zu sehn, ob er daheim wäre.

Die Vögtin wartete in Todesangst, wie's ihm auf dem Berg gehn möchte; und da sie den nächtlichen Lärm hörte und da die Männer mit den Windlichtern an ihrem Hause klopften, erschrak sie entsetzlich und rief ihnen: Herr Jesus! was wollt ihr?

Dein Mann soll herunterkommen, sagten die Männer.

Er ist nicht bei Hause; aber, Herr Jesus! was ist's doch, warum ihr da seid? sagte die Frau.

Und die Männer: Das ist eben schlimm, wenn er nicht daheim ist — Horch, wie er Mordio und Helfio schreit, als wenn der Teufel ihm nachliefe.

Die Frau läuft jetzt mit den Männern wie unsinnig fort. Der Wächter fragte sie unterwegs:

Was Teufels tut doch dein Mann jetzt noch auf dem Berg? Er war ja noch von ein paar Stunden bei Haus.

Sie antwortete kein Wort, sondern heulte entsetzlich.

Auch des Vogts Hund heulete an seiner Kette entsetzlich.

Als aber der Hühnerträger das Volk, so dem Vogt zu Hilfe eilte, sich nähern sah, und als er des Vogts Hund so fürchterlich heulen hörte, kehrte er um und ging so still und so geschwind, als er konnte, wieder den Berg hinauf zu seinem Korb, packte seine Beute auf und setzte dann seinen Weg fort.

Kunz aber, der mit des Vogts Frau einige Schritte voraus war, merkte, daß es eben nicht der Teufel sein möchte; faßt den heulenden Vogt ziemlich unsanft beim Arm und sagt ihm:

Was ist das? Warum tust du auch so, du Narr? O — — O — — laß mich — — O — — Teufel laß mich — — sagte der Vogt, der im Schrecken nichts sah und nichts hörte.

Du Narr! ich bin Kunz, dein Nachbar; und das ist deine Frau, sagte ihm dieser.

Die andern Männer sahn zuerst ziemlich behutsam umher, wo etwan der Teufel doch stecken möchte; und der mit dem Windlicht zündete¹) sorgfältig in die Höhe und auf den Boden und auf alle vier Seiten; es steckte auch ein jeder seine rechte Hand in den linken Sack zum neugebackenen Brot, zum Testament und zum Psalter — Da sich aber lange nichts zeigte, faßten sie nach und nach Mut, und einige wurden sogar munter und fingen an den Vogt zu fragen: Hat der Teufel dich mit den Klauen gekräuelt²) oder mit Füßen getreten, daß du so blutest?

Andre aber sprachen: Es ist jetzt nicht Zeit zu spotten; wir haben ja alle die erschreckliche Stimme gehört.

Kunz aber sagte: Und mir ahndet, ein Wilddieb oder ein Harzer³) habe den Vogt und uns alle geäffet. Als ich ihm nahekam, hörte das Geheul auf, und ein Mensch lief den Berg hinauf, was er konnte. Es hat mich tausendmal gereuet, daß ich ihm nicht nachgelaufen bin; und wir waren Narren, daß wir des Vogts Hund nicht mitgenommen haben.

Du bist ein Narr, Kunz! das war in Ewigkeit keine Menschenstimme. Es ging durch Leib und Seel; es drang durch Mark und Bein; und ein mit Eisen beladener Wagen rasselt nicht so auf der Bergstraße, wie das gerasselt hat.

Ich will euch nicht widersprechen, Nachbaren! Es schauerte mir auch, da ich's hörte. Aber doch lasse ich mir nicht ausreden, daß ich jemand wieder den Berg hinauflaufen gehört habe.

Meinst du, der Teufel könne nicht auch laufen, daß man ihn höre? sagten die Männer.

Der Vogt aber hörte von allem Gerede kein Wort. Und da er daheim war, bat er die Männer, daß sie doch diese Nacht bei ihm blieben; und sie blieben gar gern im Wirtshause.

§ 76

Der Pfarrer kömmt ins Wirtshaus

Indessen hatte der nächtliche Lärm alles im Dorfe aufgeweckt. Auch im Pfarrhause stund alles auf, denn man vermutete Unglück.

Und da der Pfarrer nachfragen ließ, was für ein Lärm sei, bekam er erschreckliche Berichte über den greulichen Vorfall.

Und der Pfarrer dachte: er wolle dieses Schrecken des Vogts, so dumm auch seine Ursache sei, benutzen und ging in der Nacht ins Wirtshaus.

Blitzschnell verschwanden die Weinkrüge von allen Tischen, da er kam.

Die Bauern stunden auf und sagten: Willkommen, wohlehrwürdiger Herr Pfarrer!

Der Pfarrer dankte und sagte den Nachbaren: Es ist brav, daß ihr, wenn ein Unglück begegnet, so bereit und dienstfertig seid.

Aber wollt ihr mich jetzt eine Weile bei dem Vogt allein lassen?

B a u e r n. Es ist unsere Schuldigkeit, wohlehrwürdiger Herr Pfarrer! Wir wünschen euch eine glückselige Nacht.

P f a r r e r. Ein gleiches, ihre Nachbaren! Aber ich muß euch noch bitten, daß ihr euch in acht nehmet, was ihr über diesen Vorfall erzählet. Es ist allemal unangenehm, wenn man groß Geschrei von einer Sache macht und wenn darnach herauskömmt, daß nichts an der Sache sei oder etwas ganz anders. Für jetzt weiß einmal noch niemand, was eigentlich begegnet ist, und ihr wisset doch, Nachbaren! die Nacht treugt.[1])

Es ist so — wohlehrwürdiger Herr Pfarrer! sagten die Bauern inner der Türe.

Und: er ist immer so ein Narr und will nichts glauben, sagten sie draußen.

§ 77

Seelsorgerarbeit

Der Pfarrer aber redte mit dem Vogt herzlich: Untervogt! ich habe vernommen, daß dir etwas begegnet ist, und ich bin da, dir mit Trost, so gut ich kann, an die Hand zu gehen. Sage mir aufrichtig, was ist dir eigentlich begegnet?

V o g t. Ich bin ein armer unglücklicher Tropf, der leidige Satan hat mich nehmen wollen.

P f a r r e r. Wieso, Vogt! wo ist dir das begegnet?

V o g t. Oben auf dem Berge.

P f a r r e r. Hast du denn wirklich jemand gesehen? Hat dich jemand angegriffen?

Vogt. Ich sah ihn — ich sah ihn, wie er auf mich zulief. — Es war ein großer schwarzer Mann, und er hatte Feuer auf seinem Kopfe — er ist mir nachgelaufen bis unten an den Berg.

Pfarrer. Warum blutest du am Kopf?

Vogt. Ich bin im Herunterlaufen gefallen.

Pfarrer. Es hat dich also niemand mit keiner Hand angerührt?

Vogt. Nein, aber gesehen hab ich ihn mit meinen Augen.

Pfarrer. Nun Vogt! wir wollen uns nicht dabei aufhalten. Ich kann nicht begreifen, was es eigentlich war. Es mag aber gewesen sein, was es will, so ist es gleichviel; denn Untervogt! es ist eine Ewigkeit, wo ohne einigen Zweifel die Gottlosen in seine Klauen fallen werden; und diese Ewigkeit und die Gefahr, nach deinem Tode in seine Klauen zu fallen, sollte dich bei deinem Alter und bei deinem Leben freilich unruhig und sorgenvoll machen.

Vogt. O Herr Pfarrer! ich weiß vor Sorgen und Unruhe nicht, was ich tue. Um Gottes willen! was kann, was soll ich machen, daß ich vom Teufel wieder los werde — bin ich nicht jetzt schon ganz in seiner Gewalt?

Pfarrer. Vogt! plage dich nicht mit Geschwätze und mit närrischen Worten. Du bist bei Sinn und Verstand und also ganz in deiner eigenen Gewalt; tue, was recht ist und was dir dein Gewissen sagt, daß du es Gott und Menschen schuldig seist. Du wirst alsdann bald merken, daß der Teufel keine Gewalt über dich hat.

Vogt. O Herr Pfarrer! was kann, was muß ich denn tun, daß ich bei Gott wieder zu Gnaden komme?

Pfarrer. Im Ernst deine Fehler bereuen, dich bessern und dein ungerechtes Gut wieder zurückgeben.

Vogt. Man glaubt, ich sei reich, Herr Pfarrer! aber ich bin's weiß Gott nicht!

Pfarrer. Das ist gleichviel, du hast des Rudis Matten mit Unrecht; und Wüst und Keibacher haben einen falschen Eid getan; ich weiß es, und ich werde nicht ruhen, bis der Rudi wieder zu dem Seinigen gelangt sein wird.

Vogt. O Herr Pfarrer! um Gottes willen! habt Mitleiden mit mir.

Pfarrer. Das beste Mitleiden, das man mit dir haben kann, ist dieses: wenn man dich dahin bringen kann, gegen Gott und Menschen zu tun, was du schuldig bist.

Vogt. Ich will ja tun, was ihr wollt, Herr Pfarrer!

Pfarrer. Willst du dem Rudi seine Matte wieder zurückgeben?

Vogt. Um Gottes willen! ja, Herr Pfarrer!

Pfarrer. Erkennest du also, daß du sie mit Unrecht besitzest?

Vogt. In Gottes Namen! ja, Herr Pfarrer! ich muß es bekennen; aber ich komme an den Bettelstab, wenn ich sie verliere.

Pfarrer. Vogt! es ist besser betteln, als armer Leute Gut unrechtmäßig vorenthalten.

Der Vogt seufzet.

Pfarrer. Aber was tatest du auch mitten in der Nacht auf dem Berg?

Vogt. Um Gottes willen! fragt mich doch das nicht, Herr Pfarrer! ich kann's, ich darf's nicht sagen; habt Mitleiden mit mir, ich bin sonst verloren.

Pfarrer. Ich will dir nicht zumuten, mir etwas zu offenbaren, das du nicht willst. Tust du es gern, so will ich dir raten wie ein Vater! willst du es nicht tun, in Gottes Namen! so ist es dann deine Schuld, wenn ich dir da, wo du es vielleicht am nötigsten hättest, nicht raten kann. Aber da ich ohne deinen Willen von allem, was du mir sagen wirst, nichts offenbaren werde, so kann ich doch nicht sehn, was du dabei gewinnest, wenn du mir etwas verschweigst.

Vogt. Aber werdet ihr gewiß nichts wider meinen Willen offenbar machen, es mag sein, was es will?

Pfarrer. Nein, gewiß nicht, Vogt!

Vogt. So will ich's euch in Gottes Namen sagen: Ich wollte dem Junker einen Markstein versetzen.

Pfarrer. Lieber Gott und mein Heiland! warum auch dem guten, lieben Junker?

Vogt. Ach! er wollte mir das Wirtshaus oder den Vogtsdienst nehmen; das brachte mich in Wut.

Pfarrer. Du bist doch ein unglücklicher Tropf, Vogt! er meinte es so wenig böse. Er hat dir noch einen Ersatz geben wollen, wenn du die Vogtsstelle freiwillig aufgeben würdest.

Vogt. Ist das auch wahr, Herr Pfarrer?

Pfarrer. Ja, Vogt! ich kann dir es für gewiß sagen, denn ich habe es aus seinem Munde; er hat am Samstag abend in seinem Berg gejagt, und ich hab ihn auf dem Weg vom Reutihof, wo ich bei der alten Frauen war, angetroffen; da hat er mir ausdrücklich gesagt: Der junge Meyer, den er zum Vogt machen wolle, müsse dir, damit du dich nicht zu beklagen habest, hundert Gulden jährlichen Ersatzes geben.

Vogt. Ach Gott! Herr Pfarrer! hätt' ich auch das gewußt, ich würde nicht in dieses Unglück gefallen sein.

Pfarrer. Man muß Gott vertrauen, auch wenn man noch nicht sieht, wo seine Vatergüte eigentlich hervorblicken will; und von einem guten Herrn muß man Gutes hoffen, auch wenn man noch nicht siehet, wie und worin er sein gutes Herz offenbaren will. Das macht, daß man ihm getreu und gewärtig bleibt und dardurch denn sein Herz in allen Fällen zum Mitleiden und zu aller Vatergüte offen findet.

Vogt. Ach Gott! wie ein unglücklicher Mann ich bin! Hätte ich nur auch die Hälfte von diesem gewußt.

Pfarrer. Das Geschehene ist jetzt nicht mehr zu ändern; aber was willst du jetzt tun, Vogt?

Vogt. Ich weiß es in Gottes Namen nicht; das Bekenntnis bringt mich um's Leben, Was meint ihr, Herr Pfarrer?

Pfarrer. Ich wiederhole, was ich dir eben gesagt habe. Ich will dir kein Bekenntnis zumuten; das, was ich sage, ist ein bloßer Rat — aber meine Meinung ist, der gerade Weg habe noch niemanden übel ausgeschlagen. Arner ist barmherzig, und du bist schuldig, tu jetzt, was du willst; aber ich würde es auf seine Barmherzigkeit ankommen lassen. Ich sehe wohl, daß der Schritt schwer ist;

aber es ist auch schwer, ihm den Fehler zu verschweigen, wenn du wahre Ruhe und Zufriedenheit für dein Herz suchest.

Der Vogt seufzet und redet nichts.

Der Pfarrer fährt fort und sagt wieder: Tue jetzt in Gottes Namen, was du willst, Vogt! ich will dir nichts zumuten; aber je mehr ich es überlege, desto mehr dünkt mich, du fahrest am besten, wenn du es auf Arners Barmherzigkeit ankommen lassest; denn ich muß dir doch auch sagen, es könne nicht anders sein, der Junker werde nachforschen, warum du in dieser späten Nachtzeit auf der Straße gewesen seist.

V o g t. Herr Jesus, Herr Pfarrer! was mir in Sinn kommt. Ich habe Pickel und Schaufel und Karst, und was weiß ich noch, beim Markstein gelassen, und er ist schon halb umgegraben; das kann alles ausbringen. Es übernimmt mich eine Angst und ein Schrecken von wegen des Pickels und des Karsts, daß es entsetzlich ist, Herr Pfarrer!

P f a r r e r. Wenn dich wegen dem armseligen Pickel und Karst, die man ja leicht heut noch vor Tag wegtragen und verbergen kann, eine solche Angst übernimmt, Vogt! so denke doch, wie tausend solche Umstände und Vorfälle begegnen werden und begegnen müssen, wenn du schweigest, die dir deine übrigen Tage noch alle zu Tagen der größten Unruhe und der bittersten fortdauernden Besorgnisse machen werden. — Ruhe für dein Herz wirst du nicht finden, Vogt! wenn du nicht bekennest.

V o g t. Und ich kann auch nicht bei Gott wieder zu Gnaden kommen, wenn ich schweige?

P f a r r e r. Vogt! wenn du das selber denkest und selber sorgest und fürchtest und doch wider die Stimme deines Gewissens, wider deine eigne Überzeugung schweigest, wie könnte es möglich sein, daß dieses Tun Gott gefallen und dir seine Gnade wiederbringen könnte?

V o g t. So muß ich's denn bekennen?

P f a r r e r. Gott wolle mit seiner Gnade bei dir sein, wenn du tust, was dein Gewissen dich heißet.

V o g t. Ich will es bekennen.

Und da er dieses gesagt hatte, betete der Pfarrer vor ihm also: Preis und Dank und Anbetung, Vater im Himmel! Du hast deine Hand gegen ihn ausgestreckt, und sie hat ihm Zorn und Entsetzen geschienen, die Hand deiner Erbarmung und Liebe! Aber sie hat sein Herz bewegt, daß er sich nicht mehr gegen die Stimme der Wahrheit verhärtet, wie er sich lange, lange vor ihr verhärtet hat.

Du, der du Schonung und Mitleiden und Gnade bist! Nimm das Opfer seines Bekenntnisses gnädig an und zeuch deine Hand nicht ab von ihm. Vollende das Werk deiner Erbarmung und laß ihn wieder deinen Sohn, deinen Begnadigten werden. O Vater im Himmel! der Menschen Leben auf Erden ist Irrtum und Sünde! darum bist du gnädig den armen Kindern der Menschen und verzeihest ihnen Übertretung und Sünde, wenn sie sich bessern.

Preis und Anbetung, Vater im Himmel! Du hast deine Hand gegen ihn ausgestreckt, daß er dich suche. Du wirst das Werk deiner Erbarmung vollenden, und er wird dich finden, lobpreisen deinen Namen und verkündigen deine Gnade unter seinen Brüdern.*)

Jetzt war der Vogt durch und durch bewegt; Tränen flossen von seinen Wangen. O Gott! Herr Pfarrer! ich will es bekennen und tun, was man will. Ich will Ruhe suchen für mein Herz und Gottes Erbarmen.

Der Pfarrer redete noch eine Weile mit ihm, tröstete ihn und ging dann wieder heim.

Es ging aber schon gegen fünf Uhr, da er heimkam.

Und er schrieb alsbald an Arner: Der Brief, den er gestern geschrieben, und der heutige lauten also:

§ 78

Zween Briefe vom Pfarrer, an Arner

Erster Brief

Hochedelgeborner, Gnädiger Herr!

Der Überbringer dieses, Hans Wüst, hat mir heut eine Sache geoffenbart, welche von einer Natur ist, daß ich nicht umhin konnte, ihm zu raten, sie Euer Gnaden als seinem Richter zu entdecken — Er hält nämlich in seinem Gewissen dafür, der Eid, den er und Keibacher vor zehn Jahren in der Sache zwischen dem Hübelrudi und dem Vogt geschworen haben, sei falsch. Es ist eine sehr traurige Geschichte, und es kommen dabei sehr bedenkliche Umstände von dem verstorbenen Schloßschreiber und von dem unglücklichen Vicari meines in Gott ruhenden Vorfahren ins Licht; und mir schauert vor aller Ärgernis, so dieses Bekenntnis hervorbringen kann. Ich danke aber wieder Gott, daß der Ärmste unter meinen vielen Armen, der gedrückte leidende Rudi, mit seiner schweren Haushaltung durch dieses Bekenntnis wieder zu dem Seinigen kommen könnte. Die täglich steigende Bosheit des Vogts und sein Mutwillen, der jetzt auch sogar die Feste nicht mehr schonet, machen mich glauben, die Zeit seiner Demütigung sei nahe. — Für den unglücklichen armen Wüst bitte ich demütig und dringend um alle Barmherzigkeit und um alle Gnade, welche die Pflichten der Gerechtigkeit dem menschenliebenden Herzen Euer Gnaden erlauben können.

Meine liebe Frau empfiehlt sich Ihrer edelmütigen Gemahlin und meine Kinder Ihren guten Fräuleins. Sie sagen tausendfachen Dank für die Blumenzwiebeln, mit denen Sie unsern Krautgarten verzieren wollen. Gewiß werden ihnen meine Kinder mit Fleiß abwarten; denn ihre Blumenfreude ist unbeschreiblich.

*) Der Verfasser will hier anzeigen, daß er bald auch die Geschichte von Hummels Gefangenschaft und Kirchenbuße liefern wolle.[1]

Erlauben Sie, Hochedelgeborner, gnädiger Herr! daß ich mit pflichtschuldiger Ergebenheit mich nenne

Euer Wohledelgebornen Gnaden

Bonnal, den 20. März 1780.

gehorsamsten Diener, Joachim Ernst, Pfr.

Zweiter Brief

Hochedelgeborner, Gnädiger Herr!

Seit gestern abends, da ich Euer Gnaden in beiliegend schon versiegeltem Schreiben den Vorfall mit dem Hans Wüst pflichtmäßig zu wissen tun wollte, hat die alles leitende weise Vorsehung meine Hoffnungen und meine Wünsche für den Rudi und meine Vermutungen gegen den Vogt auf eine mir jetzt noch unbegreifliche und unerklärbare Weise bestätigt.

Es entstund in der Nacht ein allgemeiner Lärm im Dorfe, der so groß war, daß ich Unglück vermutete. Ich ließ nachfragen, was es sei, und ich erhielt den Bericht: Der Teufel wolle den Vogt nehmen; er schreie erbärmlich droben am Berge um Hilfe, und alles Volk habe das erschreckliche Gerassel des ihm nachlaufenden Teufels gehört — Ich mußte ob diesem Berichte, Gott verzeih es mir, herzlich lachen. Es kamen aber immer mehr Leute, die alle den greulichen Vorfall bestätigten und zuletzt berichteten: Der Vogt sei wirklich mit den Männern, die ihm zu Hilfe geeilt wären, wieder heim; aber so erbärmlich vom leidigen Satan herumgeschleppt und zugerichtet worden, daß er wahrscheinlicherweise sterben werde.

Das alles war freilich keine War in meinen Kram; aber was machen? Man muß die Welt brauchen, wie sie ist, weil man sie nicht ändern kann.

Ich dachte, es mag nun gewesen sein, was es will, so ist der Vogt vielleicht jetzt weich; ich muß also die gelegene Zeit nicht versäumen, und ging deshalb sogleich zu ihm.

Ich fand ihn in einem erbärmlichen Zustande. Er glaubt steif und fest, der Teufel hab ihn nehmen wollen. Ich fragte zwar hin und her, um etwan auf eine Spur zu kommen; aber ich begreife noch nichts von allem. Nur soviel ist gewiß, daß ihn niemand angerührt hat und daß seine Verwundung am Kopf, die aber leicht ist, von einem Falle herrührt. — Auch hat der Teufel, sobald die Mannschaft anrückte, mit seinem Rasseln und Heulen nachgelassen — Aber es ist Zeit, zur Hauptsache zu kommen.

Der Vogt war gedemütigt und bekannte mir zwo abscheuliche Taten, die er mir freiwillig erlaubt, Euer Gnaden zu offenbaren.

Erstlich: Es sei wahr, was mir der Hans Wüst gestern geklagt hätte; nämlich: Er habe Ihren in Gott ruhenden Herrn Großvater in dem Handel mit dem Rudi irregeführt, und die Matte sei mit Unrecht in seiner Hand.

Zweitens: Er habe diese Nacht Euer Gnaden einen Markstein versetzen wollen und sei wirklich an dieser Arbeit gewesen, als ihm der erschreckliche Zufall begegnet sei.

Ich bitte Euer Gnaden demütig um Schonung und Barmherzigkeit auch für diesen unglücklichen Mann, der gottlob auch zur Demut und zur Reue zurückzukommen scheint.

Da sich die Umstände also seit gestern geändert haben, schick ich den Hans Wüst nicht mit seinem Brief, sondern ich sende beide durch Wilhelm Aebi, und ich erwarte, was Euer Gnaden hierin für fernere Befehle an mich werden gelangen lassen. Womit ich mit der vorzüglichsten Hochachtung verharre
           Euer Hochedelgebornen und Gnaden

Bonnal, den 21. März   gehorsamster Diener,
    1780.   Joachim Ernst, Pfr.

§ 79

Des Hühnerträgers Bericht

Wilhelm Aebi eilte nun mit den Briefen auf Arnburg; aber Christoph, der Hühnerträger, war früher im Schloß und erzählte dem Junker alles, was begegnet war, der Länge und der Breite nach.

Der Junker aber mußte auf seinem Lehnstuhl über die Geschichte, über das Schrecken des Vogts und über das Oh — Ah — Uh — des Hühnerträgers lachen, daß er den Bauch mit beiden Händen halten mußte.

Therese, seine Gemahlin, die im Nebengemach noch in der Ruhe war, hörte das laute Gelächter und das Oh — Ah — Uh — des Hühnerträgers und rief:

Karl! was ist das? Komm doch herein und sage mir, was es ist.

Da sagte der Junker zum Hühnerträger: Meine Frau will auch hören, wie du den Teufel vorstellen könntest; komm herein.

Und er ging mit dem Hühnerträger ins Schlafzimmer seiner Gemahlin.

Da erzählte dieser wieder: wie er den Vogt bis unten ins Feld verfolgt hätte — wie seine Nachbarn bei Dutzenden mit Spießen und Prügeln und Windlichtern dem armen Vogt zu Hilf gekommen wären, und wie er dann wieder still den Berg hinaufgeschlichen.

Therese und Karl lachten auf ihrem Bette wie Kinder und ließen den Hühnerträger, soviel er wollte, von dem köstlichen Wein des Junkers, der seit gestern noch da stund, trinken.*) Hingegen verbot ihm Arner, noch niemand kein Wort von der Sache zu erzählen.

*) Herr Jesus! was denkst du auch, Junker? Margrithe! gib doch Dienstenwein — würde freilich manche Gräfin gerufen haben.   A. d. V.

Alles zu seiner Zeit; wenn der Hühnerträger nur Hühner bringt, warum sollte man ihm vom besten Wein geben? Wer soll dann den schlechtern trinken? Aber in gewissen Fällen kann auch der Bürger tun und soll er tun, was der Graf mit Rechte seinen Mägden verbietet.   A. d. H.

Indessen langte Wilhelm Aebi mit des Pfarrers Briefen an.

Arner las sie, und die Geschichte des Hans Wüsts rührte ihn am meisten. Die Unvorsichtigkeit seines Großvaters und das Unglück des Rudis gingen ihm zu Herzen; aber die weise Handlungsart des Pfarrers freute ihn in der Seele.

Er gab die Briefe sogleich seiner Therese und sagte: Das ist doch ein herrlicher Mann, mein Pfarrer in Bonnal; menschenfreundlicher und sorgfältiger hätte er nicht handeln können.

Therese las die Briefe und sagte: Das ist eine erschreckliche Sache mit dem Wüst! Du mußt dem Rudi wieder zu dem Seinigen helfen. Säume doch nicht — und wenn der Vogt sich sträubt, die Matte zurückzugeben, so wirf ihn in alle Löcher. Er ist ein Satan, dem du nicht schonen mußt.

Ich will ihn aufknüpfen lassen, antwortete Arner.

Ach nein! du tötest niemand, erwiderte Therese.

Meinst du, Therese? sagte Karl und lächelte.

Ja, ich mein's, sagte Therese und küßte ihren Karl.

Du würdest mich nicht mehr küssen, glaub ich, wenn ich's täte, Therese! sagte Karl.

Und Therese lächelnd: Das denk ich.

Arner aber ging in sein Kabinett und antwortete dem Pfarrer.

§ 80

Des Junkers Antwortschreiben an den Pfarrer

Wohlehrwürdiger, lieber Herr Pfarrer!

Der Vorfall mit dem Vogt ist mir eine Stunde vor Ihrem Schreiben durch den Teufel selbst, der den Vogt den Berg hinabjagte, geoffenbart worden; und der ist mein lieber Hühnerträger, Christoph, den Sie wohl kennen. Ich erzähle Ihnen die ganze Geschichte, die recht lustig ist, noch heute; denn ich komme zu Ihnen und will wegen dem Markstein Gemeind halten lassen, und zugleich will ich mit meinen Bauern wegen ihrem Gespensterglauben jetzt eine Kömödie spielen — und Sie, mein lieber Herr Pfarrer, müssen auch mit mir in diese Komödie — Ich denke, Sie sind noch nicht in vielen gewesen, sonst würden Sie gewiß nicht so schüchtern, aber vielleicht auch nicht so herzgut und so zufrieden sein.

Ich sende Ihnen hier von meinem besten Wein zum herzlichen Gruß und Dank, daß Sie mir so redlich und brav geholfen haben, meines lieben Großvaters Fehler wiedergutzumachen.

Wir wollen diesen Abend zu seinem Andenken eins davon miteinander trinken. Mein lieber Herr Pfarrer! er war doch ein braver Mann, wenn die Schelmen schon so oft sein gutes Herz und sein Zutrauen gemißbraucht haben.

Ich danke Ihnen, mein lieber Herr Pfarrer! für Ihre Mühe und für Ihre Sorgfalt wegen dem Hübelrudi — Freilich will ich ihm helfen. Noch heute muß er mit meinem lieben Großvater wieder zufrieden werden und, will's Gott! in seinem Leben bei seinem Andenken nicht mehr trauern. Es tut mir in der Seele leid, daß er so unglücklich gewesen ist; und ich will, auf was Weise ich kann, dafür sorgen, daß der Mann für sein Leiden und für seinen Kummer mit Freude und Ruhe wieder erquickt werde. Wir sind gewiß schuldig, die Fehler unsrer Eltern wiedergutzumachen, soviel wir können und mögen. O es ist nicht recht, Herr Pfarrer! daß man behauptet, ein Richter sei nie in keiner Gefahr und sei nie keinen Ersatz schuldig. Ach Gott! Herr Pfarrer! wie wenig kennt man den Menschen, wenn man nicht einsieht, daß alle Richter eben durch Gefahr ihres Vermögens nicht nur zur Ehrlichkeit, sondern zur Sorgfalt und zur Anstrengung aller Aufmerksamkeit sollten bewogen und angehalten werden. — Aber was ich da vergebens schwatze.

Meine Frau und meine Kinder grüßen Ihre Geliebte alle herzlich und senden Ihren Töchtern noch eine Schachtel Blumenzeugs. Leben Sie wohl, mein lieber Herr Pfarrer! und stürmen Sie jetzt nicht so in allen Stuben herum, alles aufzuräumen und Würste und Schinken zu sieden, als ob ich vor lauter Hunger bei Ihnen einkehren wolle; sonst werde ich nicht wieder zu Ihnen kommen, so lieb Sie mir sind.

Ich danke Ihnen noch einmal, mein lieber Herr Pfarrer! und bin mit wahrer Zuneigung

Ihr

Arnburg, den 21. März 1780.
aufrichtiger Freund
K a r l A r n e r,
von Arnheim.

N. S. Soeben sagt mir meine Frau, sie wolle die Komödie mit dem Hünerträger auch sehn. Wir kommen Ihnen also alle mit den Kindern und mit dem großen Wagen auf den Hals.

§ 81

Ein guter Küher

Da Arner den Wilhelm fortgeschickt hatte, ging er in seinen Stall, wählte unter seinen fünfzig Kühen für den Hübelrudi eine aus und sagte zu seinem Küher[1]):

Futtere mir diese Kuh wohl und sag dem Buben, daß er sie nach Bonnal führe und in den Pfrundstall[2]) stelle, bis ich kommen werde.

Der Küher aber antwortete seinem Herrn: Herr! ich muß tun, was ihr mich heißt; aber es ist unter diesen fünfzigen allen keine, die mich so reuet. Sie ist noch so jung, so wohlgestalt und so schön; sie kömmt mit der Milch in die beste Zeit.

Du bist brav, Küher! daß dich die schöne Kuh reut.

Mich aber freut es, daß ich's getroffen habe — Ich suchte eben die Schönste — Sie kömmt in eines armen Mannes Stall, Küher! laß sie dich nicht reuen; sie wird ihn auch freuen.

K ü h e r. Ach Herr! es ist ewig schade um die Kuh — bei einem armen Mann wird sie abfallen, sie wird mager und häßlich werden. O Herr! wenn ich's vernehme, daß sie Mangel hat, ich lauf alle Tage auf Bonnal und bring ihr Salz und Brot alle Säcke voll.

J u n k e r. Du guter Küher! der Mann bekömmt eine schöne Matte und Futter genug für die Kuh.

K ü h e r. Nun, wenn es ihr nur auch wohlgeht, wenn sie doch fort muß.

J u n k e r. Sei nur zufrieden, Küher! Es soll ihr nicht fehlen.

Der Küher futterte die Kuh und seufzte bei sich selber, daß sein Herr die schönste im Stall wegschenkte. Er nahm auch sein Morgenbrot und Salz, gab alles dem Fleck³) und sagte dann zum Jungen:

Nimm deinen Sonntagsrock und ein sauberes Hemd, strehle dich und putze dir deine Schuhe, du mußt den Fleck nach Bonnal führen.

Und der Junge tat, was der Küher ihm sagte, und führte die Kuh ab.

Arner sann jetzt eine Weile still und ernsthaft dem Urteil nach, welches er über den Vogt fällen wollte. Wie ein Vater, wenn er seinen wilden, ausartenden Knaben einsperrt und züchtigt — nichts sucht als das Wohl seines Kindes — wie es dem Vater ans Herz geht, daß er strafen muß — wie er lieber verschonen und lieber belohnen würde; wie er seine Wehmut in seinen Strafen so väterlich äußert und durch seine Liebe mitten im Strafen seinen Kindern noch mehr als durch die Strafe selber ans Herz greift:

So, dacht' Arner, muß ich strafen, wenn ich will, daß meine Gerechtigkeitspflege Vaterhandlung gegen meine Angehörigen sei.

Und in diesen Gesinnungen faßte er sein Urteil gegen den Vogt ab.

Indessen hatten seine Gemahlin und seine Fräuleins geeilt, daß man früher als sonst zu Mittag äße.

§ 82

Ein Kutscher, dem seines Junkers Sohn lieb ist

Und der kleine Karl, der schon mehr als zehnmal den Kutscher gebeten hatte, daß er den Wagen schnell fertig halten sollte, lief noch vom Essen in Stall und rief: Wir haben geessen, Franz! spann an und fahr geschwind ans Schloßtor.

Du lügst, Junge! sie haben noch nicht geessen; man klingelt ja eben zum Tische, sagte Franz.

K a r l. Was sagst du, ich lüge? Das leid ich nicht, du alter Schnurrbart!

F r a n z. Wart, Bübchen! ich will dich Schnurrbarten lehren; darfür flechte ich den Pferden die Schwänze und das Halshaar und bind ich ihnen die Bänder und die Rosen ins Haar — dann geht es noch eine Stunde; und redst du ein Wort, so sag ich zum Papa: Der Herodes hat das Grimmen! sieh, wie er den Kopf schüttelt — dann läßt er die Rappen im Stall, nimmt den kleinen Wagen, und du mußt nicht mit.

K a r l. Nein, Franz! Hör doch auf und flechte die Schwänze nicht; nimm doch keine Bänder — Du bist mir lieb, Franz! und ich will dir nicht mehr Schnurrbart sagen.

F r a n z. Du mußt mich küssen, Karl! an meinen Bart mußt du mich küssen, sonst nehm ich die Bänder und flechte.

K a r l. Nein, nur doch das nicht, Franz!

F r a n z. Warum sagst du mir Schnurrbart? Du mußt mich küssen, sonst nehm ich die Bänder und fahre nicht mit den Rappen.

K a r l. Nun, wenn ich muß; aber du machst dann den Wagen doch geschwind fertig?

Da legte Franz den Roßstriegel ab, hub den jungen Junker in die Höhe, und dieser küßt' ihn.

Franz drückt' ihn herzlich und sagt: Auch recht, Bübli! eilte mit dem Wagen und fuhr bald vor das Schloßtor.

Da saß Arner mit seiner Gemahlin und mit seinen Kindern ein.

Und Karl bat den Papa: Darf ich doch zu Franz auf den Bock sitzen? es ist so eng und so warm im Wagen.

Meinetwegen, sagt Arner und ruft dem Franz: Hab gut Sorg zu ihm.

§ 83

Ein Edelmann bei seinen Arbeitsleuten

Und Franz fuhr mit seinen mutigen Rappen gut fort und war bald auf der Ebne bei Bonnal, wo die Männer Steine brachen.

Da stieg Arner aus dem Wagen, nach ihrer Arbeit zu sehn; und er traf die Arbeiter alle einen jeden an seinem schicklichen Platz an.

Und der Steine waren für die Zeit, in welcher sie gearbeitet hatten, schon viele beisammen.

Und Arner lobte die Ordnung und die gute Anstalt bei ihrer Arbeit, also daß auch die Einfältigsten merkten, daß es ihm nicht würde entgangen sein, wenn das geringste nicht in Ordnung oder nur zum Schein dargestellt worden wäre.

Das freute den Lienhard, denn er dachte: Es sieht jetzt ein jeder selbst, daß es nicht an mir steht, Unordnung und Liederlichkeit zu dulden.

Arner fragte auch den Meister, welches der Hübelrudi sei; und in eben dem Augenblick, da ihm der Mäurer ihn zeigte, wälzte der todblasse und sichtbarlich schwache Rudi einen sehr großen Stein mit dem Hebeisen aus seinem Nest. Schnell rief Arner: Überlüpft[1]) euch nicht, Nachbaren! und sorget, daß keiner unglücklich werde. Darauf befahl er noch dem Meister, ihnen einen Abendtrunk zu geben, und ging weiter gegen Bonnal.

§ 84

Ein Junker und ein Pfarrer, die beide ein gleich gutes Herz haben, kommen zusammen

Er sah bald den guten Pfarrer von ferne gegen ihn kommen.

Der Junker lief stark gegen dem Pfarrer und rief ihm zu: Sie haben sich doch in diesem Wetter nicht bemühen sollen; es ist nicht recht bei Ihren Beschwerden; und eilte dann heim mit ihm in seine Stube.

Und erzählte ihm die ganze Geschichte mit dem Hünerträger; dann sagte er: Ich habe ziemlich Geschäfte, Herr Pfarrer! ich will schnell daran, damit wir noch ein paar Stunden ruhig Freude miteinander haben können.

Jetzt sandte er auch zu dem jungen Meyer und ließ ihm sagen, daß er zu ihm komme, und sagte zum Pfarrer: Ich will vor allem des Vogts Rechnungen und Bücher versiegeln lassen; denn ich will wissen, mit wem er in Rechnung stehe; und er muß sie mit jedermann vor mir in Ordnung bringen.

P f a r r e r. Dadurch werden sie einen guten Teil Ihrer Angehörigen sehr nahe kennenlernen, gnädiger Herr!

J u n k e r. Und wie ich hoffe, auch Wege finden, vieler häuslicher Verwirrung in diesem Dorfe ein Ende zu machen; wenn ich bei diesem Anlasse jedermann deutlich und einleuchtend machen kann, wie sich die Leute unwiederbringlich verderben, wenn sie mit solchen Wucherern, wie der Vogt ist, nur um einen Kreuzer anbinden. Es dünkt mich, Herr Pfarrer! die Landesgesetze tun zu wenig, diesem Landsverderben zu steuern.

P f a r r e r. Keine Gesetzgebung kann das, gnädiger Herr! aber das Vaterherz eines Herrn.

§ 85

Des Junkers Herz gegen seinen fehlenden Vogt

Indessen kam der jüngere Meyer, und der Junker sagte zu ihm: Meyer! ich bin im Fall, meinen Vogt zu entsetzen; aber so sehr er sich verfehlt hat, bewegen mich doch einige Umstände, daß ich wünsche, ihm, solange er lebt, noch etwas vom Einkommen seines Dienstes zukommen zu lassen. Du bist ein wohlhabender

Mann, Meyer! und ich denke, wenn ich dich zum Vogt mache, du lassest dem alten Mann gern noch jährlich hundert Gulden vom Dienste zufließen.

Meyer. Wenn Sie mich zu diesem Dienste tüchtig finden, gnädiger Herr! so will ich mich hierin wie in allem andern nach Ihren Befehlen richten.

Junker. Nun, Meyer! so komme morgen zu mir auf Arnburg, ich will dann dieses Geschäft in Ordnung bringen. Jetzt will ich dir nur sagen: du müssest mit meinem Schreiber und mit dem Richter Aebi dem Hummel alle seine Schriften und seine Rechnungen besiegeln. Ihr habt genau nachzusehn, daß von allen Papieren und Rechnungen nichts unterschlagen werde.

Da gingen der Meyer und der Herrschaftsschreiber, nahmen noch den Richter Aebi mit sich und besiegelten des Vogts Schriften.

Die Vögtin aber ging mit einem nassen Schwamm gegen die gekreidete Wandtafel; aber der Meyer sah es, hinderte sie, etwas durchzustreichen, und ließ die gekreidete Tafel schnell abschreiben.

Und der Meyer, der Schreiber und der Richter Aebi verwunderten sich, als sie auf der Tafel fanden: samstags, den 18ten dieses, dem Joseph des Lienhards drei Taler an Geld — Wofür das? fragten der Meyer, der Schreiber und Aebi den Vogt und die Vögtin; aber sie wolltens nicht sagen. Und da die Männer mit der Abschrift der Wandtafel ins Pfarrhaus kamen, verwunderte sich der Junker ebenfalls über diese drei Taler und fragte die Männer: Wisset ihr, für was das war?

Es wollte niemand mit einer Antwort herausrücken, da wir fragten, antworteten die Männer.

Ich will es bald herausbringen, sagte der Junker. Wenn Flink und der Gefängniswächter da sein werden, so sagt ihnen: sie sollen den Vogt und den Hans Wüst hieherbringen.

§ 86

Der Pfarrer zeigt abermals sein gutes Herz

Der gute Pfarrer hatte das kaum gehört, so schlich er sich alsobald von der Gesellschaft weg ins Wirtshaus und sagte dem Vogt: Um Gottes willen! was ist das mit den drei Talern an Joseph? du machst dich doppelt unglücklich, wenn du's nicht sagst; der Junker ist zornig.

Da bekannte der Vogt dem Pfarrer mit Tränen alle Umstände mit Joseph und mit dem Gelde.

Und der Pfarrer eilte schnell wieder zu Arner und sagte ihm alles, und wie wehmütig der Vogt es ihm gestanden hätte. Er bat auch den Junker noch einmal um Gnad und Barmherzigkeit für den armen Mann.

Sorgen Sie nicht, Herr Pfarrer! Sie werden mich gewiß menschlich und mitleidend finden, sagte Arner.

Er ließ hierauf den Joseph gebunden und gefangen von der Arbeit wegnehmen und ihn mit dem Wüst und dem Vogt herbringen.

Der Vogt zitterte wie ein Laub der großblättrigten Aspe.[1]) Der Wüst schien in stiller Wehmut in sich selbst gekehrt und von Herzen geduldig.

Der Joseph aber knirschte mit den Zähnen und sagte zum Vogt: Du Donnersbub, du bist an allem schuldig!

Arner ließ die Gefangenen einen nach dem andern in die untere Stube des Pfarrhauses führen, wo er sie in Gegenwart des Meyers, des Aebis und des Weibels verhörte.

Und nachdem der Schreiber alle ihre Aussagen von Wort zu Wort niedergeschrieben und sie den Gefangenen wieder vorgelesen, diese sie auch von neuem wiederholt und bestätigt hatten, ließ er sie alle unter die Linde des Gemeindplatzes bringen und befahl, jetzt an die Gemeinde zu läuten.

§ 87

Vom guten Mut und von Gespenstern

Vorher ging der Junker noch ein paar Augenblicke in die obere Stube zum Pfarrer und sagte: Ich trinke noch eins, Herr Pfarrer! denn ich will gutes Muts sein an der Gemeinde; das muß man sein, wenn man den Leuten etwas beibringen will.

Nichts ist gewisser, sagte der Pfarrer.

Und der Junker nötigte ihn, auch eins zu trinken, und sagte: Wenn nur auch einmal die Geistlichen lernten so ganz ohne Umschweif und Zeremonie mit den Leuten umgehn, Herr Pfarrer! Sobald die Leute einen freudigen Mut, ein ungezwungenes offenes Wesen an einem sehn, so sind sie schon halb gewonnen.

Ach, Junker! sagte der Pfarrer, eben das, so gerade hin, mit gutem Mut, mit freudigem ungezwungenem Wesen mit den Leuten umgehen, daran werden wir auf tausenderlei Arten gehindert.

Junker. Das ist ein Unglück für Ihren Stand, Herr Pfarrer! das sehr weit langt.

Pfarrer. Sie haben ganz recht, Junker! Ungezwungener, treuherziger und offener sollte niemand mit den Leuten umgehn können als die Geistlichen. Sie sollten Volksmänner sein und dazu gebildet werden; sie sollten den Leuten in den Augen ansehn, was und wo sie reden und schweigen sollen. Ihre Worte sollten sie sparen wie Gold und sie hergeben wie nichts; so leicht, so treffend und so menschenfreundlich wie ihr Meister! Aber ach, sie bilden sich in andern Schulen, und man muß Geduld haben, Junker! es sind in allen Ständen noch gleichviel Hindernisse für die liebe Einfalt und für die Natur.

Junker. Es ist so; man kömmt in allen Ständen immer mehr von dem weg, was man eigentlich darin sein sollte; man muß oft und viel Zeit, in der man wichtige Pflichten seines Standes erfüllen sollte, mit Zeremonien und Komödien zubringen; und es sind wenige Menschen, die unter der Last der Etikettenformularen und Pedantereien das Gefühl ihrer Pflichten und das innere Wesen ihrer Bestimmung so rein erhalten, wie es Ihnen gelungen ist, mein lieber Herr Pfarrer! Aber an Ihrer Seite ist's mir Freude und Lust, die selige Bestimmung meiner Vaterwürde zu fühlen; auch will ich trachten, diese Bestimmung mit reinem Herzen zu erfüllen und wie Sie von allen Zeremonien und Gaukeleien, die man mit den Menschen spielt, nur das mitmachen, was ich muß.

Pfarrer. Sie beschämen mich, gnädiger Herr!

Junker. Ich fühle, was ich sage; aber es wird bald läuten. Ich sehne mich recht auf die Comödie an der Gemeind; diesmal, glaube ich, wolle ich ihnen etwas von ihrem Aberglauben austreiben.

Pfarrer. Gott gebe, daß es Ihnen gelinge. Dieser Aberglaube ist allem Guten, das man den Leuten beibringen will, immer soviel und so stark im Weg.

Junker. Ich fühle es auch an meinem Orte, wie oft und wieviel er sie in ihren Angelegenheiten dumm, furchtsam und verwirrt macht.

Pfarrer. Er gibt dem Kopf des Menschen einen krummen Schnitt, der alles, was er tut, redt und urteilt, verrückt; und was noch weit wichtiger ist, er verdirbt das Herz des Menschen und flößt ihm eine stolze und rohe Härte ein.

Junker. Ja, Herr Pfarrer! Man kann die reine Einfalt der Natur und die blinde Dummheit des Aberglaubens nie genug unterscheiden.

Pfarrer. Sie haben ganz recht, Junker! die unverdorbene Einfalt der Natur ist empfänglich für jeden Eindruck der Wahrheit und der Tugend; sie ist eine weiche Schreibtafel. Die Dummheit des Aberglaubens aber ist wie gegossenes Erz, keines Eindrucks fähig als durch Feuer und Flammen. Und ich will jetzt nur, Junker! da Sie von diesem Unterschiede, der mir in meinem Berufe so wichtig ist, angefangen haben, einen Augenblick davon fortschwatzen.

Junker. Ich bitte Sie darum, Herr Pfarrer! die Sache ist mir ebenso wichtig.

Pfarrer. Der Mensch in der unverdorbenen Einfalt seiner Natur weiß wenig; aber sein Wissen ist in Ordnung; seine Aufmerksamkeit ist fest und stark auf das gerichtet, was ihm verständlich und brauchbar ist; er bildet sich nichts darauf ein, etwas zu wissen, das er nicht versteht und nicht braucht. Die Dummheit des Aberglaubens aber hat keine Ordnung in ihrem Wissen; sie prahlt, das zu wissen, was sie nicht weiß und nicht versteht; sie maßet sich an, die Unordnung ihres Wissens sei göttliche Ordnung und der vergängliche Glanz ihrer Schaumblase sei göttliche Weisheit und göttliches Licht.

Die Einfalt und die Unschuld der Natur brauchen alle Sinnen, urteilen nicht unüberlegt, sehen alles ruhig und bedächtlich an, dulden Widerspruch, sorgen und eifern für Bedürfnis und nicht für Meinung und wandeln sanft und still und voll Liebe einher — Der Aberglaube aber setzt seine Meinung gegen seine Sinnen und gegen aller Menschen Sinnen; er findet nur Ruhe im Triumph seines Eigendünkels, und er stürmt damit unsanft und wild und hart durch sein ganzes Leben.

Den Menschen in seiner reinen Einfalt leiten sein unverdorbenes Herz, auf das er sich immer getrost verlassen kann, und seine Sinnen, die er mit Ruhe braucht. Den Abergläubigen aber leitet seine Meinung, welcher er sein Herz, seine Sinnen und oft Gott, Vaterland, seinen Nächsten und sich selbst aufopfert.

J u n k e r. Das zeigt die Geschichte auf allen Blättern, und auch ein kleines Maß von Erfahrung und von Weltkenntnis überzeugt einen jeden, daß Hartherzigkeit und Aberglaube immer gepaart gehn und daß sie nichts als schädliche und bittere Folgen mit sich führen.

P f a r r e r. Aus diesem wesentlichen Unterschied der Einfalt des guten unentwickelten Menschen und der Dummheit des Aberglaubens erhellet, Junker, daß das beste Mittel, gegen den Aberglauben zu wirken, dieses ist:

Den Wahrheitsunterricht in der Auferziehung des Volks auf das reine Gefühl der sanften und guten Unschuld und Liebe zu bauen, und die Kraft ihrer Aufmerksamkeit auf nahe Gegenstände zu lenken, die sie in ihren persönlichen Lagen interessieren.

J u n k e r. Ich begreife Sie, Herr Pfarrer! und ich finde wie Sie, daß dadurch Aberglauben und Vorurteil ihren Stachel, ihre innere Schädlichkeit, ihre Übereinstimmung mit den Leidenschaften und Begierden eines bösen Herzens und mit den grundlosen Grillen der armseligen Einbildung eines müßigen, spintisierenden Wissens verlieren würden.

Und so wäre der Rest der Vorurteile und des Aberglaubens nur noch totes Wort und Schatten der Sache ohne inneres Gift, und er würde dann von selbst fallen.

P f a r r e r. So seh ich es einmal an, Junker! Ordnung, nahe Gegenstände und die sanfte Entwicklung der Menschlichkeitstriebe müssen die Grundlagen des Volksunterrichts sein, weil sie unzweifelbar die Grundlagen der wahren menschlichen Weisheit sind.

Starke Aufmerksamkeit auf Meinungen und auf entfernte Gegenstände und schwache auf Licht und Tat und auf nahe Verhältnisse ist U n o r d n u n g im Wesen des menschlichen Geistes.

Sie pflanzet Unwissenheit in unsern wichtigsten Angelegenheiten und dumme Vorliebe für Wissen und Kenntnis, die uns nicht angehn.

Und Rohheit und Härte des Herzens sind die natürlichen Folgen alles Stolzes und aller Präsumptionen; daher denn offenbar die Quelle des innern Gifts des Aberglaubens und der Vorurteile darin zu suchen ist, daß beim Unterricht des Volks seine Aufmerksamkeit n i c h t f e s t u n d s t a r k a u f G e g e n s t ä n d e g e l e n k t w i r d, die seine P e r s o n a l - L a g e nahe und wichtig interessieren und sein Herz zu reiner sanfter Menschlichkeit in allen Umständen stimmen.

Täte man das mit Ernst und Eifer, wie man mit Ernst und Eifer Meinungen einprägt, so würde man den Aberglauben an seinen Wurzeln untergraben und ihm alle seine Macht rauben — Aber ich fühle täglich mehr, wie weit wir in dieser Arbeit noch zurück sind.

J u n k e r. Es ist in der Welt alles vergleichungsweis wahr oder nicht wahr. Es waren weit rohere Zeiten; Zeiten, wo man Gespenster glauben oder ein Ketzer sein mußte; Zeiten, wo man alte Frauen auf Verdacht und boshafte Klagen hin an der Folter fragen mußte, was sie mit dem Teufel gehabt, oder Gefahr lief, seine Rechte und seinen Gerichtstuhl zu verlieren.

P f a r r e r. Das ist gottlob vorbei; aber es ist noch viel des alten Sauerteigs übrig.

J u n k e r. Nur Mut gefaßt, Herr Pfarrer! es fällt ein Stein nach dem andern vom Tempel des Aberglaubens, wenn man nur auch so eifrig an Gottes Tempel aufbauete, als man an dem Tempel des Aberglaubens hinunterreißt.

P f a r r e r. Eben da fehlts, und eben das schwächt oder zernichtet meine Freude darüber, daß man gegen den Aberglauben arbeitet; weil ich sehe, daß alle diese Leute gar nicht bekümmert sind, das Heiligtum Gottes, die Religion, in ihrer Kraft und in ihrer Stärke auf der Erde zu erhalten.

J u n k e r. Es ist so; aber bei allen Revolutionen will man im Anfang das Kind mit dem Bad ausschütten. Man hatte recht, den Tempel des Herrn zu reinigen; aber man fühlet jetzo schon, daß man im Eifer seine Mauern zerstoßen hat, und man wird zurückkommen und die Mauern wieder aufbauen.

P f a r r e r. Ich hoffe es zu Gott und sehe es mit meinen Augen, daß man anfängt zu fühlen, daß die eingerissene Irreligiosität die menschliche Glückseligkeit unendlich untergräbt.

J u n k e r. Indessen müssen wir gehn, und ich will einmal auch heute gegen den Aberglauben stürmen und eure Gespensterkapelle zu Bonnal angreifen.

P f a r r e r. Möge es Ihnen gelingen. Ich habe es mit meinem Angreifen und mit meinem Predigen dagegen noch nicht weit gebracht.

J u n k e r. Ich wills nicht mit Worten versuchen, Herr Pfarrer! Mein Hühnerträger muß mit seinem Korb und mit seiner Laterne, mit seinem Karst und mit seinem Pickel mir überflüssige Worte sparen.

P f a r r e r. Ich glaube im Ernst, dieser werde es vortrefflich gut machen; denn es ist gewiß, wenn man solche Vorfälle wohl zu benutzen weiß, so richtet man dadurch in einem Augenblick mehr aus als mit allen Rednerkünsten in einem halben Jahrhundert.

§ 88

Von Gespenstern in einem andern Ton

Indessen waren die Bauern bald alle auf dem Gemeindplatz — Der gestrige Vorfall und das Gerücht von den Gefangenen war die Ursache, daß sie haufenweise herzueilten. Die erschreckliche Erscheinung des Teufels hatte sie innigst bewegt — und sie hatten von morgens frühe an schon geratschlagt, was unter diesen Umständen zu tun sei, und sich entschlossen, es nicht mehr zu dulden, daß der Pfarrer so ungläubig lehre und predige und alle Gespenster verlache. Sie rieten, sie wollen den Ehegaumer Hartknopf angehn, daß er dafür einen Vortrag mache an der Gemeinde, der junge Meyer aber widersetzte sich und sprach: Ich mag nicht, daß der alte Geizhund, der seine Kinder verhungern läßt und der allen schmutzigen Suppen nachläuft, für uns und für unsern Glauben reden soll; es ist uns eine ewige Schande, wenn wir den Heuchler anreden.

Die Bauern antworteten: Wir wissen wohl, daß er ein Heuchler und ein Geizhund ist; wir wissen auch, daß seine Dienstmagd ein Laster ist wie er und wie sie miteinander leben. Es ist wahr, es lügt keiner von uns allen so frech, und keiner pflügt dem andern, wie er, über die Mark, und keiner putzt in der Ernte beide Seiten der Furchen aus wie er; aber dann kann von uns auch keiner wie er mit einem Pfarrer reden oder eine geistliche Sache behaupten. Wenn du einen weißt, der's nur halb kann wie er und es tun will, so ist's gut; aber der Meyer wußte niemand.

Also redten die Männer den Ehegaumer an und sprachen: Du, Hartknopf! du bist der Mann, der einem Geistlichen Antwort geben kann wie keiner von uns allen; du mußt, wenn der Junker heute Gemeind halten wird, den Pfarrer verklagen wegen seines Unglaubens und einen Bettag begehren wegen der Erscheinung des leidigen Satans. Sie redten es aber dennoch nicht öffentlich mit ihm ab, sondern nur die Vornehmsten betrieben den Handel; denn der Pfarrer hatte unter den Armen viele Freunde, aber den größern Bauern war er desto verhaßter, besonders seitdem er sich in einer Morgenpredigt erklärt, es sei nicht recht, daß sie sich der Verteilung eines elenden Weidgangs[1]), welche der Junker zum Vorteil der Armen betreibe, widersetzten.

Der Ehegaumer Hartknopf aber nahm den Ruf an und sprach: Ihr berichtet mich zwar spät, doch will ich auf den Vortrag studieren; und er ging von den Bauern weg in sein Haus und studierte den Vortrag vom Morgen bis an den Abend, da es zur Gemeind läutete. Da aber jetzt die Verschwornen fast alle beieinander waren, wunderten sie sich, warum der Hartknopf nicht käme, und wußten nicht, wo es fehlte. Da sagte ihnen Nickel Spitz: Es fehlt wahrlich nirgends, als daß er wartet, bis ihr ihn abholet.

Was ist zu machen? sagten die Bauern, wir müssen dem Narren uns wohl unterziehen, sonst kömmt er nicht.

Und sie sandten drei Richter, ihn abzuholen; diese kamen dann bald wieder mit ihm zurück.

Und der Ehegaumer grüßte die Bauern so gravitätisch wie ein Pfarrer und versicherte die Vorgesetzten und Verschwornen, die um ihn herumstunden, leis und bedenklich, er habe nun den Vortrag studiert.

Indessen gab Arner dem Hünerträger zum Zeichen, wenn er ein großes, weißes Schnupftuch zum Sack herausziehe, so soll er dann kommen und ordentlich alles vortragen und tun, wie abgeredt sei.

Dann ging er mit dem Pfarrer und mit dem Schreiber an die Gemeinde.

Alles Volk stund auf und grüßte den gnädigen Herrn und den wohlehrwürdigen Herrn Pfarrer.

Arner dankte ihnen mit väterlicher Güte und sagte den Nachbaren, sie sollten sich auf ihre Bänke setzen, damit alles in der Ordnung gehe.

Therese aber und die Frau Pfarrerin, auch alle Kinder und Dienste[2]) aus dem Schloß und aus dem Pfarrhause stunden auf dem Kirchhof, von dem man geradehin auf den Gemeindplatz sehn konnte.

Arner ließ jetzt die Gefangenen einen nach dem andern vorführen und ihnen alles, was sie ausgesagt und bekannt hatten, öffentlich vorlesen.

Und nachdem sie vor der Gemeinde das Vorgelesene bestätigt hatten, befahl er dem Vogt, sein Urteil auf den Knien anzuhören.

Und redte ihn dann also an:

§ 89

Ein Urteil

Unglücklicher Mann!

Es tut mir von Herzen weh, dir in deinen alten Tagen die Strafen anzutun, die auf Verbrechen, wie die Deinigen sind, folgen müssen. Du hast den Tod verdient, nicht weil des Hübelrudis Matte oder mein Markstein eines Menschen Leben wert sind; sondern weil meineidige Taten und ein freches Räuberleben über ein Land grenzenlose Gefahren und Unglück bringen können.

Der meineidige Mann und der Räuber werden Mörder beim Anlaß und sind Mörder im vielfachen Sinn durch die Folgen der Verwirrung, des Verdachts, des Jammers und des Elends, das sie anrichten.

Darum hast du den Tod verdient. Ich schenke zwar wegen deinem Alter, und weil du einen Teil deiner Verbrechen gegen mich persönlich ausgeübt hast, dir das Leben. — Deine Strafe aber ist diese:

Du sollst noch heute in Begleitung aller Vorgesetzten, und wer sonst mitgehn will, zu meinem Markstein gebracht werden, um daselbst in Ketten alles wieder in den vorigen Stand zu stellen.

Hierauf sollst du in das Dorfgefängnis hier in Bonnal geführt werden; daselbst wird dein Herr Pfarrer ganzer vierzehn Tage deinen Lebenslauf von dir abfordern, damit man deutlich und klar finden könne, woher eigentlich diese große Ruchlosigkeit und diese Härte deines Herzens entsprungen sind. Und ich selbst werde alles Nötige vorkehren, den Umständen nachzuspüren, welche dich zu deinen Verbrechen verführt haben und welche auch andere von meinen Angehörigen in gleiches Unglück bringen könnten.

Am Sonntag über vierzehn Tage wird sodann der Herr Pfarrer öffentlich vor der ganzen Gemeinde die Geschichte deines Lebenswandels, deiner häuslichen Unordnung, deiner Hartherzigkeit, deiner Verdrehung aller Eide und Pflichten und deiner schönen Rechnungsart gegen Arme und Reiche umständlich, mit deinen eigenen Aussagen bekräftigt, vorlegen.

Und ich selbst will gegenwärtig sein und mit dem Herrn Pfarrer alles vorkehren, was nur möglich ist, meine Angehörigen in Zukunft vor solchen Gefahren sicherzustellen und ihnen gegen die Quellen und Grundursachen des vielen häuslichen Elends, das im Dorf ist, Hilfe und Rat zu schaffen.

Und hiemit wollte ich dich denn gern entlassen; und wenn meine Angehörigen sanft und wohlgezogen genug wären, der Wahrheit und dem, was ihr zeitliches und ewiges Heil betrifft, um ihrer selbst willen und nicht um der elenden Furcht vor rohen, grausamen und ekelhaften Strafen zu folgen; so würde ich dich hiemit wirklich entlassen; aber bei so vielen rohen, unbändigen und ungesitteten Leuten, die noch unter uns wohnen, ist's nötig, daß ich um d i e s e r   w i l l e n noch beifüge:

Der Scharfrichter werde dich morgen unter den Galgen von Bonnal führen, dir daselbst deine rechte Hand an einen Pfahl in die Höhe binden und deine drei ersten Finger mit unauslöschlicher schwarzer Farbe anstreichen.

Wobei aber mein ernster Wille ist, daß niemand mit Gespött oder mit Gelächter oder irgendeiniger Beschimpfung dir diese Stunde deines Leidens wider meinen Willen verbittere, sondern alles Volk ohne Geräusch und ohne Gerede still mit entblößtem Haupt zusehn soll.

Den Hans Wüst verurteilte der Junker zu achttägiger Gefängnisstrafe.

Und den Joseph, als einen Fremden, ließ er sogleich aus seinem Gebiet fortführen und ihm alle Arbeit und das fernere Betreten seines Bodens bei Zuchthausstrafe verbieten.

Indessen hatte des Pfarrers Gevatter, Hans Renold, ihm ganz in der Stille berichtet, was die Bauern mit dem Ehegaumer vorhätten und wie sie gewiß und unfehlbar ihn wegen seinem Unglauben angreifen würden.

Der Pfarrer dankte dem Renold und sagte ihm mit Lächeln: Er sollte ohne Sorgen sein, es werde so übel nicht ablaufen.

Das ist vortrefflich, sagte der Junker, dem es der Pfarrer gesagt hatte, daß sie das Spiel selber anfangen wollen; und indem er's sagte, stund der Ehegaumer auf und sprach:

§ 90

Vortrag Hartknopfs, des Ehegaumers

Gnädiger Herr!

Ist es auch erlaubt, im Namen der Bauern Eurer getreuen Gemeinde Bonnal etwas anzubringen, das eine Gewissenssache ist?

Arner antwortete: Ich will hören. Wer bist du? Was hast du?

Der Ehegaumer antwortete: Ich bin Jakob Christoph Friedrich Hartknopf, der Ehegaumer und Stillständer[1]) von Bonnal, meines Alters sechsundfünfzig Jahre.

Und die Vorgesetzten des Dorfs haben mich im Namen der Gemeind erbeten und erwählt, daß ich für sie, da sie einmal in geistlichen Sachen nicht erfahren und nicht beredt sind, etwas vorbringe.

Arner. Nun dann, Ehegaumer Hartknopf! zur Sache.

Da fing der Ehegaumer abermal an: Gnädiger Herr! Wir haben von unsern Alten einen Glauben, daß der Teufel und seine Gespenster dem Menschen oft und viel erscheinen; und da einmal jetzt auf heute²) offenbar geworden ist, daß unser alter Glaube an die Gespenster wahr ist, wie wir denn alle keinen Augenblick daran zweifelten, so haben wir in Gottes Namen die Freiheit nehmen müssen, unserm gnädigen Herrn anzuzeigen, daß einmal unser Herr Pfarrer, Gott verzeih's ihm, nicht dieses Glaubens ist. — Wir wissen auch wohl, daß selbst Euer Gnaden wegen den Gespenstern es mit dem Herrn Pfarrer halten — Da man aber in Sachen des Glaubens Gott mehr gehorsamen muß als den Menschen; so hoffen wir, Euer Gnaden werden es uns in Untertänigkeit verzeihen, wann wir bitten, daß der Herr Pfarrer in Zukunft wegen dem Teufel unsere Kinder auf unsern alten Glauben lehre und nichts mehr gegen die Gespenster rede, die wir glauben und glauben wollen. Auch wünschten wir, daß auf einen nahen Sonntag ein Fast-, Bet- und Bußtag gehalten werden möchte, damit wir alle die überhandnehmende Sünde des Unglaubens gegen die Gespenster im Staub und in der Asche gnädiglich und auf einen besonders dazu angesetzten Tag abbeten können.

Der Junker und der Pfarrer konnten freilich das Lachen schier gar nicht verbeißen, bis er fertig war; doch hörten sie ihm mit aller Geduld zu.

Die Bauern aber freuten sich in ihrem Herzen dieser Rede; und sie beschlossen, den teuren Mann zu Hunderten heimzubegleiten, da sie ihn nur zu Dreien abgeholt hatten. Auch stunden sie zu Dutzenden auf und sagten:

Gnädiger Herr! das wäre in Gottes Namen unser aller Meinung, was der Ehegaumer da sagt.

Den Armen aber und allen denen, welchen der Pfarrer lieb war, war es recht angst und bang für ihn; und da und dort sagte noch einer zum andern:

Wäre er doch nur auch nicht so unglücklich und glaubte auch, was andere Leute — er ist doch sonst auch so brav; aber diese durften nicht reden, so weh es ihnen tat, daß seine Feinde jetzt triumphierten.

§ 91

Des Junkers Antwort

Aber der Junker setzte den Hut auf, sah etwas ernsthaft umher und sagte: Nachbaren! Ihr brauchtet eben keinen Redner für diese Torheit — Die Sache selber und die Erscheinung des Teufels ist Irrtum; und euer Herr Pfarrer ist einer der verständigsten Geistlichen. Ihr solltet euch schämen, ihn so durch einen armen Tropf, wie euer Ehegaumer da ist, beschimpfen zu wollen. Hättet ihr gebührende Achtung für seine vernünftigen Lehren, so würdet ihr verständiger werden, euern alten Weiberglauben ablegen und nicht allen vernünftigen Leuten zum Trotze Meinungen beibehalten wollen, die weder Hände noch Füße haben.

Die Bauern redeten zu Dutzenden: Offenbar ist doch diese Nacht der Teufel dem Vogt erschienen und hat ihn nehmen wollen.

J u n k e r. Ihr seid im Irrtum, Nachbaren! und ihr werdet euch noch vor dem Nachtessen eurer Dummheit schämen müssen; aber ich hoffe, ihr seid doch auch nicht alle gleich verhärtet in eurer Torheit — Meyer! bist du auch der Meinung, man dürfe es gar nicht mehr in Zweifel ziehen, daß es wirklich der leidige Satan gewesen sei, der den Vogt auf dem Berg so erschreckt hat?

Der junge Meyer antwortete: Was weiß ich, gnädiger Herr!

Der Ehegaumer und viele Bauern ergrimmten über den Meyer, daß er also antwortete.

Und der Ehegaumer murrte hinter sich über die Bänke zu: Wie du auch wider Wissen und Gewissen redst, Meyer! — Viele Bauern aber sagten: Wir haben doch alle die erschreckliche Stimme des leidigen Satans gehört.

J u n k e r. Ich weiß wohl, daß ihr ein Geschrei, ein Gebrüll und ein Gerassel gehört habt; aber wie könnt ihr sagen, daß das der Teufel gewesen sei? Kann es nicht sein, daß ein Mensch oder mehrere den Vogt, der ziemlich zur Unzeit an diesem Ort war, habe erschrecken wollen? Der Wald ist nie leer von Leuten, und die Straße ist nahe, also daß es ebenso leicht Menschen können getan haben als der Teufel.

B a u e r n. Zehn und zwanzig Menschen könnten zusammen nicht so ein Geschrei machen; und wenn Sie da gewesen wären, gnädiger Herr! und es gehört hätten, es käme Ihnen nicht in Sinn, daß Menschen so brüllen könnten.

J u n k e r. Die Nacht treugt, Nachbaren! und wenn man einmal im Schrecken ist, so sieht und hört man alles doppelt.

B a u e r n. Es ist nicht von dem zu reden, daß wir uns irren; es ist nicht möglich.

J u n k e r. Ich aber sage euch: Es ist ganz gewiß, daß ihr euch irret.

B a u e r n. Nein, gnädiger Herr! es ist ganz gewiß, daß wir uns nicht irren.

J u n k e r. Ich meinte fast, ich könnte euch beweisen, daß ihr euch irret.

B a u e r n. Das möchten wir sehen, gnädiger Herr!

J u n k e r. Es könnte leicht etwas schwerer sein als dieses.

B a u e r n. Euer Gnaden scherzen.

J u n k e r. Nein, ich scherze nicht. Wenn ihr glaubet, ich könne es nicht, so will ich es versuchen und, wenn ihr die Gemeindweide teilen wollet, Wort halten und euch beweisen, daß ein einziger Mensch das Gebrüll und das Gerassel alles gemacht habe.

B a u e r n. Das ist nicht möglich.

J u n k e r. Wollt ihr es versuchen?

B a u e r n. Ja, Junker! wir wollen es. Wir dürften zwo Gemeindweiden an das setzen, nicht nur bloß eine, daß Sie das nicht können.

Hierauf entstund ein Gemurmel. Einige Bauern sagten unter sich: Man muß sich doch in acht nehmen, was man verspricht.

Andere Bauern auch unter sich: Er kann das so wenig beweisen, als daß der Teufel in Himmel kömmt.

Wieder andere Bauern auch unter sich: Wir haben nichts zu fürchten; er muß hinten abziehen. Wir wollen daran setzen; er kann's nicht beweisen.

B a u e r n (laut). Ja, Junker! wenn Ihr wollt Wort halten, so redet; wir sind's zufrieden; wenn Ihr das, was Ihr gesagt habt, daß ein Mensch das Gebrüll, so wir gestern gehört haben, gemacht habe; wenn Ihr das beweisen könnt, daß es bewiesen ist und bewiesen heißt, so wollen wir die Gemeindweide teilen; aber sonst gewiß nicht.

Der Junker nimmt ein großes weißes Schnupftuch, gibt dem Hühnerträger das Zeichen und sagt zu den Bauern: Nur eine Viertelstunde Bedenkzeit.

Diese lachten in allen Ecken, und etliche riefen: Bis morgen, Junker! wenn Ihr wollt.

Der Junker antwortete auf diese Grobheit kein Wort; aber die auf dem Kirchhof, als sie den Hühnerträger gegen dem Gemeindplatz anrücken sahn, lachten, was sie aus dem Halse vermochten.

Es träumte aber den Bauern vom Bösen, als sie das laute Gelächter hörten und den fremden Mann mit dem schwarzen Korb und mit der Laterne anrücken sahn.

Was ist das für ein Narr, am hellen Tag mit dem brennenden Licht? sagten die Bauern.

Arner antwortete: Es ist mein Hühnerträger von Arnheim, und rief ihm: Christoph! was willst du hier?

Ich habe etwas anzubringen, gnädiger Herr! antwortete Christoph.

Das magst du meinethalben, erwiderte Arner. Da stellte der Hühnerträger seinen Korb ab und sagte:

§ 92

Rede des Hühnerträgers an die Gemeinde

Gnädiger Herr! Wohlehrwürdiger Herr Pfarrer! und ihr Nachbaren!

Hier sind der Pickel, der Karst, die Schaufel, die Brenntsflasche, die Tabakspfeife und der große Wollhut euers Herrn Untervogts, das er alles in seinem Schrecken beim Markstein gelassen hat, als ich ihn heute von seiner schönen Arbeit weg den Berg hinunterjagte.

B a u e r n. Wir sollen jetzt glauben, du habest das Geschrei gemacht? Das glauben wir heut und morgen nicht — Junker! der Beweis ist nicht gut; wir bitten um einen andern.

J u n k e r. Wartet nur ein wenig; er hat ja eine Laterne bei sich, er kann euch vielleicht heiterer zünden[1]) — Und dann sehr laut und sehr ernsthaft: Still — wenn's euch lieb ist, bis er ausgeredet hat.

Die Bauern schwiegen gehorsamst.

Der Hühnerträger aber fährt fort: Ihr seid unhöflicher, als es im Land sonst der Gebrauch ist; warum laßt ihr mich nicht ausreden? Denkt an den Hühnerträger von Arnheim. Wenn ihr mich nicht ganz höret, so fehlts nicht, der künftige Kalender wird von euch voll sein; denn es ist kein Punkt und kein Tüpflein davon wahr, daß der Teufel dem Vogt erschienen ist. Ich hab' ihn erschreckt, ich, der Hühnerträger, so wie ich da steh, mit diesem Korb und mit diesem neuen, schwarzen Geißfell, das ich über meinen Korb hatte, weils gestern am Morgen noch regnete, und diese Laterne hatte ich vornen am Korb just so, wie ihr mich kommen sahet. Ich füllte sie in Hirzau wohl mit Öl, damit sie gut zünde; denn es war sehr dunkel, und der Weg ist bös, wie ihr wohl wißt, auf der Hirzauer Seite. — Um 11 Uhr war ich noch im Hirzauer Wirtshaus, das kann ich mit dem Wirt und wohl mit zehn Männern beweisen, die auch da waren. Als ich auf die Höhe vom Berg kam, schlug es eben 12 Uhr in Bonnal, und da hörte ich, wie der Vogt keinen halben Steinwurf weit von der Landstraße fluchte und arbeitete; und da ich ihn an seiner Stimme und an seinem Husten richtig erkannte, wunderte es mich, was er da schaffe in der Mitternachtsstunde. Ich dachte fast, er grabe Schätzen nach, und wenn ich eben recht komme, so werde er mit mir teilen — Ich ging also dem Geräusch nach — Aber es scheint, der Herr Untervogt habe gestern gegen seine Gewohnheit etwas mehr, als nötig ist, getrunken gehabt; denn er hielt mich armen sündigen Menschen, sobald er mich sah, für den leibhaftigen Teufel. Und da ich sah, daß er einen Markstein in unsers Herrn Wald versetzen wollte, dachte ich, nun er fürchtet doch, was er verdient, ich will ihm jetzt die Hölle warm machen. Ich band schnell Karst, Pickel und Schaufel und meinen Botenstock zusammen, schleppte das alles hinter mir her den Felsweg hinunter und rief dann, was ich aus dem Hals vermochte: Oh — Ah — Uh — Vo—ogt — Du bist mein, Hu—ummel — — und ich war nicht mehr einen Steinwurf weit von euch weg, als ihr mit euerm Windlicht langsam und still, dem Herrn Untervogt zu helfen, daherschlichet. Aber ich wollte die unschuldigen Männer nicht so wie den Vogt mit meinem Gebrüll gar in der Nähe erschrecken, hörte damit auf und stieg wieder mit meiner Beute bergan zu meinem Korb und ging den geraden Weg heim. Es war eine Viertelstunde nach zwei Uhr, da mich unser Wächter antraf und mich fragte: Was trägst du Bauerngeschirr auf deinem Eierkorb? Ich weiß nicht mehr, was ich ihm geantwortet habe, einmal die Wahrheit nicht; denn ich wollte schweigen, bis ich sie dem Junker erzählt hätte, welches ich heut schon vor sechs Uhr getan habe.

Und nun Nachbaren! wie könnt ihr jetzt finden, daß ich zu dieser Historie und zu diesem Geschirr am Morgen vor Tag gekommen sei, wenn das, was ich euch sage, nicht wahr ist?

Einige Bauern kratzten hinter den Ohren, einige lachten.

Der Hühnerträger fuhr fort: Wenn euch das wieder begegnet, Nachbaren! so will ich dem Wächter, den Vorgesetzten und einer ganzen ehrsamen Gemeinde in

Bonnal freundnachbarlich raten, tut ihm dann also: Laßt den größten Hund in euerm Dorf ab der Ketten, so werdet ihr den Teufel bald finden.

Der Hühnerträger schweigt.

Es erhebt sich ein allgemeines Gemurmel.

§ 93

Daß die Armen bei diesem Lustspiel gewinnen

Einige Bauern. Es ist bei Gott! wie er gesagt hat; es treffen alle Umstände ein.

Andere Bauern. Was wir auch für Narren waren!

Kunz. Nun, ich hab dem Schurken doch nachlaufen wollen.

Einige Vorgesetzten. Wenn wir nur die gemeine Weid[1]) nicht hineingezogen hätten.

Einige der Gemeinen. Hat er euch jetzt mit der Allmend?[2])

Die Reichen. Das ist verflucht!

Die Armen. Das ist gottlob!

Therese. Das Meisterstück ist die Gemeinweid.

Pfarrerin. Alles ist wahrlich ein Meisterstück.

Der Ehegaumer. Möchten die Steine Blut weinen; unser Glaube ist verloren. Elias! Elias! Feuer vom Himmel.

Die Kinder auf dem Kirchhof. Oh – Ah – Uh – du bist mein, Vogt!

Der Pfarrer. So sah ich noch nie ins Volk wirken.

Der Vogt. Träum' ich oder wach ich? Alles war Irrtum, und ich muß unter den Galgen – und ich kann nicht zürnen; es tobet keine Rache in mir, und ich muß unter den Galgen.

So redte ein jedes im allgemeinen Gemurmel seine Sprache nach seiner Empfindung.

Nach einer Weile stand Arner auf, lächelte gegen die Nachbaren und sagte: Wie ist's jetzt mit dem heiligen Bettag gegen die fürchterliche Erscheinung des Teufels auf dem Berg?

> Recht tun
> und Gott lieben
> und niemand fürchten,

das ist der einige, alte und wahre Glaube, und eure Erscheinungen und Gespenstergeschichten sind Dummheiten, die euch Kopf und Herz verderben.

Nun ist doch endlich die Verteilung euers elenden Weidgangs zustandegekommen, und ihr werdet in kurzen Jahren sehn, wie das euch für Kinder und Kindskinder so nützlich und so gut ausschlagen wird und wie ich Ursach hatte, diese Sache so eifrig zu wünschen.

Ich habe befohlen, daß man euch einen Trunk auf das Gemeindhaus bringen soll. Trinkt ihn auf mein Wohlsein und auf das Wohlsein eurer vielen Armen, die bei eurer Waidteilung nichts mehr bekommen als ihr andern; aber für die es darum ein Glück ist, weil sie sonst nichts haben. Weiß doch keiner von euch, wie es seinen Kindern und Kindskindern noch gehn wird.

Da entließ Arner die Gemeinde und rief dann dem Hübelrudi, daß er nach einer Viertelstunde zu ihm ins Pfarrhaus kommen soll.

Und dann gingen der Junker und der Pfarrer zu den Frauen auf den Kirchhof und von da mit ihnen ins Pfarrhaus.

Der Pfarrer aber lobte Arnern für die Weisheit und die Menschlichkeit, mit welcher er an seinen lieben Pfarrkindern gehandelt habe, und sagte zu ihm: Ich werde Sie nie weiter weder um Schonung noch um Mitleiden gegen jemand bitten, denn Ihr Vaterherz ist wahrlich über meine Bitten und über meine Lehren erhaben.

§ 94

Der Junker dankt dem Pfarrer

Der Junker aber antwortete dem Pfarrer: Ich bitte Euch, beschämt mich nicht. Ich gehe so in Einfalt meine Wege und bin noch jung; will's Gott! werde ich's noch besser lernen. Mich freut es herzlich, wenn Ihr mit meinem Urteil zufrieden seid; aber Ihr müßt nicht glauben, daß ich nicht wisse, daß Ihr weit mehr getan habt als ich und daß Eure Sorgfalt und Eure Güte alles so in Ordnung gebracht haben, daß mir nichts übrig geblieben ist, als das Urteil zu fällen.

P f a r r e r. Gnädiger Herr! Sie gehn zu weit mit Ihrer Güte.

J u n k e r. Nein, Freund! es ist nichts, als was wahr ist; und ich wäre undankbar und unbillig, wenn ich's nicht erkennete. Ihr habt mit vieler Mühe und mit vieler Klugheit Euch bestrebt, meines lieben Großvaters unvorsichtiges Urteil aufzudecken und seinen Folgen ein Ende zu machen. Es wird den ehrlichen guten Mann im Himmel freuen, was Ihr getan habt, und daß das schlimme Ding endlich wieder gut worden ist; und gewiß würde er es mir nicht verzeihen, Herr Pfarrer! wenn ich diese Eure Handlung unbelohnt ließe. Nehmt den kleinen Zehnten, den ich in Euerm Dorfe verpachtet habe, zum Zeichen meines Dankes an.

Und hiemit gab er ihm die gesiegelte Urkunde, die in den dankvollsten Ausdrücken abgefaßt war, in die Hand.

Therese stund an der Seite Arners und steckte dem Pfarrer den schönsten Blumenstrauß, der je in einem Pfarrhaus gesehen worden war, in seine Hand.

Das ist zum Andenken des besten Großvaters, Herr Pfarrer! sagte sie. Und erst am Morgen darauf fand die Frau Pfarrerin, daß der Strauß mit einer Schnur Perlen eingebunden war.

Der gute Pfarrer war übernommen, hatte Tränen in den Augen, konnte aber nicht reden — Machen Sie keine Worte, sagte der Junker.

Ihr Herz wäre eines Fürstentums würdig, sagte endlich der Pfarrer.

Beschämt mich nicht, lieber Herr Pfarrer! antwortete der Junker — Seid mein Freund! Hand in Hand wollen wir schlagen, unsere Leute so glücklich zu machen, als wir können. Ich will Sie in Zukunft mehr sehen, Herr Pfarrer! Und, nicht wahr, Sie kommen auch mehr zu mir — mein Wagen stehet Ihnen zu Diensten. Nehmet ihn doch auch ohne Kompliment an, wenn Ihr zu mir kommen wollt.

§ 95

Der Junker bittet einen armen Mann, dem sein Großvater Unrecht getan hatte, um Verzeihung

Indessen kam der Hübelrudi, und der Junker streckte dem armen Mann die Hand dar und sagte: Rudi! mein Großvater hat dir Unrecht getan und dir deine Matte abgesprochen. Das war ein Unglück; der gute Herr ist betrogen worden. Du mußt ihm das verzeihen und nicht nachtragen.

Der Rudi aber antwortete: Ach Gott, Junker! ich wußte wohl, daß er nicht schuld war.

Warest du nicht böse auf ihn? sagte der Junker.

Und der Rudi: Es tat mir freilich bei meiner Armut und insonderheit im Anfange oft schmerzlich weh, daß ich die Matte nicht mehr hätte; aber gegen meinen gnädigen Herrn habe ich gewiß nie gezörnt.

Junker. Ist das auch aufrichtig wahr, Rudi?

Rudi. Ja, gewiß, gnädiger Herr! Gott weiß es, daß es wahr ist und daß ich nie gegen ihn hätte zörnen können; ich wußte in meiner Seele wohl, daß er nicht schuld war. Was wollte er machen, da der Vogt falsche Zeugen fand, die einen Eid gegen mich taten? Der gute alte gnädige Herr hat mir hernach, wo er mich sah, Almosen gegeben; und auf alle Feste sandte er mir in meinem Elend allemal Fleisch, Wein und Brot — daß ihm's Gott lohne, dem alten lieben gnädigen Herrn! wie oft er meine arme Haushaltung erquickt hat.

Der Rudi hatte Tränen in den Augen und sagte dann weiters: Ach Gott, Junker! wenn er nur auch so allein mit uns geredt hätte wie ihr, es wäre vieles, vieles nicht begegnet; aber die Blutsauger waren immer, immer, wo man ihn sah, um ihn her und verdrehten alles.

Junker. Du mußt jetzt das vergessen, Rudi! die Matte ist wieder dein; ich habe den Vogt in dem Protokoll durchstreichen lassen, und ich wünsche dir von Herzen Glück dazu, Rudi!

Der Rudi zittert — stammelt — Ich kann euch nicht danken, gnädiger Herr!

Der Junker antwortet: Du hast mir nichts zu danken, Rudi! die Matten ist von Gott und Rechts wegen dein.

Jetzt schlägt der Rudi die Hände zusammen, weint laut und sagt dann: O! meiner Mutter Segen ist über mir! Schluchzet dann wieder und sagt: Gnädiger Herr! sie ist am Freitag gestorben und hat, ehe sie starb, zu mir gesagt: Es wird dir wohlgehen, Rudi! denk an mich, Rudi! — O wie sie mich reut, Junker! meine liebe Mutter!

Der Junker und der Pfarrer hatten Tränen in den Augen, und der Junker sagte: Du guter frommer Rudi! Gottes Segen ist wohl bei dir, da du so fromm bist.

Es ist der Mutter Segen — Ach! der besten, frömmsten, geduldigsten Mutter Segen ist es, Junker! sagte der Rudi und weinte fort.

Wie mich der Mann dauert, Herr Pfarrer! daß er so lange das Seinige hat entbehren müssen, sagte der Junker zum Pfarrer.

Es ist jetzt überstanden, Junker! sagte der Rudi, und Leiden und Elend sind Gottes Segen, wenn sie überstanden sind. Aber ich kann euch nicht genug danken für alles, für die Arbeit an der Kirche, die meine Mutter an ihrem Todestage noch erquickt und getröstet hat, und dann für die Matte; ich weiß nicht, was ich sagen noch was ich tun soll, Junker! Ach, wenn nur auch sie, wenn nur auch sie das noch erlebt hätte!

J u n k e r. Frommer Mann! sie wird sich deines Wohlstands auch noch in der Ewigkeit freuen; deine Wehmut und deine fromme Liebe ist mir so zu Herzen gegangen, daß ich fast vergessen hätte, daß der Vogt dir auch noch die Nützung deines Guts und deine Kosten zu vergüten schuldig sei.

P f a r r e r. Hierüber muß ich doch, gnädiger Herr! dem Rudi etwas vorstellen — der Vogt ist in sehr klammen[1]) Umständen. — Er ist dir freilich die Nützung und die Kosten schuldig, Rudi! aber ich weiß, du hast soviel Mitleiden, daß du mit ihm nicht genau rechnen und ihn in seinen alten Tagen nicht ganz an Bettelstab bringen wirst. Ich habe ihm in seinen traurigen Umständen versprochen, soviel ich könne, für ihn um Barmherzigkeit und um Mitleiden zu bitten, und ich muß es also auch gegen dich tun, Rudi! Erbarme dich seiner in seinem Elend.

§ 96

Reine Herzensgüte eines armen Mannes gegen seinen Feind

R u d i. Von der Nützung ist gar nicht zu reden, wohlehrwürdiger Herr Pfarrer! Und wenn der Vogt arm wird, ich will mich nicht rühmen, aber ich will gewiß auch tun, was recht ist.

Seht, Herr Pfarrer! die Matte trägt wohl mehr als für drei Kühe Futter; und wenn ich zwo halten kann, so habe ich weiß Gott genug, mehr als ich hätte wünschen dürfen, und ich will von Herzen gern den Vogt, solang er lebt, alle Jahre für eine Kuh Heu darab nehmen lassen.

Pfarrer. Das ist sehr christlich und brav, Rudi! der liebe Gott wird dir das Übrige segnen.
Arner. Das ist wohl recht und schön, Herr Pfarrer! aber man muß den guten Mann jetzt beileibe nicht beim Wort nehmen; er ist von seiner Freude übernommen. Rudi! ich lobe dein Anerbieten, aber du mußt das Ding ein paar Tage ruhig überlegen; es ist dann noch Zeit, so etwas zu versprechen, wenn du sicher bist, daß es dich nicht mehr gereuen werde.
Rudi. Ich bin ein armer Mann, gnädiger Herr! aber gewiß nicht so, daß mich etwas Ehrliches gereuen sollte, wenn ich's versprochen habe.
Pfarrer. Der Junker hat recht, Rudi! es ist für einmal genug, wenn du dir eben nicht viel für die Nützung versprichst. Wenn sodann der Vogt doch in Mangel kommen sollte und du die Sache bei dir selber genugsam überlegt haben wirst, so kannst du ja immer noch tun, was du willst.
Rudi. Ja gewiß, Herr Pfarrer! will ich tun, was ich gesagt habe, wenn der Vogt arm wird.
Junker. Nun, Rudi! ich möchte gern, daß du heute recht freudig und wohl zumute wärest. Willst du gern hier bei uns ein Glas Wein trinken, oder gehst du lieber heim zu deinen Kindern? Ich habe dafür gesorgt, daß du ein gutes Abendessen daheim findest.
Rudi. Ihr seid auch gar zu gütig, gnädiger Herr! aber ich sollte heim zu meinen Kindern gehn, ich habe niemand bei ihnen. Ach! meine Frau liegt im Grabe — und jetzt meine Mutter auch!
Junker. Nun, so gehe in Gottes Namen heim zu deinen Kindern — Unten im Pfrundstall ist eine Kuhe, die ich dir schenke, damit du wieder mit meinem lieben Großvater, der dir Unrecht getan hat, zufrieden werdest und damit du dich heute mit deinen Kindern seines Andenkens freuest — Ich habe auch befohlen, daß man ein großes Fuder Heu ab des Vogts Bühne lade, denn es ist dein; du wirst das Fuder gerade jetzt bei deinem Haus finden; und wenn dein Stall oder dein Haus baufällig sind, so kannst du das nötige Holz in meinem Wald fällen lassen.

§ 97

Seine Dankbarkeit gegen seinen edeln Herrn

Der Rudi wußte nicht, was er sagen wollte, so hatte ihn dieses alles übernommen.
Und diese Verwirrung des Mannes, der kein Wort hervorbringen konnte, freuete Arnern mehr, als keine Danksagung ihn hätte freuen können.
Der Rudi stammelte zuletzt einige Worte von Dank. Arner unterbrach ihn und sagte lächelnd: Ich sehe wohl, daß du dankest, Rudi! bietet ihm sodann noch einmal seine Hand und sagt weiter: Gehe jetzt, Rudi! fahre mit deiner

Kuhe heim und zähle darauf, wenn ich dir oder deiner Haushaltung euer Leben versüßen kann, so wird es mich immer freuen, es zu tun.
Da ging der Rudi von Arnern weg und führte die Kuhe heim.

§ 98

Auftritte, die ans Herz gehen sollen

Der Pfarrer, die Frauen und die Töchter, gerührt von diesem Auftritte, hatten Tränen in den Augen, und alles schwieg eine Weile still, da der Mann fort war.
Hierauf sagte Therese: Was das für ein Abend war, Junker! Gottes Erdboden ist schön, und die ganze Natur bietet uns allenthalben Wonne und Lust an — Aber das Entzücken der Menschlichkeit ist größer als alle Schönheit der Erde. — Ja wahrlich, Geliebte! sie ist größer als alle Schönheit der Erde, sagte der Junker.
Und der Pfarrer: Meine Tränen danken Ihnen, Junker! für alle herrlichen Auftritte, die Sie uns vor Augen gebracht haben. In meinem Leben, Junker! empfand ich die innere Größe des menschlichen Herzens nie reiner und edler als bei dem Tun dieses Mannes — Aber, Junker! man muß, man muß in Gottes Namen die reine Höhe des menschlichen Herzens beim armen Verlassenen und Elenden suchen.
Die Frau Pfarrerin aber drückte die Kinder, die alle Tränen in ihren Augen hatten, an ihre Brust, redete nichts, lehnte ihr Angesicht hinab auf die Kinder und weinte wie sie.
Nach einer Weile sagten die Kinder zu ihr: Wir wollen doch heute noch zu seinen armen Kindern gehn, schicket doch unser Abendessen dahin.
Und die Frau Pfarrerin sagte zu Arners Gemahlin: Gefällt's Ihnen, so gehen wir mit unsern Kindern.
Sehr gerne, antwortete Therese. Und auch der Junker und der Pfarrer sagten, sie wollten mitgehn.
Arner hatte ein gebratenes Kalbsviertel in seinem Wagen*) mitgebracht für die arme Haushaltung — und die Frau Pfarrerin hatte eine gute, dicke, fette Suppe dazu kochen lassen, und sie hatte eben alles abschicken wollen — jetzt aber stellte sie noch das Abendessen für sie und die Kinder dazu, und Claus trug alles in die Hütte des armen Manns. Alles Volk aus dem Dorf, Jung und Alt, Weib und Mann, und alle Kinder aus der Schul stunden bei des Rudis Hütten und bei dem Heuwagen und bei der schönen Kuhe.
Einen Augenblick nur hinter dem Claus kamen der Junker und seine Gemahlin, die Frau Pfarrerin und alle Kinder auch in die Stube und fanden — und

---

*) Verzeihet, ihr bürgerlichen Töchter! die ihr vermutet, daß es im Wagen gestunken habe.

fanden — und sahen — im ganzen Hause nichts als halbnackende Kinder — serbende — Hunger und Mangel atmende Geschöpfe.

Das ging Arner von neuem ans Herz, was die Unvorsichtigkeit und die Schwäche eines Richters für Elend erzeugen.

Alles, alles war vom Elend des Hauses bewegt. Da sagte Arner zu den Frauen: Dieser Rudi will jetzt dem Vogt, der ihn zehn Jahre lang in dieses Elend, das ihr da seht, gestürzt hat, lebenslänglich noch den dritten Teil Heu ab seiner Matte versichern.

Man muß das nicht leiden, sagte Therese schnell und im Eifer über dieses tiefe Elend. Nein, das ist nicht auszustehn, daß der Mann bei seinen vielen Kindern einen Heller des Seinigen dem gottlosen Buben verschenke.

Aber wolltest du, Geliebte! wolltest du dem Lauf der Tugend und der Großmut Schranken setzen, die Gott durch Leiden und Elend auf diese reine Höhe gebracht hat — auf eine Höhe, die soeben dein Herz so sehr bewegt und zu Tränen gebracht hat? sagte Arner.

Nein, nein! das will ich nicht, versetzte Therese, das will ich nicht. Verschenk er alle seine Habe, wenn er's kann; einen solchen Menschen verläßt Gott nicht.

Arner sagte jetzt zu dem Rudi: Gib doch deinen Kindern zu essen.

Der Rudeli aber nimmt seinen Vater beim Arm und sagt ihm ins Ohr: Vater! ich bring doch der Gertrud auch etwas — Ja, sagt der Rudi; aber wart nur.

Arner hatte das Wort Gertrud gehört und fragte den Rudi: Was sagt der Kleine von Gertrud?

Da erzählte der Rudi dem Arner von den gestohlenen Erdäpfeln — von dem Todbett seiner Mutter — von der Güte des Lienhards und der Gertrud; und wie selbst die Schuhe und Strümpfe, die er trage, von ihnen sein.

Dann setzte er hinzu: Gnädiger Herr! der Tag ist mir so gesegnet; aber ich könnte mit Freuden keinen Mund voll essen, wenn ich diese Leute nicht einladen dürfte.

Wie das Arner gelobt — wie dann die Frauen die stillen Taten einer armen Mäurerin — wie sie das erhabene Todbett der Cathrine mit Tränen bewunderten — wie dann der Rudeli mit klopfendem Herzen zu Lienhard und Gertrud gelaufen, sie einzuladen — und wie diese mit ihren Kindern beschämt mit niedergeschlagenen Augen, nicht auf Rudelis Bericht, sondern auf Arners Befehl, der seinen Claus nachgeschickt hatte, endlich kamen — auch wie Karl für den Rudeli vom Papa und Emilie für Gritte und Lise von der Mama Schuh und Strümpfe und abgelegte Kleider erbaten — auch wie sie den armen Kindern von ihrem bessern Essen immer zulegten — auch wie Therese und die Frau Pfarrerin mit ihnen so liebreich waren; wie aber diese erst, da Gertrud kam, recht freudig wurden — ihr alle zuliefen — ihre Hände suchten — ihr zulächelten und sich an ihren Schoß drängten — alles das will ich mich hüten, mit viel Worten zu erzählen.

Arner und Therese stunden, solang sie konnten, bei diesem Schauspiel der innigsten Rührung, beim Anblick des erquickten und ganz geretteten Elends. Endlich nahmen sie mit Tränen in den Augen stillen Abschied.

Und der Junker sagte zum Kutscher: Fahre eine Weile nicht stark.

Die Frau Pfarrerin aber suchte noch alles übergebliebene Essen zusammen und gab es den Kindern.

Und Lienhard und Gertrud blieben noch beim Rudi bis um acht Uhr und waren von Herzen fröhlich.

§ 99
Eine angenehme Aussicht

Und nun ist seit der vorigen Woche eine allgemeine Rede in unserm Dorf, Gertrud suche dem Rudi des jungen Meyers Schwester, die ihre beste Freundin ist, zur Frau.

Und da die Matte, die der Rudi nun wieder hat, unter Brüdern zweitausend Gulden wert ist und auch der Junker, wie es heißt, ihrem Bruder gesagt hat, es würde ihn freuen; so meint einmal jedermann, es werde nicht fehlen, sie nehme ihn.

Und dem Mäurer geht es bei seinem Bau auch gar gut; er ist dem Junker täglich lieber.

§ 100
Des Hühnerträgers Lohn

Auch der Hühnerträger hatte noch ein Glück. Therese sah ihn im Heimfahren aus dem Wagen und sagte zu Arnern: Dieser muß auch noch etwas haben; eigentlich ist's doch er, der mit seiner Nachtreise alles in Ordnung gebracht hat.

Da rief Arner dem Hühnerträger und sagte: Christoph! meine Frau will nicht, daß du deine Teufelsarbeit umsonst gehabt habest; und gab ihm ein paar Taler.

Der Hühnerträger bückte sich tief und sagte: Gnädiger Herr! Also wünschte ich mir alle die Tage meines Lebens nur Teufelsarbeit.

Ja, sagte Arner, wenn du versichert bist, daß die Hunde allemal an den Ketten bleiben.

Das ist auch wahr, gnädiger Herr! sagte der Hühnerträger; und der Wagen fuhr fort.

Vorwort zur zweiten Auflage

Dieses Buch, das ich vor etlich und zwanzig Jahren schrieb, erhalten hier meine Leser aufs neue in unveränderter Gestalt, wie es zum erstenmal aus meiner Feder floß. Es war ein Versuch, den Zustand des Volks, so wie ich ihn aus unmittelbarer Erfahrung kennenlernte, darzustellen und aus dieser Darstellung selbst die Mittel a u f f a l l e n zu machen, durch welche es möglich ist, denselben wahrhaft zu verbessern. Es hat eine Menge Menschen gerührt, mir viele Freunde erworben und manche Mutter zu dem Wunsche gebracht, ihrern Kindern zu sein, was Gertrud den ihrigen war. Aber das Zeitalter im ganzen genommen war meinen Ansichten nicht günstig und konnte es nicht sein. Die herrschenden Maximen der letzten Hälfte des verflossenen Jahrhunderts mangelten ziemlich allgemein einfacher Kraft und kraftvoller Einfachheit. Sie bezweckten eine hohe Ausdehnung des Wissens; aber der Mensch im ganzen blieb unentwickelt, anmaßlich und unbefriedigt. Er mußte ob der Größe dieses Wissens, auf das man a l l e s baute, gleichsam s i c h s e l b s t v e r l i e r e n. Das größte Unglück für das Geschlecht dieses Zeitalters war das: daß es durch diese Ausdehnung seines Wissens gehindert wurde einzusehen, daß es ohne Kraft und ohne Selbständigkeit lebt und in dieser Selbsttäuschung allen Sinn für die Wahrheit und Größe der einfachsten Verhältnisse der Natur und der Gesellschaft verlor.

In diesen Umständen mußte mein Buch seines eigentlichen Zwecks: E i n e v o n d e r w a h r e n L a g e d e s V o l k s u n d s e i n e n n a t ü r l i c h e n e w i g e n V e r h ä l t n i s s e n a u s g e h e n d e b e s s e r e V o l k s b i l d u n g z u b e w i r k e n, natürlich verfehlen. Es hatte als Darstellung des Wesens der häuslichen Volksbildung fast k e i n e W i r k u n g und machte hauptsächlich als R o m a n E i n d r u c k. Dem Ziel meines Lebens getreu, fuhr ich indessen immer fort, mein Vaterland auf den Zweck des Buchs aufmerksam zu machen sowie mich in den Stand zu setzen, den Müttern und Lehrern die Mittel an die Hand zu geben, wodurch sie im Geiste der Gertrud und meines Buchs an ihren Kindern handeln könnten. Alles, was ich bis jetzt getan habe, ist gleichsam nur die Fortsetzung des Buchs, das ich Dir, Leser! nun wieder in die Hand gebe. Nimm es noch einmal freundlich auf, wie Du es zum erstenmal freundlich aufgenommen. Es war mein erstes Wort an das Herz des Armen und Verlassenen im Land. Es war mein erstes Wort an das Herz derer, die für den Armen und Verlassenen im Land an Gottes Statt stehen. Es war mein erstes Wort an die Mütter des Landes und an das Herz, das ihnen Gott gab, den Ihrigen zu sein, was kein Mensch auf Erde an ihrer Statt sein kann. Möge es dem Armen im Land zum Segen dienen, wie es ihm noch nicht zum Segen diente! Möge es bei denen, die bei ihm an Gottes Statt stehen, denjenigen Eindruck machen, den es bei ihnen machen muß, wenn es dem Armen und Verlassenen im Land zum Segen gereichen soll! Möge manche edle Mutter des Landes von ihm bewegt, ihren Kindern sein, was ihnen kein Mensch auf Erde sein kann. Man sage, was man will, die Natur und Gott, ihr ewiger Schöpfer, läßt keine Lücke. Es ist Lästerung, wenn man behauptet, daß die Mütter keinen Willen haben, sich ihren Kindern zu widmen; man sage, was man will; ich bin voll Glauben an diesen Willen und voll Hoffnung für die Folgen, die die Erweckung dieses Willens haben wird. Auch das größte Verderben, das aus Verirrungen der Menschen entspringen kann, tötet die Menschennatur ewig nie; ihre Wirkung kann stillgestellt werden; ihre Kraft ist unauslöschlich. Man gehe in die Hütten der Ärmsten unter dem Volke und sehe, was auch da ein Mutterherz fast ohne Handbietung und Hilfe an Kindern zu tun imstande ist. Es ist ebensowenig wahr, daß die Mütter keine Zeit dazu haben, die erste Hand an die Bildung des Kopfs und des Herzens ihrer Kinder zu legen. Die meisten, besonders die zu Hause, haben ja ihre Kinder einen großen Teil des Tages neben sich; und warum sollten sie bei ihrer Arbeit nicht ebensowohl auf eine Art mit ihnen umgehn und mit ihnen reden können, die sie unterrichtet und bildet, als auf eine Art, die sie nicht unterrichtet und nicht bildet. Der Mutterunterricht setzt ja keine Kunst voraus; er ist nichts anders als Reizung des Kindes zur mannigfaltigen Aufmerksamkeit auf die Dinge, die es umgeben; er ist nichts anders als geordnete Übung der Sinne, der zarten Gefühle des Herzens, der Sprach-, Gedächtnis- und Denkkraft und der natürlichen Fertigkeiten des Körpers der Kinder. Es fehlt nichts, als daß man dem Herzen der Mütter und ihrem durch ihr Herz selbst vorbereiteten und, ich möchte sagen, instinktartig einfach und richtig geleiteten Verstand die Hand biete und ihnen die Mittel, die sie zu gebrauchen haben, so bearbeitet darlege, wie sie dieselben wirklich gebrauchen müssen.

Gute Mütter des Landes! laßt Euch nicht ferner darin Unrecht tun, daß man sagt, Ihr habet keinen Sinn und keine Kraft für das, was unter den Umständen, in denen Ihr lebt, Eure höchste und heiligste Pflicht ist. Wenn Ihr dahin kommt, im stillen Eurer Stuben zu weinen, daß die gute Gertrud mehr an den Ihrigen tut, als Ihr an den Eurigen bisher tatet, so bin ich sicher, Ihr versuchet dann auch, ob es Euch möglich sei zu tun, was sie getan hat, und auf diesem Wege ists, wo ich Euch mit meinen Elementarbüchern zu begegnen wünsche.

Mein Herz heißt mich hier schweigen. Nur noch das einzige Wort: Wer immer im Land es mit Gott, mit der Nachwelt, mit dem öffentlichen Recht und der öffentlichen Ordnung und mit dem gesicherten Haussegen wohlmeint, der muß, auf welche Art es auch immer sei, mit dem Geiste meines Buchs übereinstimmen und mit mir das Nämliche suchen. Darum lebe ich getrost. Wenn meine Wahrheit zu der Reife gediehet, zu der sie gediehen muß, so wird sie auch Frucht bringen; wenn sie dem Armen und Verlassenen im Land genießbar dargebracht wird, so wird er sie auch wirklich genießen. Mancher gute Mann, der bisher seinem Nachbar, und manche gute Frau, die bisher ihrer Nachbarin bei allem herzlichen Wohlwollen nicht imstande war, einen guten Rat zu geben, wird dahin kommen, Vater des Armen und Mutter des Verlassenen zu sein. Zu dieser Kraft und zu dieser Größe ist's, wohin ich den Geist und das Herz der Edlen des Volks meines Vaterlandes zu erheben suche. Mögen hinter meinem Grabe Männer mit vollendetern Kräften fortwirken zu diesem großen Ziel meines Lebens, und möge mein Auge sich nicht schließen, ohne noch der Seligkeit zu genießen, beides in meinem Zwecke und in den Mitteln, die ich dafür anwende, nicht mißkannt zu werden! Ach! diese Mißkennung hemmt das Glück von Tausenden, die allenthalben weisere und kraftvollere Handbietung finden, wenn es hierin besser wäre!

Burgdorf, im Wintermonat 1803

Pestalozzi

AUS TEIL II. 1783

[Am Tag, da das Urteil am Vogt vollzogen wird, arbeitet Lienhard allein auf dem Kirchhof. Gertrud indessen will dem niedergeschlagenen Hübelrudi zu einer neuen Hausordnung verhelfen.]

§ 9

Hausordnung und Hausunordnung

Gertrud ging an diesem Morgen zu ihrem guten Nachbar, dem Hübel-Rudi, der nun nicht mehr[1]) mit den andern bei der Kirche taglöhnete. Sie wußte, daß Armut und Niedergeschlagenheit dem Menschen allen Haushaltungsgeist so verderbt, daß, wenn er auch zufällig wieder zu etwas kömmt und nicht Rat und Tat findet, ihm so ein Glück so leicht als ein Aal im Wasser wieder aus der Hand schlüpft. Und da sie der Großmutter auf dem Todbett versprochen, sich seiner Kinder anzunehmen, so wollte sie keine Stunde versäumen, um dem Rudi, soviel sie könnte, zur Ordnung zu verhelfen, ehe schon wieder das Halbe durch Unordnung zugrund' gegangen wäre. — Sie traf noch alle Kinder im Bett an, und der Rudi war eben aufgestanden. Die Kleider der Kinder lagen im Boden herum; die Katzen saßen neben der schwarzen Platte, woraus sie gestern geessen, auf dem Tisch. Gertrud fühlte die Größe des Verderbens einer solchen Unordnung und sagte dann der längeren Breite nach, wie weit das lange und wohin ihn dieses bringen werde. Er machte Augen wie einer, der halb im Schlafe zuhört, als sie so mit ihm redete. Er war der Unordnung so ziemlich gewohnt und meinte, weil er itzt seine Matten wieder habe, so sei alles wieder ganz gut bestellt — so daß er lange nicht fassen konnte, was Gertrud itzt mit ihrem Predigen wollte. Endlich begriff er sie, und die Tränen schossen ihm in die Augen, als er antwortete: Ach! Mein Gott, Nachbarin, du hast wohl recht; aber es war, weiß Gott, in unserm Elend nicht anders möglich. Ich saß auf die Letzte oft bei Stunden und Tagen[2]) herum, daß ich fast nicht mehr wußte, wo mir der Kopf stund, viel weniger was ich angreifen sollte und was ich möchte.

G e r t r u d. Das ist eben, was ich sage, und warum du dir itzt mußt raten und helfen lassen.

R u d i. Ich will dir von Herzen danken, wenn du's tust.

G e r t r u d. Und ich will's von Herzen tun, soviel ich kann.

R u d i. Lohn's dir Gott für mich und meine Kinder!

Gertrud. Rudi! Wenn deine Kinder wie rechte Menschen erzogen werden sollen, so muß alles bis auf die Schuhbürste hinunter in eine andre Ordnung kommen; und wir wollen itzt nicht schwatzen, sondern die Händ' in den Teig stoßen. Es muß mir heut', noch ehe die Sonne untergeht, in der Stube aussehen, daß man sich nicht mehr drin kennt: Tisch, Fenster, Boden, alles muß abgewaschen und erluftet sein. Man kann ja nicht einmal Atem schöpfen. Und glaub' mir, deine Kinder sehen unter anderm auch darum so übel aus, weil so viel hundertjähriger Mist in der Stube ist. Es ist ein Unglück, daß deine Frau selig auf die Letzte[2]) auch gar allen Mut verloren und alle Hausordnung ein End' hatte. So arm man ist, so sollte eine Frau an ihrem Mann und Kindern noch das tuen, was nichts kostet.

Rudi. Die Großmutter hat es ihr tausendmal gesagt; aber sie ist auf die Letzte[2]) vor Jammer worden wie ein Stock[3]), so daß ich fast denken muß, es sei für mich und die Kinder ein Glück gewesen, daß sie gestorben, wenn sie nicht wieder anders geworden wäre. Aber, Gertrud, wenn sie es noch erlebt hätte, wie es mir itzt gegangen, sie wäre auch nach und nach wieder zu sich selber gekommen und wieder worden wie im Anfang. Sie kommt mir seit gestern nie aus dem Kopf, und wo ich gehe und stehe, meine ich immer, sie sollte wieder da sein und das Gute itzt auch mit mir haben, wie sie das Böse mit mir getragen.

Gertrud. Es ist ihr itzt besser als uns allen, Rudi! Und ich weiß nicht, ob's ihr leicht auf der Welt wieder wohl werden wäre. Wer so lang' alles so schwer aufgenommen wie sie, der kommt nicht mehr so leicht zu sich selber.

Rudi. Das ist auch wahr.

Gertrud. Was du itzt am besten zum Andenken deiner Frau selig tun kannst und was ihr itzt im Himmel Trost und Freud' sein wird, ist dieses, daß du deine Kinder sorgfältig auferziehest, daß sie nicht so unglücklich werden wie sie. Und glaub' mir, es kommt, weiß Gott, in der Jugend auf Kleinigkeiten an, ob ein Kind eine halbe Stunde früher oder später aufstehe, ob es seine Sonntagskleider die Woche über in einen Winkel werfe oder sorgfältig und sauber zusammen an einem Ort lege, ob es gelernt, das Brot, Mehl und Anken in der Woche richtig abzuteilen und mit dem gleichen auszukommen, oder ob es hierüber unachtsam bald mehr, bald weniger gebraucht, ohne es zu wissen. Solche Sachen sind es, welche hundertmal machen, daß eine Frau mit dem besten Herzen ins größte Elend kommt und ihren Mann und ihre Kinder darein bringt. Und ich muß dir sagen — du weißt wohl, daß ich es ihr nicht in böser Meinung nachrede —, deine Frau ist gar nicht zur Hausordnung gezogen worden. Ich kannte des alten Schoders[4]); es ist mehr in ihrer Haushaltung verfaulet und zugrund' gegangen, als recht ist und als man sagen darf.

Rudi. Sie ist in der Jugend zuviel im Pfarrhaus gesteckt.

Gertrud. Auch das ist wahr.

Rudi. Es hat mir hundertmal die Augen übertrieben, wenn sie das Betbuch oder die neue Erklärung der Offenbarung in die Hand nahm und die Kinder nicht gewaschen und nicht gestrählt waren und ich selber alle Tage in die Küche mußte, das Feuer auf dem Herd zu ersticken, wenn ich nicht Gefahr laufen[5]) wollte, daß sie mir mit ihrer Vergeßlichkeit[6]) noch das Haus anzünde.

G e r t r u d. Wenn man's mit den Büchern recht macht, so müssen die Bücher einer Frauen sein wie der Sonntagsrock, und die Arbeit wie die Werktagsjüppe.

R u d i. Ich muß meines Elends itzt selber lachen. Sie hatte eben diese Sonntagsjüppe alle Tag' an und zog die Kinder, als wenn Beten und Lesen alles wäre, warum man auf der Welt lebt.

G e r t r u d. Damit macht man just, daß sie das Beten und Lesen dann wieder vergessen, wenn sie es recht nötig hätten.

R u d i. Das ist uns leider just begegnet. Weil[7]) sie da krank worden und nirgends kein Brot mehr da war, so rührte sie auch kein Buch mehr mit ihnen an und weinte nur, wenn ihr ein's vor die Augen kam.

G e r t r u d. Laß' dir das itzt zur Warnung dienen, Rudi, und lehr' eben deine Kinder, vor allem Schwatzen, Brot verdienen!

R u d i. Ich bin völlig dieser Meinung und will sie von Stund' an zur Nähterin schicken.

G e r t r u d. Du mußt sie erst kleiden. So, wie sie itzt sind, müssen[8]) sie mir nicht zur Stube hinaus.

R u d i. Kauf' ihnen doch Zeug zu Röcken und Hemdern! Ich verstehe es nicht. Ich will das Geld heute noch entlehnen.

G e r t r u d. Nichts entlehnen, Rudi! Das Zeug will ich kaufen, und im Heuet zahlst du es.

R u d i. Warum nicht entlehnen?

G e r t r u d. Weil es zur guten Hausordnung gehört, nie nichts von einem Nagel an den andern zu hängen, und weil unter Hunderten, die liehen, nicht zehn sind, die nicht wieder dafür brandschatzen, und sonderbar dich[9]): Du bist zu gut; es würden sich geschwind genug Blutsauger an dich machen und dich in allen Ecken rupfen.

R u d i. Gott lob, daß sie etwas zu rupfen finden!

G e r t r u d. Ich möchte darüber nicht spaßen. Du mußt dich im Ernst achten[10]), auf alle Weise, damit du behaltest, was Gott dir und deinen Kindern nach so langem Leiden wieder gegeben.

Der Rudi stutzte eine Weile und sagte dann: Du wirst doch da wieder nicht sein? Ich teile einmal die Matte mit dem Vogt, solang' er lebt.

G e r t r u d. Was ist itzt das?

R u d i. Ich hab's in Gottes Namen dem Pfarrer versprochen, solang' er lebe, ihm für eine Kuh Heufutter ab der Matten zu geben. Er ist itzt ein armer alter Tropf, und ich konnte ihn nicht in dem Elend sehen, in dem er selber war.

G e r t r u d. Es kommt doch noch besser heraus, als es tönte. Ich meinte, du wolltest die Matten mit ihm teilen; itzt bleibest du doch beim Futter.

R u d i. Nein, daran kam mir kein Sinn; die muß will's Gott auf Kind und Kindeskind hinunter mein bleiben; aber das Futter, das will ich ihm in Gottes Namen halten, wie ich's dem Pfarrer versprochen.

Gertrud. Ich will dich gar nicht daran hindern; aber doch dunkt mich, du hättest zuerst warten können, ob's der Vogt so gar nötig haben möchte, eh' du ihm das versprochen.

Rudi. Der Pfarrer hat das auch gesagt. Aber wenn du die Großmutter auf ihrem Todbett wie ich für ihn beten gehört hättest, daß es ihm noch wohl gehe, du hättest gewiß auch nicht anders können, als ihm wie ich, soviel möglich, dazu helfen.

Gertrud. Hat sie noch auf ihrem Todbett für ihn gebetet?

Rudi. Ja, Gertrud, und das mit tausend Tränen.

Gertrud. Ach! denn ist's recht, daß du es tust.

Währenddem der Rudi so mit ihr redete, machte Gertrud die Kinder aufstehen, wuschte ihnen Gesicht und Hände, kämmte sie mit einer Sorgfalt und Schonung, die sie nicht kannten, und ließ sie auch ihre Kleider steifer und ordentlicher anlegen, als sie sonst gewohnt waren. Darauf ging sie in ihre Hütte, kam mit ihrem Züber und Besen und Bürsten zurück, fing dann an, die Stube zu reinigen, und zeigte auch dem Rudi, wie er dasselbe machen und angreifen müße und was die Kinder ihm dabei helfen können. Dieser gab sich alle Mühe, und nach ein paar Stunden konnte er es so wohl, daß ihn Gertrud itzt allein machen ließ und wieder heimging. Wenn dir die Kinder dann brav geholfen, so schick' sie auf den Abend zu mir, sagte sie im Weggehen.

Der Rudi wußte nicht, was er sagen und machen wollte, als sie itzt fort war, so war's ihm ums Herz. Eine Weile hatte er die Hände still, bürstete und fegte nicht, sondern staunte und dachte bei sich selber: es wäre mir einmal in Gottes Namen, wie wenn ich im Himmel wär', wenn ich so eine Frau hätte. Und als er auf den Abend ihr seine Kinder schickte, gab er sint[11]) Jahren das erstemal wieder acht, ob ihre Hände und Gesicht' sauber und ihre Haare und Kleider in der Ordnung wären, so daß sich die Kinder selber darob wunderten. Und die Nachbaren, die sie so ordentlich aus dem Hause gehen sahen, sagten: Er will gewiß bald wieder weiben.

Die Kleinen fanden des Maurers Kinder alle an ihrer Arbeit; diese empfingen sie fröhlich und freundlich, aber sie hörten um deswillen keinen Augenblick auf zu arbeiten. — Machet, daß ihr mit euerm Feierabend[12]) bald fertig werdet, so könnt ihr euch dann mit diesen Lieben lustig machen, bis es sechs Uhr schlägt, sagte ihnen Gertrud. Und die Kinder: Das denk' ich, wir wollen eilen; die Sonne scheint wie im Sommer, Mutter! Aber daß euer Garn nicht gröber werde! antwortete die Mutter. Du mußt gewiß eher einen Kreuzer mehr als minder von meinem lösen, sagte Lise. Und auch von unserm, riefen aus allen Ecken die andern. Ich will gern sehen, ihr Prahlhanse, erwiderte die Mutter.

Die Kinder des Rudis stunden da, starrten Maul und Augen auf ob der schönen Arbeit und dem fröhlichen Wesen in dieser Stube. Könnt ihr auch spinnen? fragte itzt Gertrud. Ach nein! erwiderten die Kinder. Gertrud erwiderte: So müßt ihr's lernen, ihr Lieben! Meine Kinder ließen sich's nicht abkaufen und sind am Samstag so lustig, wenn jedes so seine etlichen Batzen kriegt. Das Jahr ist lang, ihr

Lieben! Wenn man's so alle Wochen zusammenspinnt, so gibt's am End' des Jahrs viel Geld, und man weiß nicht, wie man dazu gekommen. Ach bitte, lehre es uns auch! sagten die Kinder und schmiegten sich an den Arm der guten Frau. Das will ich gern, antwortete Gertrud. Kommet nur alle Tage, wenn ihr wollet; ihr müsset es bald können.

Indessen hatten die andern ihren Feierabend aufgesponnen, versorgten ihr Garn und ihre Räder, sangen mitunter:

> Feierabend, Feierabend, lieb' Mutter!
> Feierabend in unserm Haus!
> Z'Nacht gehen wir alle gern nieder,
> Am Morgen steht alles froh auf.

Nahmen dann ihre Gäste bei der Hand; heiter wie der Abend sprangen itzt alle Kinder auf der Matten auf allen Seiten dem Hag nach und rund um die Bäume. Aber Gertruds Kinder wichen sorgfältiger als des Rudis den Kot im Weg und die Dornen am Hag aus und hatten Sorg' zu den Kleidern. Sie banden ihre Strümpfe, ringelten ihre Schuhe alsobald, wenn etwa einem etwas losging, und wenn des Rudis Kinder so etwas nicht achteten, sagten ihnen die Guten sogleich: du verlierest deinen Ringen[13]), dein Strumpfband! oder: du machst dich kotig, oder: du zerreißest dich hier in den Dörnen usw. usw.

Des Rudis Kinder liebten die ordentlichen Guten, lächelten bei allem, was diese ihnen sagten, und folgten, wie man kaum Eltern folgt; denn sie sahen, daß sie alles, was sie ihnen sagten, selber taten und es weder böse noch hochmütig meinten. Auf den Schlag sechs Uhr eilten Gertruds Kinder unter das Dach, wie die Vögel, wenn die Sonne unter ist, in ihr Nest eilen. Wollt ihr mit uns? Wir gehen itzt beten, sagten sie zu des Rudis Kindern. Ja, wir wollen, und auch noch deiner Mutter b'hüti Gott sagen. Nun, das ist recht, daß ihr kommt, sagten diese und zogen den Katzenschwanz[14]) mit ihnen durch die ganze Matten, die Stegen hinauf und bis an den Tisch, wo sie sich dann zum Beten hinsetzten.

Müßt ihr um sechs Uhr nicht auch heim zum Beten, ihr Lieben? fragte itzt Gertrud des Rudis Kinder. Wir beten erst, wenn wir ins Bett gehen, sagte das älteste. Und wenn müßt ihr ins Bett? fragte Gertrud. Was weiß ich, antwortete das Kind — und ein anderes: so wenn's anfangt nachten (dunkelwerden). Nun, so könnt ihr noch mit uns beten; aber dann ists's auch Zeit mit euch heim, sagte Gertrud. Es macht nichts, wenn's schon dunkelt; wir fürchten uns nicht, antwortete das älteste. Und wenn wir alle beieinander sind, setzte ein ander's hinzu. Und dann beteten die Kinder Gertruds mit ihrer Mutter in ihrer Ordnung, und sie ließ auch des Rudis Kinder die Gebeter beten, die sie konnten, und begleitete sie dann bis zum Hausgatter. Habet recht Sorg', daß keines falle, ihr Lieben, und grüßet mir den Vater und kommet bald wieder! Ein andermal will ich euch ein Spinnrad bereit machen, wenn ihr's lernen wollet, sagte Gertrud ihnen zum Abschied und sah ihnen die Gasse durch nach, bis sie um den Ecken herum. Und die Kinder schreien ihr, so weit man sie hören konnte, zurück: B'hüte Gott! und danke Gott und schlaf wohl, du liebe Frau!

[Der Vogt erzählt dem Pfarrer seinen Lebenslauf. Viele fürchten, daß dabei so manche Übeltat ans Licht kommen könnte, die sie mit dem Vogt ausführten. Sie versuchen deshalb, ihn durch Bestechung zum Schweigen zu bringen. Der Versuch mißlingt. Da sie fürchten, vom Junker zur Rechenschaft gezogen zu werden, bemühen sie sich, ihn von dieser Angelegenheit abzulenken: sie verbreiten wieder den alten Geisterglauben und streuen Verleumdungen aus. Gertrud aber hält sich aus allem Gerede heraus.]

§ 22

Erziehungs- und Haushaltungsgrundsätze

Die einsame Hütte, die an der Unruh' und den Mühseligkeiten dieses Torenlebens keinen Teil nahm, war die Hütte der Gertrud.

Zu erklären, wie das möglich gewesen, muß ich sagen: Diese Frau hatte nach alter Großmutterart ihre kurze Sprüchlein, mit denen sie gemeiniglich im Augenblick den rechten Weg fand, wo andre Leut', die sonst sich viel gescheiter glaubten als sie, bei Stund' und Tagen [1]) plauderten, ob sie links oder rechts wollten.

Zu allem schweigen, was einen nicht angeht.
Von dem das Maul nicht auftun, was man nicht wohl versteht.
Beiseits gehen, wo man zu laut oder zu leise red't.
Das wohl zu lernen suchen, was man wohl brauchen kann.
Mit Kopf und Herzen immer am rechten Ort zu sein,
und nie an gar vielen, aber immer bei sich selber.
Und denen, so man schuldig, und denen, so man liebt,
mit Leib und Seel' zu dienen.

Solche kleine Sprüche waren dieser Frau der Leitfaden zu einer häuslichen und bürgerlichen Weisheit, über die sich Bücher schreiben ließen, wenn es möglich wäre, ihre Weisheit zu besitzen und doch Bücher schreiben zu können.

Im Sturm des aufgebrachten und verirreten Dorfs entging [2]) dieser Frauen kein einziges Wort, das man nur hätte mißdeuten können, keines, bei dem man sie ins Spiel hineinziehen, keines, ob dem man sie hassen, keines, bei dem man sie nur auslachen könnte.

Des Rudis Kinder waren itzt fast alle Tage bei ihr und lernten täglich mehr auf sich selber und auf alles, was um sie her ist, Achtung geben und Sorg' tragen.

Bei ihrem Spinnen und Nähen lernte [3] sie die guten Kinder auch noch zählen und rechnen.

Zählen und Rechnen ist der Grund aller Ordnung im Kopf; das war eine der Meinungen, die Gertrud am eifrigsten behauptete und die in ihre Erziehung einen großen Einfluß hatten.

Ihre Manier war: Sie ließ die Kinder während dem Spinnen und Nähen ihre Fäden und Nadelstiche hintersich und fürsich zählen und mit ungleichen Zahlen überspringen, zusetzen und abziehen.

Die Kinder trieben einander bei diesem Spiel gar gern selber, welches am geschwindesten und sichersten darin fortkomme; wenn sie dann müd' waren, sangen sie Lieder, und am Morgen und am Abend betete sie mit ihnen kurze Beter. Ihr liebstes Gebet und das, so sie die Kinder zuerst lehrte, heißt⁴):

    O Gott du frommer Gott!
    Du Brunnquell aller Gaben!
    Ohn' den nichts ist, das ist,
    von dem wir alles haben!
    Gesunden Leib gib mir,
    Und daß in solchem Leib
    Ein' unverletzte Seel'
    Und rein' Gewissen bleib'.

[Die Geschworenen können jedoch durch nichts verhindern, daß der Vogt dem Pfarrer seinen ganzen Lebenswandel preisgibt und mit ihm alle Betrügereien, in die fast das ganze Dorf verstrickt ist. In einer Predigt legt der Pfarrer dann alle Umstände klar, die den Vogt zum Verbrecher werden ließen, viele zum Mittun verleiteten und das ganze Dorf in sittliche Verwirrung stürzten.]

AUS TEIL III. 1785

[Der Junker, der die Predigt hört, faßt den Entschluß, durch eine neue Ordnung das ganze Dorfvolk von solchen Gefahren zu befreien. Um vorher die Zustände im Dorf genau kennenzulernen, wendet er sich an den Baumwollenmeyer, der als Brotgeber für viele Spinnerfamilien die Situation im Dorf genau übersieht.]

§ 2

[Der Baumwollenmeyer und seine Schwester Mareili geben im Gespräch mit dem Junker und dem Pfarrer dem Wirtshaus viel Schuld an der äußeren und inneren Unordnung. Sie machen auch Vorschläge, wie der Sinn für Arbeit und Ordnung schon bei der Jugend durch Belohnung der Tüchtigen mit zehntfreien Äckern u. ä. gefördert werden könnte.]

Schulordnung und Baurenküchlein

Nach einer Weile sagte der Meyer wieder: Wenn ich's völlig überlege, so dünkt mich, Ihr kommet mit allem, was Ihr tun könnet, doch nicht zu Euerem Zweck, wenn Ihr nicht den Kerl, den man Schulmeister heißt, fortjaget und entweder keine Schul' oder eine ganz neue Einrichtung darin machet. Seht, Junker, es hat sich sint fünfzig Jahren so alles bei uns geändert, daß die alte Schulordnung gar nicht mehr auf die Leute und auf das, was sie werden müssen, paßt.

Vor altem war alles gar einfältiger, und es mußte niemand bei etwas anderm als beim Feldbau sein Brot suchen. Bei diesem Leben brauchten die Menschen gar viel weniger geschult zu sein. Der Bauer hat im Stall, im Tenn', im Holz und Feld seine eigentliche Schul' und findet, wo er geht und steht, so viel zu tun und zu lernen, daß er sozureden ohne alle Schul' das recht werden kann, was er werden muß. Aber mit den Baumwollspinnerkindern und mit allen Leuten, die ihr Brot bei sitzender oder einförmiger Arbeit verdienen müssen, ist es ganz anders. Sie sind, wie ich es einmal finde, völlig in den gleichen Umständen wie die gemeinen Stadtleute, die ihr Brot auch mit Handverdienst suchen müssen, und wenn sie nicht wie solche wohlerzogene Stadtleute auch zu einem bedächtlichen, überlegten Wesen und zum Ausspitzen und Abteilen eines jeden Kreuzers, der ihnen durch die Hand geht, angeführt werden, so werden die armen Baumwollenleut' mit allem Verdienst und mit aller Hilfe, die sie sonst hätten, in Ewigkeit nichts davontragen als einen verderbten Leib und ein elendes Alter. Und, Junker! da man nicht daran sinnen kann, daß die verderbten Spinnereltern ihre Kinder zu einem ordentlichen und bedächtlichen Leben anhalten und auferziehen werden, so bleibt nichts übrig, als daß das Elend dieser Haushaltungen fortdauret, solang' das Baumwollenspinnen fortdaurt und ein Bein von ihnen lebt, oder daß man in der Schul' Einrichtungen mache, die ihnen das ersetzen, was sie von ihren Eltern nicht bekommen und doch so unumgänglich nötig haben.

Und jetzt wisset Ihr, Junker, was für einen Schulmeister wir haben und wie wenig er imstand' ist, auch nur ein Quintli[1]), wann die armen Kinder gut werden sollten, in sie hineinzubringen.

Er fuhr mit Hitze fort zu sagen:

Der Tropf weiß minder als ein Kind in der Wiegen, was ein Mensch wissen muß, um mit Gott und Ehren durch die Welt zu kommen. Er kann ja nicht einmal lesen. Wenn er lesen will, so ist's, wie wann ein altes Schaf blöket, und je andächtiger er sein will, je mehr blöket er. Und in der Schul' hat er eine Ordnung, daß einen der Gestank zurückschlägt, wenn man eine Türe auftut. Auch ist sicher kein Stall im Dorf, darin man nicht für Kälber und Füllen, die man erziehen will, weit besser sorget, daß das aus ihnen werde, was aus ihnen werden muß, als in unsrer Schul' dafür gesorgt wird, daß das aus unseren Kindern werde, was aus ihnen werden sollte. — So red'te der Mann, der Erfahrung hatte in seinem Dorf.

[Während der Junker im großen Kreis des Dorfes um eine Ordnung bemüht ist, sorgt Gertrud im kleinen Kreis für neue Ordnung im Hauswesen des Rudi.]

§ 10

Folgen der Erziehung

Sie (Gertrud) hat alle Tage fast bis zur Nacht des Rudis Kinder in ihrer Stuben; an den meisten Abenden trifft er, wenn er von der Arbeit heimkommt, sie noch bei ihr an.

Aber es kann niemand glauben, was sie für Mühe mit ihnen hat. Sie sind an gar keine Ordnung und keine anhaltende Anstrengung gewöhnt und haben ihre Augen, wenn sie sie sollen auf dem Garn halten, immer in den Lüften; und so wird es immer bald zu dick, bald zu dünn, und nie recht. Es wird auch nie keine Lehrarbeit recht, wenn ein Kind die Augen nicht steif darauf haltet, bis ihm der Griff davon in die Hand kommt; und dieser Griff kommt allen Kindern, die nicht wohl erzogen, gar schwer in die Hand.

Und denn führt eins zum andern. Wenn sie denn ihr Garn so verderbt, zerrten sie noch ganze Händ' voll davon ab, warfen es fort in Bach, zum Fenster hinaus und hinter die Häg'. Aber Gertrud, die ihnen alle Tag' ihre Arbeit wiegt, fand den Fehler gar bald und fragte die Kinder, wie das komme. Sie wollten leugnen; aber der Gertrud Heirli sagte dem Liseli: Du mußt jetzt nicht leugnen; ich hab' es ja gesehen, wie du aufgestanden und es zum Fenster hinausgetan hast. Weißest, ich hab' dir ja gesagt, die Mutter merke es; aber du hast mir's nicht geglaubt.

Dieses Liseli war aber auch das unartigste von allen. Es sagte die schlechteste Worte von der Welt, selber über die gute Frau, um seinen Geschwistern die Arbeit und Ordnung, zu der sie sie anhielt und die ihm zur Last war, auch zu erleiden[1]).

Es war ihm gar nicht zu viel, zu sagen, sie müssen sich ja fast zu Tod' spinnen und sie seien doch jetzt reich; es wollte gern, sie hätten es nur, wie sie da noch nichts hatten; sie haben doch auch können ruhig ausschlafen und nicht alle Tage so müssen angespannt sein wie arme Hünde. Und mit der Arbeit war's immer, wie wenn nichts in ihns[2]) hineinwollte. Bald drehete es das Rad so lahm, daß der Faden ihm in der Hand voneinanderfiel; denn einen Augenblick darauf wieder so stark, daß das Garn so kraus wurde wie geringeltes Roßhaar.

Wenn ihm Gertrud etwas sagte, so weinte es, solang' sie da stund, und murrete, wenn sie den Rücken kehrte. Und denn tat es noch den andern zuleid' und verderbte ihnen an ihrem Garn und an den Rädern, was es konnte, damit sie nicht fortkommen wie es.

Kurz, sie richtete nichts mit ihm aus, bis sie die Rute brauchte. Da lehrte[3]) es sitzen und spinnen, und sein Garn besserte seitdem in einem Tag mehr als sonst in acht.

Ihr Heirli wollte es diesen Kindern von Anfang her immer zeigen, wenn sie es nicht recht machten. Da sie aber größer waren als er, sagten sie ihm zuerst nur: Du kleiner Pfucker, was wolltest du wissen! Aber sie nahmen's doch von ihm an. Er war gar gut und munterte immer, wer rechts und links neben ihm saß, auf;

und wenn eines auch nur ein wenig sau'r drein sahe oder das Maul hängte, weil es nicht gehen wollte, sagte er zu ihnen: Ihr müßt nicht so Augen machen und nicht so ein Maul, ihr lehret³) es sonst noch viel länger nicht.

Die Kinder lachten meistens, wenn er so etwas sagte. Dann fuhr er fort: Mei! Wenn ihr es dann könnet, so ist es lustig und geht wie von ihm selber.

Ja, es wird schön von ihm selber gehen, sagten die Kinder. Und der Heirli: Wenn man doch kann die Augen zutun und fortspinnen und recht, so mein' ich, es gehe denn doch fast von ihm selber.

Aber kannst du die Augen zutun und fortspinnen? sagten die Kinder. Das kann ich, sagte der Heirli, und da sie es ihm nicht glaubten, sagte er: Wartet nur, bis die Mutter aus der Kuche im Garten ist, so will ich's euch denn zeigen. Dann stund er, sobald er die Gartentür gehen hörte, auf, ließ sich die Augen steinhart bei seinem Rad verbinden, nahm stockblind den Treiber und den Flocken⁴) in die Hand und trieb das Rad so munter, wie wenn er beide Augen offen hätte.

Die Kinder, die um ihn herstunden, sagten alle: Das ist doch auch! Das ist doch auch! und hätten ihm bis zu Nacht zugesehen, wie er so blind spinne. Aber an drei Flocken so wegspinnen, hatte er genug und schüttelte die Binde wieder ab. Da sagten die Kinder zu ihm: Aber sag' jetzt auch, lernen wir's auch so?

Warum auch das nicht, sagte der Heirli, ihr habt ja auch Hände und Augen wie ich. Und dann setzte er hinzu: Ich hab' zuerst auch geglaubt, ich könne es fast nicht lernen, aber da ist es mir einstmals gekommen, ich hab' fast nicht gewußt, wie. Aber ihr müßt mit den Augen dazu sperben, wie wenn ihr Sommervögel fangen wolltet.

Dieses Spiel, und was er dazu sagte, machte die Kinder mutiger und eifriger ob ihrer Arbeit.

Ob sie wollten oder nicht, sie mußten spinnen lernen. Gertrud ließ sich keine Mühe dauren. Sie verglich ihr Garn alle Tag' vor ihren Augen, zeigte ihnen den Unterschied vom Morgengarn und vom Abendgarn und vom gestrigen und vom vorgestrigen. Wenn nur ein Faden darin schlechter war, nahm sie ihn über den Finger und hielt ihn ihnen vor Augen.

§ 11

Eine Art Wiedergeburt

So viel tut sie an den Kindern. Aber sie tut an derselbigen Vater nicht minder. Tag für Tag kommt sie ihm ins Haus, und wo sie im Stall, im Tenn' oder sonst etwas nicht in Ordnung findet, so muß es ihr recht sein und in der Ordnung, ehe sie wieder zum Haus hinausgeht. Das macht den Rudi so eifrig, daß er allemal vor den Neunen, um welche Zeit Gertrud mehrenteils¹) ihm ins Haus kommt, in allen Ecken herumlauft, daß sie nichts in Unordnung finde. Er tut noch mehr;

er macht sich jetzt auch selber wieder in die Ordnung, strählt sich mehr und kleidet sich besser, haut den Bart zu rechter Zeit ab und scheint sich jünger als vor sechs Wochen. Seine Stube, die ein schwarzes Rauchloch gewesen, hat er jetzt ganz geweißget und die Löcher in der Wand glatt überstrichen. Und am letzten Markt hat er sogar Zehnkreuzerhelgen (Bilder) gekauft, alle mit schönen Farben: den Heiland am Kreuz, die Mutter Gottes mit dem Kindlein Jesu, den Nepomuk, den Kaiser Joseph II. und den König in Preußen, einen weißen und einen schwarzen Husaren; und hat die Helgen am gleichen Abend, da er sie gekauft, noch aufgekleibt und den Kindern mit der Rute gedrohet, wenn sie ihm eines mit einer Hand anrühren, daß es schwarz werde ...

[*Der Junker kommt währenddessen vom Baumwollenmeyer nach Hause und bringt vom Mareili Kuchen mit.*]

§ 13

Ein Leutenant wird Dorfschulmeister, und einer schönen Frau wird ohnmächtig

Es war Nacht, und man hatte mit dem Essen schon lange gewartet, als der Junker am Sonntag von Bonnal heimkam. Er brachte Theresen des Mareili Kram selber in der Hand auf den Tisch, und sie red'ten das ganze Essen von nichts als ihm und seinem Brunder. Und wer am Tisch saß, aß mit Freuden von seinen Bauren-Küchlenen (Kuchen).

Der Junker aber blieb mit seinem Glüphi bis um Mitternacht auf und red'te mit ihm über das, was die Leute von den Umständen des Dorfes und der Schul' mit ihm geredet.

Der Glüphi ist ein blessierter abgedankter Leutenant[1]), den der Junker zum Feldmessen und dergleichen Sachen schon über Jahr und Tag im Schloß hatte. Dieser Mann lehrte in dieser Zeit, ohne daß es jemand von ihm forderte, den Hauslehrer des Junkers viel schöner schreiben, grundlicher und vorteilhafter rechnen, etwas zeichnen, Land ausmessen, aufs Papier tragen und noch mehr solche Sachen, hauptsächlich aber gegen seinen Karl mit einer militarischen Ordnung und Festigkeit zu Werk gehen. Es war ihm wie nichts, was der (Glüphi) dem Rollenberger zeigte, und er brachte ihm alles, wenn er auch vorher nicht den geringsten Begriff davon gehabt hatte, so leicht in Kopf, daß der junge Mann notwendig auf den Gedanken fallen mußte, wenn ein Mensch imstand' sei, eine Schule einzurichten, wie es der Junker im Sinn habe, um ein ganzes Dorf durch sie in ein ander Modell zu gießen, so sei es dieser Mann.

Der Rollenberger hat sich nicht betrogen; und der Glüphi hat den Posten, Schulmeister in Bonnal zu werden, angenommen, sobald ihm der Junker davon red'te, und sich das einige Bedingnis[2]) vorbehalten, daß er im Ernst Meister darin sein wolle.

Und das ist der Mann, mit dem der Junker jetzt bis nach Mitternacht über das red'te, was ich eben gesagt.

Der Junker hatte jetzt vollends nichts im Kopf als diese neue Schul'. Er redete mit jedermann, der ihm lieb war, von ihr und brauchte manchmal die sonderbarsten Ausdrücke. Er sagte einmal zum Leutenant, das sei jetzt sein Feldzug, und es werde sich hierin zeigen, ob er ein Mann sei oder nicht.

Zum Rollenberger sagte er, er vergesse ob diesem seinen Buben. Und zur Therese: dieses Wesen sei jetzt seine zweite Braut und liege im Kopf wie sie vor zwölf Jahren.

Es ist recht, sagte Therese, ein Mann ist kein Mann, wenn er in deinem Alter nicht etwas hat, das ihm mit Leib und Seel' einnimmt.

[Um dem Elend der Armen im Dorf abzuhelfen, bereitet Arner die Verteilung der Allmende an die Armen vor. Nun sollen die Matten verlost werden.]

§ 16

Ein Wort darüber, was die Bauren sind, wie und wo und wann sie zeigen, was sie sind und was sie nicht sein dörfen

... Sie sahen dann und wann einen armen Mann, wann er ein gutes Los zog, jauchzend auf die Allmend springen und dann kecker als vorher, etwa gar mit dem Hut auf dem Kopf, neben einem Dickbauch absitzen.

Aber je mehr Arme glücklich zogen und ihre Freude zeigten, je mehr zeigten auch die Dickbäuch' ihren Unmut und fingen links und rechts an, Stichelwort' fallen zu lassen.

Aber es war zur Unzeit. Ein paar Buben riefen in voller Freude über ihr Los überlaut: Wenn die Maulhänger nichts anderes können als uns unsere Freude verderben, so könnten sie wohl heimgehen.

Das gab ein Gelächter. Der am lautesten lachte, war der Leutenant. Er sagte zum Junker: So muß es kommen, wenn der Baur im feisten Fell lernen soll, daß er nicht mehr ist als der im magern, und wann ich Schul' halte, so ist das eine von den ersten Sachen, die ich meinen Kindern in ihren Kopf hineinbringen will.

Ha, sagte Arner, wann denn die Herren und Junkern nur auch so Schulmeister hätten, wie es ihnen in den Kopf hineinbrächten, fellshalber sich weniger einzubilden!

Das ist auch wahr, sagte der Leutenant und setzte hinzu: Der Baur ist nur das Kind, und die Stände ob ihm[1]) sind die eigentliche Väter des Unsinns, den Wert der Menschen mit ihrem Fell zu verwechseln.

Er sagte noch mehr. Ich erzähle es euch nicht, ihr möchtet meinen, ihr dörftet auch so reden, und das geht nicht an. So ein Herr, der weit und breit die Welt erfahren und den man zu etwas braucht, das mehr als Schwefelhölzlimachen ist, darf, wenn er auch schon ein armer Herr ist, in Sonderheit neben so einem Junker zu, wohl so ein Wort fallen lassen. Aber wenn ein Baur frech redet, so Gnad' Gott seinem Haus und Heimat. Es ist, wie wenn er Zaun und Marchen[2]) von seinem Hof verloren.

§ 17
Dieses Gemäld' ist nichts weniger als Spaß, sondern ganz nach der Natur

Es war so des Leutenants Soldatenart, herauszusagen, was er dachte. Am gleichen Tag über das Mittagessen sagte er zum Pfarrer: Ich will einmal mit dem Liri-Lari-Wesen, das man sonst in der Schul' treibt, nicht zu tun haben.

Es ist nur die Frage, was Ihr unter dem Liri-Lari-Wesen versteht, sagt der Pfarrer.

Da habt Ihr auch recht, erwiderte der Leutenant, nahm eine Prise Tabak und hielt einen Augenblick die Lippen fester als sonst übereinander und — was er selten tat — die Augen im Kopf still.

Als sie wieder gingen, sagte er denn: Herr Pfarrer! für Liri-Lari-Wesen in der Schul' halte ich alles, was den Kindern so eine Art gibt, mit dem Maul ein Weit' und Breites über die Sachen zu machen, und ihnen die Einbildung im Kopf so anfüllt, daß das rechte Alltagshirn und der Brauchverstand im menschlichen Leben darunter leidet.

Pfarrer. Gut erklärt, Herr Professor! Ich bin des Liri-Lari-Wesens halber jetzt völlig Ihrer Meinung.

Der Leutenant, den Pfarrer steif ansehend: Soweit sie langt?

Pfarrer. Ja, soweit sie langt. Ich bin überzeugt, daß man die Menschen unverhältnismäßig viel mit dem Maul lehrt und daß man ihre besten Anlagen verderbt und das Fundament ihres Hausglücks zerstört, indem man ihnen den Kopf voll Wörter macht, ehe sie Verstand und Erfahrung haben.

Leutenant. Nun! So hätte ich nicht ausdrücken können, was ich meine.

Pfarrer. Sie scherzen. — Aber wie haben Sie in Ihrem Stand den Schaden des Wortwesens, der, wenn man das Kind mit seinem rechten Namen taufen wollte, der Pfrund- und Pfarrerschaden heißen sollte, so kennengelernt?

Leutenant. Mein lahmes Bein und mein vieljähriges Brotsuchen hat mich gar vieles kennengelernt, und so gewiß, als mir ein Herr lahm vorgepredigt, was er mir vor eine Arbeit auftrage, so gewiß gab's hintennach dies oder jenes, daraus ich sehen können, daß es ein schlechter Herr war. Und auch in den zwei Jahren, da ich gedienet, hab' ich erfahren, was aus dem Menschen wird, wenn er mit dem Maul zu viel kann.

Es ist kein untreuerer Hund unter den Truppen als mein Obrist war. Er gab mir auch wie einem Gaudieb den Abschied. Sein Hundengeiz machte, daß das Regiment alle Monat' Not litt; aber wenn's bis auf den letzten Mann zugrund' gegangen wäre, so hätte er sich immer herauslügen können. Es ist in allen vier Weltteilen nichts Gutes, von dem er nicht red'te; aber wenn der Teufel selbst neben ihm gestanden wär', so hätte er nicht zu zörnen gehabt von allem, was er darüber sagte; denn er red'te nur. Und es ist in allen vier Weltteilen kein Punkt Gutes, das er nur mit einem Wort befördert hätte; und doch war bis auf den Profosen herunter niemand, dem er nicht an den Fingern her erzählte, was und wieviel er in seinem Fach und an seinem Platz besser einrichten können. Und wenn's ans Metzgen ging, konnte er vor der Front reden wie ein Engel und den armen Tropfen, denen oft der Bauch vor Hunger klirrte, so laut, daß es Berg und Tal ertönte, zurufen: G'hinder, es ist für euern G'hönig und für euer H'atterland — 'altet euch wohl!

Alles, was am Tisch war, mußte vor Lachen den Bauch halten über das G'hinder, H'atterland und 'altet euch wohl! das der Leutenant, soviel er aus dem Hals vermochte, ausschrie.

Der Pfarrer lachte nicht. Ernst wie der Tod sagte er: Wir Pfarrer sind auch solche Oberste, wenn wir einem armen, an Leib und Seel' unversorgten Volk in den Tag hinein Predigten vorsagen und Kinder, die sichtbar ohne Erziehung und Hilfe einem elenden Leben entgegengehen, in den Tag hinein unterrichten oder mit Worten abspeisen. Es geht mir durch Mark und Bein. Es ist bis auf den Schreierausdruck der Worte Kinder, König, Vaterland die gleiche Sache, wenn man mit einem leeren Wortunterricht das unversorgte Volk auf den ewigen König und auf das ewige Vaterland hinweist und ihm ebenso zuruft: Haltet euch wohl. Am Ende sagte er: Was mich tröstet, ist: Wir sind meistens auch nicht schuld, und viele von uns täten gewiß mehr, wenn sie könnten. Aber ewig ist es wahr, der Schade ist nicht abzusehen, daß man den Unterricht und den Trost der Menschen so sehr an vieles Wortbrauchen bindet.

Ja, ja, sagte der Leutenant. Taten lehren den Menschen, und Taten trösten ihn. Fort mit den Worten! Und der Degenknopf hat recht.

§ 18

Worauf eine gute Schule sich gründe

Der Junker hatte, seitdem er vom Baumwollen-Meyer heimgekommen, jeden Augenblick, den er stehlen konnte, mit dem Leutenant zugebracht, um mit ihm von den Einrichtungen zu reden, die sie wegen ihrer neuen Schul' machen wollten.

Sie fanden beide, ein Kind sei in aller Welt vorzüglich gut erzogen, wenn es dasjenige, was in aller Absicht im Alter das Seinige sein wird, wohl zu äufnen[1]) und in der Ordnung zu halten und zu seinem und der Seinigen guten Wohlstand zu gebrauchen gelernt hat.

Dieser vorzügliche Endzweck aller Erziehung schien ihnen ohne weiteres das erste Bedürfnis einer vernünftigen Menschenschul'.

Sie sahen desnahen²), daß der Leutenant und jedermann, der für Bauren und Baumwollenspinner eine rechte Schul' errichten wolle, entweder selber wissen und verstehen müsse, was Bauren und Baumwollenkinder wissen und tun müssen, wenn sie rechte Land- und rechte Baumwollenarbeiter sein müssen, oder wenn er's nicht selber wisse, fragen, lernen und Leute an die Hand nehmen müsse, die das wissen und ihm zeigen könne.

Sie dachten natürlich zuerst an den Baumwollen-Meyer und gingen grad' nach diesem Gespräch von dem Essen weg zu ihm hin.

Das ist jetzt der Mann, von dem ich Euch soviel gered't, sagte der Junker zum Leutenant und zum Meyer, und das ist ein Herr, der dich eurer Schul' halber, hoffe ich, trösten wird.

Der Meyer wußte nicht, was das sagen wollte. Der Junker aber erklärte es ihm und sagte, daß der Herr ihr Schulmeister sein werde.

Er konnte sich nicht genug darüber verwundern. Nach einer Weile sagte er: Wenn der Herr soviel Mühe nehmen will, so werden wir ihm nicht genug danken können; aber es wird Zeit brauchen, bis er unsere Ordnung und unser Wesen im Dorf recht wird kennenlernen.

Das glaub' ich auch, sagte der Leutenant, aber man muß einmal anfangen, und ich will mir keine Mühe dauren lassen, soviel immer möglich nachzuforschen, was es eigentlich erfordere und was euere Kinder eigentlich lernen können, damit sie für ihr Bauren- und Baumwollenwesen recht in Ordnung kommen.

M e y e r. Das ist brav, daß ihr damit anfangen wollet.

L e u t e n a n t. Ich wüßte nicht, womit ich anders anfangen sollte, und ich werde, wo ich immer Anlaß hab', alle Gattung von Haus und Feldarbeit ins Aug' zu fassen suchen, damit es recht in mich hineinkomme, was für eine Art und Schnitt Euere Kinder haben müssen, wenn sie für ihren Beruf und Umständ' recht erzogen werden müssen.

Das Mareili war mit ihm wie daheim. Es zeigte ihm allenthalben im Haus und ums Haus und in den Ställen, was die Kinder machen und lernen müssen, wenn sie das alles, was da sei, recht in der Ordnung zu halten lernen müssen. Es ließ sie im Garten hacken, Herd stoßen, auf die Bühne steigen, Feuer machen. Je mehr er sahe, je mehr fragte er. Er fragte sogar, wie man den Zehnten rechne, wie man das Heu messe, und dann, wie man das Baumwollwesen rechne, was für ein Unterschied zwischen dem Lohn und der Wolle, und hundert dergleichen Sachen mehr.

Sie erklärten ihm, was sie konnten. Zuletzt wollte er seine Kinder auch spinnen lernen³). Aber das Mareili sagte ihm: Wir nehmen des Jahr's etliche hundert Zentner Garn ein, und ich hab' die Kinder nie dazu bringen können, daß sie auch recht schön spinnen. Kann zwar auch nicht alles klagen, sie haben viel im Land und um das Vieh zu tun, und da gibt's nie recht schönes Garn. Aber wenn Ihr wollet eine gute Spinnerordnung sehen, so müßt ihr zu des Maurers Frau gehen; da ist über diesen Punkt etwas zu sehen, bei uns nicht.

Heißt die Maurersfrau, von der Ihr redet, Gertrud? sagte der Leutenant.

Es scheint, Ihr kennet sie auch schon, erwiderte das Mareili.
Nein, aber der Junker hat mir abgered't, grad von Euch weg zu ihr zu gehen, sagte der Leutenant.
Nun, so sehet Ihr doch auch, daß ich Euch recht gewiesen hab', sagte das Mareili.

§ 19
Das Fundament einer guten Schul' ist das gleiche mit dem Fundament alles Menschenglücks und nichts anders als wahre Weisheit des Lebens

Ihre Stube war so voll, als sie hineinkamen, daß sie vor Rädern fast nicht hineinkonnten.

Gertrud, die an keinen fremden Menschen dachte, da sie die Türe aufmachten, hieß die Kinder aufstehen und Platz machen. Aber der Junker wollte nicht, daß sich nur eines von seinem Ort bewege, bot dem Pfarrer und dem Leutenant, einem nach dem anderen, die Hand, sie hinter den Kindern der Wand nach zu ihrem Tisch herfür zu führen.

Ihr könnet nicht glauben, wie diese Stube die Herren ergötzte. Es schien ihnen nichts dagegen, was sie beim Baumwollen-Meyer sahen.

Es ist natürlich — die Ordnung und Wohlstand bei einem reichen Mann nimmt nicht so ein; man denkt gleich, hundert andere können das nicht so machen, sie haben das Geld nicht. Aber der Segen und Wohlstand in einer armen Hütten, die so unwidersprechlich beweist, daß es allen Menschen in der Welt wohl sein könnte, wenn sie Ordnung hätten und wohl erzogen wären, dieses nimmt ein gutes Gemüt ein bis zum Sinnenverlieren. Jetzt hatten die Herren eine ganze Stube voll solcher armen Kinder in vollem Haussegen vor ihren Augen.

Es war dem Junker eine Weile nicht anders, als er sehe das Bild des Erstgebornen seines besser erzogenen Volks wie in einem Traum vor seinem Auge, und der Leutenant ließ seine Falkenaugen wie ein Blitz herumgehen, von Kind auf Kind, von Hand auf Hand, von Arbeit auf Arbeit, von Aug' auf Aug'. Je mehr er sah, je mehr schwoll sein Herz vom Gedanken: sie hat's getan und vollendet, was wir suchen; die Schule, die wir suchen, ist in ihrer Stube.

Es war eine Weile so still wie der Tod in dieser Stube. Die Herren konnten nichts als sehen und sehen und — schweigen.

Der Gertrud schlug das Herz vor dieser Stille und ein paar Zeichen von Achtung, die an Ehrerbietung grenzt, welche der Leutenant während dieser Stille ihr erzeigte.

Die Kinder aber sponnen munter fort, lachten mit den Augen gegeneinander;

denn sie sahen, daß die Herren um ihrentwillen da seien und auf ihre Arbeit sahen.

Das erste, was der Leutenant red'te, war: Sind diese Kinder alle Ihr, Frau?

Nein, sie sind nicht alle mein, sagte Gertrud; zeigte ihm dann von Rad zu Rad die, welche dem Rudi, und die, welche ihr gehören.

Denket, Herr Leutenant, sagte der Pfarrer, die Kinder, so dem Rudi gehören, haben vor vier Wochen alle noch keinen Faden spinnen können.

Der Leutenant sah den Pfarrer und die Frau beide an und sagte: Aber ist das möglich?

Das ist nichts anders, erwiderte Gertrud, in ein paar Wochen soll ein Kind recht spinnen lernen; ich habe welche gekannt, die es in ein paar Tagen gelernt.

Das ist nicht, was mich in dieser Stube verwundert, sondern etwas ganz anders, sagte der Junker: diese fremden Kinder sehen sint drei oder vier Wochen, da die Frau sich ihrer annimmt, aus, daß ich bei Gott keines von allen mehr gekannt hätte. Der lebendige Tod und das äußerste Elend red'te aus ihren Gesichtern, und das ist weggewischt, daß man keine Spur mehr davon siehet.

Der Leutenant antwortete französisch: Aber was macht dann die Frau mit den Kinderen?

Das weiß Gott, sagte der Junker.

Und der Pfarrer: Wenn man den ganzen Tag bei ihr ist, so hört man keinen Ton und siehet keinen Schatten, der etwas besonders scheint. Man meinet immer und bei allem, was sie tut, eine jede andere Frau könnte das auch so machen, und sicher wird es dem gemeinsten Weib im Dorf nicht in Sinn kommen, sie tue etwas oder könne etwas, das sie nicht auch könne.

Ihr könntet nicht mehr sagen, sie in meinen Augen groß zu machen, sagte der Leutenant und setzte hinzu: Die Kunst endet, wo man meinet, es sei überall keine. Und das höchste Erhabene ist so einfach, daß Kinder und Buben meinen, sie können gar viel mehr als nur das.

Da die Herren miteinander französisch red'ten, fingen die Kinder an, einander Blick' zu geben und zu lachen. Heirli und das, so gegen ihm über saß, machten sogar gegeneinander mit dem Maul: parlen, parlen, parlen.

Gertrud winkte nur, und es war im Augenblick still. Und da der Leutenant auf allen Rädern Bücher liegen sah, fragte er Gertrud, was sie damit machen.

Sie sah ihn an und sagte: Äh, sie lernen darin.

Aber doch nicht, wenn sie spinnen? sagte der Leutenant.

Ja freilich, sagte Gertrud.

Das möchte ich jetzt doch auch sehen, sagte der Leutenant.

Und der Junker: Ja, du mußt uns das zeigen, Gertrud.

Kinder, nehmet eure Bücher in die Händ' und lernet! sagte diese.

Laut wie sonst? fragten die Kinder.

Ja, laut wie sonst, aber auch recht! sagte Gertrud.

Da taten die Kinder ihre Bücher auf. Ein jedes legte die ihm gezeichnete Seite vor sich zu und lernte an der Lezgen[1]), die ihm vor heut' aufgegeben war.

Die Räder aber gingen wie vorhin, wann die Kinder schon ihre Augen völlig auf den Bücheren hatten.

Der Leutenant konnte nicht genug sehen und bat sie, sie möchte ihnen doch alles zeigen, was sie mit den Kindern mache und was sie sie lerne.

Sie wollte sich zwar entschuldigen und sagte, es sei ja nichts, als was die Herren tausendmal besser wissen.

Aber der Junker sagte auch, sie soll' es tun. Da hieß sie im Augenblick die Kinder ihre Bücher zutun und lernet mit ihnen auswendig. Diesmal der Abschnitt vom Lied:

> Wie schön, wie herrlich strahlet sie,
> Die Sonne dort, wie sanft! und wie
> Erquickt, erfreut ihr milder Glanz
> Das Aug' — die Stirn, die Seele ganz!

Der dritte Abschnitt, den sie jetzt lernten, heißt:

> Versunken ist sie; so versinkt,
> Wenn Er, der Herr der Sonne, winkt,
> Des Menschen Herrlichkeit und Pracht,
> Und aller Glanz wird Staub und Nacht.

Sie sagte eine Zeile nach der anderen von diesem Abschnitt laut und langsam vor, und die Kinder sprachen es ihr ebenso langsam und sehr deutlich nach. Das wiederholte sie sovielmal, bis eins sagte: Ich kann's jetzt. Dann ließ sie dieses den Abschnitt allein sagen, und da es keine Silbe fehlte²), ließ sie ihns denselben der anderen vorsagen und alle nachsprechen, bis sie es konnten. Dann sange sie noch mit ihnen die drei Abschnitt' dieses Lieds, wovon sie die zwei ersten schon konnten.

Nach allem dem zeigte sie noch den Herren, wie sie mit ihnen rechne; und auch das war das Einfachste und Brauchbarste, das man sich vorstellen kann; aber ich rede ein andermal davon.

§ 20

Ein Werberstuck

Der Leutenant fand alle Augenblick' mehr, das alles lasse sich in seiner Schule machen. Aber er fand ebensowohl, daß es eine Frau wie diese dazu brauche, wenn das nicht nur möglich, sondern wirklich werden sollte.

Ein Werber aus Preußen spitzt nicht so darauf, einen Burschen, der das Maß hatte, in Dienst zu kriegen, als der Leutenant jetzt darauf spitzte, diese Frau, die ihm für den Schuldienst das Maß hatte wie keine andere, dafür ins Garn zu locken.

Aber Frau, fing er an, könnte man die Ordnung, die Sie da in der Stube hat, nicht auch in der Schul' einführen?.

Sie besinnte sich einen Augenblick und sagte dann: ich weiß nicht, aber man sollte meinen, was mit zehen Kindern möglich wär', wäre mit vierzigen auch möglich. Einen Augenblick darauf aber sagte sie: Doch es würde viel brauchen, und ich glaube nicht, daß man leicht einen Schulmeister finden würde, der so eine Ordnung in seiner Schul' leiden würde.

Leutenant. Aber wenn Sie einen wüßte, der so eine Ordnung machen wollte, würde Sie ihm dazu helfen?

Gertrud, mit Lachen. Ja freilich, soviel ich könnte und möchte.

Leutenant. Und wenn ich es bin?

Gertrud. Was — bin?

Leutenant. Der Schulmeister, der gern eine Schul' einrichtete, wie Sie eine in der Stube hat.

Gertrud. Ihr seid kein Schulmeister.

Leutenant. Ich bin's; fraget nur die Herren!

Gertrud. Ja — vielleicht in einer Stadt, und in etwas, von dem wir weder Gigs noch Gags verstehen.

Leutenant. Nein, wahrlich in einem Dorf.

Gertrud (mit dem Finger auf ihr Rad deutend). Bei dergleichen Kindern?

Leutenant. Ja, bei dergleichen Kindern.

Gertrud. Es soll mir doch weit sein, bis an den Ort, wo die Schulmeister für dergleichen Kinder so aussehen.

Leutenant. Nicht so gar.

Gertrud. Ich mein's doch.

Leutenant. Aber Sie hilft mir doch, wenn ich so eine Schul' einrichten will?

Gertrud. Wenn's einmal weit ist, so gehe ich nicht mit Euch.

Leutenant. Ich will nur da bleiben.

Gertrud. Und Schul' halten?

Leutenant. Ja.

Gertrud. Da in der Stube?

Leutenant. Nein, in der Schulstube.

Gertrud. Es würde Euch leid sein, wenn man Euch beim Wort nehmen würde.

Leutenant. Ihr noch viel mehr, wenn Sie mir helfen müßte.

Gertrud. Das denn nicht — es würde mich noch freuen.

Leutenant. Jetzt hat Sie zweimal gesagt, Sie wolle mir helfen.

Gertrud. Ja, freilich, dreimal sag ich Ja, wenn Ihr unser Schulmeister seid. Jetzt fing er und die Herren alle an zu lachen, und der Junker sagte selbst: Jä, Gertrud, er ist einmal Euer Schulmeister.

Das machte sie betroffen; sie ward rot und wußte nicht, was sie sagen wollte.

Warum wird Sie so still? sagte der Leutenant.

Es dünkt mich, es wäre gut, wenn ich vor einer Viertelstund' so still gewesen.

Leutenant. Warum jetzt das?

Gertrud. Wie wollt' ich Euch helfen können, wenn Ihr Schulmeister seid!

Leutenant. Sie sucht jetzt Ausflüchte, aber ich lasse Sie nicht los.

Gertrud. Ich will gebeten haben.
Leutenant. Daraus gibt's nichts; wenn Sie mir die Ehe versprochen, Sie müßte mir halten.
Gertrud. Öppen (etwa) nicht?
Leutenant. Öppen wohl.
Gertrud. Es kann nicht sein.
Weißt du was, Gertrud, sagte der Junker, halt'st du, so gut du kannst, und mehr wird er nicht fordern; aber was du immer tun wirst, ihm zu helfen, das wirst du mir tun.
Gertrud. Ich will wohl gern, aber Sie sehen die Stube voll Kinder, und wie ich angebunden bin. Wenn's aber um Rat und Hilfe in Arbeitssachen, die so ein Herr freilich nicht verstehen kann, zu tun ist, so weiß ich eine Frau, die das viel besser versteht als ich; und was ich nicht Zeit hab', das kann diese vollkommen.
Junker. Richte es ein, wie du kannst, aber gehe ihm an die Hand!

[Um den Bonnalern in Zukunft ein gesünderes Leben zu ermöglichen, verschenkt der Junker an alle Buben Obstbäume. Die Ziegen, die er an arme Haushaltungen billig abgibt, sollen diesen eine tägliche nahrhafte Mahlzeit sichern. Aber besonders den armen Spinnerkindern will er zu Ordnung und Spargeld verhelfen. Er erklärt ihren Vätern einen Plan, den ihm das Mareili ausgedacht hat.]

§ 24

Von Jugend auf zwei Batzen sparen.
Ein Mittel wider den Ursprung der Verbrechen, gegen die man sonst Galgen und Rad braucht

Als der Spaß aus war, red'te der Junker mit den Hausvätern von den zehntfreien Äckern, die er den Spinnerkindern schenken wollte, wenn sie, ehe sie zwanzig Jahre alt seien, 8—10 Dublonen erspart hätten und beiseits legen würden. Es wollte ihnen zwar nicht leicht in den Kopf, wie das möglich und wie die Spinnerkinder 8—10 Dublonen zusammenbringen sollen, ehe sie zwanzig Jahre alt sind. Aber das Wort Zehntfreiheit, das so rar ist wie der Vogel Phönix, machte, daß sie mehr Verstand bekamen, als sie sonst hatten, und ausrechnen lernten, es brauche nicht mehr, als daß eines in der Woche zwei Batzen beiseite lege, und dann wär's in der Ordnung.
Er trug es ihnen vor, wie es ihm das Baumwoll-Mareili angegeben; ein Kind, das jetzt schon 17 Jahr' alt, müsse Gulden dreißig, eines, das 16 Jahr' alt, vierzig, eines, das 15 Jahr', fünfzig, eins, das 14 Jahr' sechzig, eins, das 13 Jahr', siebenzig — und nur die, wo unter 13 Jahren, müssen ihre volle achtzig Gulden zusammenbringen, um diese Zehntfreiheit zu erlangen.
Und mit jedem Augenblick begriffen ihrer mehrere, daß die Sache möglich und

tunlich, und ihrer etliche fingen bald an, so warm zu werden, daß sie sagten: Der Teufel, man muß das Eisen schmieden, weil's warm ist. Kind und Kindskinder erleben's vielleicht nicht mehr, daß einem Junker so ein Wort zum Maul hinausjuckt.

Und hie und da nahm jetzt ein Baumwollspinner-Vater sein Kind beiseits und sagte ihm: Was ist's? willt du in der Woche ein halbes Pfund mehr spinnen, daß ich dir so einen Sparhafen machen könne? Und du hast dann deiner Lebtag' einen Vorteil.

Das glaub' ich, sagten die Kinder, und gern ein ganzes Pfund, wenn du mir das tust, Ätti (Vater)!

Bald darauf riefen ein paar Spinnväter: Wir haben zu danken, Junker, und wir wollen mit unsern Haushaltungen das anfangen, was Ihr saget. Wir auch, wir auch, Junker, sagten jetzt eine Menge.

Übereilet euch nicht, sagte da der Junker, und besinnet euch mit euern Weibern bis morgen, ob ihr's versprechen wollet; denn es ist mir wie mit den Hüterkindern: wenn's einmal versprochen ist, so muß es gehalten sein.

Es ist versprochen, es ist versprochen, und es muß gehalten sein, sagten viele Männer und andere. Es braucht sich da nichts zu besinnen; wir müßten uns und unsern Kindern spinnefeind sein, wenn wir uns einen Augenblick besinnten.

Aber die Reichen im Dorf und die Großen, als sie sahen, wie das kommen wolle, fingen an, die Köpfe zusammenzustoßen und zueinander zu sagen: Jä, und dann unsere Töchter, was haben dann sie, wenn die Spinnerkinder so zehntfreie Äcker bekommen?

Der Junker merkte, daß den Dickbäuchen etwas nicht recht lag. Sie stunden bei drei, vieren zusammen, verwarfen die Hände und schüttelten die Köpfe. Es wunderte ihn, was es seie. Er winkte dem Untervogt, der bei ihnen stund, und fragte ihn, was sie haben.

Ha — sie meinen eben, so zehntfreie Äcker würden ihre Töchter auch freuen und ihnen auch wohl tun, wie den Spinnerkindern, sagte der Untervogt.

Und der Junker: So — möchten sie das auch noch? Haben sie sonst nicht genug?

Sie meinen auch, sagte der Untervogt, sie verdienen es wie die andern, und wenn man die Wahrheit sagen muß, so müssen sie zehnmal mehr arbeiten als die andern.

Das ist nur, weil sie hundertmal mehr vermögen als die andern, sagte der Junker.

Und es ist so, es ist so, erwiderte der Vogt, fuhr aber doch fort, ihnen das Wort zu reden, und sagte: Wenn's nur nicht der Zehnten wäre, möchte sonst sein, was es wollte. Aber der Zehnten ist so eine eigentliche Bauernsache, und es setzt den größten Verdruß ab, wenn die Baumwollen-Kinder darin einen Vorteil bekommen.

Verwundert euch nicht, daß der Vogt das sagte. Der Hügi hat ihm, da ihn der Junker winkte, zugerufen, er solle ihm's sagen. Dieser aber bedachte sich einen

Augenblick und sagte dann: Sie müssen auch solche Äcker haben, wann sie wollen, und wandte sich dann an eine Sammlung von Dickbäuchen, die in der Nähe von ihm beieinander stunden und ihm und dem Untervogt ins Maul hineinsahen, was sie red'ten.

Er sagte ihnen: Wenn euch so viel daran liegt, daß eure Töchtern auch so zehntfreie Äcker zur Aussteuer bekommen, so will ich das tun. Ich will einer jeden Baurentochter, deren Eltern ein Waisenkind, das nicht über sieben Jahr' alt ist, ins Haus aufnehmen und brav und unklagbar erziehen, so eine Zehntfreiheit zur Aussteuer schenken wie einem Spinnerkind, das seine achtzig Gulden verdient hat. Und noch lieber will ich das tun, wenn eine von euern Töchtern aufweisen kann, daß sie selber etwas getan, das so brav und gut ist, als ein armes Kind erziehen oder so viele Jahr in der Ordnung sparen, als die Spinnerkinder dafür sparen müssen. Aber verstehet mich wohl: es muß etwas sein, das nicht bloß in ihren Sack gut ist.

Die Sammlung der Bauren tat kein Maul auf über das, was er sagte. Ihrer viele aber kehrten sich von ihm weg, da er ihnen ins Gesicht sah. Eine Weile darauf fingen sie untereinander an zu brummen, das sei nichts.

Einer sagte, sie müßten ja aus ihrem Geld kaufen, was er den anderen verehre.

Ein anderer sagte: So ein Narr bin ich nicht und salze mir so eine Plage auf, ich hab' genug an meinen eigenen.

Noch einer sagte: Wenn ich etwas Frömdes erziehen will, so muß es mir im Stall schlafen und am Bahren¹) fressen.

Ja, ja, sagte wieder einer, so eins, das man anbinden kann, geht wohl an, aber mit den andern mag ich nichts zu tun haben.

Einer oder zween, die gar hochmütig waren, fanden doch, so ein Kind äße zuletzt mit den andern, und sie könnten es immer brauchen, wenn's auch nur zum Hühnerfuttern und Grasausraufen wäre.

Aber es hat ein Apropos, sagten wieder andere. Wer weiß, was er unter dem Wohl-und-unklagbar-Erziehen versteht? Und wenn einer Jahr und Tag Müh und Arbeit gehabt hätte und er dann sagte, es wäre nicht brav und unklagbar erzogen, was wollte einer denn machen?

Und wenn so ein Kind stürbe? So wäre wieder das, man könnte noch's Teufels Verdruß davon haben, und wenn man's zehn Jahr' hätte, wäre einem denn noch niemand nichts schuldig.

Der Junker sahe, daß sie nicht mit ihm reden wollten, sondern nur untereinander brummelten. Er zweifelte nicht daran, es gefalle ihnen nicht, und er wollte die Gemeind' entlassen.

[Der Tag, an dem die Bonnaler die Geschenke ihres Junkers auf dem Ried empfangen haben, geht zu Ende. Die Väter ziehen mit ihren Kindern, den Geißen und den Bäumen heim. Der Junker und der Leutnant beobachten die untergehende Sonne.]

§ 26

Was ist Wahrheit, wenn es nicht die Natur ist

Der Leutenant und der Junker sagten beide, der Pfarrer sollte auch da sein, als die Pracht der Gegend vor der Schönheit des Hirten vor ihren Augen verschwand. Er war nicht da, er war bei der kranken Kienastin, für die der Michel dem Junker eine Geiß bettelte.

Es kann nicht wohl etwas Trauriger's sein als das Leben und das Todbett dieser Frau. Sie ist mit dem besten Herzen das elendste Mensch worden, weil sie sich ob dem größten Weltgift unserer Zeit, ob armen Büchersachen, verirret. Ihr alter Pfarrer war an ihrem Unglück schuld. Er war ein herzguter Mann, wie sie auch in ihren guten Tagen; aber er war mit seinen Sinnen nicht in der Welt, sondern in den Büchern und hat das arme Mensch, das jetzt auf dem Todbett lag, mit seiner Jugendlehre aus dieser Welt hinaus und in eine einbildische versetzt, die ihr weder Brot noch Ruh' noch Segen zeigte, sondern alles das Gegenteil, bis auf die Stunde ihres Scheidens.

Es steht im Anfang des Wort's Gottes oder im ersten Buch Mosis im ersten Kapitel: Im Schweiß deines Angesichts sollst du dein Brot essen, und mein Großvater, wenn er diesen Spruch sagte, setzte allemal noch hinzu: wenn du nicht ein Narr werden willst oder ein Lump obendrauf.

Davon wußte der Pfarrer Flieg in Himmel weniger als nichts. Er meinte, wenn seine Kinder nur ordentlich still säßen und den frommen Sachen, von denen er alle Sonntag und Donn'stag die Ohren voll zählte[1]), die Woche durch fein ordentlich nachsinnten und links und rechts der Gründen Menge wüßten und an den Fingern herzählen konnten, warum er, der Pfarrer Flieg in Himmel, dieses oder jenes für wahr halte usw. Dieser Pfarrer hat eine Menge Kinder unglücklich gemacht, und die Leute, die die schlechtesten im Dorf sind, sind im eigentlichsten Verstand seine Zucht.

Es verblendete sich im Anfang jedermann an ihn, und es tönte wie aus einem Mund das Lob, er tue einen Gotteslohn an den Kindern, so eifrig sei er, und mache, weiß nicht was, aus ihnen. Nur hier und da machte etwan ein alter Mann oder eine alte Frau und etwan sonst ein Mensch, der nicht viel in den Büchern las, die Anmerkung, seine Kinder werden so geschwind müde und haben ihren Kopf und ihre Sinnen nicht auch so, wie es sein sollte, bei ihren Sachen. Aber man dorfte es kaum sagen; ein jedes Wort ärgerte, das man wider diesen Pfarrer sagte. — Es ist natürlich: seine Kinder waren so artig und konnten so viel aus der Bibel erzählen und sonst Gereimtes und Ungereimtes auswendig sagen, daß ihre Eltern vor Freude darüber ihnen die Hände unter die Füße legten oder wenigstens einmal die Suppe ohne ihre Müh' auf den Tisch stellten, damit sie alle Wochen bis den Sonntag ja recht viel auswendig lernen und dann in der Kirchen aufsagen könnten.

Es ging so weit mit der Verirrung im Lob dieses Pfarrers, daß man einmal einen natürlichen Menschen, der es in aller Unschuld heraussagte, es dunke ihn wie eine Komödie, fast mit Steinen geworfen. Der Mann hatte sich unrecht ausgedruckt. Man heißet solche Wundersachen, wenn sie sich mit Unglück enden, nicht Komödien, sondern Tragödien. Und diese Pfarrer-Historie endete sich mit dem bittersten Elend des Lebens, mit dem Elend guter Menschen, die ihre Haushaltungen in der Schwäche ihres Träumerlebens zerrüttet.

Der arme Pfarrer machte, daß seine beste Kinder den Kopf in den Lüften hielten, und die gute Kienastin, die dieser Mann selig mit seinen Meinungen selig so verdorben, war sein Herzenskäfer. Himmlisches Kind, Engelsseele! waren die gewohnten Ausdrücke, die er brauchte, wann er von ihr red'te.

Ein gutes Kind war sie, das ist wahr; aber ein schwaches, zur Liederlichkeit und zum Träumerleben höchstgeneigtes Geschöpf, das sich noch dazu auf die Erkanntnis, die sie in geistlichen Dingen hatte, weiß nicht was einbildete. Diese Erkanntnis aber war ein armer, unverdäuter Wortkram, der ihr Kopf und Herz und Sinn und Gedanken zu allem, was sie in der Welt hätte sein sollen, wie weggenommen, so daß ihr Mann und ihre Kinder seit zwanzig Jahren weniger mit ihr versorgt gewesen, als wenn sie in Gottes Namen gestorben wäre. Der jetzige Pfarrer in Bonnal, der mit seinem Kopf nicht in den Lüften schwebt, sagte ihr es im ersten Jahr, wo er glaube, daß sie zu Hause seie. Wo er immer sein Aug' hinkehrte, fand er in ihrem Hause nichts, das ihm zeigte, es wohne eine Hausfrau und eine Mutter hier; hingegen war ihr das Maul im Augenblick offen, von Religionssachen mit ihm zu reden und ihn zu fragen, wie er dieses und jenes ansehe. Er sagte aber deutsch: Du fragst mich da Sachen, an die ich noch nie Zeit gehabt zu denken, und es nimmt mich wunder, wie du Zeit gehabt habest, so weit zu kommen. Sie wollte anfangen: Ich habe da vom Herr Pfarrer selig etliche Bücher. Aber er unterbrach sie und sagte: Ich halte gar nicht viel auf vielen Büchern in Baurenhäusern. Die Bibel und ein Herz, das in Einfalt nur nicht daran sinnt, etwas zu erklären, was es nicht geradezu versteht, das suche ich in Baurenhäusern, und dann Karst und Hauen, die alles unnötig' Erklären aus dem Kopf hinaustreiben; und so einer jungen Frauen soll das Wäschbecken, die Nadel und der Strähl (Kamm) hundertmal lieber in Händen sein als alle Bücher.

Die arme Frau meinte fast, der Pfarrer läst're und rede wider Gott, da er wider ihre Torheit red'te; auch trug sie ihm diese Rede fast bis an ihr Todbett nach. Doch kam sie in ihrer letzten Krankheit noch dahin, zu erkennen, daß sie in ihrer Pilgrimschaft auf der Irre herumgelaufen und daß der gute Pfarrer sie auf den rechten Weg weisen wollen. Sie kam so weit zurück, daß sie jetzt keine größere Freude und keinen größeren Trost hatte, als wenn dieser Mann, den sie während ihrer Verirrung für so schlimm achtete, bei und neben ihr war.

[Am nächsten Tag steckt der Leutnant mit den Vorgesetzten die Plätze für die Bäume ab.]

§ 51

Wer Kräfte hat, wird Meister

Der Leutenant auf dem Ried half den Vorgesetzten, und wer da war, die Plätze abzustecken, wo nachmittag die Hausväter die Bäume hinsetzen sollten, die der Junker ihnen gegeben.

Die Vorgesetzten und Feisten unter ihnen, da sie gehört, daß der Herr darauf denke, Schulmeister bei ihnen zu werden, wollten es ein wenig kurz mit ihm fassen.

Ist's wahr sagten sie zu ihm, daß Ihr unser Schulmeister werdet? und auf seine Antwort Ei ja! sahen sie ihn an, wie ein Käufer auf dem Markt ein Judenroß, dem er nichts Gutes traut, und fingen dann bald untereinander an, zuerst halb und denn ganz, ihr Gespött zu haben und endlich überlaut zu sagen, es werde müssen eine neumodische Schule abgeben; und dann fragten sie ihn noch, ob er sich mit dem alten Schullohn begnüge oder wer ihm mehr gebe. Einige sagten, er werde wohl müssen ihre Buben lehren in die Scheibe schießen und exerzieren, und einer deutete gar mit seinem Finger auf sein Bein und sagte, aber er denke, einmal doch auch nicht zu tanzen.

Er ließ sie eine Weile machen, zu sehen, wie weit sie es trieben. Als er aber fand, es seie jetzt genug, stund er auf und sagte mit dem Stock in der Hand: An die Arbeit, ihr Nachbarn! damit ich nicht versäumt werde. Sie taten das Maul auf, und er sagte zum Dicksten: Komm her und trag das! und zum Größten: Geh hin und bring das!

Und beim ersten, der nicht im Augenblick tat, was er sagte, fragte er: Wie heißt Er? und schrieb ihn auf. Das machte sie folgen. Die ihn so verspottet, lernten stehen, wohin er sie stehen, und gehen, wohin er sie gehen, und tragen, was er sie tragen hieß.

Sobald er sie da hatte, war er wieder so freundlich als je und tate ihnen, was sie wollten und was er konnte. Er hatte auch die Arbeit mit den Bäumen so bald in Ordnung, daß die Bauern nicht begreifen konnten, wie geschwind er damit fertig worden, und er brachte es so weit, daß die, so im Anfang die Schlimmsten waren, ganz zahm wurden und daß ihrer etliche zu ihm sagten, es seien im Anfang so einige Worte geflossen, die er eben nicht aufnehmen solle, wie sie gelautet. Andere sagten ihm, sie müssen jetzt wohl sehen, wie steif er eine Ordnung habe und wie er seinen Sachen vorstehe, und er solle nur mit ihren Buben so eine Ordnung halten, so werde es wohl gehen; und etliche Buben riefen überlaut: Der kann auch etwas, und bei dem kann man auch etwas lernen.

Es waren gar viele Buben da; sie rüsteten zu, was sie auf den Abend, ihre Bäume zu setzen, nötig hatten.

Der Leutenant ging mit ihnen in alle Ecken und zeigte einem jeden, wo seine Nummer hinkomme. Er war so freundlich mit ihnen, daß sie alle zueinander sagten: Er gibt gewiß ein guter Schulmeister. Es gingen ihrer mehr als ein Dutzend Buben mit ihm vom Ried weg heim, und er red'te die ganze Zeit über mit ihnen von ihrer Arbeit und allem, was sie können und lernen müssen, daß sie rechte Bauern werden.

Nahe beim Pfrundhaus traf er den Pfarrer an, der von seiner Kranken kam und eben, wie er, sich verwunderte, daß er jetzt mit ihm am Kirchturm sah, daß es so viel über die Zwölfe.

[Nachdem nun die Bäume gesetzt sind, jede arme Haushaltung wenigstens eine Ziege hat und für das Auskommen der Spinnerkinder gesorgt ist, kann Arner an den zweiten Schritt, die Schuleinrichtung, denken. Er stellt der Gemeinde den neuen Schulmeister vor.]

§ 63

Der neunzigste Psalm und hinten darein ein Schulmeister, der stolz ist

. . .

Dann nahm der Junker den Leutenant bei der Hand und sagte ihm, er soll' jetzt der Gemeind' selber sagen, was er an ihren Kindern tun wolle.

Der Leutenant, nachdem er sich gegen den Junker, den Pfarrer und dann gegen die Gemeind' gebogen, setzte den Hut auf, lehnte sich an seinen Stock und sagte, er seie mit Edelleuten erzogen worden und seie selber ein Edelmann. Er schäme sich aber um deswillen nicht, Gott und seinem Nebenmenschen in jedem Stand, wozu ihn die Vorsehung rufe, zu dienen, und danke seinen lieben Eltern unter dem Boden für die gute Erziehung, die sie ihm gegeben und die ihn jetzt in Stand stelle, ihre Schule auf einen Fuß einzurichten, daß man es ihren Kindern will's Gott ihr Lebtag ansehen werde, daß sie in einer Schul' gewesen sind.

Übrigens aber seie es nicht seine Sache, lange Reden oder Predigten zu halten, sondern er wolle will's Gott morgen mit der Schul' anfangen, wo sich denn alles schon zeigen werde. Nur das, setzte er hinzu, muß ich noch sagen, daß ein jedes Kind seine Hausarbeit, sie mag in Nähen oder Baumwollenspinnen oder sonst worin bestehen, bringe und die Werkzeuge dazu, bis der Junker solche für die Schule wird angeschafft haben.

Was will er doch mit Spinnrädern und Spitzdrucken[1]) in der Schul' machen? fragten Männer und Weiber in allen Stühlen und einer hinter ihm zu so laut, daß er es verstunde. Er kehrte sich um und sagte ihm auch laut: Nichts als machen, daß euere Kinder reden und reiten miteinander lernen.

Es wollte den Bauren doch nicht in den Kopf, wie das möglich und wie man in der Schul' reiten und reden miteinander lernen könne.

Ihrer viele sagten schon unter der Kirchtüre: Es wird ihm damit gehen wie dem alten Junker mit dem Krappflanzen und den schönen Schafen, die er 200 Stund' weit herkommen und da bei seinem Futter krepieren lassen.

Doch sagten auch einige bestandene Männer: Der Mann sieht dem alten Krappflanzer gar nicht gleich, und es hat gar nicht die Gattung, wie wenn er in den Tag hinein schwatze.

Er (Glüphi) ginge an diesem Abend noch in seine Schule und machte gerade vor dem Ort, wo er morndes²) das erstemal sitzen wollte, einen schönen Kupferstich auf. Es war ein alter Mann mit einem langen, weißen Bart, der mit gerümpfter Stirn und großen offnen Augen seinen Finger aufhielt.

Der Junker und der Pfarrer fragten ihn, was er da machen müsse. Er antwortete ihnen: Er muß zu mir sagen: Glüphi, schwör nicht, wenn du vor mir zusitzest!

Und die Herren sagten, den wollten sie ihm nicht wegreißen, er sei denn gar wohl da.

Der Schulmeister erwiderte: Ich habe es selber auch gedacht.

§ 64

Schuleinrichtungen

Morndes ging dann die Schul' an.

Ich möchte aber nicht leicht einem andern Schulmeister raten, zu tun, was dieser getan hat, und nach einer solchen Sonntagsankündigung, die jedermann stolz fand, sich dann am Montag die Schul' von einer Bauernfrauen einrichten zu lassen.

Doch wenn einer ein Glüphi ist, so mag er's auch tun, es wird ihm nichts schaden – aber ich meine: ein rechter Glüphi, und nicht einer in der Einbildung.

Er ließ die Gertrud mit seinen Kindern eine Ordnung machen, wie wenn sie selbige daheim hätte.

Sie sonderte sie nach ihrem Alter und nach ihrer Arbeit, wie sie sich zusammenschickten, setzte allenthalben verteilt ihre und des Rudis Kinder, die ihrer Ordnung schon gewohnt waren, zwischen die andern hinein.

Zunächst am Tisch und vornen an den andern setzte sie die Kleinen, die das ABC noch nicht konnten.

Hinter diesen die, so buchstabieren sollten.

Denn die, so halb lesen konnten. Endlich die, so es ganz konnten.

Steckte dann dem ersten Reihen für diesen Morgen nur drei Buchstaben an die schwarze Tafel und machte eines von diesen Kindern aufsagen. Wenn es sie dann recht sagte, so mußten sie die andern ihm nachsagen. Dann veränderte sie die Ordnung dieser Buchstaben einsmal über das andere, steckte sie ihnen bald in kleinerer, bald in größerer Form an die Tafel und ließe sie ihnen den ganzen Morgen so vor den Augen.

Ebenso versetzte sie mehrere Buchstaben denen, so buchstabierten. Und die, so halb lesen konnten, mußten mit diesen buchstabieren.

Diese aber und auch die, so lesen konnten, mußten ihre Bücher bei dem Spinnrad vor sich offen halten und immer dem, das etwas laut vorlase, dasselbe halblaut nachsprechen. Und keines war eine Minute sicher, daß sie nicht rufe: Fahr jetzt du fort!

Für die Handarbeit hatte sie eine Frau mit ihr genommen, die Margreth hieß und die nun halbe Tage dafür in die Schule kommen sollte; denn Gertrud war dieses nicht möglich.

Die Margreth war ein Mensch für dieses, daß man nicht leicht ihresgleichen finden konnte.

Sobald ein Kind eine Hand oder ein Rad stillhielt, stund sie bei ihm zu und ging nicht von ihm fort, bis Hand und Rad wieder in Ordnung waren.

Die meisten Kinder brachten auch schon an diesem Abend eine Arbeit heim, daß die Mütter ihnen nicht glaubten, daß sie selbige allein gemacht hätten. Aber viele Kinder gaben ihnen zur Antwort: Jä, es ist ein Unterschied, wie es die Margreth einem zeiget; du einmal kannst es nicht so.

Sie rühmten den Leutenant nicht minder. Den Nachmittag führte er die Schul', und Gertrud sah ihm dann zu, wie er ihr am Morgen, und es ging so gut, daß sie zu ihm sagte: Wenn ich gewußt hätte, daß ich in zwei Stunden mit allem fertig wurde, was ich Euch zum Schuleinrichten helfen kann, so hätte ich mich am Donn'stag nicht so gesperrt.

Es freute ihn auch, daß es so gut ging. Er gab diesen Abend allen Kindern, die über sieben Jahr' alt waren, ein paar zusammengestochene Bögen Papier heim und ein paar Federn, und jedes Kind fand seinen Namen auf diesen Bögen schön wie gedruckt geschrieben. Sie konnten sie nicht genug anschauen und fragten ihn einmal über das andere, wie man das auch mache. Er zeigte es ihnen und schrieb ihnen wohl eine Viertelstunde lang so große Buchstaben, die wie gedruckt scheinen. Sie hätten ihn bis am Morgen so schreiben lassen, so schön dünkte sie das; und es wunderte sie so gar, ob sie es auch so lernen müssen.

Er gab ihnen zur Antwort: Je schöner ihr schreiben lernen wollet, je lieber ist es mir, sagte ihnen denn noch beim Fortgehen, sie sollen zu ihrem Papier Sorg' tragen und ihre Federn mit dem Spitz in faule Apfel hineinstecken; sie bleiben darin am besten.

Viele Kinder gaben ihm darauf zur Antwort: Jä, wenn wir jetzt grad' so faule Apfel hätten! es ist ja nicht mehr Winter.

Er lachte darüber und sagte ihnen: Wenn ihr keine habet, so kann ich euch vielleicht bringen; ich denke die Frau Pfarrerin hat noch mehr, als ihr lieb ist, faule Apfel.

Andre Kinder aber sagten: Nein, nein, nein! Wir wollen ihnen schon bringen, wir haben auch noch.

§ 65

Fortsetzung der Schuleinrichtung

Sie sprangen dann alle heim, ihren Eltern geschwind, geschwind ihre schönen Schriften zu zeigen, und rühmten den Schulmeister und die Margreth, was sie konnten und mochten.

Aber ihrer viele gaben ihnen zur Antwort: Ja, ja, die neuen Besen wischen alle wohl, oder sonst so ein wunderliches Wort, daß die Kinder nicht wußten, woran sie waren.

Aber das tat den guten Kindern weh; aber sie gaben um deswillen ihre Freud' noch nicht auf, und wenn ihre Eltern nicht Freud' mit ihnen hatten, so zeigten sie ihre schönen Schriften, wem sie konnten, bis auf dem Brüderli in der Wiege und der Katz' auf dem Tisch und trugen dazu Sorg', wie sie ihrer Lebtag' zu nichts Sorg' getragen. Wenn das Brüderli mit dem Händli oder die Katz' mit dem Maul danach langen wollten, so zogen sie es im Augenblick zurück und sagten: Du mußt nur mit den Augen sehen und es nicht anrühren. Ihrer etliche versorgten es in die Bibel. Andre sagten, sie können denn das große Buch nicht auftun, und legten es in den Kasten[1]) zu dem, was sie am schönsten hatten. Und die Freude, wieder in die Schul' zu gehen, trieb sie so, daß sie mornds ihrer viele fast vor Tag aufstunden, ihren Müttern zu rufen, sie sollen doch machen, daß sie bald zu essen bekommen, damit sie zu rechter Zeit in die Schul' kommen. – Am Freitag war's denn da, da die neuen Schreibbänk', die der Junker ihnen machen lassen, fertig waren. Es wollten alle in der ersten Stunde miteinander ansitzen; aber der Leutenant teilte sie in vier Teile ab, damit ihrer nicht zu viel seien und ihm nie keine Hand entgehe und keines ihm auch nur einen Zug machen könne, den er nicht sehe.

Er kam auch hierin mit den meisten gar wohl fort. Einige griffen es so gut an, daß es schiene, es komme ihnen wie von selbst. Bei den andern aber ging es darum gut, weil sie sonst schon mehr als andre in den Händen gehabt, wozu es Aufmerksamkeit brauchte.

Aber einigen, die noch nicht viel anders in Händen gehabt als den Löffel, mit dem sie das Essen zum Maul hinaufbringen, kam es schwer an. Das Rechnen lernten einige sehr leicht, die zum Schreiben gar ungeschickt taten und die Federn, wie wenn sie lahm wären, in die Hand nahmen; und es kamen wirklich etliche solche Löffelbuben, die in ihrem Leben fast noch nichts getan als auf den Gassen und Weiden herumziehen, hierin den andern allen schnell und weit vor.

Es ist natürlich: das größte Lumpenvolk hat die größten Anlagen und läßt meistens das Arbeitsvolk Kopfs halber weit hinter sich zurück; auch findet man fast immer den Baurenrechner im Wirtshaus.

Überhaupt fand der Schulmeister diese armen Kinder Kopfs und Händen halber viel geschickter, als er es erwartete; auch das ist natürlich.

Not und Armut machen dem Menschen gar viel durch Kopf und Hände gehen, das er mit Geduld und Anstrengung darin herumdrehen muß, bis er Brot daraus ziehen kann; und Glüphi bauete auf dieses so sehr, daß er in allem, was er in seiner Schul' tat, und beinahe bei jedem Wort, das er darin red'te, sich fest in Sinn nahm, diesen Umstand, den die Natur selbst zum Fundament der Erziehung der Armen und des Landvolks gelegt hat, zu nutzen und zu brauchen.

Er hielt selbst so viel auf dem Schweiß der Tagesarbeit und dem Müdewerden, daß er behauptete, alles, was man immer dem Menschen beibringen könne, mache ihn nur insoweit brauchbar oder zu einem Mann, auf den und auf dessen Kunst man bauen könne, insofern sein Wissen und seine Kunst auf diesen Schweiß seiner Lehrzeit gebaut seie; und wo dieser fehle, seien die Künste und Wissenschaften der Menschen wie ein Schaum im Meer, der oft von weitem wie ein Fels scheine, der aus dem Abgrund emporsteige, aber verschwinde, sobald Wind und Wellen an ihn anstoßen.

Daher, sagte er, müsse bei der Erziehung des Menschen die ernste und strenge Berufsbildung allem Wortunterricht notwendig vorhergehen.

Und genau mit der Berufsbildung verband er auch die Sittenbildung und behauptete, die Sitten eines jeden Stands und Gewerbs und auch des Orts und Lands, in dem ein Mensch wohne, seien für ihn so wichtig, daß sein Glück und die Ruh' und der Friede seines Lebens wie tausend gegen eins darauf ankommen, ob er ein ungetadeltes Muster dieser Sitten sei.

Die Erziehung zu den Sitten war also auch ein Hauptstuck seiner Schuleinrichtungen.

Die Schulstube mußte ihm so reinlich sein als eine Kirche. Er duldete nicht, daß nur eine Scheibe am Fenster mangle oder ein Nagel am Boden nicht recht eingeschlagen seie, viel weniger, daß die Kinder das Geringste an Boden werfen oder während dem Lernen essen oder so etwas machten. Es mußte ihm alles wie an der Schnur und bis ans Aufstehen und Niedersitzen so in einer Ordnung gehen, daß nur keins an das andere anstieß.

Wenn's kotig war, mußten sie ihre Schuhe bei der Türe abstellen und in den bloßen Strümpfen an ihre Tische sitzen.

Auch die Röcke, wann sie kotig waren, mußten sie ihm, wo es sich schickte, an der Sonne oder am Ofen tröcknen und ausreiben.

Er schnitte ihrer vielen mit seinem Scherli die Nägel selber an den Händen ab und fast allen Buben die Haare auf dem Kopf in Ordnung, und allemal, wenn eins vom Schreiben zur Arbeit ging, mußte es zuerst zum Waschbecken, seine Hände zu waschen. Auch das Maul mußten sie ihm ausspülen und zu den Zähnen Sorg' tragen und zum Atem, daß er nicht stinkend werde; alles Sachen, von denen sie nur gar nichts wußten. Und beim Stehen, Sitzen, Schreiben und Arbeiten mußten sie sich ihm immer so grad' halten als eine Kerze.

Und wenn sie in die Schul' kamen und draus gingen, mußte eines nach dem andern vor ihm zustehen und ihm b'hüt Gott sagen. Er sah sie denn vom Kopf bis zu den Füßen an und konnte Augen machen, daß ein jedes, wenn er auch kein Wort red'te, es ihm gleich ansah, wenn es etwas an sich hatte, das nicht in der Ordnung war.

Wenn's aber denn auf das hin, daß er es ihm mit den Augen zeigte, nicht besserte, so sagte er es hernach mit dem Maul.

Wo er sah, daß die Eltern daran schuldig, ließ er es ihnen sagen, und es war gar nichts Seltenes, daß ein Kind mit dem Bericht zu seiner Mutter heim kam: Du, der Schulmeister hat gesagt, er lasse dich grüßen und ob du keinen Nadlen oder Faden habest; oder ob das Wasser teuer sei bei dir, und dergleichen.

Und die Margreth war wie dazu gemacht, ihm in diesen Sachen an die Hand zu gehen.

Wenn ein Kind seine Haare nicht recht geflochten hatte, setzte sie ihns mit dem Spinnrad vor sich zu und flocht ihm dasselbe, währenddem es lernte und arbeitete. Die meisten konnten nicht einmal ihre Schuhe recht ringen und ihre Strümpfe recht binden. Sie zeigte ihnen alles, machte ihnen ihre Halstücher und Fürtücher zurecht, wenn sie sie krumm anhatten, und wo sie ein Loch an einem sah, nahm sie Nadlen und Faden aus dem Sack und nähete sie ihnen zusammen. Wenn die Schul' bald aus war, machte sie denn allemal in der ganzen Stube den Kehr und sagte einem jeden, ob es heut' brav oder nur halbbrav oder gar nichts nütz' gearbeitet.

Dann dorften die, so brav gewesen, zuerst hervor zum Schulmeister, ihm b'hüt-Gott-Euch zu sagen.

Die, so nur halb brav gewesen, mußten denn mit den andern zu ihm hervor. Die überall schlecht gewesen, mußten vor den andern zur Stuben hinaus, ohne daß sie zu ihm hervor dörften.

Er bot denn den ersten die Hand und sagte einem jeden: Behüt dich Gott, du liebes Kind! Den andern bot er die Hand nicht und sagte ihnen nur: B'hüt dich Gott!

Wenn eins zu spat kam, so war die Tür für ihns zu wie die Pforte einer Festung, wenn sie zu ist. Ob sie denn weinten oder nicht, das war gleichviel; er sagte ihnen kurz, sie sollten jetzt nur heimgehen, es tue ihnen nur wohl, wenn sie lang' daran sinnen, daß man alles, was man in der Welt tun muß, zu rechter Zeit tun muß oder daß es sonst wie nicht getan ist.

§ 66

Gottes Wort ist die Wahrheit

So zielte jedes Wort, das er red'te, dahin, seine Kinder durch feste Angewöhnung an alles das, was sie einst sein und können müssen, zur wahren Weisheit des Lebens zu führen, indem er mit jedem Wort in ihrem Innern das Fundament zu derjenigen Gleichmütigkeit und Ruhe zu legen suchte, welche der Mensch in allen Umständen des Lebens besitzen kann, wenn ihm die Beschwerlichkeiten seiner Laufbahn früh zur andern Natur gemacht worden.

Und hier ist der Mittelpunkt des Unterschieds seiner Kinderaufziehung und des gewöhnlichen Unterrichts, den dieselbige unter anderen Schulmeistern genießen.

Der Erfolg, mit welchem er arbeitete, überzeugte den Pfarrer von Bonnal schnell von der Wichtigkeit dieses Unterschieds und machte auch ihn einsehen, daß aller wörtliche Unterricht, insofern er wahre menschliche Weisheit und das **oberste Ziel dieser Weisheit: wahre menschliche Religion, erzwecken soll, den festen Übungen zu guten häuslichen Fertigkeiten ohne anders untergeordnet sein und nachgehen müsse**; und daß man[1]) Maulreligion, an welche sie alles Gute, was sie sind und werden sollen, wie angebunden haben, aus dem Sinn fallen lassen dörfe; – nämlich erst dann, wenn durch feste Übungen in guten Lebensfertigkeiten in ihnen ein besseres Fundament zu guten und edlen Neigungen, das ist zur wahren Weisheit und zur wahren Religion gelegt worden[2]).

Aber er sah auch, daß er selber über diesen Punkt zur Führung der Menschen nichts tauge und daß der Leutenant und selber die Margreth mit einem Wort bei ihren Kindern mehr zu diesem Endzweck ausrichten als er, wenn er stundenlang predigte oder sonst täte, was er könnte. Er schämte sich vor ihnen, aber er nutzte ihr Dasein, lernte von ihnen, was er konnte, und bauete in allem, was er seine Kinder lehrte, auf das, worin der Leutenant und die Margreth sich übten. Es führte ihn weit, nämlich seinen Wortunterricht in dem Grad zu verkürzen, als diese zwei Menschen seinen Kindern nützliche Fertigkeiten angewöhnten.

Er hätte das schon gern längst getan; aber er wußte nicht, wie es anstellen und worauf denn bauen.

Es traumte ihm wohl von dem, was der Leutenant und die Margreth jetzt taten, aber auf das bloße Traumen von Sachen, die er nicht näher kannte, war er zu ehrlich, das Gute, das der alte Unterricht doch auch noch hatte, seinen Kindern zu entziehen.

Aber jetzt, da die bessere Wahrheit und die Vorzüge der Übungen im Tun vor den Übungen im Reden vor seinen Augen stunden, folgte er dieser besseren Wahrheit und tat in seinem Alter Riesenschritte in der Abänderung seines Volksunterrichts. Er ließ von nun an seine Kinder gar keine Meinungen mehr auswendig lernen, mit Namen[3]) nicht die Zankapfelfragen, die seit 200 Jahren das gute Volk der Christen in viele Teile geteilt und gewiß dem Landvolk den Weg zum ewigen Leben nicht erleichtert. Und besonders die ehr- und notfeste Frag', die noch vor zwei Jahren in seiner Gemeind' einen Totschlag veranlasset[4]), verkleibte er in allen Lehrbüchern seinen Kindern mit Pappen, und er achtete es gar nicht, daß unten und oben in diesem verklebten Blatt noch allerhand Sachen stunden, die ganz gut waren; denn er war jetzt alle Stund' mehr überzeugt, daß der Mensch wenig oder nichts verliere, wenn er Worte verliere.

Aber indem er mit Gott, wie Luther, seinem Volk durchstrich den abenteu'rlichen Wortkram seiner großen Maulreligion, tischte er ihm nicht anstatt des alten einen neuen, statt des feurigen einen wässerigen, anstatt des fremden mit Gunst seinen eigenen auf, sondern vereinigte seine Bemühungen mit dem Leutenant und der Margreth, seine Kinder ohne viele Worte zu einem stillen, arbeitsamen Berufsleben zu führen und durch feste Angewöhnung an eine weise Lebensordnung den Quellen unedler, schandbarer und unordentlicher Sitten vorzubiegen [5]) und auf diese Weise den Grund der stillen, wortleeren Gottesanbetung und der reinen, tätigen und ebenso wortleeren Menschenliebe zu legen.

Zu diesem Ziel zu gelangen, band er jedes Wort seiner kurzen Religionslehre an ihr Tun und Lassen, an ihre Umstände und Berufspflichten, also daß, wenn er mit ihnen von Gott und Ewigkeit red'te, es immer schien, er rede mit ihnen vom Vater und Mutter, von Haus und Heimat, kurz: von Sachen, die sie auf der Welt nahe angehen.

Er zeichnete ihnen mit eigner Hand die wenigen weisen und frommen Stellen, die sie in ihrem Lehrbuch noch auswendig lernen dorften, aus. Von dem übrigen weitläufigen Zankkram, den er aus ihrem Gehirn auslöschen wollte, wie der Sommer den ferndrigen [6]) Schnee auslöscht, red'te er kein Wort mehr. Und wenn ihn jemand fragte, warum er diese Sachen so liegen lasse, wie wenn sie nicht da wären, sagte er, eben sehe er alle Tage mehr ein, es gehöre nicht für den Menschen, soviel Warum und Darum in seinen Kopf hineinzumörden, und die tägliche Erfahrung zeige, daß die Menschen in dem Grad ihren natürlichen Verstand und die Alltagsbrauchbarkeit ihrer Händen und Füßen verlieren, als sie viele solche Warum und Darum im Kopf herumtragen. Er ließ auch nicht mehr zu, daß ein Kind irgendein langes Gebet auswendig lerne, und sagte es laut, es seie wider den ausdrücklichen Geist des Christentums und die heiterste [7]) Vorschrift, die der Heiland der Menschen je seinen Jüngern gegeben: Wenn ihr aber betet usw.

Und das lange Gebetermachen komme auch nirgend als vom Predigen her, indem Leute welche einmal sich daran gewöhnt, vor ihren Mitmenschen so oft und viel' stundenlange Reden zu halten, natürlich auch dem lieben Gott ihre Angelegenheiten so in langen Reden vorzutragen belieben.

§ 67

Um so gut zu sein als menschenmöglich, muß man bös' scheinen

Das Schönste an ihm ist, daß er bei allem, was er jetzt tat, geradezu heraussagte, wenn er den Leutenant und die Margreth nicht in ihrer Schulstube mit den Kindern nach ihrer Art umgehen gesehen, so wäre er mit seinem Kinderunterricht bis ans Grab ohne Änderung der alte Pfarrer in Bonnal geblieben, der er 30 Jahre gewesen. Und noch mehr: Er gestund selber, daß er auch jetzt noch nicht imstande sei, in den Hauptsachen der wahren Führung dieser Kinder Hand zu bieten und daß alles, was er dazu beitragen könne, kaum in mehrerem bestehe, als daß er mit seiner Einmischung der Arbeit des Leutenants und der Frauen kein Hindernis in den Weg lege.

Er hatte fast ganz recht; er wußte von den Berufsarten der Menschen und von den meisten Dingen, auf welche der Leutenant baute, so viel als nichts. Er kannte die Menschen und kannte sie nicht. Er kannte zwar sie, daß er sie beschreiben konnte, daß man sagen mußte: sie sind so. Aber er kannte sie nicht, daß er mit ihnen eintreten und etwas mit ihnen richten und schlichten konnte.

Auch sagte ihm der Leutenant oft unter die Augen, er seie nicht imstand', etwas Rechtes aus den Menschen zu machen, er verderbe sie nur mit seiner Güte! Denn so gut ihr den Leutenant allenthalben erfahren, so hatte doch nicht leicht jemand strengere Grundsätze über das Auferziehen als er.

Er behauptete laut, die Liebe sei zum Auferziehen der Menschen nichts nutz' als nur hinten und neben der Forcht; denn sie müssen lernen Dornen und Disteln ausreuten, und der Mensch tue das nie gern und nie von ihm selber, sondern nur, weil er müsse und wenn er daran gewöhnt werde. Wer immer etwas mit den Menschen ausrichten oder sie zu etwas machen will, sagte er, der muß ihre Bosheit bemeistern, ihre Falschheit verfolgen und ihnen auf ihren krummen Wegen den Angstschweiß austreiben, und behauptete, das Erziehen der Menschen seie nichts anders als das Ausfeilen eines einzeln' Glieds an der großen Kette, durch welche die ganze Menschheit unter sich verbunden ein Ganzes ausmache, und die Fehler in der Erziehung und Führung des Menschen bestehen meistens darin, daß man einzelne Glieder wie von der Kette abnehme und an ihnen künsteln wolle, wie wenn sie allein wären und nicht als Ringe an die große Kette gehören, und als wenn die Kraft und Brauchbarkeit des einzeln' Glieds derselben daher käme, wenn man ihns vergulden, versilbern oder gar mit Edelsteinen besetzen würde, und nicht daher, daß es ungeschwächt an seine nächste Nebenglieder wohl angeschlossen zu dem täglichen Schwung der ganzen Kette und zu allen Biegungen derselben stark und gelenkig genug gearbeitet seie.

So red'te der Mann, dessen Stärke darin bestund, daß er die Welt kannte, mit dem Priester, dessen Schwäche darin bestund, daß er sie nicht kannte.

Es war aber auch die Arbeit seines Lebens, Menschen kennenzulernen, und er danket'es seinem Vater unter dem Boden, daß er dieses von früher Jugend auf zu seinem Augenmerk gemacht. Er glaubte auch die Menschen gut, die er hintennach bös' erfahren, und der Gram darüber brachte ihn ums Leben.

Wenige Tage vor seinem End' ließ er seinen damals elfjährigen Glüphi vor sein Bett kommen und sagte ihm: Kind! Trau niemand in deinem Leben, bis du ihn erfahren! Die Menschen betrügen und werden betrogen, aber sie zu kennen, ist Gold wert.

Gib auf sie acht, aber trau ihnen nicht und laß es dein tägliches Werk sein, alle Abende von einem jeden Menschen, mit dem du umgehest, aufzuschreiben, was du an ihm gesehen und von ihm gehört, das etwan ein Zeichen sein mag, wie es inwendig mit ihm stehe.

Wenn du das tust, so wird es dir nicht gehen wie mir, und du wirst das Unglück nicht ertragen[1]), daß ich dich ohne Vermögen und ohne Hilf' auf dieser armen Erde zurücklassen muß.

Mit diesem quollen die letzten Tränen aus den Augen des Manns, die nun bald erloschen.

Und von diesem Tag an hat Glüphi keine Nacht unterlassen, zu tun, was ihm sein Vater befohlen, eh' er gestorben.

Er hat noch jetzt diese Papiere von seiner Jugend auf beieinander.

Sie sind ein Schatz von Menschenkenntnis, und wenn er davon red't, so heißt er sie nur das gute Erb' von seinem lieben Vater selig und netzt sie oft mit Tränen. Sie machten ihm tausend schwere Stunden leicht und waren ihm auch in seiner Schul' ein Leitfaden, der ihn schnell hinführte, wohin er wollte.

Er kannte seine Kinder in acht Tagen besser, als ihre Eltern sie in acht Jahren kannten, und brauchte dieses, seinen Grundsätzen getreu, ihnen den Angstschweiß auszutreiben, wenn sie ihm etwas verbergen wollten, und überhaupt immer ihr Herz vor seinen Augen offenliegend zu halten.

§ 68

Wer Rechnungsgeist und Wahrheitssinn trennet, der trennet, was Gott zusammengefügt

So, wie er für ihr Herz sorgte, sorgte er auch für ihren Kopf und forderte, daß das, so hinein müsse, heiter und klar seie wie der stille Mond am Himmel.

Er sagte: Nur das heißt lehren, was so hineinkommt; was aber dunkel ist und blendet und schwindeln macht, das, sagte er, ist nicht Lehren und heißt nicht lehren, sonder Kopf verkehren.

Und er bog diesem Kopfverkehren bei seinen Kindern dardurch vor, daß er sie vor allem aus genau sehen und hören lehrte und durch Arbeit und Fleiß die kaltblütige Aufmerksamkeit übte und zugleich den geraden Natursinn, der in jedem Menschen liegt, in ihnen stärkte. Hauptsächlich machte er sie in dieser Absicht viel rechnen. Er brachte es auch damit innert Jahr und Tagen dahin, daß sie vor langer Zeit gähnten, wenn jemand vor ihnen von den sieben Sachen, womit das Hartknopfenvolk den andern Leuten im Dorf das Blut so leicht warm machet, ein Wort verlor.

So wahr ist es, daß man, die Menschen vom Irrtum abzuführen, nicht die Worte der Toren widerlegen, sondern den Geist ihrer Torheit in ihnen auslöschen muß.

Es hilft nichts zum Sehen, die Nacht zu beschreiben und die schwarze Farbe ihrer Schatten zu malen; nur wenn du das Licht anzündest, kannst du zeigen, was die Nacht war, und nur wenn du den Staren stichst, was Blindheit gewesen.

Recht sehen und hören ist der erste Schritt zur Wahrheit des Lebens; und Rechnen ist das Band der Natur, das uns im Forschen nach Wahrheit vor Irrtum bewahrt, und die Grundsäule der Ruhe und des Wohlstands, den nur ein bedächtliches und sorgfältiges Berufsleben den Kindern der Menschen bescheret.

Daher war meinem Leutenant auch nichts so wichtig, als seine Kinder wohl rechnen zu lehren, und er sagte, der Kopf gehe dem Menschen nicht recht auf, wenn er nicht entweder durch viele große Erfahrungen oder durch Zahlenübungen, welche diese Erfahrungen zum Teil ersetzen, eine Richtung erhalte, die dem Fassen und Festhalten dessen, was war ist, angemessen.

Aber die Art, wie er sie rechnen lehrte, ist zu weitläufig, als daß ich sie euch umständlich zeigen könnte.

Sein Einmaleins hatte diese Form:

```
      2
2  -   4
3  -   6
4  -   8
5  -  10
6  -  12
7  -  14
8  -  16
9  -  18
10 -  20
```

Und war so ausgesprochen:

2 und 2 sind 4
2 mal 2 sind 4
2 in 4 geht 2 mal
und denn fort:
2 und 2 sind 4 und 2 sind 6
3 mal 2 sind 6
3 in 6 geht 2 mal
2 in 6 geht 3 mal

Und so machte er sie das ganze Einmaleins mehr studieren als auswendig lernen.

Er suchte ihnen alle Arten Zahlenveränderungen dahin heiter zu machen, daß sie vor ihren Augen als ein einfacher, gerader Vor- und Ruckmarsch der ersten zehn Grundzahlen erschienen.

Und hatte zu diesem Endzweck verschiedene Tabellen verfertigt.

Z. Ex. Erste Veränderung der zehen Grundzahlen mit 1:

```
0  1  2  3  4  5  6  7  8  9 10
1  1  1  1  1  1  1  1  1  1
───────────────────────────────
1  2  3  4  5  6  7  8  9 10 11
```

Das gleiche abgezogen:

```
0  1  2  3  4  5  6  7  8  9 10
1  1  1  1  1  1  1  1  1  1
───────────────────────────────
0  0  1  2  3  4  5  6  7  8  9
```

Diese Tabelle lief denn gleich fort durch alle zehn Grundzahlen.

Denn folgte eine mit gedoppelten Zahlen und lief wieder durch alle Zehner wie die erste durch alle Einer.

Hinter dieser hatte er eine sehr große Tabelle, die in jeder einzelnen Grundzahl bis auf 100 fortschritt und deren Form folgende war:

2 in 2 geht 1 mal	1 mal 2 ist 2	2 von 2 bleibt 0	0 und 2 ist 2
2 in 3 geht 1 mal	1 mal 2 ist 2	2 von 3 bleibt 1	1 und 2 ist 3
2 in 4 geht 2 mal	2 mal 2 ist 4	4 von 4 bleibt 0	0 und 4 ist 4
2 in 5 geht 2 mal	2 mal 2 ist 4	4 von 5 bleibt 1	1 und 4 ist 5
2 in 6 geht 3 mal	3 mal 2 ist 6	6 von 6 bleibt 0	0 und 6 ist 6
2 in 7 geht 3 mal	3 mal 2 ist 6	6 von 7 bleibt 1	1 und 6 ist 7
2 in 8 geht 4 mal	4 mal 2 ist 8	8 von 8 bleibt 0	0 und 8 ist 8
2 in 9 geht 4 mal	4 mal 2 ist 8	8 von 9 bleibt 1	1 und 8 ist 9
2 in 10 geht 5 mal	5 mal 2 ist 10	10 von 10 bleibt 0	0 und 10 ist 10
2 in 11 geht 5 mal	5 mal 2 usw.		

Wie in 2, so ging's durch alle Grundzahlen, z. Ex. in 8:

8 in 8 geht 1 mal	1 mal 8 ist 8	8 von 8 bleibt 0	0 und 8 ist 8
8 in 9 geht 1 mal	1 mal 8 ist 8	8 von 9 bleibt 1	1 und 8 ist 9
8 in 10 geht 1 mal	1 mal 8 ist 8	8 von 10 bleibt 2	2 und 8 ist 10
8 in 11 geht 1 mal	1 mal 8 ist 8	8 von 11 bleibt 3	3 und 8 ist 11

So fort bis auf: 8 in 100 geht 12 mal, usw.

So tabellarisch er aber im Anfang zu Werk ging, um das Verhältnis der Zahlen gegeneinander ihnen so einfach und heiter und unverwirrt als möglich in den Kopf zu bringen, so fest und anhaltend übte er dann hintennach ihre Aufmerksamkeit, diese Zahlenverhältnisse außer dieser Tabellenordnung in jeder andern Ordnung wieder zu finden.

§ 69

Ein bewährtes Mittel wider böse, lügenhafte Nachreden

Er machte auch hierin aus seinen Kindern, was er wollte. Und es konnte nicht anders sein, als daß ein Mann, der so viel an diesen tat, nicht vielen Leuten lieb werden mußte.

Und doch war bei weitem auch nicht jedermann mit ihm zufrieden.

Das, was man zuallererst an ihm aussetzte, war, er sei zu stolz zu einem Schulmeister und möge den Leuten das Maul kaum gönnen.

Er sagte dies und das, sich herauszureden, und wollte ihnen begreiflich machen, er brauche seine Zeit und sein Maul für ihre Kinder.

Aber die Bauern meinten, bei allem dem könnte er doch noch auch ein paar Augenblick' still stehen, wenn man etwas mit ihm reden wollte; und wenn ihn nicht der Hochmut stechen würde, so würde er's tun.

Zwar widersprachen alle Kinder hierin ihren Eltern und sagten, er sei gewiß nicht hochmütig.

Aber das half nichts. Diese antworteten ihm: Wenn er schon mit euch gut ist, so kann er um deswillen doch hochmütig sein.

Aber das Regenwetter, das in der dritten Woche, da er Schul' hielt, einfiel, richtete bei den Leuten für ihn aus, was die guten Kindern mit allem ihrem Reden nicht für ihn ausrichteten.

Es ist eine Ordnung in Bonnal, daß sint zwanzig Jahren ein verfauleter Steig vor dem Schulhaus nicht einmal wieder gemacht worden und die Kinder, wenn's ein paar Tag' nacheinander geregnet, fast bis an die Waden hinauf naß werden müssen, wenn sie über die Kengelgass' in die Schul' wollen.

Aber das erstemal, da der Glüphi die Gass' so voll Wasser sah, stund er, sobald die Kinder anfingen zu kommen, in vollem Regen in die Mitte der Gass' hinein und lupfte eines nach dem andern über den Bach.

Und das dunkte ein paar Männer und Weiber, die grade vor der Schul' über wohnten, und just diejenige, die am meisten klagten, er möge den Leuten vor Hochmut kaum Guten Tag und Gute Nacht sagen, gar lustig.

Sie hatten eine rechte Freude daran, zu sehen, wie er in seinem roten Rock durch und durch naß werde, und bildeten sich ein, er möge es keine Viertelstund' erleiden und werde ihnen augenblicklich rufen, ob ihm dann niemand helfen könne.

Aber da er fortmachte, wie wenn keine Katze, geschweige denn ein Mensch um ihn herumwohne, der ihm helfen könnte, und Haar und Kleid und alles an ihm tropfte und er immer noch keinen Schatten Ungeduld zeigte und immer noch ein Kind nach dem andern hinüberlupfte, fingen sie doch an, hinter ihren Fensterscheiben zu sagen: Er muß doch ein guter Narr sein, daß er so lang' fortmacht, und wir müssen uns, scheint es doch, geirret haben; wenn er hochmütig wäre, so hätte er schon lang' aufgehört.

Endlich krochen sie gar aus ihren Löchern hervor, stunden zu ihm zu und sagten, sie haben es nur nicht eher gesehen, daß er sich so viel Mühe mache; er solle doch heimgehen und sich trocknen, und sie wollen die Kinder schon hinüberlupfen, mögen es eher am Regen erleiden als er; sie seien sich eher gewohnt.

Noch mehr: sie wollen, noch eh' die Schul' aus seie, ein paar Tannen zuführen, daß wieder ein Steg sei, wie vor altem.

Sie sagten es nicht bloß. Eh' es elf Uhr läutete, war wirklich ein Steg da, daß die Kinder nach der Schul' trockenen Fußes über den Bach gehen konnten.

Und auch die Klage über seinen Hochmut verlor sich jetzt, da die zwei Nachbarsweiber, die am schlimmsten über diesen Punkt über ihn klagten, das Lied darüber anders anstimmten.

Wenn dich das viel dunkt, Leser, oder ungläubig, so probier's nur selber und stehe auch einmal für andrer Leuten Kinder, ohne daß dich jemand heißt und ohne daß du etwas davon hast, in den Regen hinaus, bis du tropfend naß wirst, und sieh denn, ob die Leut', die die Kinder etwas angehen, dir nicht gern auch Liebes und Gut's nachreden und Lieb's und Gut's tun und gewiß auch Böses nicht mehr von dir sagen werden, als was gewiß bös' und recht bös' oder was sie einmal nicht anders ansehen oder begreifen können.

§ 70

Narrenwort und Schulstrafen

Aber es ging nicht lang', so hatten die Leute wieder etwas über ihn zu klagen, und noch etwas viel Härter's.

Das Hartknopfengeschmeiß im Dorf fand, er sei kein rechter Christenmensch, und fing unter der Hand an, guten und einfältigen Leuten im Dorf das in Kopf zu spinnen. Einer der ersten, dem dieses Gemurmel behagte, und der eifrigsten, die es auszubreiten suchten, war der alte Schulmeister. Er konnte nicht leiden, daß die Kinder den neuen Mann alle so rühmten und liebten. Ihn hatten, solang' er Schulmeister war, alle gehasset und alle gescholten, und er war dessen sint dreißig Jahren so gewohnt, daß er meinte, es müsse so sein, und behauptete, Kinder, die noch ohne rechte Erkanntnus ihres Heils seien, hassen von Natur die Zucht und folglich auch alle Schulmeister. Aber jetzt kam er mit dieser Einbildung nicht mehr recht fort, und es dunkte ihm, die Leute werden ihm sagen, die Kinder lieben ja jetzt den Schulmeister, weil er gut sei.

Das machte ihn hässig; dann er ward sein Lebtag immer hässig, wenn man ihm darauf deutete, sein Schalknarrenwesen sei die Ursach', daß ihn die Kinder nicht lieben.

Und doch war's die reine Wahrheit und konnte nicht anders sein. Wenn sie das Geringste taten, das ihm zuwider, so war sein erstes Wort: Ihr bringet mich um Leib und Seel' und noch dazu ins Grab. Oder: Wenn ihr die Hölle um nichts verdienet, so verdienet ihr sie ob mir, und dergleichen.

Wenn man so mit den Leuten red't und in Sonderheit mit Kindern, so macht man ihnen nichts weniger als gut' Blut, und sie müßten wohl mehr als Kinder sein, wenn sie einen Narren, der alle Augenblicke so ein Wort zu ihnen sagt, noch lieben könnten.

Sie wußten aber beinahe völlig, mit wem sie es zu tun hatten, und wenn er auch am lautesten tat, sagten sie zueinander: Wenn wir jetzt bald wieder metzgen und ihm Würst' und Fleisch bringen, so kommen wir denn nicht mehr in die Höll' hinab, solang' er davon zu Mittag hat.

Jetzt war's anders. Das Stärkste, das der Leutenant zu seinen Kindern sagte, wenn sie fehlten[1]), war: Du bist ein schlechter Kerl, oder: Aus dir gibt's nichts.

So wenig als das war, so wirkte es; denn es war wahr.

Was der andere sagte, war eine Luge und wirkte darum nichts.

Und denn brauchte er beim Strafen auch das Narrenholz selten, das der Alte immer in Händen hatte, und in den Händen des Alten war es sicher ein Narrenholz.

Die Art hingegen, wie der Glüphi strafte, bestund mehrenteils in Übungen, die dem Fehler, den er bestrafen wollte, durch sich selber abhelfen sollten.

Wer aus Trägheit fehlte, mußte ihm zu der Schützenmauer, die er den größern

Buben bei der Sandriesi²) machen wollte, Stein' tragen oder Ofenholz in Vorrat spalten.

Der Vergeßliche mußte ihm Schulbot' sein und drei, vier, fünf Tag', je nachdem er fehlte¹), ihm im Dorf ausrichten, was er darin auszurichten hatte.

Er war mitten im Strafen gut mit den Kindern und red'te fast nie mehr mit ihnen, als während sie ihre Strafe litten.

Ist's dir nicht besser, sagte er denn oft zu dem Vergeßlichen, du lehrest auch deine Sinnen bei dem, was du tust, beieinander halten, als daß du alle Augenblicke alles vergessest und denn alles doppelt tun müssest? Und man sah dann manchmal Kinder mit Tränen sich an ihn anschmiegen und, ihre zitternde Hand in der seinen, Ja! Lieber Herr Schulmeister! zu ihm sagen. Gutes Kind, antwortete ihm dann der Mann, weine nicht! aber gewöhne dich anders und sage deinem Vater und deiner Mutter, sie sollen mir helfen, dir deine Vergeßlichkeit oder deine Trägheit auch abzugewöhnen.

Ungehorsam, der nicht Vergeßlichkeit war, strafte er darmit, daß er zwei, drei und vier Tag' mit einem solchen Kind nicht red'te und ihns auch nicht mit sich reden ließ.

Auch freche Worte und alle Unanständigkeiten bestrafte er auf diese Art.

Bosheiten hingegen und das Lügen bestrafte er mit der Rute, und ein Kind, das mit der Rute bestraft ward, dorfte eine ganze Woche nicht mehr in die Schul' kommen, und sein Name stund diese Woche über an einer schwarzen Tafel an der Stud, die mitten in der Schulstube ist.

So groß war der Unterschied der neuen und der alten Schulordnung.

§ 71

Das Elend und die Leiden dieses Narren

Aber das Gute, das der Alte alle Tage mehr davon hörte, brachte ihn fast von Sinnen.

Er war in aller Absicht das, was das Schulmeisterhandwerk aus einem erzschwachen und dabei einbildischen Menschen notwendig machen muß.

In Anfang tat er dick und stolz; er hielt den neuen Mann für nichts anders als für eine Art Soldatenbettler, dem die Allfanzereien, die er um des Junkers Suppen willen in der Schul' treibe, nur gar zu bald von sich selber erleiden¹) werden, und verglich das ganze Wesen, wo er hinkam, dem schwangern Berg in der Fabel.

Aber da es nicht gerade in der andern Woche kam, wie er meinte, sondern vielmehr seine besten Leute Tag für Tag mit dem Bericht kamen, es rühme ihn bald jedermann, und es sei wie verzaubert, und wie wenn er's den Kindern antun könne, so richte er mit ihnen aus, was er wolle, so ward ihm darüber so angst, daß er mit seiner Fabel vom schwangern Berg ganz stille ward. Die Maus, die daraus hervorkam, dünkte ihm jetzt ein Elefant und nahm ihm den armen Kopf so ein, daß er auf das Wort hin, es sei verzaubert, sich vorstellte, es könne gar so etwas dahinterstecken, und bei Nacht und Nebel anderthalb Stund' weit zum Senn im Münchhof hülpete²) und ihm Geld anbot, wenn er dem Schulmeister dafür tun könne.

Dieser aber traute sich nicht und sagte, wenn es Küh' oder Stieren oder Ross' antreffen würde, so wollte er ihm wohl helfen; aber an einen Schulmeister, der etwas könne, die Kinder zu lehren, möge er sich nicht wagen, er habe den Fall noch nie erlebt.

So ungetröstet vom Münchhöfler, wußte er sich ein paar Tage nicht zu raten, bis das Hartknopfengemurmel, der neue Schulmeister seie kein rechter Christenmensch und das ewige Heil der armen Kinder sei in Gefahr, wenn sie unter seinen Händen bleiben, ihn wie aus dem Schlaf weckte und seinen Sinnen wie wieder neues Leben gab. Es war ihm jetzt nicht mehr, der neue Mann sei wider ihn, es war ihm, er sei wider den lieben Gott.

Und das macht einen Unterschied in einem solchen Kopf; er kehrte von nun an alles auf diese Seite.

Er hieß ihn einen Heidenmann, seine Schul' eine Heidenschul' und verglich das, was man darin trieb, der Kaufhausarbeit im Tempel zu Jerusalem, das mitsamt dem Schulmeister nichts Besser's verdiene, als daß ihm gehen sollte, wie es der liebe Heiland den Taubenverkäufern und den Geldwechslern gemacht habe. In diesem Ton red'te er jetzt über alles.

Das Nicht-mehr-Auswendiglernen des unverständlichen und verwirrten Wortkrams, das der Pfarrer nicht mehr wollte, hieß er eine Verleugnung des wahren Glaubens, und das Verkleiben der Streitfrage, die dem Michel Juk das Leben gekostet³), eine Verstümmelung des geoffenbarten Willens Gottes, mit dem Zusatz: wenn man eine jede Frage verkleiben wollte, die einen Totschlag veranlasset hätte, so solle man in der ganzen Christenlehr' die Frage zeigen, welche man denn nicht verkleiben müßte.

Doch red'te er nur so, wenn er allein war.

Denn er war nicht von der alten Art der mutvollen, ehrlichen Phantasten, die Leib, Ehr' und Blut – von Brot will ich nur nicht reden –, an das setzten, was sie für Gottes Sach' ansahen, sondern vielmehr von der Art der neuen, blutleeren und ängstlichen Zucker- und Kaffeephantasten, die ihrem Leib und Blut und auch ihrem Brot notwendig so viel Sorgfalt, auch noch mehr als die Nichtphantasten angedeihen lassen müssen, weil sie mehrteils wie der Schulmeister, von Jugend auf verderbt, schwächlicher Natur sind und also zu reden Leib's halber nicht ehrlich sein können oder, wenn das zuviel gesagt ist, doch sicher Leibes halber große Schwierigkeiten haben, auf die Art ehrlich und mutvoll zu sein, wie sie lehren, daß man gegen Gott und Menschen es sein sollte.

Er red'te also nur, wo er allein war und wo er trauen dörfte, also und trug alle Sorg', daß der Junker es nicht etwan erfahre und ihm dafür das Fronfastengeld nehme, welches er ihm gelassen, wenn er den Schulmeisterdienst schon nicht mehr versehen müßte.

Aber es tat ihm so weh, daß er sein Herz so wenig erleichtern und seine Gesinnungen und Empfindungen darüber so grausam verschlucken müßte, daß er manchmal wie ein Narr darob ward und sogar etlichemal in der Mitte der Nacht aufstund und mit einer Geißel in der Hand an Stühl' und Bänken probierte, wie es auch käme, wenn einer wie der Heiland im Tempel die Spinnräder und Schreibtisch' in der Schulstuben so unter und über sich kehrte und mitsamt dem Heidenmann die Stege hinab und aus seiner Schul' hinausjagte.

Zwar gab er auch da bei sich acht, daß Tür', Fenster und Läden beschlossen sei'n.

Aber seine Schwester, des Sigristen Frau, die unter dem gleichen Dach wohnte, stund einmal, da er so ein Gepolter machte, in der Nacht auf und sah ihm durch das Schlüsselloch zu, was er machte.

Es dünkte sie nicht anders, als er müßte hinterfür [4] im Kopf sein. Sie weckte ihren Mann zur Stund' auf, sagte ihm, was sie gesehen, und morndes fragten ihn beide, was es doch seie. Er gestund es ihnen, es wandle ihn manchmal so an, daß er nicht schlafen könne, bis er seinen Eifer gegen den Heidenkerl, der ihn so aus seiner Schul' verdrungen [5], auf seine Art, wie er könne, abgekühlt.

Es is so traurig, sagte sein Bruder und biß auf die Zähne, daß du ihn nicht an ihm selber abkühlen darfst.

Ja, sagte der Schulmeister, ich habe schon manchmal daran gedacht; wenn nur das verfluchte Fronfastengeld nicht wäre, so weiß ich schon, was ich tun wollte. Und nach einer Weile setzte er hinzu: Wenn mich etwas in meinem Glauben irre machen könnte, so wäre es das, wie der liebe Gott es zulassen kann, daß seine treue Diener ihren wohlverdienten Lohn und ihr tägliches Brot aus der Hand solcher Heidenketzern ziehen sollen, denen sie so tausendmal um deswillen schweigen müssen, wenn sie noch so großes Recht gegen sie haben.

Seine Frau sagte, sie seie einmal froh, daß er nicht hinterfür seie.

Der Sigrist antwortete ihr, er könnte es aber doch werden, wenn er so weder Tag noch Nacht keine Ruhe habe.

Und sie rieten ihm beide, er solle in Gottes Namen die Sache nicht so zu Herzen nehmen und einmal des Nachts nichts mehr dergleichen tun; man wisse doch nicht, was einem dabei begegnen könnte.

[Die neue Ordnung erregt den Widerstand vieler Bonnaler. Aber das kann nicht verhindern, daß immer mehr Leute den guten Willen des Junkers und des Leutnants erkennen und danach forschen, »was denn auch eigentlich das Streitige in dem neuen Wesen sei, davon man so viel Aufhebens mache.«]

§ 75

Ein Schritt zur Volkserleuchtung, die auf Fundamenten ruhet

Der Leutenant hatte seine Bonnaler immer auf diesem Punkt erwartet, um mit ihnen über diese Sachen mit der ganzen Deutlichkeit, die er in alles hineinbringen konnte, was er mit Angelegenheit überlegt hatte, zu reden.

Er hatte von nun an alle Abende ein halb Dotzend und mehr junge Leute bei sich, denen er stundenlang mit seiner unnachahmlichen Geduld links und rechts in den Kopf hineinzubringen versuchte, was der Junker und der Pfarrer im Grund' suchen und worin und warum man sie unrecht verstehe.

Unter den jungen Leuten, mit denen er so red'te, war ein Lindenberger, der ganz außerordentlich in alles hineindrang. Es war vollends, wie wenn alles schon vorher in seiner Seele gelegen, so brauchte es nur einen Wink, es aus ihm herauszubringen.

Wenn er nur eine Viertelstunde hernach von dem redete, was der Leutenant eben erklärte, brauchte er schon kein Wort mehr von seinen, sondern hatte schon eigene Bilder und Ausdrücke, welche zeigten, daß er, was er sage, ganz aus dem Seinigen nehme.

Auch sagte der Leutenant, da er ihn kaum ein paarmal reden hörte, zum Pfarrer: Dieser Mann wird dem Hartknopfengeschmeiß den Kopf zertreten.

Er irrte sich nicht, er zertrat sie wie Würmer, sobald er anfing, über ihre Meinungen das Maul aufzutun.

Das Schrecklichste für dieses Geschmeiß, dessen ganze Kraft im Maul und in leeren, unverständlichen Worten bestund, war des Mann's seine Kürze, und daß ihm jederman verstund und verstehen mußte.

Sie konnten ihm nicht antworten; man verstund sie nicht mehr, weil man ihn verstund, oder vielmehr man begriff, weil man ihn verstund, daß man sie nie verstanden.

Er verglich das Auswendiglernen der Religion, das der Pfarrer nicht mehr haben wolle, dem Unsinn eines Bauern, der ein Pferd oder einen Ochs mit starken Ketten an allen vier Füßen anbinden und so am Bahren[1]) lahm machen würde damit er ihm nicht weglaufe.

Das Verkleiben der Mordfrage verglich er der neuen verlesenen Giftordnung.

Und auf den Einwurf, die Leute könnten ja auf diese Art die Religion selber und alles, was sie Gutes wissen und haben, verlieren, gab er zur Antwort, es dünke ihm, das sei just so viel, als wenn man sagen würde, Bauernkinder könnten ihres Vaters Acker und Matten verlieren, wenn er sie nicht auswendig lernen lassen würde, wo sie liegen, an wen sie anstoßen, was man das Jahr darauf tun müßte, und setzte hinzu: Würde nicht jedermann so einem Bauern sagen: du Narr! Das beste Mittel, daß deine Kinder ihre Güter nicht verlieren, ist, daß sie brav darauf schaffen, und wenn du sie am Morgen früh und am Abend spat darauf hinausjagst, so wird ihnen besser als mit dem Auswendiglernen in Kopf kommen, wo sie seien.

Die Ross' an seinem Zug sind nicht so stark, und die Furchen, die er mit ihnen ins Feld ziehet, sind nicht so grad als die Ausdrücke und Bilder, die er brauchte; aber wenn er in Eifer kam, so wurden sie auch so schneidend wie sein Pflug, mit dem er vom Morgen bis am Abend sein Land wie nichts umlegte. Und wenn er Schurken vor sich sah, so war er denn bald im Eifer.

Der Ständlisänger Christen erfuhr's auf eine schreckliche Art. Er ließ sich durch Essen und Trinken verführen, daß er ihm im Barthaus widersprach und Gottes Wort und der Seele Heil, und was man beim Kinderlehren in acht nehmen müsse, ins Maul nahm.

Der Lindenberger zog sein Gesicht in Falten, so wie der Himmel sich vor einem Wetter in Falten zieht, sobald der Kerl nur das Maul auftat, und antwortete ihm denn: Du, es muß einer nüchtern sein, an Seel' und Leib und nicht lahm und nicht aussätzig wie du, wenn er das Wort Gottes und der Seele Heil ins Maul nehmen und davon noch reden will, wie man Kinder erziehen und zu Menschen machen will, die, behüt' uns Gott davor, einmal deinen nicht gleichsehen.

Es muß einer kein Vater sein, wenn er nicht lieber vom Donner erschlagen sein wollte als von so einem Wort getroffen. Auch zitterte der Ständlisänger, den man sonst Lumpenhund und alles, was man wollte, sagen konnte, ohne daß er's zörnte, jetzt am ganzen Leib. Es war aber auch zu erschrecklich, denn es war ganz wahr. Er konnte es darum auch nicht aushalten und mußte fortgehen. Aber da er zur Türe hinaus war, sagte doch ein alter, ehrlicher Uli: Jä, Lindenberger, das ist doch zu hart! und ich muß dir sagen, es ist mir einmal noch nicht, daß du in allen Stücken recht habest. Gerade zum Exempel will es mir gar nicht in den Kopf, daß es mit dem Auswendiglernen der Religion just so sei, wie du behauptest!

Noch immer in der Hitz', antwortete der Lindenberger: Lieber Uli! es tönt freilich hart, wie ich's sage, aber nur weil wir von Jugend auf gewohnt sind, es anders zu hören; oder ist's nicht so? Überleg's und gib mir dann eine Antwort!

Wenn einer einem Kind eine Heiden- und Zigeunerreligion in Kopf bringen würde, wie käme es dann [2])? Setz, er würde das Dümmste, das du nur erdenken könntest, ihm also beibringen, z. Ex. die Sonne sei der liebe Herrgott, der Mond seine Frau und die Sterne seine guten, artigen Kinder. Nimm denn an, es wären viel dicke, große Bücher in der Welt, in denen vielhundert und abervielhundert Menschen sich seit hundert und aberhundert Jahren Mühe gegeben, diesen Zigeunerglauben zu erklären und vernünftig und gut aufzumünzen und tausend Gründe aufzusuchen, warum man ihn annehmen müsse, und wie man zeigen könne, daß er wahr und gut sei und man antworten könne, wenn jemand sagte, er sei nicht wahr und nicht gut. Und denk' denn, dieser Mann würde seinem Kind, ehe es wüßte, was rechts oder links ist, die Hauptsachen dieses Zigeunertraums einprägen, ihm seinen Glauben am Himmel zeigen und ihns machen Freud' daran haben und Tränen darüber weinen und Lieder darüber singen und denn, wenn es anfinge, zum Verstand zu kommen, ihns das Gescheitste und Beste, das es in diesen Büchern über seine Himmelsreligion finden würde, auswendig lernen ließe und – ich mag nicht reden, weiß nicht was – noch mehr täte, um ihm Kopf und Herz für seine Sonn- und Sternenreligion einzunehmen. Kannst du denn finden, so ein Kind müßte über diesen Punkt im Kopf und an der Seele nicht wie lahm werden? Und wenn du dieses find'st, so find'st du alles, was ich habe sagen wollen.

Solche Blitzworte waren freilich für die meisten Leut' zu stark, aber sie zündeten doch Licht an und setzten hie und da Leuten darüber den Kopf auf den rechten Fleck, die denn weniger Feuer hatten und stiller und sanfter darüber red'ten.

Das Eis war so gebrochen, die Angst fiel alle Tag' mehr weg, die man ehedem hatte, von diesen Sachen nur zu reden. Und so, wie die Angst wegfiel, regte sich die Neugier und trieb selber die alten Großmüttern, wenn ihre Enkel vom Leutenant heimkamen und denn von diesen Sachen red'ten, hinter dem Ofen hervor, zu hören, was es denn mit dem neuen Wesen seie, von dem man die Zeit her soviel murm'le. Und je mehr man so dem Grund der Sachen nachforschte, je heiterer kam's natürlich heraus, es sei einmal nicht so schlimm und nicht so bös' darmit gemeint, als man im Anfang habe ausstreuen wollen.

Auf der andern Seite aber klagten denn auch viele Leute, es sei ein so großes Übel; man wisse gar nicht mehr, woran man sich halten kann und was man glauben soll, weil die Leute bald alles und selbst das Wort Gottes, der eine so und der andere anders erkläre.

Viel' wußten sich über diesen Einwurf gar nicht zu helfen; aber das Baumwollenmareili, das doch weder schreiben noch lesen kann, fand ungesucht die rechte und die einige[3]) Antwort, die man über diesen Punkt geben kann. Es sagte seinen Spinnerweibern, die ihm auch ins Haus kamen, über diesen Punkt zu klagen: Es hat schon gefehlt[4]), wenn's einem über das, was Gottes Wort sagen wolle oder nicht sagen wolle, aufs Erklären und das, was andere Leut' dazu sagen, ankommt.

Aber wie machst du es dann, wenn es dir nicht aufs Erklären ankommt?

Wie ich das mache? Ihr guten Leute, ihr solltet's wohl wissen; es sind ja genug Sachen in der Welt, die von Gott selber sind und ob denen man nicht verirren kann, was Gott wolle, daß ein jeder Mensch in der Welt seie und tue.

Ich habe ja Sonn', Mond und Sternen und Blumen im Garten und Früchte im Feld – und denn mein eigen' Herz. Und meine Umständ': sollten mir die nicht mehr als alle Menschen sagen, was Gottes Wort seie und was er von mir wolle? Nehmet nur grad' ihr selber, wann ihr vor mir zustehet und ich euch in Augen ansehe, was ihr von mir wollet und was ich euch schuldig. Und denn da die Kinder meines Bruders, für die ich versprechen[5]) muß, sollten die nicht das eigentliche Wort Gottes an mich sein, das auf eine Art an mich gerichtet ist und mein eigen gehört, wie es an keinen andern gerichtet und keinem andern gehört? Und das ist gewiß von Gott, und ich kann mich gewiß nicht verirren, wenn ich mir das andere Wort Gottes durch nichts in der Welt als das erklären lassen will.

Und die Spinnerweiber konnten ihm nicht absein⁶), daß Sonn' und Mond und Sternen und des Menschen Herz und seine Umstände einem jeden Menschen das Wort Gottes für ihn recht und unverirrlich und genugsam erklären.

. . .

[Daß die neue Ordnung noch nicht in allen Gemütern festen Fuß gefaßt hat, beweist der Hirzauer Markt: obwohl der Junker seinen Bonnalern das Wirtshaus verboten hat, laufen viele auf den Markt des Nachbardorfes Hirzau. Als sie nachts betrunken wieder heimwandern, werden sie von Klaus erschreckt, den der Junker geschickt hat, um zu erkunden, wer auf dem Markt gewesen sei.]

§ 81
Erziehung und nichts anders ist das Ziel in der Schul'

Mit dem allem war doch nichts weniger als bewiesen, daß das neue Wesen im Dorf und die große Änderung in allen Haushaltungen gar keinen Bestand haben werde. Der Vorfall wirkte vielmehr wirklich zum Gegenteil und machte, daß die Marktleute, die sich schämten, was ihnen begegnet, wie wild hinter ihre Arbeit hergingen und allen ihren Kräften aufboten, die Scharte wieder auszuwetzen.

Im übrigen aber baute der Junker in seiner Meinung, das Dorf zu ändern, gar nicht auf das alte Volk, sondern auf die Jugend und seine Schul'. Diesfalls aber zählte er auf nichts weniger als auf ein Geschlecht, das dem Nächsten, von dem es abstammt, so ungleich sein würde, als Tag und Nacht einander ungleich sind.

Er zählte aber nicht darauf, weil's ihm davon träumte, sondern weil er sah, daß der Leutenant es machte. Denn das tat er, und das mit einer Einfalt, daß, wenn man in seiner Schul' alle Augen aussah¹), zu forschen, was er besonders mache, man nichts fand, das nicht sozureden ein jeder glauben würde, es ihm nachmachen zu können.

Und es ist wirklich so leicht, ihm seine Schule nachzumachen, daß sicher ein jeder recht verständiger Bauersmann, wenn er nur schreiben und lesen kann, in Hauptsachen ebensoviel ausrichten könnte, was er, wenn er nur etliche Tage die Ordnung gesehen, die er und Margreth mit ihren Kindern haben. Es brauchte nicht einmal, daß so ein Mann nur selber rechnen könnte; und ich habe mit meinen Augen einen Mann gesehen, der seine Rechnungstabellen mit einer ganzen Stuben voll Kinder gebraucht hat und vollkommen damit fortgekommen, ohne daß er selber rechnen können. Seine Kinder haben diese Zahlenreihe in Kopf gefaßt, daß sie wie nichts auf alle Art darin herumgesprungen, da indessen der Mann, der sie lehrte, das Papier, auf dem er diese Zahlenreihen aufgeschrieben, keinen Augenblick aus den Händen lassen dorfte, um nicht alle Minuten selber zu verirren.

Ein Beweis, wie weit die Kinder im Dorf gekommen, ist auch das: Wenn des Junkers Karl die Zeit her von Bonnal heimkam, sagte er immer: Die Buben in diesem Dorf sind ganz anders als andere Bauernbuben, und es meinte einer, sie wären Junkern gegen den andern, so wenig scheuch (schüchtern) sind sie, und so viel wissen sie gegen den andern. Ich erzähle das, wegen dem Nichtscheusein. Der Leutenant baute den ganzen Erfolg seiner Erziehung auf den Grund dieses Nichtscheuseins, nämlich auf ein unverstelltes Inneres und sagte hundertmal zu seinen Kindern: Ich verzeihe euch alle Fehler; aber wenn ihr anfangt, euch zu verstellen, so seid ihr im Grund' verloren, und es gibt für immer nichts als elende, verdrehte Krüppel. Auch durchstach er sie mit seinem Falkenblick, wenn er im geringsten so etwas merkte, und jagte denn darauf los, drückte darauf zu, preßte es ihnen aus, daß der Angstschweiß ihnen ausging. Auch förchteten sie das Wort „Was machst du für ein Gesicht?" oder „für Augen?" von ihm wie ein Schwert; denn sie kannten seine Strenge, ihnen alle Arten des verstellten Wesens auszutreiben. Aber wie gesagt, er baute auch hierin auf Fundamente.

Er machte sie bedächtlich, damit sie offen sein könnten. Er machte sie vorsichtig, damit sie nicht mißtrauisch sein müßten. Er machte sie erwerbsam, damit sie nicht nachsüchtig[2]) sein müßten. Er machte sie treu, damit sie Glauben fänden. Er machte sie vernünftig, damit sie sich trauen dörften, und legte auf diese Art den Grund zu einem heitern, offenen Wesen, das er von ihnen forderte, wenn sie ihm vor Augen kamen. Kurz, er lehrte sie als ein Mann, der etwas ist, wo man ihn hinstellt, und machen will, daß auch sie etwas seien, wo man sie hinstellt. Und das heißt freilich: er lehrte sie ganz anders, als Leute lehren, die nur mit dem Maul etwas sind und auf dem Papier etwas können.

Er hatte auch das, daß er den Kindern seine Liebe, solang' und soviel er wollte, verbarg und sie ihnen nur zeigte nach Maßgebung, als sie alle Kräfte anspannten, das zu werden, was sie einst sein sollten. Und es ist unglaublich, was er ihnen damit ausrichtete. Sie wußten im Grund', daß sie ihm lieb waren, und seine Kaltblütigkeit war ihnen wie ein Vorwurf, daß sie nicht seien, was sie sein sollten. Sie konnten sie nicht ausstehen und verdoppelten ihre Kräfte, bis er ihnen zeigte, daß er mit ihnen zufrieden. Auch ging ihnen der Kopf unter seinen Händen auf, daß es unglaublich war.

Das zeigte sich nicht bloß in ihren nächsten Berufen. Wenn sie Zeit hatten, war ihnen bald auch das Fremdeste nicht mehr fremd, und von was sie immer[3]) unter Menschenhänden sahen, dachten sie nicht mehr, daß sie es nicht auch in ihre nehmen dörfen.

Es ist zum Exempel ein Meister Enger, ein Uhrenmacher im Dorf, der bei zwanzig Jahren da gesessen, ohne daß je ein Bauernbub in seine Werkstatt gekommen, dieses oder jenes darin zu betrachten oder etwan selber anzugreifen oder zu probieren.

Aber jetzt, seitdem der Glüphi ihnen beigebracht, daß sie Händ' und Ohren und Nasen haben vollends wie andere Leute, stecken ihrer mehr als ein halb Dutzend Nachbarsbuben dem Meister alle Abend' im Haus und lassen ihn keine Ruh', bis er dies und das in die Hand nehmen und probieren läßt.

Die Buben griffen es auch alle mit einer Art an, daß der Meister sich nicht genug verwundern konnte und dem Schulmeister sagen ließ, wenn alle Bauernbuben in der Welt also gezogen würden, so wäre kein Handwerk, wo man sie nicht dazu brauchen könnte, so gut und noch besser als die Stadtbuben.

Nicht nur das. Er hat gleich gesehen, daß es sein Vorteil wäre, zwei der angreifigsten[4]) von diesen Buben zu sich in die Lehr' zu nehmen, und hat ihnen wirklich anerboten, sie sein Handwerk zu lehren, ohne daß es einen Heller kosten müsse.

Das sind Buben, die kein Land und sonst nichts haben und ohne das ihrer Lebtag' Knechte und Tag'löhner hätten sein müssen.

Die Buben sind vor Freuden in alle Höhe gesprungen, als er ihnen das erboten, und dann zum Schulmeister, ihm zu danken.

Noch nichts nahm diesen letzten so ein, wie der Dank dieser Knaben, als sie mit Tränen in den Augen vor ihm zustunden und er ihre zitternde Hand in der seinen hatte. Sein Herz schwellte, hinauszusehen in die Zukunft, in der alle seine Schulkinder versorget sein würden.

Er stund in stillem Staunen vor ihnen zu, traumte sich den Segen seiner Laufbahn und das Königreich, wornach edle Bettler streben und wornach auch meine Seele dürstet – mit der Krone weißer Haaren der Segen der Menschn zu sein, die ihn umgeben.

Das Drücken der Knaben, die seine Hand in der ihren hatten, weckte ihn aus seinem Traum. Er ging denn mit ihnen zu ihrem Meister und machte ihnen einen so guten Akkord[5]), wie sicher noch keine Knaben ohne Lehrgeld bei einem Uhrenmacher bekamen.

Der Leutenant versprach dem Meister, sie forthin als seine Schulerknaben anzusehen und sie im Zeichnen und in der Mathematik alles das zu lehren, was ihnen in ihrem Handwerk davon dienen könne.

Das war dem Meister Enger so wichtig, daß er um deswillen den Knaben einen Akkord machte in allen Stücken, wie der Leutenant wollte.

Er sagte ihm sogar, wenn er das an ihnen tue, so werden's die Knaben gar viel weiter bringen, als er es gebracht.

Der Leutenant spürt aber auch, seitdem er Schulmeister ist, was er darin kann, und ist vollends seine Liebhaberei worden, darauf zu denken, diejenigen von seinen Buben, die kein Land haben, zu Handwerken zu bestimmen.

Er führte sie auch, wenn er immer eine müßige Stund' hat, in alle Werkstätte, die im Dorf sind, siehet ihnen bei Stunden zu, wie der einte das und der andere dies angreife, und forschet so von ferne, was aus einem jeden zu machen.

Lebt er[6]), so wird das, was er damit ausrichtet die Umstände der Armen in Bonnal noch viel mehr verändern als das Weid' verteilen und die zehentfreien Äcker, die der Junker ihnen versprach.

Ebensoviel tut er an den Mädchen.

Die Lasten der Eltern zerreißen ihr Innerstes nicht mehr. Sie sitzen vom Morgen bis am Abend ungekränkt in der Stube eines frohen und weisen Manns. Ihre Hände sind nie still. Kein Art Geschwätzwerk verwirret ihren Kopf und verhärtet ihr Herz.

Darum zarten ihre Wangen, und ihre Schamröte wachet in ihnen auf wie Mut und Freude in ihren Augen.

Ihre Füße hüpfen zum Tanz, ihre Hände werden biegsam zu jeder weiblichen Arbeit. Ihr Aug' öffnet sich der Schönheit der Natur und des Menschen; und Fleiß und Sparsamkeit und Hausordnung, diese Seele des Lebens und dieser Schirm der Tugend, der kein Tand ist, wird ihnen unter Glüphi Händen zur Natur.

Oh Gott! was wären sie worden unter der alten Regierung!

Im Sumpf des Elends wird der Mensch kein Mensch.

Ohne Vaterführung wird der Knab' kein Mann.

Weniger noch wird das Mädchen unter der Hand einer Lumpenmutter und unter dem Schulgewalt von Ochsenköpfen ein Weib.

Aber unter Glüphi Händen wuchsen Knaben und Mädchen auf, Männer und Weiber und das zu werden, was Männer und Weiber auf Erden in Zwilch und in Seiden sein können.

Bauet dem Mann Altäre!

Bis auf die Blume, die im Garten wachst, braucht er alles, die Seelen seiner Mädchen höher zu stimmen und durch sie künftige Geschlechter von Menschen im niedrigsten Stande glücklich zu machen.

Es wohnt in Bonnal ein Weib, das aus einem fremden Dorf dahin geheuratet, das pflanzet seit zwanzig Jahren schöne Blumen, zartes Gemüs' und feines Obst auf harten Stammen. Bonnals rohes Geschlecht stahl ihr freilich alle Jahr' Blumen und Köhl und Birnen und Apfel, und was es nicht stahl, das bettelte es auf Hochzeiten und Kindstaufen.

Aber ihr nachzuahmen und ihre Blumen und ihren Köhl und ihre Apfel und ihre Birnen auch zu pflanzen, daran kam ihnen kein Sinn. Sie verschreiten, verleumdeten vielmehr das Weib und sagten, sie sei keine Haushälterin, daß sie ihre Zeit und ihren Mist an solche Narrensachen wende, die ihr denn noch alle Jahr' gestohlen werden.

Aber die Kinder des rohen Volks waren nicht manche Woche[7]) in Glüphi Stuben, so stunden sie am Morgen und Abend vor dem Garten der alten Frau und ihren Blumen und ihrer Ordnung, um sie zu fragen, wie sie dies und das mache, daß es so schön werde.

Die Alte stund bei Stunden an ihrer Hauen[8]) bei ihnen still, zeigte ihnen alles, gab ihnen Blumen mit heim und versprach ihnen Setzlinge und Same und Schoß', wenn sie auch so Gärten machen wollen.

Und die Kinder brachten einmal solche Meien (Blumen) in die Schul', zeigten sie ihrem Glüphi und fragten, ob er nicht meine, sie könnten daheim auch so Gärten machen wie diese Frau.

Warum das nicht? erwiderte ihnen der Schulmeister, wenn ihr nicht zu faul seid, und führte sie demnach selber alle miteinander zu dieser Frau in ihren Garten.

Die Freude der Alten ist nicht auszusprechen.

Sie sagte dem Leutenant, es sei ihr, sie sei ihr Lebtag noch nie in Bonnal daheim gewesen wie heut', da er mit seiner Schul' in ihren Garten komme.

Und die Kinder riefen daheim bei ihren Müttern, sie müßten ihnen Land geben, Gärten zu probieren und zu machen, wie die Frau ihnen sagte, daß man sie machen müsse.

Nichts, das früh oder spät ihnen nützlich sein konnte, hielt er außer dem Kreis seiner Schularbeit; denn er fühlte sich Vater und glaubte, seine Arbeit seie nichts minder als das Erziehen der Kinder, und was immer ihr ganzes Erziehen erfordere, das sei alles im Kreis seines Berufs.

Desnahen brachte er außer den Schulstunden fast alle Abende mit ihnen zu und machte denn mit ihnen, was sie nur wollten. Manchmal schnitt er mit ihnen Holz, manchmal machte er mit ihnen Figuren aus Wachs: Menschen und Tiere, Kopf und Hände, oft Häuser und Mühlen und Sägen und Schiffe.

Zu Zeiten war die Schulstube voll Handwerksgeschirr und Späne wie eine Werkstatt; aber wenn sie fortgingen, war sie immer wieder so sauber als eine Frühlingswiese, wenn soeben das Wintergesträuch von ihr abgerechet.

An schönen Abenden ging er mit ihnen unter den Schulnußbaum oben in der Matten.

Es ist, wie wenn die Alten ihn darum dahin gesetzt haben, daß die junge Nachwelt sich da unter seinem Schatten verweile, dem Sonnenuntergang, der sich nirgend im Dorf so schön durchs ganze Tal hinab zeigt, zuzusehen.

Unter diesem Baum red'te er dann bei Stunden mit seinen Kindern über ihren Beruf und ihre Umstände.

Er machte ihnen da eine kleine Geschichte von ihrem Dorf und erzählte ihnen, wie vor ein paar hundert Jahren nur noch wenige Häuser dagestanden und wie die Einwohner das Land nicht genugsam haben warten können und sie desnahen mit ihren Weiden und Zelgen [9]) Einrichtungen haben machen müssen, die jetzt bei dem mehreren Wert der Güter und bei den vielen Händen, die im Dorf sind, das Dorf unglücklich und ärmer und liederlicher machen, als es war, wenn diese alten Ordnungen nicht wären.

Er zeigte ihnen, wie das Baumwollenspinnen Geld ins Land gebracht und wie dardurch, wer immer nicht auf das Geld geachtet, nicht damit umzugehen gewußt, zugrund' gegangen. Und wieviel Bauern vergantet [10]) worden, die im Grund' zehnmal mehr besessen als die, so ihre Güter erstanden, aber durchs bessere Anbauen von kleinen Stücken derselben in wenig Jahren in zehenfachen Wert gebracht.

Das Ende seiner Dorfgeschichte war die große Lehre, wieviel genauer man in unseren Zeiten sei; wieviel sorgfältiger man auf alles schauen, alles ausrechnen und ausspitzen müsse und wieviel größere Ordnung und Bedächtlichkeit es in allem brauche, wenn der Mensch so zu einem gesunden und freudigen Alter und seiner Kinder wegen so ruhig unter den Boden kommen wolle, als es vor altem bei so wenig Leuten, so wenig Geld und bei einem so einfachen Leben so leicht möglich gewesen.

Und wenn die guten Kinder am Abend Stücke aus ihrer Dorfgeschichte und aus seinen Lehren mit heimbrachten, so konnten ihre Eltern nicht begreifen, wie der Schulmeister selber dazu gekommen, was sie zum Teil selber erlebt und erfahren und doch nicht erzählen konnten wie er. Und denn gar, wie er das den Kindern so in den Kopf hineinbringe, daß sie es in ihrem Alter so begreifen und so erzählen können.

Wer am meisten daraus machte, war ein Renold, ein Mann, der gegen neunzig ging. Er hatte mit kaltem Blut und mit offenen Augen so lang' gelebt und wußte die Veränderungen des Dorfs hinauf bis ins vorige Jahrhundert.

Dieser Greis hatte einmal nach alter Übung seine Kinder und Enkel am Sonntag abend zum Nachtessen. Und als der Großsohn, an den die Ordnung gewesen war, zuerst sein Kapitel aus der Bibel gelesen und der lange Reihe des gesegneten Hauses am Tisch saß, so sah der Alte mit frohem, nickendem Wesen hinab zu der lieben Jugend unten am Tisch und sagte: Kinder! Was macht auch euer Schulmeister? Ist er auch gesund und wohl? Laut und freudig erwiderten die Kinder dem Alten: Ja! Ja, Großvater! Er ist Gottlob gesund, er ist Gottlob gesund, der liebe Herr Schulmeister! Da sagte der Alte: Ich wollte jetzt nichts lieber, als daß er auch da wäre und wir alle miteinander dem braven Mann, den uns wohl der liebe Gott gegeben, auch danken könnten.

Dann fing er an und sagte: Ihr wisset nicht, was er an euch tut und was er euch ist, aber ich weiß es und will euch jetzt sagen, was ihr ihm zu danken habet. Kinder! Unser armes Dorf ist wie eine zerrüttete Haushaltung worden und hat in die vierzig Jahre wie ohne einen Vater gelebt; in dieser Zeit haben sich die Umstände überall geändert, und die Menschen in der Welt, wie sie jetzt ist, müssen erzogen und gelehrt werden in der Ordnung, die jetzt ist, so fortzukommen, wie die Alten in ihrer Ordnung, zu der sie gewiß recht erzogen worden, fortgekommen sind.

Und das tut euch jetzt der Mann, der macht, daß ich mit Ruhe über das Grab hinaus denke, das ich in Gottes Namen bei zwanzig Jahren nicht mehr dorfte, weil es mir tief am Herzen lag, ihr armen Kinder werdet, weil niemand da ist, der euch nach den Umständen zu dem anführt, was ihr sein und werden müsset, vielleicht auch mit der größten Unschuld mit dem Strom der neuen Unordnung mit hingerissen, in kurzen Jahren fast notwendig unglücklich.

Das förchte ich nun nicht mehr, und danke dem Mann, daß ich darüber in meinen letzten Tagen noch ruhig schlafen kann.

Nachdem der Alte so geschwatzt, trank er dann auf des braven Manns Gesundheit. Seine Kinder, die ihm in die Schule gingen, schlugen ihm mit Jauchzen an. Und er hatte eine Freude, daß er selbst dem jüngsten Enkel, der auf seiner Schoß saß, einen Tropfen auf seine Lippen goß und ihn den Namen des Manns nachstammeln machte.

Nein! Bauet dem Mann keinen Altar!

Der Säugling auf dem Schoß des Greises und der zitternde Tropfe auf den Lippen des Kinds, das seinen Namen stammelt, ist mehr als Opfer und Altar!

* * *

Es wird mir aber warm. Bald komme ich in meiner Einfalt nicht mehr fort. Aber es muß sein.

Unter den Freuden, die er mit seinen Kindern hatte, war auch diese, daß er zu Zeiten eine Ankenbraut (Butterschnitte) mit ihnen aß.

Es ist nämlich auch in Bonnal der Gebrauch, daß die Bauern, wenn sie etwas Gutes haben, ihrem Schulmeister dann und wann auch davon schicken.

Dieser Gebrauch war dem Glüphi im Herzen zuwider; er nahm ihnen auch fast gar nichts ab und brauchte, sie nicht bös' zu machen, die Entschuldigungen, er habe keine Frau und keine Haushaltung und könne desnahen mit dergleichen Sachen fast gar nichts tun.

Damit sie aber nicht glauben, es geschehe aus Hochmut und er schäme sich, ihnen etwas abzuessen, so nahm er einem jeden, der Küh' im Stall hatte und seine Kinder zu ihm in die Schul' schickte, alle Jahr eine Ankenbraut ab. Aber sie mußte nicht über zwei Pfund sein. Sobald eine kam, sagte er es den Kindern und aß sie denn morndes am Abend mit ihnen in der Schul'. Er kaufte ihnen denn allemal ein halb Dutzend Brot, und die Frau Pfarrerin gab ihm mehrenteils denn noch eine Schale Honig dazu, denn sie hatte dessen genug und mehr als dreißig Imben (Bienenstöcke).

So machte er den Armen aus seinen Kindern damit gar manchmal im Jahr eine gute Stunde mit etwas, das sie daheim nie hatten.

Und nutzte diese Abendessen beinahe mehr als seine Schulstunden. Sie waren ihm wie ein Probierstein für seine Kinder, und er spähete mit Falkenaugen umher, wie sie mit dem Anken (Butter) und Brot und Honig umgehen, was sie für Augen und Mäuler dazu machen, und was weiß ich, worauf er alles acht gab. Genug, er sagte selber, bei diesen Abendessen werde ihm allemal heiter, was er über jedes seiner Kinder ahnde.

Der Pfarrer und seine Frau und ihre Kinder kamen gar oft zu diesen Abendessen, und das brävste unter den Kindern dorfte denn ihnen und dem Herrn Schulmeister ihre Ankenbraut * machen.

An dem Sonntag, da es mit der Kienastin umschlug, hatten sie auch eine Ankenbraut, und da war des Maurers Heirli der Brävste.

Der Schneiderin Anneli (die Kinder sagen ihm nur den Namen Schwarbel Anni) hatte ihm zwischen den Tischen, an die es gestoßen, die Hand verklemmt, daß sie aufschwoll wie ein Kissen und blutete. Der gute Bub aber überwand sich, sobald er anfing zu schreien, und sagte, es habe es nicht mit Fleiß getan, und suchte den ganzen Morgen die geschwollene Hand vor dem Schulmeister und der Margreth zu verbergen, damit das Kind nicht eine Strafe ausstehen müsse und daheim dann noch geschlagen werde. Es tat ihm aber so weh, daß er mit dem Spinnen nicht fortkam und die Margreth auf diese Art endlich es merkte.

Dafür war er heute der Brävste und hatte diese Freude mit der Ankenbraut. Diesmal kam der Junker selber zu ihrem Abendessen.

* Schweizer Ausdruck, der soviel ist als: den Butter auf die Brotschnitte streichen, die sie aßen.

Heute mußte der Wassergraben zu der neuen Matten, die er anlegen wollte, endlich abgestochen werden.

Die Quellen im Moosgrund waren nun vollends aus- und zusammengegraben, und ihr Wasser floß in dicken Strömen über die Felder, die alle grünten, wo es hinfloß. Der Leutenant nahm auch zu dieser Zeit etliche von seinen Buben mit sich und sagte, eh' er mit Feldtisch und Visier an seine Arbeit ging, zu ihnen: Probieret, Buben! ob ihr die Linien findet, wo der Bach jetzt hingeleitet sein muß, wenn man so viel Land als immer möglich, mit ihm überwässern will. Die Buben sprangen wie gute Jagdtiere von ihm weg, links und rechts, kreuz und quer, wo das Wasser hinmüsse. Aber sie wurden nicht einig und kamen, in ihrer Meinung geteilt, zurück.

Die einen meinten, man müsse den Graben zuerst links führen gegen die Tannenecken und von da erst wieder zurück gegen den Feldern, die rechts liegen.

Die andern glaubten, wenn man ihn gegen den Tannenecken führe, so bringe man ihn nicht mehr auf die Höhe vom Mooshübel, der dann trocken bleiben müsse.

Es hat's keiner getroffen, sagte der Leutenant und setzte hinzu: der Graben muß zuerst über den Vorhügel vom Moosweg und dann erst herum zum Tannenecken.

Oho! Wenn das Wasser über den Mooshübel gelaufen, so bringt Ihr es nicht mehr auf die Höhe zur Tannen, erwiderten die Buben.

Oho! erwiderte der Leutenant: man füllt nur die Tiefe, die zwischen dem Hübel und dem Ecken ist, ein Schuh, drei oder vier hoch aus, dann lauft's, meine ich, wieder zum Tannenecken.

Dann wohl, dann wohl, sagten die Buben.

Aber der Pfarrer war heut' den ganzen Tag nicht bei ihnen. Er war bei der Kienastin, deren Tod nun sichtbar nahete; doch war sie noch immer bei sich selber und nahm nun das letztemal bei den Lieben ihren Abschied.

Als man ihr das Kleine auf das Bett legte, staunte sie ihns eine Weile an, und ihre letzten Tränen fielen auf ihns hin. Das Kind aber lächelte auf ihrem Schoß, strabelte[11]) mit Händ' und Füßen und warf den Kopf so froh und mutvoll umher, daß es die Sterbende erquickte. Sie lächelte noch auf ihns herunter und sagte zu sich selber: Warum kann ich nicht sein wie du?

Sie red'te noch mit allen Kindern, am meisten mit dem Vater, und das fast nur von dem Susanneli, und sagte, es lieg' ihr auf dem Herzen, dem Kind noch zu sagen, daß sie es erkenne, ihre Fehler haben ihns nach und nach so hart gemacht, als es geworden. Sie habe ihm ihre Haushaltung aufgebürdet, die man einem Kind nie aufbürden sollte, und er soll' ihm sagen, wenn's an ihr stünd', ihr Leben noch zu ändern, sie wollte gewiß ihre Mutterpflichten tun und ihm nicht mehr zur Last fallen. Aber das sei jetzt nicht mehr möglich; und darum soll' es ihr verzeihen und wiederkommen und ihm und den Kindern als Mutter und Schwester an die Hand gehen, solang' es lebe und solang' es nötig.

Dann wollte sie auch ihn um Verzeihung bitten, daß sie nie keine Frau gegen ihn gewesen und ihn doch geheiratet habe; aber das Wort erstarrte ihr auf den Lippen, und sprachlos wie sie lag er eine Weile auf ihrer Decke.

Denn raffte er sich wieder auf, sah den Pfarrer an und fiel auf seinen Schoß. Die Sterbende sah ihn liegen und sagte: So wohl kann er nirgend ruhen; und ach, so wohl ruhete er nicht bei mir!

Sie wollte auch noch dem Pfarrer herausstammeln, daß er ihr verzeihe. Der Mann aber gab ihr diesen Trost ins Grab, indem er noch seine warme Hand auf den grauen Haaren ihres Manns, der noch auf seinem Schoß lag, hielt.

Frau! Die Fehler deines Lebens sind nicht sowohl dir als denen zuzuschreiben, daß man die Religion auf eine Art lehre, daß sie den Menschen den Kopf also einnehme und fülle, als ob ihr Wissen alles in allem wäre und der Mensch denn seine Haushaltung und sein Handwerk und alles, was er sein und können muß, könne und seie, wenn er sie verstehe.

Aber wie oft muß ich empfinden, ich kann mein Buch nicht schreiben!

Der Blick der Frauen auf dieser Rede machte dem Pfarrer das Wort im Maul erstarren.

Wenn ich diesen Blick malen könnte, daß man ihn sähe, wie ihn der Pfarrer sah: ich bin wie meines Lebens sicher, man würde lieber den Mund beschließen.

Aber ich kann ihren Blick nicht malen.

Ich erliege unter der Last unausdruckbarer Dinge, die im Ganzen meines Traums vor mir stehen.

Es glich ihr Klag'blick im erlöschenden Aug' dem Blick des sterbenden Lamms, das unter den Händen des Würgers verblutet.

Nein! Er glich nicht einem blutenden Tier, er glich – ich kann nicht sagen, was; könnte ich's, man würde nicht mehr Abgötterei treiben mit Gott – und den Menschen tun lassen, was seine Sach' ist.

Ihr Blick durchschnitt dem Pfarrer das Herz, und der Gedanke: sie ist das Opfer der Torheit, die Lehre von Gott den Menschen wie ein Messer an Hals zu setzen, machte ihn zittern. Er fühlte das Elend der Menschen, die an diesem Messer verbluten, und nicht minder die Gefahr derjenigen, die ihm entfliehen.

...

[Der Tod der Kienastin gibt dem Pfarrer Gelegenheit, das Volk und die Kinder des Dorfes eindringlich zur tätigen Hilfe für Kienast und seine Kinder aufzurufen. Der Erfolg dieses Appells weckt im Junker die Überzeugung, daß das Dorf einen Schritt vorangekommen ist.]

AUS TEIL IV. 1787

Vorrede

Freund![1])

Du fandest mich wie eine zertretene Pflanze am Weg – und rettetest mich unter dem Fußtritt der Menschen.

Davon rede ich nicht.

Lies, Freund! diese Bogen. Ich ende mit ihnen das Ideal meiner Dorfführung. Ich fing bei der Hütte einer gedrückten Frauen und mit dem Bild der größten Zerrüttung des Dorfs an und ende mit seiner Ordnung.

Das Vaterland sagte laut und allgemein, als ich anfing: Das Bild der armen Hütte und der Zerrüttung des Dorfs ist Wahrheit. Der Mann am Ruder des Staats und der Taglöhner im Dorf fanden einstimmig: Es ist so!

Es war das Bild meiner Erfahrung. Ich konnte nicht irren.

Nun ging ich weiter, stieg zu den Quellen des Übels hinauf. Ich wollte nicht bloß sagen: Es ist so – ich versuchte zu zeigen: Warum ist es so, und wie kann man machen, daß es anders werde?

Das Bild ward umfassender. Die Hütte der armen Frauen verschwand im Bild der allgemach anrückenden Darstellung des Ganzen.

Es foderte viel. Die Mängel des Dorfs mußten in allen Verhältnissen dargelegt werden wie die Mängel des Lienhards und des Hummels.

Die Mißbräuche im Einfluß der Religion und die Irrtümer in der Gesetzgebung mußten berührt, die Hindernisse des Fortschritts einer wahrhaft guten Menschenbildung mußten enthüllet und ihre Quellen dargelegt werden.

Die Schwierigkeiten einer bessern Volksführung mußten auf eine dem wahren Zustand des Volks angemessene Art gehoben und die Möglichkeit der gänzlichen Umschaffung der Seelenstimmung desselben im Zusammenhang aller seiner Verhältnisse entwickelt und dargelegt werden.

Der Geist im Dienst des Staats, die innere Endzwecke seiner Verwaltung und ebenso der Geist des Diensts am Altar und der Einfluß seiner wirklichen Verwaltung mußte aufgedeckt und bei beiden in allen Branchen seines Einflusses gezeiget werden, was diese Dienerschaft sein könnte, sollte – und nicht ist.

Die wahren Grundsätze der gesellschaftlichen Ordnung mußten durch alles Gewirr der tausendfachen Hindernisse hinab in die niedern Hütten gebracht, und das alles sollte sich allenthalben an wirkliche Volksbegriffe und Volksgefühle anschließen, und allenthalben sollte die innere Stimmung der niedern Menschheit den Bildern nahestehen, die ich hinwerfe, sie zu reizen, sich selber zu helfen.

Ich wollte offen handeln vor dem Volk wie vor seinen Herren und beide durch richtigere Kenntnisse der gegenseitigen Wahrheit in ihren Verhältnissen einander näherbringen.

Das ist, was ich versuchte zu leisten; das Wesentliche von allem, was ich sage, habe ich gesehen.

Und sehr vieles von dem, was ich anrate, hab' ich getan. Ich verlor den Genuß meines Lebens in der Anstrengung meines Versuchs für die Bildung des Volks; und ich habe den wahren Zustand desselben sowie die Mittel, es zu ändern, sowohl in ihrem großen Zusammenhang als im ungeheuern Detail seiner millionenfachen, sich immer vom Ganzen absöndernden und allein wirkenden Verhältnisse gesehen wie vielleicht niemand. Auch ist meine Bahn unbetreten; es hat es noch niemand versucht, den Gegenstand in diesen Gesichtspunkten zu behandeln. Alles, was ich sage, ruhet in seinem Wesen ganz bis auf seinen kleinsten Teil auf meinen wirklichen Erfahrungen.

Freilich irrte ich mich in dem, was ich ausführen wollte; aber eben diese Irrtümer meines tätigen Lebens haben mich in Lagen gesetzt, das zu lernen, was ich nicht konnte, da ich es tat.

Lies, Freund, diese Bogen und nimm meinen Dank für die wichtigsten Gesichtspunkte derselben, die ohne dich nie so weit zur Reife gekommen wären, und laß mich von denselben dir sagen: Ich kenne niemand, von dem ich mehr gelernt habe und dessen Urteil mir in Absicht auf die wichtigsten Teile der Volksführung und ihrer Fundamente wichtiger ist als das deine!

Freund! Die Last meiner Erfahrungen liegt noch auf mir – noch leb' ich wie im Traum im Bild dieses Tuns, und mein Streben nach diesem Ziel endet nicht in mir, solang' ich atme – und solang' ich atme, bin ich nicht in meiner Sphäre, bis ich für die erste Gesichtspunkte meines Lebens wirklich tätig werden kann.

Sei forthin mein Freund! Ich bin ewig mit Dank und Liebe

der Deine
P**

[Nun beginnt sich sogar der Herzog für Arners Werk zu interessieren. Der Staatsminister Bylifski, ein alter Freund des Junkers, will aber am Hof dafür sorgen, daß die Reformen in aller Stille beendet werden können und nicht, wie viele früheren Versuche, scheitern, weil der Herzog aus ihnen allzu schnell eine »Landessache« machte. — Inzwischen sind jedoch Arners Bemühungen in Bonnal selbst gefährdet. Denn seine Verwandten halten in ihrem Adelsstolz den Junker für einen Narren und Phantasten und wollen das Werk Arners zerstören. Diese Enttäuschungen lösen eine schwere Erkrankung des Junkers aus.]

§ 23

Unsterblichkeit und Wahrheit, Deutschland und Asien

... Er hielt seinen Tod für gewiß und nahm am fünften Tag von allen Abschied. Es war ihm diesen Morgen leicht ums Herz.

Die Sonne ging schön auf, er sah gegen sie hin und sagte zu Therese: Sie stehet auf zu ihrem Tagwerk!, suchte dann mit Worten, denen er stundenlang nachgedacht, ihre gute Seele zu der Notwendigkeit des Seinigen vorzubereiten. Sie faßte ihre Kräfte zusammen, und er schien so ruhig und sagte so herzlich, so manchmal und so heiter, es sei ja nur zur Vorsorge, daß sie heute minder litte als an einem andern Tage.

Er red'te zuerst von seinen Kindern, drang auf die Fortsetzung einer einfachen häuslichen Arbeitserziehung als auf das beste Mittel, dem Schwindelgeist und der Anmaßungssucht unserer Zeit und ihren Folgen bei den Menschen vorzubeugen.

Er sagte: Der Verstand bildet sich am besten bei Geschäften, weil sich aller Irrtum und alles Versehen bei denselben soviel als auf der Stell' zeiget und Gottlob für das menschliche Geschlecht zeigen muß; da man hingegen in Meinungen und Büchersachen einander ganze Ewigkeiten hindurch die Worte im Mund umkehren und wieder umkehren kann.

Ebenso, behauptete er, bewahre die trockene, kalte, schwerfällige und auf der Notwendigkeit ruhende Natur der Geschäftswahrheit das Herz der Menschen vor Gelüsten nach dem Sommervogelleben unserer Zeit und vor dem Hang, gleich diesen Würmern mit Goldflügeln auf dieser Erde wie auf Blumenbeeten herumzuflattern und herumzuschmachten.

Liebe deutsche Frau! sagte er, die Reichen und die Hofleute und das Häpfengeschlecht der Städter, die sie verderbt, nähern sich in ihrem Innern und Äußern immer mehr den schwachen Geschöpfen aus den heißen Erdstrichen. Gesichter, Stellungen, Kleidungsarten, die sogar mit den verunstalteten Figuren auf dem chinesischen Porzellan auffallende Ähnlichkeit haben, werden immer gemeiner. Man sucht immer mehr für die tierische Vegetation die Reize dieser Erdstrichen zu erzwingen und die starken weichen Genießungen, die uns unser Klima versagt hat, wenn wir an der Luft leben, in das Innere unsrer Zimmer zu bringen, in dem man mit Geld eine Luft machen kann, wie man sie haben will. Daher die Näherung unserer Gemütsstimmung mit den schwachen Lastern und Torheiten der heißeren Gegenden. Daher das in unsrer Zeit auffallende Steigen des Aberglaubens, der Rentes viagères[1]), der Lottos, der Bleichsucht, des vielartigen Kindermords, des Hautgoût in unseren Meinungen und die allmächtige Ehrerbietung für alles, was außen fix und innen nix ist. Daher die tausend sonderbaren Auftritte unsrer Zeit. Daher die schwärmerische Religiosität despotischer Menschen. Daher die Neigung zum Bilderdienst und zu sinnlichen Vorstellungsarten von Gott dem Herrn, der seinem Volk sogar in heißen Ländern solche Vorstellungsarten verboten. Daher die Gewalt geheimer Verbindungen und des Glaubens an Menschen, die ihre wichtigsten Versprechen nicht halten. Daher das freche Steigen aller Scharlatanerien, sogar das laute Rühren der Zaubertrommel. Das alles hat den eigentlichen Feuerherd, wo es seinen Gift kochet, in der Näherung des Inwendigen der vornehmen und reichen Häuser gegen den asiatischen Zuschnitt.

Kaltes Wasser, liebe deutsche Frau! Zum Trinken und Baden, und alle Jahr' einmal zur Probe viermal mit den Kindern am Maitag auf unsern Hackenberg hinauf und hinunter! Und Garten, Kuche und Keller – und lieber Rollenberger! – der gute Bauerngewerb' und das Einmaleins und die Mathematik dazu: das erhal-

tet in Buben und Mädchen deutsches Blut, deutsches Hirn und deutschen Mut. Gottlob! Es ist mir für meine Kinder, wie wenn das alles nicht in der Welt wäre.
...
[Danach erzählt Arner die Geschichte seines Ahnherrn, den man den christlichen Junker nannte: Dieser hatte das Kloster Himmelauf, eine Stiftung seines Geschlechts, völlig zerstört, als es ihm nicht gelungen war, die verbrieften Rechte der Bauern gegen die Eingriffe des Klosters zu schützen.]

§ 25

Grundsätze zur Bildung des Adels

Zörnet es nicht, gute Klöster! Ihr seid nicht allein diejenige, welche etwan zu Zeiten die Gewalt gegen das Volk mißbraucht und ihm etwan zu Zeiten eine Schrift hinterhalten[1]) habt, die euern Finanzen im Wege stund. Selbst die Nachkommen des christlichen Ritters haben jahrhundertelang aus der Lebensgeschichte dieses Ritters, ihrem ältesten Familienstück, ein Geheimnis gemacht, weil die Rechte und Freiheiten, die er seinen Bauern gegeben, alle darin aufgeschrieben waren und sie ebensowenig als die Patres im Himmelauf Lumpenbauern gerne Treu und Glauben hielten und ihnen Jahrhunderte durch ebensowenig behagte, in diesem Buche zu lesen. Die[2]) einfältige, gutmütige und unverfängliche Art, mit der er mit seinen Bauern umging, wie er allem Streit vorbog, und hauptsächlich, wie wenig er zu seinem Edelmannsaufwand, nach seinem Ausdruck, von dem Brot seiner Bauern abschnitt und dabei sein Haus doch äufnete[3]) wie kein Edelmann seiner Nachbarschaft und dasselbe weit über diejenige emporbrachte, die, ungesättigt vom Brot ihrer armen Leuten, noch sie selber aufaßen.

Dieses alte Denkmal ihres Hauses empfahl Arner der Therese zum ersten Lehrbuch ihres Karls mit den Worten: Präg' ihm früh die alte Lehre ein: die Mittel, durch welche sein Haus gegründet worden, werden auf immer die besten sein, es auch zu erhalten.

Dann setzte er den Karl zu sich auf das Bett und sagte ihm, er solle seiner Lebtag' daran denken, daß sein Vater ihn itzt, da er nicht wisse, ob er noch mehr leben werde oder nicht, so zu sich auf das Bett genommen und so in den Händen gehabt und ihn gebeten habe, daß er so ein christlicher Junker werden wie der Großvater und seiner Lebtag' nie suche zu schneiden, wo er nicht gesäet, und seiner Lebtag' nie seine Dörfer und seine Bauern unbesorgt und ungeleitet sich selber und dem blinden Glück überlassen und so verwahrlosen wolle, daß die armen Leute aufwachsen und werden müssen wie herrenloses Gesindel.

Dann tat er das alte Buch auf, zeigte ihm zuerst die Figuren und Gemälde, die darin sind, und dann die Rechnungen und sagte: Karl! Wir ziehen itzt, wo der Großvater einen Gulden aus diesen guten Dörfern bezogen, mehr als zehen; und dünkt es dich nicht auch, wir wären keine ehrenfeste, rittermäßige und christliche

Edelleute, sondern vielmehr unedelmütige, unchristliche und harte Judenleute, wenn wir uns weniger Mühe geben würden, diesen guten Leuten zu einem vergnügten, sichern, harmlosen Leben zu verhelfen, als er in seiner Zeit und in seinen Umständen sich Mühe dafür gegeben. Übrigens, setzte er hinzu, tun wir, was wir ihnen tun, nur uns, und eine jede von diesen fünfhundert Haushaltungen muß uns, wenn wir auch auf nichts als unsern Nutzen sehen wollten, immer in dem Grade viel werter sein, als wir wohl für sie sorgen oder — welches gleichviel ist — als sie wohl stehet und in der Ordnung ist. Glaube mir das, diese drei Stücke gehören unzertrennt zusammen.

Dann wandte er sich an den Rollenberger und sagte ihm: Führen Sie ihn doch fleißig und immer zu allem Schweiß und aller Mühe dieser Leute, und rechnen Sie ihm anhaltend und umständlich aus, wie wenig ihnen in allen Teilen ihrer Wirtschaft und ihres Erwerbs reiner Vorteil übrigbleibe, und machen Sie ihn doch nie vergessen, daß der reine Ertrag der Wirtschaft seiner Leute und ihr Hausglück der einzige sichere Maßstab sei, wie weit er für sich und seine Untertanen wohl regieren werde!

Dann kam er auch auf die Ruhmsucht unsers Zeitalters und sagte, er sei so froh, daß er unter seinen Händen unmöglich könne ruhmsüchtig werden. Aber hingegen, fuhr er fort, guter, bescheidener Mann! muß ich Euch sagen, machet auch, daß er andrer Leuten ihrer Ruhmsucht nie Bock stehe (aufhelfe, unterstütze). Und ohne Furcht, ihn damit zu verderben, sagte er in diesem Augenblick zu seinem Karl: Flieh' du deiner Lebtag' die Leute, die du von unten auf sehen mußt, sie sind nicht für dich, und werde du keines Menschen Knecht! Er red'te aber nicht bloß von der Knechtschaft des Leibs, sondern auch von der Knechtschaft des Geists und sagte bald darauf: Über das Brot, um deswillen der Mensch seinen Leib in die Knechtschaft gibt, ist der Stärkere Meister; aber ein Seelenknecht hat nicht einmal des Leibes Notdurft vorzuwenden [4]). Glaub' du nie, daß einer alles wisse. Es ist das Los des Menschen, daß die Wahrheit keiner hat. Sie haben sie alle, aber verteilt, und wer nur bei einem lehrt [5]), der vernimmt nie, was die andern wissen.

Einen Augenblick darauf sagte er: Es ist eine böse Zeit mit der Wahrheit; es meint ein jeder, sein Traum sei dieselbe, und ein jeder will seinen Traum aufs höchste hinauftreiben, und brauchte dann hierüber den Ausdruck eines Manns, der, indem er sich selber zerreißt, aus dem Menschen mehr zu machen, als er auf der Erde sein kann, Goldkörner und Diamanten von Menschlichkeit, Seelengröße und Weisheit auswirft, die, wenn der Wurm der Zeit das Nichtige seiner Meinungen wird zernagt haben, wie er das Nichtige der Meinungen aller Menschen zernagt, noch Goldkörner und Diamanten sein werden, und die, wann einst die Zauberlinien die Welt in Menschen mit Gott und in Menschen ohne Gott zu verteilen und sie vor der Zeit in zwo Herden zu söndern, in ihre Bestandteile aufgelöst und die Zahl und die Namen der Stürmer dieser Linien wie die Zahl und die Namen ihrer Verteidiger vergessen und der Reiz ihres Blendwerks auch von seinen Augen wird weggefallen sein, ihm noch den Dank unsers Geschlechts und die Aufmerksamkeit der Nachwelt sichern werden. — Er sagte nämlich zum

Rollenberger mit L a v a t e r s Worten: Sorgen Sie, daß mein Kind nie an keine Allgemeinheiten glaube, die nicht irgendwo in einem Individuo in der Welt wirklich existieren! . . .

[Als die Nachricht von der schweren Krankheit des Junkers nach Bonnal gelangt, droht die Gefahr, daß die Ansätze zur Neuordnung des Dorfes schnell wieder verkümmern und die alten Übelstände erneut einreißen. Jetzt entschließt sich die Meyerin, den Hübelrudi zu heiraten und Gertrud die Sorge um dessen Kinder abzunehmen.]

§ 31
Zwei Schulmeisterherzen

Der Gedanke, es nimmt alles wieder ein Ende, wenn er die Augen zutut, griff immer weiter und hatte immer mehrere Folgen. Da die Kinder aus der Schule ihren Eltern daheim erzählten, der Leutenant habe immer rote Augen und weine fast den ganzen Tag, gaben ihrer viele ihnen zur Antwort: Er hat wohl Ursach', sein Brotkorb ist auch dahin, wenn der Junker tot ist.

Aber bleibt er dann nicht mehr unser Schulmeister: sagten die Kinder, und es war ihnen so angst.

Wer wollte ihn bezahlen: erwiderten die Eltern; und viele setzten hinzu: Er kann dann auch wieder spazieren, woher er gekommen.

Das tat den Kindern so weh; sie konnten's nicht alle glauben und red'ten miteinander ab, sie wollen ihn selber fragen, das sei das Allerbeste.

Ihm zersprengte es fast das Herz, als sie nach der Schule mit nassen Augen vor ihm zu stunden und das ihm nächste Kind mit sichtbarem Zittern zu ihm sagte, sie dörfen ihn fast nicht fragen, aber es sei ihnen auch so angst; er solle ihnen doch sagen, wenn der Junker stürbe, ob er dann nicht mehr ihr Schulmeister sein könne. Er mußte sich umkehren, Luft schöpfen unter dem Fenster – sein Atem tönte wie eines Menschen, der einen großen Berg hinuntergejagt worden und itzt den ersten Augenblick stillesteht. Sobald er reden konnte, kehrte er sich wieder um, streckte die Hände gegen sie aus, wie wenn er sie alle dareinnehmen wollte, und sagte dann: Wohl, Kinder! auch wenn es Gott gefallen sollte, den Junker nicht mehr aufkommen zu lassen, will ich doch bei euch bleiben. Dann drückte er allen die Hand, und er fühlte, weiß Gott, daß die meisten schwitzten. Wie ihm das zu Herzen ging, und wie die Kinder so freudig heimgingen!

Aber viele Eltern durften ihnen noch sagen: Pochet nicht zu laut; wenn er schon will bleiben, es ist denn die Frage, ob er es könne. Aber die Kinder glaubten dem Schulmeister und pocheten fort.

Indessen träumte sich der alte Schulmeister wieder in seinem Platz und ließ sich verlauten, die Krankheit Arners und sein frühzeitiger Tod sei ein sichtbares Strafgericht für seine Entheiligung der Kirchen und Schulen.

. . .

[Nach den Kindern setzt sich nun auch das Mareili für das Bleiben des Schulmeisters ein. Ihr Bruder will nicht auf die bessere Ausbildung seiner Arbeiter verzichten und unterstützt sie ebenso wie der alte Reinold, Bonnals reichster Bauer. Sein Ansehen bringt viele Bonnaler dazu, sich durch Unterschrift zu verpflichten, daß ihren Kindern die Schule erhalten bleibt. Danach schließen die junge Reinoldin, die Meyerin, Gertrud und das Mareili einen Bund, um auch weiterhin die Reformen Arners zu schützen.]

§ 33

Ein Phantast, der auf eine Religionswahrheit kommt, und ein Pfarrer, der sich auf der Kanzel vergißt und nur wie ein Mensch red't

...

[Der alte Schulmeister hat geglaubt, in Arners nahem Tode den Willen Gottes zu erkennen; aber die Initiative der Frauen verhindert, daß das Dorf in den alten Zustand zurückfällt. Und so erscheinen ihm die Wege Gottes nun nicht mehr richtig, sondern nur noch unerforschlich. — Viele Menschen im Dorf jedoch sind ganz verzweifelt, und das Kind der Rickenbergerin kommt sogar auf den Gedanken, daß die Menschen es nicht wert seien, einen guten Vater zu haben.]

Und der Pfarrer führte am Sonntag auf der Kanzel, weiß Gott, fast die gleiche Sprache.

Es sei, sagte er, wie wenn es nicht sein müsse, daß Menschen durch ihre Mitmenschen versorget werden. Die ganze Natur und die ganze Geschichte rufe dem Menschengeschlecht zu, es soll ein jeder sich selber versorgen, es versorge ihn niemand und könne ihn niemand versorgen. Und das Beste, das man an dem Menschen tun könne, sei, daß man ihn lehre, es selber zu tun.

Auch hat Arner nichts anders gesucht als dieses, sagte er mit einer Stimme, die an allen Wänden klang, und setzte mit dumpfem, leisem Ton hinzu: Aber was wird itzt daraus werden?

Nach einer Weile sagte er wieder, es liege in Gottes Namen in der Natur, daß der Mensch auf niemanden auf Erden zähle. Selbst Eltern, die für den Säugling in Feuer und Wasser springen, den letzten Bissen im hungrigen Mund käuen und nicht hinunterschlucken, sein Leben zu erretten, springen für ihn nicht mehr in Feuer und Wasser, teilen nicht mehr mit ihm den letzten Bissen, wann er erwachsen ist, und sagen ihm vielmehr: hilf dir itzt selber, du bist erzogen!

Und im Grund' ist es vollkommen recht und für das Menschengeschlecht gut, daß Eltern und Obrigkeiten die Menschen dahin weisen, und es ist wider ihre Rede „ihr seid erzogen und helfet euch selber" nichts zu sagen, wenn sie nämlich wahr ist; aber wenn sie nicht wahr ist, wenn Kind und Volk nicht erzogen sind, sich selber helfen zu können, wenn vielmehr die armen Geschöpfe in beiden Verhältnissen verwahrloset, zu Krüppeln und Serblingen (Schwindsüchtigen) gemacht und unmündig gelassen werden, nichts sind und nichts aus sich machen und sich nicht helfen können, und man ihnen dann doch sagt: „Hilf dir selber, du bist erzogen!" und wohl noch etwas anders darzu – dann ist es freilich was anders.

Oh, Arner, Arner! Wie sahest du das ein, und wie würdest du helfen, wenn du lebtest! Aber Gott im Himmel, was können wir hoffen? Lernet doch, arme Menschen! Lernet euch selber versorgen, es versorget euch niemand!

So redete der Mann. . . .

[Als man am Hof des Fürsten von der Krankheit Arners erfährt, schickt der Herzog seinen Leibarzt mit Bylifsky zur Arnburg und nach Bonnal, um alles zu tun, damit Arner wieder genese.]

§ 36

Der Staatsminister in der Schule und bei dem Schulmeister

. . .

Der Leibarzt foderte heute noch die gleiche Stille, und Bylifsky sah ihn nur durch eine Seitentür und brachte den Tag mit dem Pfarrer und dem Leutenant in Bonnal zu.

Er sah da alles, und alles mit den Augen des Manns, der imstand' ist, im Samenkorn des Ölbaums sich das allmähliche Wachstum der Pflanzen von ihrem Keimen an bis zu derjenigen Größe vorzustellen, in welcher die Vögel des Himmels auf seinen Ästen nisten und die Menschen sich unter seinem Schatten lagern.

Er sah lang' und genau nach allen Seiten, war im Anfang still, red'te wenig, nach und nach aber immer mehr, trat in die kleinsten Umstände dieser Leute hinein und forschte mit Genauheit dem Einfluß der neuen Ordnung auf diese Umstände nach und kam dahin, fast mit dem halben Dorf zu reden, sah den Baumwoll-Meyer, das Mareili, Gertrud, den alten Renold, die junge Renoldin, den Lindenberger, den Michel und selbst den Hummel; blieb, solang' die Schule dauerte, am Morgen und Nachmittag vom Anfang bis zum Ende darin, sah aller Kinder Arbeit und warf die genaueste Aufmerksamkeit auf die Verbindung des Lernens mit dem Arbeiten; forschte genau, wie weit das eine das andre nicht hindere, urteilte kein Wort, bis er alles gesehen, alles geprüft. Dann erst sagte er zum Leutenant, der freilich itzt auch gern ein Wort gehört hätte, was er etwan meine:

Ich finde Euere Einrichtung mit der innern Natur des Menschen und mit ihrem wirklichen gesellschaftlichen Zustand gleich übereinstimmend. Und einen Augenblick darauf: Die Großen schätzen den Menschen nur in dem Grade, in welchem sie Nutzen von ihm ziehen können, und das innere Triebrad aller wirklichen

Gesetzgebungen ist kein anders, als jeden Staat für seinen Fürsten so hoch hinaufzutreiben als möglich und die darin lebenden Menschen ebenfalls so gut als möglich zu diesem Endzweck aufs beste zu nutzen und zu brauchen und, wenn's gut geht, auch dazu zu bilden und zu führen – so wie das innere Triebrad der wirklichen Einrichtungen eines jeden Eigentümers dieses ist, sein Haus und Hof, Beruf und Gewerb' so hoch hinaufzutreiben als möglich und seine Leute zu diesem Endzweck ebenso zu nützen und zu brauchen und, wenn's gut geht, auch zu bilden und zu führen. Desnahen ist der Mensch in großen in dieser Welt auch nur insofern glücklich und sicher, als er dienstfähig gebildet und gemodelt ist, den Platz, den er in der Gesellschaft mit gesetzlichem Recht behauptet, wohl auszufüllen.

Ihre Einrichtungen, mein Freund, entsprechen diesem vorzüglichen Bedürfnis der Menschen auf eine Art, wie ich es noch nirgend gesehen, und können nicht anders als das Urteil der Fürsten über den Wert ihrer Menschen und mit diesem die Aufmerksamkeit ihrer Gesetzgeber und Gesetzmacher auf das Glück und die Sicherheit derselben erhöhen, indem sie diesen wichtigen Gesichtspunkt nicht durch chimärische Träume, an welche die Fürsten durch die erste Bedürfnisse ihres Stands in Ewigkeit gehindert werden, im Ernst zu glauben, sondern durch viele Erhöhungen des wirklichen Ertrags und Dienstfähigkeit der Menschen, an die sie immer gerne glauben, zu erzielen suchen.

Auch halte ich, lieber Leutenant, Ihre Erziehungsart und Ihre ganze Dorfeinrichtungen so bestimmt für eine Finanzsache, daß, wenn das Kabinett den Plan gemacht hätte, das Volk ganz allein nach dem Gesichtspunkt seiner mehrern Ertragsfähigkeit erziehen zu lassen, dasselbe ganz gewiß sein Werk mit Einrichtungen anfangen müßte, wie die Ihrigen sind.

Gott! denkt euch itzt den Mann, dem noch vorgestern Bonnals Gesindel gewagt hat „Joggeli, willst' Geld?" und „Joggeli, hast' Geld?" nachzurufen, und dem itzt der erste Minister seines Fürsten dieses gesagt!

Wenn nach jahrelangem innerm Kämpfen eine Beterin sich plötzlich wie durch eine Erscheinung erhört und weit über ihren Glauben erhört sieht, so steht sie im ersten Gefühle des Heils, das ihr widerfahren ist, vor ihrem Gott da wie dieser Mann vor Bylifsky.

Eine Träne zitterte in seinem Auge, und auf seinen Lippen das Verstummen seiner ganzen Erschütterung.

Der Minister kannte dieses Verstummen, es war der beste Lohn des Diensts, den er seinem Fürsten tat. Er hatte ihn aber auch nicht selten genossen und nahm itzt dem zitternden Mann seine Hand, sagte ihm: Zählen Sie auf mich, aber handeln Sie an Ihrem Platz vollends, wie wenn Sie mich nicht kennen würden und wie wenn ich nicht in der Welt wäre. Der Weg, zu welchem Ihr Werk führt, fodert dieses.

Mit diesem verreiste er. Der Leutenant sah ihm nach, soweit er konnte. Er saß am Ende der Schulmatten unter dem Nußbaum auf einem Markstein, hielt die Hände zusammen, entzog ihm kein Aug', solang' er ihn sah; und da er ihn nicht mehr sah, sank ihm sein Haupt gegen dem Boden, sein Herz schlug, und sein hölzernes Bein zitterte auf seinem Stumpen. Er sah es. Armer Stumpen, sagte er zu sich selber, ich habe dich lang' mühselig herumgeschleppt; aber wenn ich dir noch dahin hülpen kann, wohin mir itzt ahndet, so ist mir die Mühseligkeit meines Lebens wie nichts, und der Tag, an dem ich zum Krüppel worden, wird mir dann der glücklichste meines Lebens!

Ach! Er sah mit inniger Freude, wie sein hölzernes Bein zitterte. Und der Minister reiste mit dem beruhigenden Gefühl fort, eine Bahn zur sichern Verbesserung der Volksgesetzgebung entdeckt und den Mann gefunden zu haben, der in den Labyrinthen der Tiefe, in welchen die Gesetzmacher immer wie in der Irre herumtappen und in der Finsternis wandeln, so viel Licht anzünden kann, als einer braucht.

. . .

[Während Bylifskys Abwesenheit hat der Minister Heliodor die Gelegenheit benutzt, den Herzog, der an eine Verwirklichung seines Jugendtraumes glaubt, umzustimmen, indem er ihn an das Scheitern all seiner früheren Reformversuche erinnert. So kann die Arbeit in Bonnal in Ruhe fortgesetzt werden.]

§ 41

Die Philosophie meines Leutenants und diejenige meines Buchs

. . .

[Zur »eigentlichen Vollendung und zur Sicherstellung der Zukunft« der Neuordnung fehlt noch »eine mit ihren Einrichtungen und ihren Endzwecken übereinstimmende Gesetzgebung«. Diese erwartet man aus Glüphis reicher Erfahrung.]

Da er, seitdem er Bylifskys ersten Brief gelesen, die Nachforschungen über die Natur einer wahren Volksgesetzgebung zum Gegenstand seines Nachtwachens und jedes freien Augenblicks im Tage gemacht, dachte er nunmehr mit einer Heiterkeit[1]) und Bestimmtheit über diesen Gegenstand, daß er sich nicht entzog, seine Begriffe darüber in einem der ersten Abenden, den sie bei dem wiedergenesenen Junker zubrachten, auseinanderzusetzen, wie folgt:

Die neuern Gesetzgebungen, die man aber nicht im Ernst für Volksgesetzgebungen ausgeben wird, setzen alle vom Menschen und besonders vom mindern Menschen voraus, daß er ohne alles Verhältnis mehr und besser sei, als er ist und als er, ohne daß sie ihn in Stand stellen, es zu werden seiner Natur nach nicht sein kann.

Der Mensch, fuhr er fort, ist von Natur, wenn er sich selbst überlassen wild aufwächst, träg', unwissend, unvorsichtig, unbedachtsam, leichtsinnig, leichtgläubig, furchtsam und ohne Grenzen gierig und wird dann noch durch die Gefahren, die seiner Schwäche, und die Hindernisse, die seiner Gierigkeit aufstoßen, krumm, verschlagen, heimtückisch, mißtrauisch, gewaltsam, verwegen, rachgierig und grausam. Das ist der Mensch, wie er von Natur, wenn er sich selbst überlassen wild aufwächst, werden muß; er raubet, wie er ißt, und mordet, wie er schläft. Das Recht seiner Natur ist sein Bedürfnis, der Grund seines Rechts ist sein Gelust, die Grenzen seiner Ansprüche ist seine Trägheit und die Unmöglichkeit, weiters zu gelangen.

In diesem Grad ist es wahr, daß der Mensch so, wie er von Natur ist und wie er, wenn er sich selbst überlassen wild aufwächst, seiner Natur nach²) notwendig werden muß, der Gesellschaft nicht nur nichts nütz', sondern ihr im höchsten Grad gefährlich und unerträglich ist.

Desnahen muß sie, wenn er für sie einigen Wert haben oder ihr auch nur erträglich sein soll, aus ihm etwas ganz anders machen, als er von Natur ist, und als er, wenn er sich selbst überlassen wild aufwächst, werden könnte.

Und der ganze bürgerliche Wert des Menschen und alle seine der Gesellschaft nutzbare und brauchbare Kräfte ruhen auf Einrichtungen, Sitten, Erziehungsarten und Gesetzen, die ihn in seinem Innersten verändern und umstimmen, um ihn ins Gleis einer Ordnung hineinzubringen, die wider die ersten Triebe seiner Natur streitet, und ihn für Verhältnisse brauchbar zu machen, für welche ihn die Natur nicht bestimmt und nicht brauchbar gemacht, sondern vielmehr selber die größte Hindernisse dagegen in ihn hineingelegt hat. Desnahen ist der Mensch allenthalben in dem Grad, als ihm wahre bürgerliche Bildung mangelt, Naturmensch. Und soweit ihm der Genuß von Einrichtungen, Anstalten, Erziehungsarten, Sitten, Gesetzen, welche notwendig sind, aus dem Menschen das zu machen, war er in der Gesellschaft sein soll, mangelt, so weit bleibt er trotz aller inwendigen leeren Formen der äußerlichen bürgerlichen Einrichtungen in seinem Innern das schwache und gefährliche Geschöpf, das er im Wald ist. Er bleibt trotz seines ganzen äußerlichen Bürgerlichkeitsmodells ein unbefriedigter Naturmensch, mit allen Fehlern, Schwächen und Gefährlichkeiten dieses Zustands: ist auf der einen Seite für die Gesellschaft so wenig nutz', als sie vor ihm sicher ist; er drückt und verwirrt sie nirgends, als wo er kann und mag³) – und auf der anderen Seite hat er von ihr ebensowenig einen befriedigenden Genuß; und es wäre ihm, wenn er in der Mitte der bürgerlichen Gesellschaft von ihr verwahrloset, wild und natürlich aufwächst, gewiß besser, er wäre nicht darin und könnte seine nichtigen Tage tierisch und wild, aber auch ungehemmt und ungefesselt im Wald dahinleben, als Bürger zu sein und aus Mangel bürgerlicher Bildung am Fluch einer Ketten zu serben⁴), die ihm das Gefühl der Rechte⁵) seiner Natur von allen Seiten verwirrt, das Befriedigende seiner Naturtriebe⁵) in allen Teilen beschränkt und ihm nichts dargegen gibt als die Forderung, das zu sein, was weder Gott noch Menschen aus ihm gemacht haben und was ihn die Gesellschaft, die es von ihm fodert, noch am meisten hindert zu sein. Indessen ist es nichts weniger als leicht, aus dem Menschen etwas ganz anders zu machen, als er von Natur ist; und es fodert die ganze Weisheit eines die menschliche Natur tief kennenden Gesetzgebers oder, wenn ihr lieber wollt (denn beides ist wahr), die Frommkeit einer Engeltugend, die sich Anbetung erworben, den Menschen dahin zu bringen, daß er beim Werk seines bürgerlichen Lebens und bei Verrichtung seiner Stand's-, Amts- und Berufspflichten eine das Innere seiner Natur befriedigende Laufbahn finde und an einer Kette nicht verwildere, welche die ersten Grundtriebe seiner Natur mit unerbittlicher Härte beschränkt und mit eiserner Gewalt [6]) etwas anders aus ihm zu machen beginnet, als das ist, wozu ihn alle Triebe seiner Natur mit übereinstimmender Gewalt unwillkürlich in ihm liegender Reize hinlocken.

Eine jede Lücke in der bürgerlichen Gesellschaft, ein jeder Anstoß im gesellschaftlichen Leben, eine jede Ahndung, durch Gewalt oder durch List seine natürliche Freiheit zu behaupten und außer dem Gleis der bürgerlichen Ordnung zur Befriedigung seiner Naturtriebe [7]) gelangen zu können: das alles fachet in jedem Fall den Funken der Empörung gegen diese Kette, der tief in der Natur liegt, von neuem wieder an. Das alles belebt in jedem Fall die nie in uns sterbende Keime unserer ersten Triebe und schwächt in jedem Fall von neuem die Kräfte unserer bürgerlichen Bildung, die diese Triebe beschränken.

So viel und weniger nicht hat ein Gesetzgeber zu bekämpfen, der den Menschen durch die bürgerliche Verfassung glücklich machen und ihm die ersten Vorteile der gesellschaftlichen Verbindung, Gerechtigkeit und Sicherheit, nicht nur versprechen, sondern auch halten will. Denn allenthalben, wo man die Menschen wild aufwachsen und werden läßt, was sie von selbst werden, da ist Gerechtigkeit und Sicherheit in einem Staat ein bloßer Traum. Beides ist in einem Staat nur in dem Grad wahrhaft möglich, als die Menschen, die darin wohnen, von den Hauptfehlern ihres Naturlebens, namentlich vom Aberglauben, vom Leichtsinn, Gedankenlosigkeit, Liederlichkeit, Furchtsamkeit, von Unordnung, Unwesen, schwärmerischen Lebensarten und von den Folgen dieser Grundfehler oder vielmehr Schwächen unsrer Natur: vom Trotz ihrer Dummheit, von der Verwegenheit ihres Leichtsinns, von der Not ihrer Liederlichkeit, von den Verlegenheiten ihrer Unanständigkeit, von dem Unsinn ihrer Gierigkeit, von der Gewaltsamkeit ihrer Ansprüche [8]) und von der Grausamkeit ihrer Rache geheilt und zu bedächtlichen, vorsichtigen, tätigen, festen, im Zutrauen sowohl als im Mißtrauen sichergehenden und die Mittel zur Befriedigung ihrer Wünsche in sich selber und im Gebrauch ihrer durch bürgerliche Bildung erworbenen Fertigkeiten und Kräften fühlenden Menschen gemacht werden [9]).

Denn wo dieses nicht ist und die Gesellschaft mit ihren Gliedern handelt wie ein Bauer, der aus seinem Weinberg nimmt, was Gott und die Reb' gibt, ohne ihn im Frühjahr zu hacken und den Sommer über zu schneiden und zu binden – wo sie [10]) in dem Grad, als ein Bürger in der Stufenfolge höher stehet als der andere, ihm es leichter macht, ihren Banden zu entschlüpfen und der Natur nach zu leben, da muß die bürgerliche Gesellschaft – sie kann nicht anders – eine Gerechtigkeit und eine Sicherheit erhalten, wie sie der Gesetzgeber in diesem Land verdient, die aber auch aussieht wie eines jeden liederlichen Haushalters seine Hausordnung. Sie sieht nämlich aus [11]) wie zum Exempel da (wo soll ich sagen, ich will in der Tiefe bleiben, wo sich die höher zielende Wahrheit mit ganz unvernünftig mehrerer Behaglichkeit sagen läßt), also da zum Exempel, wo Schulz [12]), Weibel,

Untervogt usw. notorisch landskundig und allgemein minder ehrlich, minder aufrichtig, minder unbescholten, minder zuverlässig, gutmütig und treuherzig sind als gemeine Leute im Land und eben dadurch, daß sie Untervögte, Weibel und Schulze sind, dahin kommen, daß sie unbeschadet ihrer Ehre, ihres guten Namens und ihres Säckels alles, was recht ist, so auffallend minder sein können und dörfen als jeder gemeine Mensch im Land – und wieder, wo sie eben dadurch, daß sie Untervögte, Schulze usw. sind, dahin kommen, daß sie in allem, was Hausordnung, Erziehung, gemeinen Landesfleiß usw. antrifft, minder anstellig und minder ratlich [13]) als alte kindlich gewordene Weiber und Kühhirten, und im Gegenteil in allem, was die Menschen zur Verwilderung eines unbürgerlichen und ungesellschaftlichen Lebens hinabführt und sie zu verdrehten, krummen, hinterlistigen, falschen, trägen, unordentlichen und dabei verlogenen, heimtückischen gewalttätigen, rachsüchtigen und grausamen Naturmenschen macht, ganze Meister sind und eben dadurch, daß sie Regierungsbeamtete sind und also in der Stufenfolge der gesellschaftlichen Ordnung höher stehen als andere, dahin kommen können, in diesen Kunststücken des Naturlebens solche Meister und Vorbilder zu werden.

Allenthalben, wo es immer so ist und wo immer das wirkliche Resultat der Gesetzgebung im einflußhabenden Menschen also aussieht und auffällt, da ist Sicherheit der Personen und des Eigentums, Freiheit und Gerechtigkeit eine Chimäre, weil unter diesen Umständen das Volk – das ist soviel als alles, was auf zwei Beinen geht – zu einem Gesindel wird, das auf der einen Seite seine Sinnen und Gedanken und sein ganzes Bestreben dahin lenkt, auch wie seine Obern von der verhaßten Kette loszukommen und wie sie auch wie im Wald zu leben und dabei, womöglich, noch bei ihrem Waldleben andere zweibeinigte Geschöpfe zu ihrer Bedienung, zu ihrer Kommlichkeit [14]) und ihrem Schutz unter sich zu haben – und denn aber auf der andern Seite von einer unter diesen Umständen allerhöchst wichtigen und allerhöchst notdürftigen Galgen-, Rad- und Galeerengerechtigkeit* zurückschreckt, zurückgebunden und zurückgemetzelt dahin kommt [15]), durch die Umwege der Falschheit, des Betrugs, der Verstellung und eines hündischen Kriechens zur Befriedigung der Triebe zu gelangen, wozu ihnen, durch den offenen, geraden Weg der Gewalt zu gelangen, also der Weg gesperrt wird.

So, setzte er mit Hitze hinzu, ließ man einst in Staaten für das Kopfgeld Zigeuner und anders Volk ihrer Art ins Land und verbot ihnen übrigen bei

---

* Anmerkung. Pardon! Der Leutenant heißt eine Galgen-, Rad- und Galeerengerechtigkeit nicht eine solche, die Galgen und Rad braucht, sondern eine, die sie d a r u m brauchen m u ß, weil sie das Volk verwahrloset und selber zu dem macht, wofür sie ihn hintennach straft; eine solche Gerechtigkeit, die niemand im Land gerecht, aber das halbe Land ungerecht macht und denn die Kinder ihrer eigenen Ungerechtigkeit behandelt, als wenn sie keine menschliche Natur hätten und bei der bürgerlichen Verwahrlosung nicht notwendig verwildern müßten; eine solche Gerechtigkeit — und keine andere — heißt mein Leutenant eine Galgen-, Rad- und Galeerengerechtigkeit.

Strafe und Ungnade, den Bauern Enten zu stehlen und andere dergleichen Sachen zu machen.

Dieser Unfug ist noch allenthalben in der Welt. Aber alle Gerechtigkeit, welche unter diesen Umständen in einem Staate möglich, ist denn auch nichts anders als eine armselige Notjagd gegen verwahrlosete und verwilderte Tiermenschen, welche aber das Geschlecht so wenig ändert, besser oder zahm macht, als die Fallen und Gruben im Wald den Fuchs und den Bär und den Wolf anders machen, als sie sind.

Dieses Geschlecht wird nicht anders und nicht besser, als wo es durch eine mit seiner Natur übereinstimmende Bildung und Führung mit Weisheit zu seiner bürgerlichen Bestimmung emporgehoben und zu dem gemacht wird, was es in der Welt wirklich sein soll.

So redete der Leutenant über den Fundamentalirrtum der neuern Gesetzgebungen. . . .

§ 42
Übereinstimmung der Philosophie meines Leutenants mit der Philosophie des Volks

Sie hatten diese Tage alle Abende den Lindenberger, den Baumwollen-Meyer, den Michel, den alten Renold und noch mehrere Bauern von Bonnal bei sich und forschten umständlich nach, was auch sie glaubten, daß man machen könne, um auf eine dauerhafte, Kind und Kindskinder sicherstellende Art eine bessere Ordnung im Dorf in allen Stücken einzurichten und festzusetzen, und erstaunten, zu sehen, wie die Bauern Stück für Stück mit den Meinungen des Leutenants übereinkamen, bei den kühnsten Äußerungen desselben nicht die geringste Verwunderung zeigten, sondern in allen Teilen eintraten, seine Meinungen durch ihre Erfahrungen zu bekräftigen. Das konnte nicht anders, es mußte die Bangigkeit, die den geistlichen und weltlichen Herren über die Kühnheit des erfahrenen Leutenants befallen hatte, verschwinden machen. Es tat es wirklich und führte sie beide zu einer der ersten Quellen des menschlichen Muts, nämlich zum Glauben, daß alles, was allgemein als höchstnotwendig auffalle, höchstwahrscheinlich auch möglich sei.

Die Bauern, die bestimmt wie er fanden, daß die Menschen, sobald sie sich selbst überlassen, träg', unwissend, unvorsichtig und völlig, wie er sie beschrieben, werden, hielten sich, ihre Meinung hierüber deutlich zu machen, an die Beschreibung der alten Ordnung in Bonnal und sagten, die Leute seien so sinnlos und vergeßlich geworden, daß sie nicht mehr zu gebrauchen gewesen und man mit ihnen in allen Stücken nicht mehr das Halbe habe ausrichten können, was vormals landsüblich gewesen.

Die Gründe zum Rechttun seien den Leuten wie vor den Augen weggetan und hingegen die Gründe zum Lumpen und Schelmen[1]) wie vorgemalt und vorgesungen worden. Man habe es mit Lumpenstreichen und Bosheiten gar viel weiters bringen, mehr dabei gewinnen und damit leichter zu Wein, Brot und Fleisch kommen können. Auch haben sie das Rechttun für keine Ehre mehr gehalten und keine Freude dabei gehabt, so wenig als Scham und Furcht. Die kleinsten Kinder, wenn man ihnen etwas abgewehrt, seien imstand' gewesen, den Rücken zu kehren und anfangen zu singen: Was reden die Leute, was bellen die Hunde! Wer der Frecheste und der Schlaueste und der Stärkste gewesen und das größte Maul gehabt, der sei an der Gemeinde, im Gericht und im Chorgerichte und allenthalben Meister gewesen, und dahin habe sich natürlich ein jedes gelenkt, wodurch er glaubte, auch Meister zu werden. Man habe die Kinder laufen und aufwachsen lassen wie das unvernünftige Vieh. In der frühen Jugend haben die Eltern über ihre Bosheiten gelacht, und dann, wenn sie ihnen damit über den Kopf gewachsen, haben sie mit Streichen dieselben wieder aus ihnen herausschlagen wollen. Die Obrigkeit habe es nicht anders gemacht. Aber die Erfahrung habe gezeiget, daß sie auf beiden Seiten sieben Teufel hineingeschlagen, wo sie geglaubt, einen auszutreiben. Am Ende seien die Leute dieses Lebens gewohnt worden, daß sie alles haben gehen lassen, wie wenn's so sein müßte, und sich über nichts mehr graue Haare haben wachsen lassen, so wie die Schelmen und Bettler im Wald es auch machen und, solang' sie zu essen und zu trinken haben, die lustigsten Leute von der Welt seien. Die Kinder seien bei diesem Leben, wenn sie nicht in den ersten Monaten gestorben, dennoch gesund und frisch aufgewachsen; und da man sie scharenweis' mit roten Backen und mit Augen wie Feuer in den größten Fetzen und halbnackend im Schnee und Eis und Kot gesehen herumlaufen und Freude haben, so habe man fast nicht anders können als denken, es sei nicht gar so schlimm mit diesem Leben. Aber wann sie dann älter geworden und keines zu nichts zu brauchen gewesen und man keinem nichts habe anvertrauen und auf keines in nichts sich habe verlassen können, dann haben einen die roten Backen nicht mehr verblendet. Sie seien aber auch von sich selber wieder weggekommen, und Kinder, die im zwölften Jahre ausgesehen wie Engel und gutmütig gewesen wie Lämmer, seien im sechzehnten bis achtzehnten geworden, daß man sie nicht mehr gekannt, und im zwanzigsten wie eingefleischte Teufel. So weit ging die Übereinstimmung der Aussagen der Bauern mit den Grundsätzen des Leutenants.

. . .

[Abgeschlossen werden die Bemühungen für das Dorf mit Arners Gesetzgebung. Im Sinne des Leutnants schafft er die Möglichkeit, die beruflichen Kenntnisse zu verbessern, die wirtschaftlichen Verhältnisse des einzelnen zu ordnen und die Gelegenheit zu unsittlichem Handeln von vornherein zu begrenzen. Auch die Religion wird in die Gesetzgebung einbezogen; er sorgt aber dafür, daß die Geistlichen die Religion nicht mißbrauchen können.]

§ 59

Wodurch Arner das Volk vor dem Aberglauben bewahrt

Arner kannte diesen Sinn der Pfaffheit und sönderte den Endzweck der Kopfsbildung von dem Endzweck des Religionsunterrichts.

Er fand, der letzte sei nun einmal lang' genug zu dem mißbraucht worden, wozu er nicht taugt.

Er trennte die Gottesgelehrtheit vom Volksunterricht, insofern er Kopfübung und bürgerliches Geistesbildung sein würde, und wollte sein gutes Volk durch den Katechismuskram über die Lehrsätze der schwierigsten aller Wissenschaften nicht zum Dienst der Pfaffheit so dumm und anmaßlich machen, als alle Völker der Erde vom Strande des Indus bis zu den beiden Polen zum Dienst der Pfaffheit anmaßlich und dumm werden müssen, wenn man die Grundlage ihrer Kopfbildung und Geistesrichtung durch die Erklärung ihrer Religionslehre erzielen will.

Alles Wissenschaftliche in der Religion ist menschlich und eine eigentliche Kunstsache. Kenner sind Richter, und es ist Gefährde[1]) und Versuch zum Aufruhr wider die Rechte der Wahrheit, das Wissenschaftliche in der Religion vor das Volk zu bringen und vor ihm, als wär' es der R i c h t e r, darüber zu plädieren, so gut es als Tyrannei ist, das Urteil über dieses Wissenschaftliche in der Religion der bürgerlichen Macht zu unterwerfen.

Der Dienst des Allerhöchsten ist von wissenschaftlichen Meinungen über Religionssachen unabhangend; und das Volk soll vom Altar weg nicht behelligt werden mit irgendeiner Streitigkeit der Priester.

Läßt man es zu, so gibt man den Kopf des Volks in die Hand des Priesters – und verzeihet mir, ihr Fürsten –, aber ich glaube, wer den Kopf des Volks in seiner Hand hat, der ist auch seines Kopfgelds sicher, wenn er will. Die Sache hat nicht kleinen Reiz, aus ihren Wirkungen zu schließen.

Menschheit! Auf allen Blättern ruft die Geschichte: du tötest eher die Tiere der Erde und vertilgest eher die Fische im Meer als die Macht der Priester und den Sinn ihrer Pfaffheit, wenn du das Wissenschaftliche ihres Religionsunterrichts zur Grundlegung der Kopfbildung des Volks machst.

Die Kopfbildung des Volks ist die Sache seiner häuslichen und bürgerlichen Sicherheit, und also Staatssache; und als solche muß sie notwendig unabhängend vom Religionsunterricht erzielt und in diesem Gesichtspunkt mit Festigkeit von demselben getrennt werden.

Noch einmal: Der Glaube an Gott und die Lehre seines Diensts ist nicht zur Vernunftlehre bestimmt und nicht dazu gut.

Der Glaube an Gott und die Lehre von seinem Dienst ist für das Volk nicht die Sache seines Kopfs, sondern seines Herzens. Gemütsruhe im Dunkel seiner Nacht, Ergebenheit in den Willen Gottes im Tal von Tränen und ein kindliches

Aufsehen auf den Herzogen und Vollender des Lebens – das ist die Bestimmung des Glaubens, aber nicht Kopfübung fürs Volk.

...

[Als man in Bonnal so zu einem glücklichen Ende gelangt ist, hält Bylifsky die Zeit für gekommen, sich am Hof öffentlich für eine Untersuchung der Bonnaler Reformen durch eine Kommission einzusetzen.]

§ 71

Der Autor weiß zum voraus, daß der Schlendrian der Geistlichkeit nicht für ihn stimmt

...

[Bei der Auswahl der Geistlichen für die Kommission ist nicht wie bei allen anderen Mitgliedern darauf geachtet worden, daß sie rechnen können; ohne Erfahrung, an die sie sich halten können, wissen sie nicht recht, wie sie urteilen sollen.]

Sie meinten dennoch: Erstens, der Pfarrer unterrichte die Leute nicht genug in der Religionslehre; zweitens, er erwärme sie nicht genug mit den Heiligtümern des Glaubens; drittens, er setze einen zu großen Wert auf irdische Dinge; und viertens, er binde ihr Vertrauen auf Gott an das gefährliche Strohhalm ihrer eigenen Sorgfalt.

Die Antworten des Pfarrers und des Leutenants über diese Punkte bestunden darin:

1. Der wissenschaftliche Unterricht über die Religion sei eine Menschenforderung und werde von der Bibel auf keine Weise als ein Bedingnis der Seligkeit gefodert, nicht einmal als ein Mittel zu derselben empfohlen. Das Volk im ganzen sei unfähig, irgendeinen wissenschaftlichen Unterricht anders zu fassen, als es die armseligsten Blendwerke des trugvollsten Aberglaubens auffassen würde. Die Bibel fodere vom Menschen nicht Religionswissenschaft, sondern Religionsausübung. Alle Versuche, die Religion zu erklären, bringen das Volk von der einfältigen, geraden, sich in nichts Fremdes und in nichts, das ob der Hand ist[1]), mischenden Seelenstimmung ab und machen[2]) es dadurch sehr vieles verlieren.

2. Er erwärme seine Leute nicht mit Religionswörtern und nicht mit irgendeinem Bild, weder dessen, was daroben ist, noch dessen, was auf Erden ist, noch dessen, was unter der Erde ist; aber mit einer Seelenstimmung, die der Ausübung der Religionspflichten angemessen.

3. Das Zeitliche und Irdische sei, seitdem die Erde geschaffen und die Welt gegründet worden, das reinste, sicherste und untrüglichste Fundament der wahren Volksreligion gewesen. Die Dörner und Disteln, die der Herr des Himmels zur Übung unserer Kräfte auf Erden wachsen läßt, seien noch itzt wie vor sechs-

tausend Jahren das, was den Menschen am besten lehre Gott erkennen, und er müsse darum recht zum Irdischen erzogen werden, weil sonst die Reize zu allem Bösen ohne Maß größer und die Kräfte zu allem Guten ohne Maß kleiner in ihm werden und er dadurch, daß er zu seinem Standpunkt nicht wohl erzogen wird, so viel als notwendig in Lagen und Verwicklungen kommen muß, darin das Vernünftige in der Religion keinen Eindruck mehr auf ihn machen kann und er notwendig gegen die Gewalt seines leidenschaftlichen Zustands bei einer so leicht zum Unsinn aller Schwärmerei hinführenden Anspannung seiner Einbildungskraft Hilfe suchen muß.[3])

4. Daß Arners Sorgfalt auf Kind und Kindeskinder hinunter dem wahren Vertrauen auf Gott schädlich und das Christentum einer solchen Sorge für den morndrigen Tag entgegen, darüber sagte der Leutenant: Ist es wahr, daß das Christentum der festen, genauen Sorgfalt, die die Fürsten für ihre Sukzession haben, entgegen?

Das wollten die Geistlichen nicht behaupten. Also wäre es diesem Grad von Sorgfalt nur bei gemeinen Leuten entgegen? sagte der Leutenant.

Aber sie wollten ihm das auch nicht gelten lassen und sich mit der großen Wichtigkeit der fürstlichen Sukzession heraushelfen. Aber der Leutenant sagte ihnen, als Christen müssen sie wissen, das Kind des Fürsten sei vor Gott nicht mehr als das Kind seines Knechts, und er brauche zu seiner Vorsehung über ihns und über den Staubhaufen seines Reichs so wenig eine überflüssige Menschensorgfalt zur Hilfe als über den Staubhaufen der Bettlerhütte des andern. Und als Bürger muß ich ihnen sagen: die Sorgfalt für die Sukzession des Volks ist im ganzen der Menschheit wichtiger als die Sorgfalt für die Sukzession des Fürsten und vielleicht das einzige reale Mittel, für die Sukzession des Fürsten zuverlässig zu sorgen.

Der Leutenant wurde über diesen Punkt lebhaft und sagte, man könne denselben unmöglich im Dunkeln lassen, er entscheide gänzlich, ob man links oder rechts mit der Volksführung hinlenken müsse; ein einziger Schritt auf die unrechte Seite sei hierin in den Folgen unabsehbar.

Entweder, sagte er, ist das Christentum für einen Glauben, bei dem man die natürlichen Mittel der Sorgfalt für sich und die Seinigen auf Gott hin vernachlässigen darf, ohne dabei für sich und seine Nachkommen zu gefahren[4]). In diesem Fall sind tägliche Wunder unumgänglich nötig, oder das Christentum müßte seiner Natur nach das offene Grab des Menschengeschlechts werden. Aber die Kraft unserer Natur und des schlichten Menschenverstands wirket auch hierin den Verirrungen seines Kunstsystems entgegen, wie sie den Verirrungen aller menschlichen Kunst und Systeme[5]) durch Gottes Vorsehung zur Rettung des Menschengeschlechts entgegengewirkt hat.

Ist es aber nicht, ist das Christentum für einen Glauben, bei dem man die natürlichen Mittel der Selbsterhaltung und Sorgfalt für die Seinigen auf Gott hin nicht vernachlässigen darf, und ist es seine offene, unzweideutige und allgemeine Meinung, es sei Gott versucht, die Hände in den Schoß zu legen und die natürlichen Mittel der Selbsterhaltung und Vorsorge nicht mit aller nötigen Aufmerksamkeit, Sorgfalt und Tätigkeit zu gebrauchen, so kann es auf der anderen Seite die Bemühungen des Staats, das Volk im Ganzen seiner Bildung in einem solchen Grad auf das Irdische aufmerksam zu machen, als es zur Erziehung der Kräfte[6]), die dem Menschen zur Selbsterhaltung und Vorsorge in seiner bestimmten Lage erforderlich sind, notwendig ist, nicht mißbilligen.

...

Aber der gleiche Geistliche war dann noch imstande, hinter diesem zu sagen, der Leutenant und der Pfarrer haben weder Physik noch Landbaukenntnis, die sie in Stand setzen, das Volk real auch nur hierin weiter zu bringen; sie haben nicht einmal Kenntnis der neuern Hilfsmittel der Volksaufklärung.

Herr! antwortete der Leutenant, Ihr kennet das Volk nicht und versteht nicht, was es heißt, es zu führen, und was es braucht, es weiterszubringen, und trat dann in diese Materie hinein und sagte: Es ist gar nicht, daß einer, der das Volk führen will, in allem den Detail verstehen müsse, was er will, daß es lerne. Die Kunst ist, daß er es lehre angreifen, was es muß, und denken, worüber es ihm nötig zu denken ist; alles Übrige gibt sich dann von selber. Wenn man wolle die Bauern dadurch, daß man ihre Sachen im Detail selber studiere und einfältig und deutlich mit ihnen rede und ihnen Büchelchen, die so klar als Brunnenwasser seien, machen könne, weitersbringen, so gehe man an den Wänden[7]). Man bringe den Bauern nicht weiter, außer man ziehe ihn, daß er des Denkens gewohnt werde; und bringt seine Vorurteile nicht aus ihm heraus, außer man bilde seinen Wahrheitssinn mit einer Kraft, die diesen Vorurteilen angemessen. Und einzelne ökonomische, physikalische und moralische Wahrheiten, ohne sie auf das Fundament einer solchen Bildung zu gründen, und alle Versuche, die mit Vorbeigang eines festen Einflusses auf das Ganze seiner Stimmung allerlei Kunst und Wissenschaften in das Volk werfen wollen, seien Schlösser in die Luft und Arbeit in den Wind.

Ist einer imstand', das Volk ordentlich, anstellig, bedächtlich und tätig zu machen, so muß er es weder eggen und pflügen lehren. Kann er aber das nicht, so arbeitet er umsonst, es eggen und pflügen zu lehren. Es ist umsonst, daß er zum Schwein sage, es solle nicht im Kot wühlen, und zum Bauer, der in seiner innersten Bildung für Ordnung und Tätigkeit zurück ist, er soll auf Physik und Arzneikunst gegründete Regeln der Selbsterhaltung und des Feldbaues anwenden.

Er sagte fort: Ich verstehe von allem Bauernwesen im Detail gar nichts*);

---

* Anmerkung. Das ist bestimmt der Fall des Verfassers und der Geist des Buchs. Es enthältet kein einziges Rezept für irgendeinigen Detailumstand von den Millionen einzelnen Bedürfnissen des Volks; dennoch soll es den Bauern in diesen einzelnen Bedürfnissen dienen können und, indem es auf die Richtung ihres Kopfs und ihres Herzens Einfluß hat, sie selber auf die Spur der Detailrezepten, die sie nötig haben, führen.

aber meine Kinder müssen mir den Kleebaum dennoch wie die Spitze machen, das Wolleweben wie das Rübenhacken und, wenn es nötig ist, das Uhrenmachen so gut als das Mistverzetteln wohl lernen. Auch deshalb blieb der Geistliche bei seiner Meinung und behauptete, es würde doch nichts schaden, wenn das Volk etwas von der Physik und Arzneikunde verstünde.

Als wenn Zerstreuung und Halbwissen und das Ablenken seines Kopfs von der einfachen Richtung auf das Notwendigste nicht der größeste Schaden wäre, den man ihm tun könnte! sagte mit Eifer der Leutenant; setzte hinzu: Nein, nein, diese Art Aufklärung, die uns Romanenbauern machen könnte, wie wir Romanenbürger haben, ist nichts nutz', und die Fassungskraft des Volkes durch festen Einfluß auf seine Berufsbildung zu erweitern, ist das einzige wahre Mittel zu seiner rechten Aufklärung.

In der Fülle seiner Wissenschaft vergraben und für alles, was der andere sagt', immer eine Antwort findend, machte er endlich den Leutenant müde, daß er schwieg.

Den ersten verdroß es, daß der Leutenant geschwiegen, eh' die Sache, wie er meinte, wäre ausgemacht worden, und ergab sich hernach auch allgemach.

Aber hingegen der andere Geistliche, der fast nichts redete, kam wirklich unter diesem Gespräch dahin, zu fühlen, daß die äußere Form der Christenlehre in Rücksicht auf den Einfluß, den ihr wissenschaftlicher Zuschnitt auf die Volksstimmung habe, einer allgemeinen Revision bedürfe, sondierte nach seiner Art das Volk in Bonnal wie ein Spion, ob es auch wirklich an den Heiland glaube oder nur diesen Herren anhange, die es im Zeitlichen versorgen; und fragte, seiner Meinung zum voraus sicher, neben dem Leutenant zu ein Kind in der Schule, ob ihm der Heiland mehr lieb sei als der Schulmeister.

Ja freilich, sagte das Kind.

Warum doch das? sagte der Mann und meinte, es könnte nun itzt nichts mehr antworten; und wäre froh gewesen, denn seine Antwort war ihm schon zum voraus gerüstet: Siehest du, gutes Kind! du weißt nicht so viel vom lieben Heiland als vom Herrn Schulmeister; darum kann er dir auch nicht so lieb sein, wenn du es schon sagst und es vielleicht meinst.

Aber der Seitensprung zur Ehre des Heilands geriet ihm nicht. Das Kind antwortete:

Wenn der Herr Schulmeister noch so gut ist, er ließe sich doch keinen Nagel durch die Hand schlagen um ander Leute willen.

Es war dem Priester leid, daß die Unschuld so wider ihn zeugte – und er glaubte doch nicht.

§ 73

Das ist wieder langweilig für Leute, die nicht fürs Allgemeine denken; und dieser sind viel

...

[Außer den Geistlichen stimmen alle Mitglieder der Kommission darin überein, daß die Reformen nicht nur in Bonnal verwirklicht werden können, da sie jeweils an die wirtschaftlichen, kulturellen und sozialen Gegebenheiten eines Ortes anknüpfen. Als Glüphi dem Fürsten noch vorschlägt, auch in den Waisen- und Zuchthäusern mit seiner Erziehung zu beginnen, muß er dies näher erläutern.]

Der Leutenant zeigte umständlich, wie natürlich und leicht und sogar mit wenigen Unkosten mit der Auferziehung der Waisen und Findelkinder eine vorzüglich gute Bildung derselben zu verbinden möglich sei und wie denn diese Kinder in fortdaurender Verbindung mit ihrem Erziehungshaus als ein sicherer Samen zur allgemeinen Volksbildung für die Industrie könnten benutzt werden.

Aber der Abschaum der Gefangenen und der Auswurf der Menschen in den Zuchthäusern, – was soll ich hiezu mit diesen? sagte der Fürst.

Erlauben Ihr' Durchlaucht! erwiderte der Leutenant, der Mensch in der Tiefe wird so unsinnig verwahrloset und so gewaltsam vertreten[1], daß die besten Anlagen seiner Natur, das Gefühl seines Werts, die bestimmten Vorzüge seiner Kräfte[2] und das dringende Bedürfnis der Anwendung seiner Anlagen ihn in unendlich vielen Fällen fast notwendig zum Verbrecher machen.

Auch findet man in Zuchthäusern und Gefängnissen beständig eine Menge Menschen, die ein besseres Schicksal verdient hätten und die auch itzt noch, was sie unter andern Umständen weit mehr gewesen wären, der menschlichen Gesellschaft von wesentlichem Nutzen sein können, wenn man imstand' ist, sie dazu zu gebrauchen. Diese Leute besitzen einen solchen Grad von Lokalkenntnissen im Land und Fertigkeiten, sich an Ort und Stelle Einfluß zu verschaffen; sie kennen so genau den Zustand des Volks und die nächsten Quellen ihrer Verbrechen, die ersten Hindernisse des Guten; sie wissen so wie niemand, was alles dem guten Willen der Regierung in der Tiefe des Volks entgegenstehet, an Ort und Stelle an den Fingern abzuzählen, und was sie bei der untersten Hefen des Menschengeschlechts imstand' sind auszurichten, das bessere Menschen bei ihnen nie ausrichten werden. Man lehre sie in ihren Stockhäusern eine Branche von Industrie und setze ihnen ihre Freiheit zum Preis bei einer Anzahl von Gefangenen, die zu einer bestimmten Vollkommenheit in einer Erwerbsbranche gebracht. Man gebrauche ihre Freiheit durch beständige Verbindung mit dem Gefangenschaftshaus, ihrer Tätigkeit durch Ausbreitung ihrer Arbeitskenntnisse[3] Raum zu verschaffen, und man wird finden, daß durch viele von ihnen im Land Sachen erzielet werden können, die durch niemand anders zu erzielen möglich.

Auch das schiene dem Fürsten nicht unwahrscheinlich. Hingegen fand er im allgemeinen, eine solche Volksumschaffung zur Industrie würde zu einer Bevölkerung führen, die das Verhältnis des Landabtrags⁴) bei weitem übersteigen, die Einwohner des Lands ganz von ihrem Handverdienst abhänglich und ihren Unterhalt bei teuren Zeiten und bei Stockung des Gewerbs mißlich machen könnte.

Der Leutenant antwortete ihm, die diesfällige Sicherheit der Menschen beruhe unter diesen Umständen

1. auf ihren Ersparnissen,
2. auf ihrer Fertigkeit, bei Stockung einer Art von Gewerb' auf eine andere zu lenken,
3. auf ihre Übung im Sparen, Abteilen und überhaupt auf ihren mehr ausgebildeten Fertigkeiten, sich nach den Umständen zu richten.

Und setzte hinzu, er wünschte, daß Ihr' Durchlaucht über diesen Punkt sowohl als über denjenigen, wie die Waisenkinder zur allgemeinen Ausbreitung der Industrie im Land zu gebrauchen wären, mit dem Baumwollen-Meyer reden möchten.

Und der Herzog ging mit ihm und Arner und dem Pfarrer in das Haus des Meyers.

Dieser sagte ihm über den ersten Punkt: Es sei sehr wichtig, daß die Kinder, deren Brot von ihrem Hausverdienst abhange, in ihrer Jugend gleichsam den Katechismus lernen, wie sie sich einzurichten haben, um bei Stockung der Gewerbsamkeit und in teuren Zeiten nicht in Verwicklung zu kommen. Das sei ein wesentlicher Grund, warum eine jede Obrigkeit Rechenschaft von den Untertanen über die Anwendung ihres Fabrikenverdiensts fodere und sie gewöhnen sollte, von Kindesbeinen auf alles Mögliche, was sie ersparen können, beiseits zu legen. Übrigens aber führe der Gewinnst einer gut geleiteten Gewerbsamkeit so weit, daß einem jeden Dorf, dessen Bevölkerung durch die Gewerbsamkeit also zunehmen würde, eben dadurch auch soviel Mittel zuflißen müßten, genugsame Einrichtungen zu seiner Sicherheit mit Leichtigkeit zu machen. Und es komme hierin nur auf den Gebrauch an, der im Dorf von diesen Umständen gemacht werde, und auf die Obrigkeit, zu was für einem Gebrauch ihrer Umstände sie das Volk führe und anhalte.

Über das andre: wie die Waisenkinder als eine Pflanzschule, die Gewerbsamkeit im Volk allgemein zu machen, zu gebrauchen wären⁵), sagte er, man müsse einen Unterschied machen zwischen bloßen Arbeitern, die nur wieder andere Arbeiter nachzuziehen hätten, und denen, die in Stand kommen sollten, irgendeine Art Gewerb' an einem Ort selber anzulegen. Für die erstern erfodere es nichts, als daß sie ihre Handgriffe vollkommen lernen und fleißig seien; aber die anderen müssen, wenn sie die Handgriffe vollends gelernt, aus einem solchen Erziehungshause weg und zu Leuten getan werden, die diesen Gewerb' selber treiben, um ihnen alle Arten Vorsichtigkeitsregeln geläufig zu machen, die es in der Welt braucht, wenn man den Menschen auch noch so wenig anvertrauen muß, und dann auch zu lernen, sich die Menschen an die Hand zu bringen und an der Hand zu halten oder, wie man sich unter den Bauern ausdrücke, den Mäusen zu pfeifen. Hingegen könnten sie in solchen Erziehungshäusern darin einen großen Vorteil genießen, wenn sie in denselben wohl rechnen, schreiben und die Handlungsbücher führen lernten, welches alles er aus sich selber habe lernen müssen, und also erfahren, wieviel es ihm hinderlich gewesen.

Ebenso bestätigte er, daß in den Gefangenschaften und Zuchthäusern zu diesen Endzwecken sehr brauchbare Menschen zugrund' gehen und daß man wichtige Vorteile von ihnen ziehen könne, wenn man die Manier kennen würde, dieses Geschäft recht anzugreifen. Und auch das sei sicher, daß man diese Manier bei niemand als bei den Züchtlingen selber erforschen müsse.

Dann sah der Fürst auch noch die Gertrud und die Kinder des Hübel-Rudis, die vor Jahr und Tagen noch im Elend fast verfaulet, keine Arbeit verstunden und von diesem Weib so in Ordnung gebracht worden. Der Leutenant sagte dem Fürsten vor ihr: Sie hatte meine Schule in ihrer Stube, ehe ich noch daran dachte; ohne sie hätte ich meine Einrichtungen nicht in diese Ordnung gebracht.

Denn hat Sie viel getan, sagte der Fürst, sah sie steif an; und bald darauf: Ich will noch mehr von Ihr reden. Aber itzt war er wie in einem Sturm. Gedanken drängten sich über Gedanken. Sein Herz schlug – er fühlte, daß seine ganze Stimmung ihn nicht mehr ruhig urteilen lasse. Er entfernte sich einige Augenblick', stund an des Rudis Matten an der Zäunung gegen die untergehende Sonne, suchte Luft für sein klopfendes Herz. Nein, es ist zuviel, sagte er da an des Rudis Zaun, wenn es weniger wär', ich wollte ihnen glauben; aber soviel kann und will ich nicht hören. Eine Weile darauf: Er hat recht – ich muß noch die drei Räder stillstellen, wenn ich die Wahrheit sehen will. Mit dem ging er wieder zu Arner, sagte ihm und dem Leutenant und dem Pfarrer und dem Baumwollen-Meyer, der bei ihm stund: Ihr müßet mir alle vier nach Sklavenheim. Ich will Euch da drei Tage allein lassen, aber am Samstag bin ich auch dort. So lang' untersuchet in dieser Zeit an Ort und Stelle sowohl mit den Waisenkinder als mit den Züchtlingen, was Ihr von dem, was Ihr saget, ausführbar findet! Indessen will ich hier noch die Gegenstände, die ich itzt wie in einem Traum sehe, ein wenig kaltblütiger ins Auge zu fassen suchen.

§ 74

Der Leutenant zeigt noch wie im Flug, was er in einer höhern Sphäre sein würde. — Und der Autor beschließt sein Werk

So schickte er sie fort. Der Leutenant merkte es und sagte, da sie morgens darauf miteinander im Wagen saßen: Er setzt uns für hie und da auf die Probe.

Die andern stutzten. Er aber sagte: Es macht nichts; er will nicht betrogen sein, und darin hat er recht. Wir wollen ihm aber um deswillen doch auch nicht minder zeigen, als was wahr ist.

Dann rief er dem Postknecht, daß er davonjage, was immer möglich, und sagte zu den Herren: Diese drei Tage entscheiden itzt. Bringen wir in Sklavenheim etwas Wirkliches zustand', so ist er gewonnen; kommen wir ihm nur mit Worten, so sind wir in dieser Sache nicht weiter, als wir vor zwei Jahren waren. Die Herren sagten ihm alle, er solle von ihnen fodern, was er begehre, und wenn sie drei Tage kein Auge zutun müssen, so wollen sie ihm helfen, zu tun, was möglich. Der Postknecht jagte. Sie waren in der halben Zeit dort, und in der ersten Stunde hatte der Leutenant schon zwölf Kinder aus der Waisenstube ausgesucht, die einer Spinnerin übergeben, an ihre Räder gesetzt und fing nun an, mit einem nach dem andern zu reden, dann mit allen, dann ihnen etwas vorzusprechen, das sie ihm nachsagen mußten. Am gleichen Abend brachte er sie noch dahin, einige Zahlenreihen bis auf 50, zu drei, zu vier und zu fünf hoch[1]), zurück und vorwärts zu zählen; und das alles bei ihrem Spinnen – das aber freilich im Anfang nicht ganz ordentlich gehen wollte. In der gleichen Stunde suchte der Baumwollen-Meyer im Zuchthaus zehn Männer aus, von denen er glaubte, sie seien imstand', weben zu lernen. Er fand zwei vollkommene Weber, die, als Contrebandiers[2]) aus dem benachbarten Fürstentum mit verbotener Tuchware ergriffen, eingesetzt worden. Diese beredete er bald, mit ihm Hand ans Werk zu legen, und die zehn Männer, die auf ihren Stühlen vor Hoffnung zitterten, das Handwerk zu lernen. Sie fanden im Dorf und zum Teil im Zuchthaus selber Stühle, Geschirr, Zettel und Spuler[3]) genug – vor Abend war das alles in Ordnung.

Ebensobald fing Arner an, die Geschichte der Gefangenen aufzunehmen und hauptsächlich aufzuzeichnen, was sie gelernt, wodurch sie glaubten ihr Brot verdienen zu können, und denn, wodurch sie unglücklich geworden, wie stark ihre Fehler in ihrem Land und ihrem Dorf eingerissen, was und wer daran schuldig; wie sie glaubten, daß diesen Fehlern am besten gesteuert werden könnte, ob sie glaubten, wenn sie in Freiheit wären, selber etwas dazu beitragen zu können, und überhaupt, womit sie im Land etwas Nützliches anzufangen sich imstand' glaubten – und endlich, ob sie nicht gern in der Gefangenschaft sich anstrengen und etwas lernen wollten, das sie in Stand setzen könnte, mit Nutzen für sich selber und für ihren Nebenmenschen in der Welt zu leben. Sie fielen fast vor ihm auf die Knie, jammerten, daß sie das Unmögliche tun wollten, diesem Elend zu entkommen. Ihrer viele sagten, sie müßten an Leib und Seele fast verfaulen, und die Leute seien Kinder von Unschuld, wann sie in diese Örter hineingebracht werden, gegen den Zustand, in welchem sie sich befinden, wann sie wieder herauskommen.

Er war am dritten Abend mit der Geschichte und Aussage dieser Leute fertig; ebenso der Pfarrer mit der Beschreibung von siebzig Kindern, die in diesem Hause an Krätze, Blässe, Dummheit und Unanständigkeit bewiesen, daß ihre

Verwalter Diebe und die Obern dieser Verwalter etwas anders zu tun haben, als nach ihnen zu sehen.

Und auch der Leutenant war mit seinen Kindern so weit, daß sie seine Ordnung kannten wie die in Bonnal; und die Züchtlinge des Meyers kamen in diesen Tagen mit ihrem Weben weiters, als man es möglich geglaubt hätte.

Indessen hatte der Herzog mit Luchsaugen ausgepäht, ob es in Bonnal einen Unterschied mache, daß er diese drei Räder stillgestellt. Er fand keinen. Vielmehr sagten ihm verschiedene von den Herren seiner Kommission, die Sache sei so tief gegründet, daß sie, wenn diese sämtlichen Anfänger sterben würden, um deswillen nicht zugrund' gehen müsse.

Nunmehr stieg eine ruhige Hoffnung, daß doch wenigstens etwas, wo nicht alles, von diesen Versuchen ausführbar, in dem Herzog empor. Er nahm am vierten Tag Theresen mit sich auf Sklavenheim. Aber er ahndete von fernem nicht, was er da antraf.

Er fand Bonnals Schule mit zwölf Waisenkindern angefangen.

Er sah den Vorschritt, den der Meyer mit dem Gebrauch der Züchtlinge in diesen Tagen möglich gemacht.

Er las in der Geschichte der Gefangenen den Zustand seines Reichs, in der Schilderung der siebzig Waisenkinder den Zustand seiner Anstalten fürs Volk.

Staunte über das Werk dreier Tagen; und ward von einem Geräusch unterbrochen. Die Schar der Gefangenen und die Menge seiner Kinder lag zu seinen Füßen; sie baten um Väter und Versorger wie diese vier Herren.

Stehet auf, sagte er, Gefangene! Stehet auf, meine Kinder, euer Schicksal ist in ihrer Hand!

Ich bin überzeugt; er konnte nicht mehr. Die Kinder blieben auf den Knien. Es umgab ihn eine heilige Stille, und der Ahndungen größte hob sich in aller Herzen empor.

Anmerkungen des Herausgebers

TEIL I. 1781

§ 1 1) **ein gutes Verdienst** = einen guten Verdienst.
    2) **ansitzt** = festsitzt.
    3) **verschupft**. Hierzu Anm. P.'s in der 3. Aufl.: Verschupft heißt hin- und hergestoßen, verschoben oder übel behandelt werden.
    4) **Bühne** = Heuboden
    5) **staunen** = sinnen, nachdenken, hinbrüten (so noch an vielen Stellen).

§ 2 1) Vogt ist in der Schweiz, was in Deutschland der Schulz im Dorf ist (Anm. P.'s in der 3. Aufl.).
    1a) **mit den Rechten** = mit gerichtlicher Klage.
    2) **dürfen** = können, mögen, sich getrauen, sich wagen (so noch an vielen Stellen).
    3) **für den Kopf stoßen** = vor den Kopf stoßen.

§ 4 1) [seine]. Diese Klammer ist sinngemäß von uns hinzugefügt.
     2) Gemeind = Gemeindeversammlung.
     3) innert = innerhalb.
§ 5 1) mit Weinkäufen = mit Trinkgeldern.
     2) keichend = keuchend.
     3) für. Im Original steht „vor".
§ 6 1) gebranntes Wasser = Branntwein.
     2) Barthaus = Barbierstube.
     3) Strohwellen = Strohbündel.
     4) Audienz = Gerichtstag.
     5) Tuch mit zwo Farben. Gemeint ist die Amtstracht der Vögte.
§ 7 1) gute Losung = gute Einnahme.
     2) Molest = Ungelegenheit.
§ 8 1) Kalfaktor. Hierzu Anmerkung P.'s in der 3. Aufl.: Ausschwätzer, Verleumder.
§ 9 1) der Hinterhut = die Nachhut.
     2) Umgeld = Steuer.
§ 10 1) mich schonen. Im Urtext: „mir schonen".
     1a) gegen die Stubentüre. Im Urtext: gegen der Stubentüre.
     2) einsmals = plötzlich.
     3) ab dem Tische = von dem Tisch.
§ 11 1) Miststätte = Miststätten.
     2) Kalch = Kalk.
     3) fehlt = fehlschlägt.
§ 12 1) P. hat hier „Wanderers Nachtlied" von Goethe an einzelnen Stellen geändert.
§ 13 1) Hierzu Anmerkung P.'s in der 3. Aufl.: Das schweizerische Sprichwort „Das ist nicht in seinem Hafen gekocht" bedeutet: das sind nicht seine eigenen Gedanken, es hat ihm's jemand angegeben, es hat sich das nicht selbst erfunden, es hat ihm's jemand angegeben.
     2) im Schachen = im Wiesengrund.
     3) eigentümliches Land = Privatbesitz.
     4) Abtrag = Entschädigung.
§ 14 1) Siegrist = Küster.
     2) des Siegristen Tochtermann. P. hat sich hier offensichtlich geirrt; sinngemäß muß es heißen: des Siegristen Sohn.
     3) Du gehst an den Wänden = du tappst im Dunkeln.
§ 15 1) Harschier = Gendarm.
     2) Hierzu Anm. P.'s in der 3. Aufl.: Einem etwas aufsalzen, heißt in der Schweiz: einem etwas wider seinen Willen und wider seinen Nutzen mit Erfolg zumuten und aufladen.
     3) vor das Fenster. Im Urtext: für das Fenster.
§ 17 1) Anken = Butter.
     2) verlegen = (durch langes Liegen) verdorben.
     3) Fürtuch = Schürze.
     4) flüssig. Hierzu Anm. P.'s in der 3. Aufl.: zu Kopfeiterungen geneigt.
     5) strehlen = kämmen.
§ 18 1) früh und spät sein = unverdrossen sein.
§ 19 1) Scheitstock. Hierzu Anm. P.'s in der 3. Aufl.: Scheitstock ist ein Klotz, ein Stock, auf dem man Holz scheitet.

	2)	**Bär.** Von P. versehentlich hier weggelassen.
§ 21	1)	**Kunkel** = Spinnrocken.
§ 22	1)	**aber dann ist's.** Hierzu Anm. P.'s in der 3. Aufl.: Dann ist's, will soviel sagen als: was liegt daran.
	2)	**serben.** Hierzu Anm. P.'s in der 3. Aufl.: kränkeln, an der Gesundheit abnehmen.
§ 25	1)	**Karst** = Hacke.
§ 26	1)	**vergantet** = bankrott.
	2)	**Schlaghandel** = Schlägerei.
	3)	**Fressete** = Fresserei.
§ 27	1)	**Dingpfennig** = Geld, das jemandem zur Bekräftigung einer getroffenen Absprache gegeben wird.
	2)	**nähig.** Hierzu Anm. P.'s in der 3. Aufl.: der Entbindung nahe.
	3)	**bis zum andern Ziel** = bis zum nächsten Austrittstermin.
	4)	**Gotte** = Pate.
§ 28	1)	**einst** = einmal.
§ 29	1)	**erleiden** = verleiden.
	2)	**Halseisen** = Pranger.
	3)	**Rodel** = Verzeichnis, Liste.
§ 30	1)	**Sonst kriegen der Pfarrer und sein Chorgericht Strafen** = Sonst verhängen der Pfarrer und sein Chorgericht Strafen.
§ 31	1)	Hierzu Anm. P.'s in der 3. Aufl.: Der morndrige Tag ist schweizerisch: der nächste Tag auf heute.
	2)	Im Urtext: „gegen dem Armen".
§ 39	1)	**serbet** = hinsiecht (vgl. Anm. 2 zu § 22).
	2)	**Der Vogt Hummel aber diente zu beim Nachtmahl des Herrn.** Hierzu Anm. P.'s in der 3. Aufl.: „Zudienen" heißt in der Schweiz, dem Pfarrer helfen das Nachtmahl austeilen. — In der 3. Aufl. hat P. die Predigt etwas erweitert.
§ 40	1)	**Tröler** = Advokaten, Rechtsanwälte. So von P. in der 3. Aufl. erläutert.
	2)	**Lichtstubeten.** Hierzu Anm. P.'s in der 3. Aufl.: Nächtliche Zusammenkünfte der Knaben bei den Mädchen (d. h. der jungen, unverheirateten Leute des Dorfes, nämlich zum Spinnen und Plaudern oder Tanzen).
	3)	**Gillenbehälter** = Behälter der Jauche, des flüssigen Düngers. So von P. erläutert in der 3. Aufl.
	4)	**auf dem Fuß** = auf diese Weise.
	5)	**Fronfasten**, hier = Zinstage, Termine für Entrichtung der Abgaben.
	6)	**ausgespitzt** = ausgerechnet, abgeteilt. So von P. erläutert in der 3. Aufl.
§ 43	1)	**Abigailsrat.** Vgl. Altes Testament, 1. Buch Samuel, Kap. 25.
	2)	**geschwunden** = schwindelig.
	3)	**Jastpulver** = ein Pulver gegen die Hitze, gegen das Fieber. So von P. erläutert in der 3. Aufl.
§ 45	1)	**Wenn du ihrer nicht müßig gehest** = wenn du sie nicht fahren läßt.
§ 47	1)	**besorgen**, hier = versorgen.
§ 55	1)	**auf diesem Fuß** = in dieser Weise.
§ 56	1)	**Laube** = Gang, Platz vor einem Zimmer. So von P. erläutert in der 3. Aufl.
	2)	**gemeines** = gemeinsames.

§ 57 1) **Schloßhalde.** Hierzu Anm. P.'s in der 3. Aufl.: Schloßhalde ist der steile Weg vom Schloß herunter.
     2) **gegen den Schatten.** Im Urtext: gegen dem Schatten.
§ 58 1) **Müdlinge.** Hierzu Anm. P.'s in der 3. Aufl.: Müdlinge sind gedrückte, ermüdete Menschen.
§ 62 1) **Hausmatte** = zum Haus gehörige Wiese.
§ 66 1) **Ordinari** = gewohnte Portion Fressen.
     2) **Irte** = Zeche, Preis für Verzehrtes, Zechschuld.
§ 68 1) **er kirrte mit den Zähnen** = er knirschte mit den Zähnen.
§ 70 1) **Mühe,** hier = Unruhe, Qual.
     2) **tu ihm auch also** = schlaf auch wohl.
§ 71 1) **bis du dich zum Ziel legst** = bis du dich zu dem bestimmten Termin unterwirfst.
§ 73 1) **Scheinholz** = faules Holz, das bei Dunkelheit phosphoresziert und leuchtet („scheint").
§ 75 1) **zündete** = leuchtete.
     2) **gekräuelt** = gekratzt.
     3) **Harzer** = Harzsammler (Anm. P.'s in der 3. Aufl.).
§ 76 1) **treugt** = trügt.
§ 77 1) Das tat Pestalozzi im zweiten Teil von Lienhard und Gertrud 1783.
§ 81 1) **Küher** = Viehhüter.
     2) **Pfrundstall** = Stall, der zum Pfarrhaus, zur Pfrund gehört (Anm. P.'s in der 3. Aufl.).
     3) **Fleck,** hier = gefleckte Kuh.
§ 83 1) **überlüpft.** Hierzu Anm. P.'s in der 3. Aufl.: Sich überlüpfen heißt, schwerer emporheben, als man kann.
§ 86 1) **Aspe** = Espe.
§ 88 1) **Weidgang** = Weidrecht.
     2) **Dienste,** hier = Dienstboten.
§ 90 1) **Stillständer.** Hierzu Anm. P.'s in der 3. Aufl.: Kirchenvorgesetzte, die nach der Kirche beim Pfarrer gewöhnlich noch eine Weile still stehen.
     2) **auf heute** = in der Nacht auf heute, in der letzten Nacht.
§ 92 1) **heiterer zünden** = heller erleuchten, klarer belehren.
§ 93 1) **die gemeine Weid** = die der ganzen Gemeinde gehörige Weide.
     2) **Allmend** = Gemeindeweide.
§ 95 1) **klamm** = gedrückt, bedrängt.

AUS TEIL II. 1783

§ 9 1) **nun nicht mehr.** Im Originaltext steht: nunmehr nicht.
     2) **auf die Letzte oft bei Stunden und Tagen** = in letzter Zeit oft stunden- und tagelang.
     3) **wie ein Stock** = teilnahmslos.
     4) **Schoders.** Rudis Schwiegereltern.
     5) **das Feuer auf dem Herd zu ersticken, wenn ich nicht Gefahr laufen wollte.** Im Originaltext steht: das Feuer auf dem Herd zu schürgen, wenn ich nicht gefahren wollte.
     6) **Vergeßlichkeit.** Bei Pestalozzi heißt es: Vergeßlosigkeit.
     7) **weil,** hier = während.

8) müssen, hier = dürfen.
9) sonderbar dich = besonders du.
10) du mußt dich im Ernst achten = du mußt dich ernstlich in acht nehmen.
11) sint = seit. So auch an vielen späteren Stellen.
12) mit dem Feierabend fertig werden = mit der Arbeit fertigwerden.
13) Ringen = Schnalle.
14) Katzenschwanz ziehen. Ein Spiel, bei dem die Kinder dem Anführer hintereinander durch dick und dünn folgen.

§ 22 1) bei Stund' und Tagen. Vgl. Anmerkung 2 zu § 9 (Teil II).
2) entging, hier = entschlüpfte.
3) lernte, hier = lehrte. Auch bei den späteren Textpartien muß beachtet werden, daß Pestalozzi „lehren" und „lernen" häufig vertauscht.
4) Das Lied stammt von Johannes Heermann.

AUS TEIL III. 1785

§ 2 1) Quintli = ¼ Lot; kleinstes Gewichtsmaß.
§ 10 1) erleiden, hier = leid werden lassen.
2) ihns = es. So auch an vielen späteren Stellen.
3) lehrte, hier = lernte (s. o.).
4) Treiber = Kurbel am Spinnrad; Flocken = um den Rocken gewickelter Flachs.
§ 11 1) mehrenteils = meistens.
§ 13 1) Leutenant. Pestalozzi schreibt stets Lieutenant.
2) das einige Bedingnis = die einzige Bedingung.
§ 16 1) ob ihm = über ihm.
2) March = Mark, Grenze.
§ 18 1) äufnen = fördern, hochbringen. So auch an anderen Stellen.
2) desnahen = deshalb. So noch an vielen Stellen.
3) lernen, hier = lehren. (S. o.).
§ 19 1) Lezge = Lektion, Aufgabe.
2) fehlte = Fehler machte.
§ 24 1) Bahren = Krippe.
§ 26 1) zählte, hier = erzählte.
§ 63 1) Spitzdrucken = Spitzenschachteln.
2) morndes = am nächsten Tage, tags darauf. So auch an vielen anderen Stellen.
§ 65 1) Kasten = Schrank
§ 66 1) und daß man. Im Originaltext steht nur: und.
2) gelegt worden. Zu ergänzen ist: darf der Wortunterricht einsetzen.
3) mit Namen = namentlich, insbesondere.
4) wie sich aus § 27 des Teiles IV in der letzten Fassung des Werkes ergibt, will Pestalozzi hier andeuten, daß der § 80 des Heidelberger Katechismus, der das Meßopfer als Abgötterei verdammt, eine Messerstecherei zwischen einem Reformierten und einem Katholiken zur Folge hatte.
5) vorzubiegen = vorzubeugen. So auch an anderer Stelle.
6) ferndrig = vorjährig.

	7)	**heiter** = klar. Ebenso an vielen anderen Stellen.
§ 67	1)	gemeint ist: Du wirst deine Kinder nicht, wie ich dich, ohne Vermögen und Hilfe zurücklassen müssen.
§ 70	1)	**fehlen** = Fehler machen, Böses tun (vgl. oben).
	2)	**Sandriesi** = aufgerissener Bergabhang mit offenliegendem, herabrieselndem Sand.
§ 71	1)	**erleiden** = leid werden. (Vgl. oben § 10 des Teiles III).
	2)	**hülpen** = hinken, humpeln.
	3)	Vgl. oben Anmerkung 4 zu § 66 im Teil III.
	4)	**hinterfür** = verrückt.
	5)	**verdrungen** = verdrängt.
§ 75	1)	**Bahren** = Krippe (s. o.).
	2)	Im Original: wie es dann käme.
	3)	**einige** = einzige. Ebenso an anderen Stellen.
	4)	**es hat schon gefehlt** = es ist schon verfehlt.
	5)	**versprechen**, hier: = verantwortlich sein.
	6)	**absein** = dagegen sein, bestreiten.
§ 81	1)	**alle Augen aussah** = sich die Augen aus dem Kopf guckte.
	2)	**nachsüchtig** = habgierig.
	3)	**von was sie immer** = von allem, was sie.
	4)	**angreifig** = anstellig, geschickt.
	5)	**Akkord** = Lehrvertrag.
	6)	**lebt er** = bleibt er am Leben.
	7)	**nicht manche Woche** = erst wenige Wochen.
	8)	**Haue** = Hacke.
	9)	**Zelgen** = Ackerstreifen.
	10)	**verganten** = öffentlich versteigern.
	11)	**strabeln** = strampeln.

AUS TEIL IV. 1787

Vorrede	1)	Diese Vorrede und Widmung ist gerichtet an Felix Battier-Thurneysen, einen treuen Freund und Helfer Pestalozzis, insbesondere in den schweren Jahren auf dem Neuhof. Ihm dedizierte Pestalozzi auch ausdrücklich den Teil IV des Werkes „Lienhard und Gertrud". Das hier abgedruckte Vorwort gibt zugleich einen guten Einblick in Absicht und Bauprinzip des Gesamtwerkes.
§ 23	1)	**Rentes viagères** = Leibrenten.
§ 25	1)	**hinterhalten** = zurückhalten.
	2)	Sinngemäß ist hier zu ergänzen: Ganz anders war die ...
	3)	**äufnen** = fördern, hochbringen; vgl. oben Teil III, § 18.
	4)	**vorwenden** = zum Vorwand nehmen.
	5)	**lehrt**, hier: = lernt.
§ 41	1)	**Heiterkeit** = Klarheit.
	2)	**seiner Natur nach**. Bei Pestalozzi steht: und seiner Natur nach.
	3)	**nirgends, als wo er kann und mag**. D. h.: überall.
	4)	**serben** = dahinsiechen.
	5)	Im Originaltext steht: „Rechten" bzw. „Naturtrieben".
	6)	Bei Pestalozzi steht: mit eisernem Gewalt.

7) Im Originaltext: Naturtrieben.
8) Im Originaltext: Ansprüchen.
9) Der letzte Teil des Satzes ist Pestalozzi mißglückt und mußte hier um des Verständnisses willen etwas geändert werden. Pestalozzi setzt, im Widerspruch zur vorherigen Konstruktion, plötzlich den Singular und formuliert: „zu einem bedächtlichen... Menschen", „Befriedigung seiner ersten Wünsche..." und „Gebrauch seiner... Fertigkeiten". Der Schluß des Satzes fällt vollends aus dem Satzbau heraus: statt „gemacht werden" steht im Originaltext: „zu machen".
10) Bei Pestalozzi ist hier — logisch unsinnig — eingefügt: vielmehr umgekehrt.
11) Sie sieht nämlich aus. Von uns zum besseren Verständnis eingefügt; bei Pestalozzi steht nur: und.
12) Gemeint sind also die „Oberen", die Amtspersonen.
13) ratlich = säuberlich, ordnungsliebend, vernünftig.
14) Kommlichkeit = Bequemlichkeit.
15) Bei Pestalozzi steht (fälschlicherweise): kommen.

§ 42 1) lumpen und schelmen = ein Lump und ein Schelm sein.
§ 59 1) Gefährde, hier = Unredlichkeit, Betrug.
§ 71 1) nichts, das ob der Hand ist = nichts Fernliegendes.
2) Im Originaltext steht: mache.
3) Hier schließt sich im Originaltext folgender Absatz an, dessen Text jedoch nicht in Ordnung ist: Aber wehe dem, sagte der Leutenant, der mit Verstand nicht zu Gott kommen kann — und lieber braucht — zur Rettung seiner Seele.
4) gefahren = in Gefahr kommen.
5) Im Originaltext: Systemen.
6) Bei Pestalozzi steht: Kräften.
7) an den Wänden gehen = im Dunkeln tappen.
§ 73 1) vertreten = mit Füßen treten, zertreten.
2) Im Originaltext: Kräften.
3) Im Urtext steht: Arbeitskenntnissen.
4) Landabtrag = Landertrag.
5) Im Originaltext heißt es: wär.
§ 74 1) zu drei, zu vier und zu fünf hoch = in Gruppen zu drei, vier und fünf.
2) Contrebandiers = Schmuggler.
3) Stuhl, hier = Gestell des Webstuhls. Geschirr = die zum Webstuhl gehörenden beweglichen Teile. Zettel = Aufzug des Gewebes am Webstuhl, Kette. Spuler = Spulen zum Wickeln des Garns.

Nachwort des Herausgebers

Pestalozzi selbst hat „Lienhard und Gertrud" in späterer Rückschau als „das vorzüglichste Werk meines Lebens", ja als „das Abc-Buch der Menschheit" bezeichnet. Der große Volksroman nimmt in Pestalozzis literarischem Gesamtwerk in der Tat eine besondere Stellung ein, und zwar mindestens in dreifacher Hinsicht.

Einmal ist von ihm Pestalozzis literarischer Ruhm ausgegangen. Es war dieses Volksbuch (und zwar in der Form von 1781), das ihn weithin bekannt werden ließ, so daß er selbst später sagen konnte: „Bald alle Journale machten seine Lobrede", und „bald alle Kalender wurden davon voll". Auch in den folgenden Jahren und Jahrzehnten blieb es sein größter Erfolg, und es wurde für manche anderen Autoren von Volksbüchern sogar eine Art Muster und Idealfall.

Zum andern enthält „Lienhard und Gertrud" im Ansatz Pestalozzis ganzes Wollen und Suchen; es macht sowohl dessen Kraft und Leidenschaft wie auch seine Vielfalt und Universalität sichtbar. Es zeigen sich in ihm aufs lebendigste und eindringlichste seine sozialethischen, gesellschaftsreformerischen und volkspädagogischen Ideen, aber auch seine grundlegenden Gedanken über die Kindererziehung und über die Schule, und er konnte 1803 (s. o. Vorwort zur 2. Auflage des I. Teils) mit Recht sagen: „Alles, was ich bis jetzt getan habe, ist gleichsam nur die Fortsetzung des Buches". So hatte es wohl auch einen tieferen Sinn, wenn er dieses Werk bei der Gesamtausgabe seiner Schriften 1819/20 an die Spitze stellte.

Und schließlich hat er sich mit keinem seiner Werke so intensiv und so unaufhörlich um- und weiterformend beschäftigt wie mit „Lienhard und Gertrud". Auch insofern war es wirklich sein „Lieblingswerk" (Schönebaum). Nicht weniger als vierzig Jahre hindurch hat er so innigen Umgang mit ihm gepflogen. Es wuchs gleichsam mit ihm mit, und es sollte auch erklärtermaßen immer mehr die Fülle seiner pädagogischen Gedanken aufnehmen. In seiner Breite und seinen Wandlungen spiegelt es so Pestalozzis ganzes Ringen – und kam wie dieses nie zum runden Abschluß. Es blieb letztlich „Torso".

Zur Entstehung und zum Schicksal des Ganzen seien hier folgende kurze Hinweise gegeben:

Pestalozzi hat den I. Teil in der besonders kritischen Zeit des zweimaligen Scheiterns seiner Neuhofunternehmung geschrieben – von seiner Lage wie auch vom Thema her mit tiefster innerer Beteiligung, wie schon an den höchst plastisch-farbigen Bildern zu sehen ist; dabei außerordentlich zügig und fast explosiv. „Das Buch stand in wenigen Wochen da, ohne daß ich eigentlich nur wußte, wie ich dazu gekommen." Ursprünglich war diese Schrift von 1781 nicht als Teil eines größeren Ganzen gedacht, sondern als ein in sich geschlossenes Werk konzipiert. Aber schon während des Schreibens fühlte sich der Autor zu einer Fortsetzung gedrängt, und so wiederum bei jedem weiteren Teil. So erschien der II. Teil (nicht mehr anonym wie Teil I) dann bereits 1783 und der Teil III 1785.

1787 lag mit dem IV. Teil das Ganze vor. Doch ging der Verfasser gleich danach wieder an weitgreifende Umarbeitung, zum Teil mit straffender, meistens aber mit stark erweiternder Grundtendenz. 1790/92 kam eine Zusammenfassung zu drei Teilen heraus. Bei der fünfzehnbändigen Gesamtausgabe von 1819/20 griff er für „Lienhard und Gertrud" dann jedoch wieder auf die Fassung von 1781/87 zurück, wobei er den Teil I, der inzwischen mit sehr geringen Abweichungen von 1781 schon eine zweite Auflage erlebt hatte (1804), wiederum nur ganz unwesentlich veränderte, die anderen drei Teile aber nochmals stärker umarbeitete. In den letzten Lebensjahren schließlich hat Pestalozzi den vier Teilen zwei weitere hinzufügen und in ihnen speziell seine methodischen Gedanken und Erfahrungen noch breiter darstellen wollen. Der V. Teil wurde auch fertiggestellt; er ist aber verlorengegangen.

Innerhalb des Werkes „Lienhard und Gertrud" kommt dem I. Teil wiederum eine besondere Stellung zu: er ist das packendste und in der Gestaltung am besten gelungene Stück des Ganzen, und er war – und ist bis heute – darum wohl auch weit bekannter als alle anderen Teile. Aufbau und Handlung wie Personenschilderung und sprachliche Form machen ihn zum ausgesprochenen Volksbuch, während sich bei den weiteren Teilen allmählich Reflexionen, Breite und lehrhafter Charakter etwas hervordrängen, was Eindruckskraft und unmittelbare Wirkung abschwächt. Wie Pestalozzi im Schwanengesang sagt, sind die drei späteren Teile „als eigentlich für die kultivierten Stände geschrieben anzusehen, dahingegen der I. Teil an sich von mir immer als ein von den anderen gesondertes, in die Hand der gemeinen Haushaltungen gehörendes Volksbuch betrachtet und behandelt worden ist." Es ist gewiß kein Zufall, daß er bei ihm auch für die späteren Ausgaben nur wenig geändert hat. Die charakteristischen Züge des I. Teils treten am eindrucksvollsten wieder bei der Fassung von 1781 hervor. Bei den – zwar unerheblichen – Abweichungen, die die zweite (1804) und die dritte (1819/20) Auflage bringen, schwächt Pestalozzi den Eindruck des Kraftvoll-Unmittelbaren, Farbig-Plastischen, Volkstümlich-Derben dadurch etwas ab, daß er zahlreiche auffällige mundartlich-schweizerische Ausdrücke durch allgemeiner verständliche ersetzt oder in Fußnoten erklärt.

Wenn aus den angeführten Gründen sowie bei dem großen Umfang des vierbändigen Gesamtwerkes die Teile II–IV allgemein soviel weniger bekannt sind, so ist das zwar verständlich, aber gleichwohl ein wirklicher Mangel. Denn daß Pestalozzis Grundwollen und -streben mit seiner Verflechtung der verschiedenen Einzelansätze und -intentionen, mit seinen sozialethischen, sozialreformerischen, volksbildnerischen, jugenderzieherischen und anthropologischen Grundgedanken in diesem Werk wie in einem Brennglas gesammelt und so unmittelbar wie nirgends sonst in das Leben hineingestellt erscheint, gilt gerade auch für diese drei Teile. Mit dem Fortgang der Handlung und dem Aufbau der neuen Ordnung in Bonnal treten Pestalozzis fundamentale Gesichtspunkte hier sogar viel klarer und direkter heraus. Vor allem werden mit der von Pestalozzi neben der Gertrud so besonders liebevoll gezeichneten Gestalt des Leutnants und Schulmeisters Glüphi und mit der Einrichtung der Schule eigentlich erst hier die Fragen der Erziehung und der Schule zum Thema gemacht; ja, Pestalozzi entwickelt hier nicht weniger als eine ganze Theorie der Schule. Ebenso wichtig ist, daß er durch den großen Realisten und Menschenkenner Glüphi zugleich grundlegende Gedanken über das Wesen des Menschen und der Gesellschaft aussprechen läßt, die in bedeutsamer Weise schon auf Pestalozzis spätere anthropologische Schriften, insbesondere seine „Nachforschungen", hindeuten und beim Studium von Pestalozzis Menschenauffassung nicht unbeachtet bleiben dürfen. Zugleich kann erst, wenn man das Gesamtwerk „Lienhard und Gertrud" vom ersten bis zum vierten Teil überschaut, voll sichtbar werden, wie Pestalozzis Menschenauffassung sich von ihrer ursprünglichen, mehr optimistisch-harmonischen Struktur allmählich zu einer mehr realistischen Sicht mit Anerkennung einer tiefen Grundspannung zwischen dem Guten und dem Bösen im Menschen selbst wandelt, und wie auch seine Erziehungslehre den Ton vom intakten Milieu merklich stärker zum Appell an die tieferen sittlichen Kräfte im einzelnen verlagert. Auch kann selbstverständlich erst beim Überblicken aller vier Bände das Bauprinzip des Werkes mit dem Aufstieg von den engen Verhältnissen zu den größeren Zusammenhängen und von den einzelnen Mißständen zu den Quellen der Übel in Erscheinung treten, wie Pestalozzi das vor allem in der Vorrede zum Teil IV skizziert hat (dieses Vorwort auf S. 228—229 wäre deshalb auch am besten gleich zu Anfang zu lesen).

Aus diesen Gründen hat die neue Auflage unserer Ausgabe von „Lienhard und Gertrud", die sich 1961 auf den Text des Teils I beschränkt hatte, nun auch die pädagogisch wichtigsten Partien aus den Teilen II–IV mit aufgenommen. Kurze Verbindungstexte – in eckigen Klammern und im Kleindruck – wollen deren Einordnung in den größeren Zusammenhang erleichtern; sie sind nur eingefügt, soweit sie für das Verständnis unentbehrlich erscheinen. Unsere Ausgabe wählt die geschlossenste und historisch wirksamste Fassung des Gesamtwerkes, d. h. die Erstauflage von 1781/87. Sie behält Pestalozzis Sprach- und Lautformen (einschließlich eventueller grammatischer Fehler), auch seine eigenen Fußnoten im Text bewußt bei und vermerkt ausdrücklich alle Auslassungen oder Abweichungen. Nur Rechtschreibung und Zeichensetzung (die letztere mit Rücksicht auf Pestalozzis Stil zum Teil behutsam) sind dem heutigen Gebrauch angepaßt. Unsere Anmerkungen beschränken sich absichtlich auf das für das unmittelbare Textverständnis Notwendige und wollen der Interpretation nicht vorgreifen. Zu spezielleren Studien und zum genauen Vergleich der verschiedenen Ausgaben wird hier auf die Kritische Gesamtausgabe Pestalozzis von 1927 ff., Band 2 ff., verwiesen. Unsere Bibliographie nennt die wesentlichen allgemeinen Hilfen für ein umfassenderes Pestalozzi-Studium sowie die hauptsächliche Literatur über das Werk „Lienhard und Gertrud".

Die 3. Auflage gab Gelegenheit, wiederum die Bibliographie auf den neuesten Stand zu bringen. Außerdem wurde, um die komplexe Struktur des Werkes „Lienhard und Gertrud" und seine notwendige Einordnung in Pestalozzis Gesamtstreben besser sichtbar zu machen, die folgende Passage aus einer früheren Abhandlung des Herausgebers hier angehängt.[1]

Man darf Pestalozzi nicht, wie es im allgemeinen im 19. Jahrhundert geschehen ist und wie es nicht selten auch in unserer Zeit geschieht, als bloßen Pädagogen oder gar nur als Schulmann und Didaktiker sehen, ebenso wie man Comenius und Rousseau nicht allein von der pädagogischen oder von der philosophischen Seite her verstehen kann. Pestalozzi ist in Wahrheit ein *Volkserzieher im weitesten Sinne*: er zielt letzten Endes auf eine durchgreifende innere Reform des ganzen gesellschaftlich-sittlichen Lebens. Der Satz „Armes Volk, ich will dir aufhelfen!", den man als Motto über sein ganzes Sinnen und Schaffen setzen kann, darf durchaus nicht nur auf Verbesserung der Kindererziehung und des Schulunterrichts bezogen werden. Er ist gar nicht speziell gemeint und muß verstanden werden als Bekenntnis zum Kampf auf dem weiten Felde einer Veredelung und menschenwürdigen Gestaltung des Lebens, wo immer und wie immer das möglich ist. Er meint eine *Verbesserung der Gesamtlage des Volkes*, wobei die Hilfsbedürftigsten Pestalozzis Herzen am nächsten stehen. Bei diesen Kampf ist er grundsätzlich ebenso Zeit- und Kulturkritiker, philosophischer Denker und politisch Tätiger, Sozialethiker, Wirtschafts- und Sozialreformer wie auch Pädagoge im engeren Sinne. Politische, soziale, ökonomische, religiöse und pädagogische Motive sind hier zwangsläufig und von vornherein aufs engste verflochten und bilden eine lebendige Einheit, wie in einem allerdings kleineren Maßstabe ähnliche Verflechtungen mehrerer Motive ja auch bei anderen Volkserziehern des 18. Jahrhunderts, etwa Salzmann und Rochow, und erst recht natürlich im Jahrhundert des Barock bei Comenius festzustellen sind. Deshalb bemüht sich Pestalozzi um Verbesserung der Volkserziehung wie auch um Hebung der Landwirtschaft (bessere Ausnutzung des Bodens), überhaupt um wirtschaftliche Sicherung des Volkes (Verbindung von Landwirtschaft und Hausgewerbe), um Veredelung und Intensivierung des politischen Lebens im Sinne der Schweizer demokratisch-freiheitlichen Tradition, um Stärkung des Gemeinsinnes und der Volksmoral, um Verinnerlichung und religiöse Vertiefung des Lebens. Man muß diese Weite seines Denkens und Wirkens stets beachten, denn man kann dieser überragenden Gestalt nur gerecht werden, wenn man die Tätigkeit auf den einzelnen Gebieten ihrem Gesamtstreben richtig einordnet und wenn man versteht, daß sich hier ohne tiefgreifenden Wandel des Interesses oder gar des Standpunktes tatsächlich sehr verschiedene Ansatzpunkte und Schwerpunktverlagerungen ergeben konnten. Deshalb ist auch der Streit darüber müßig, ob Pestalozzi etwa vom wirtschaftlichen Bereich überhaupt erst zum pädagogischen gekommen sei oder umgekehrt. Er hat in Wahrheit bereits im Anfang nicht nur ein kleines, fest abgegrenztes Feld bestellt, sondern es war von vornherein jenes Gesamtwollen in ihm lebendig und suchte dafür nun bestimmte Ansatzpunkte. Eine Zeitlang dachte er zuerst besonders an politische Wirksamkeit. Ebenso ist beglaubigt, daß er schon damals den Plan hatte, „verbesserte und vereinfachte Unterrichtsmittel in die

---

[1] Albert Reble: Pestalozzi – nur „Pädagoge"? in: Pädagogische Rundschau 6 (1951/52), Heft 6, S. 241–248. Die abgedruckte Passage: S. 243–244.

Wohnstube des Volkes zu bringen" zur Verbesserung seines „ökonomischen Erwerbs", und gelegentlich hat ihn damals auch der Gedanke an eine Art Landerziehungsheim mit seinem Schwager beschäftigt. So ist schon für diese Zeit an der Verflechtung der Motive nicht zu zweifeln.

Der eigentliche Ansatzpunkt des Wirkens ist für ihn dann die Landwirtschaft – und nicht die Erziehung oder die Politik – geworden, aber nach einigen Jahren kam bereits jene Verschmelzung von wirtschaftlichen Bestrebungen mit dem menschlichen Sorgen und dem erziehlichen Leiten zustande, die ihn zum „Armenvater" vom Neuhof machte, bis nach ein paar weiteren Jahren eine abermalige persönliche Notlage ihn einen neuen Ansatzpunkt im literarischen Wirken finden ließ. Gerade die Schriften der dann folgenden 20 Jahre von 1780 bis zum Wirken in Stans, 1799, also insbesondere die „Abendstunde eines Einsiedlers", das Volksbuch „Lienhard und Gertrud" und sein philosophisches Hauptwerk „Meine Nachforschungen über den Gang der Natur in der Entwicklung des Menschengeschlechts", aber auch die kleineren gesellschaftskritischen und politischen Schriften zeigen deutlich jenes Ineinander der Motive. Während in dieser Zeit der *Akzent* allerdings noch auf den zeitkritischen, sozialethischen und kulturphilosophischen Gedanken liegt, so daß die spezifisch pädagogischen Ideen gleichsam in sie eingelagert erscheinen, treten von Stans ab die pädagogischen und methodischen Fragen sehr hervor. Nun sucht er nach einer einfachen und zwingenden Methode, um Unterricht und Erziehung *planvoll* durchführen zu können.

Bibliographie (Auswahl)

I. Pestalozzi-Ausgaben

Pestalozzis sämtliche Werke, hrsg. v. L. W. Seyffarth, 12 Bde., Liegnitz 1899/1902²
Pestalozzis sämtliche Werke (Kritische Gesamtausgabe), hrsg. v. Artur Buchenau, Eduard Spranger, Hans Stettbacher. Berlin 1927 ff., Zürich 1956 ff.
Pestalozzi, Gesammelte Werke in 10 Bden., hrsg. v. Emilie Boßhart, Emanuel Dejung, Lothar Kempter, Hans Stettbacher. Zürich 1945/47
Pestalozzi, Werke in 8 Bden., hrsg. v. Paul Baumgartner. Zürich 1945/49
J. H. Pestalozzi, Sämtliche Briefe, hrsg. v. Pestalozzianum u. Zentralbibliothek Zürich, 13 Bde. Zürich 1946 ff.
Kleine Studienausgaben:
Pestalozzi, Ausgewählte Schriften, hrsg. v. Wilhelm Flitner. Düsseldorf 1968⁴
J. H. Pestalozzi, Werke in 2 Bden, hrsg. v. Gertrud Cepl-Kaufmann und Manfred Windfuhr. München 1977
J. H. Pestalozzi. Texte für die Gegenwart, hrsg. v. Heinrich Roth. 3 Bde, Zug 1976–78.

II. Gesamtdarstellungen, Einführungen, Überblicke über Leben und Werk Pestalozzis

Heinrich Morf: Zur Biographie Pestalozzis. 4 Bde. Winterthur 1868/69, Neudr. 1966
Alfred Heubaum: J. H. Pestalozzi. Leipzig (1910) 1929³
Friedrich Delekat: J. H. Pestalozzi. Der Mensch, der Philosoph und der Erzieher. Leipzig (1926) 1968³
Fritz Medicus: Pestalozzis Leben. Leipzig 1927
Herbert Schönebaum: Pestalozzi. 4 Bde.:
  Der junge Pestalozzi. 1746–1782. Leipzig 1927
  Kampf und Klärung. 1782–1797. Erfurt 1831
  Kennen, Können, Wollen. 1797–1809. Langensalza 1937
  Ernte und Ausklang. 1810–1827. Langensalza 1942
Walter Guyer: Pestalozzi. Frauenfeld 1932
Eduard Spranger: Pestalozzis Denkformen. (Stuttgart 1947) Heidelberg 1959²
Ernst Otto: Pestalozzi. Werk und Wollen. Berlin 1948
Karl Müller: J. H. Pestalozzi. Eine Einführung in seine Gedanken. Stuttgart 1952
Herbert Schönebaum: J. H. Pestalozzi. Wesen und Werk. Berlin 1954 (enthält am Schluß eine genaue chronologische Zusammenstellung aller damals bekannten Schriften Pestalozzis)
Mary Lavater-Slomann: Pestalozzi. Die Geschichte seines Lebens. Zürich/Stuttgart 1954
Käte Silber: Pestalozzi. Der Mensch und sein Werk. Heidelberg 1957
Max Liedtke: J. H. Pestalozzi. Reinbek 1976⁵ (TB)

III. Literatur zu „Lienhard und Gertrud"

Otto Hunziker: Glüphi, Pestalozzis Schulmeisterideal von „Lienhard und Gertrud". Bühlmanns Praxis d. schweiz. Volks- und Mittelschulen. 1882
Otto Hunziker: Zur Entstehungsgeschichte u. Beurteilung von „Lienhard und Gertrud". Sonderdruck aus der Ausg. d. 1. und 2. Teils, Zürich 1896
Otto Hunziker: Zur Entstehungsgeschichte des 3. und 4. Teils von „Lienhard und Gertrud". Jubiläumsausgabe II, S. 603 ff.

Christian Melchers: Die päd. Grundgedanken in Pestalozzis „Lienhard und Gertrud". Bielefeld 1895
Joh. Meyer: Der soziale Hintergrund in Pestalozzis „Lienhard und Gertrud". Frauenfeld 1900.
R. Hallgarten: Die Anfänge der Schweizer Dorfgeschichte. Diss. München 1906
Wilhelm Rost: Pestalozzis „Lienhard und Gertrud" (Vergleichende Darstellung der drei Ausgaben v. 1781–87, 1790–92 u. 1819/20) zum Zwecke der Feststellung einer Entwicklung der päd. Anschauungen Pestalozzis. Diss. Leipzig 1909
Kurt Gerlach: Die dichterische Ausgestaltung der päd. Ideen in Pestalozzis „Lienhard und Gertrud". Berlin 1912 (Diss. Leipzig 1912)
K. Geiser: Pestalozzis „Lienhard und Gertrud" und die Bestrebungen zur Hebung des Landvolkes. Bern 1913
Paul Haller: Pestalozzis Dichtung. Zürich 1914
E. Korrodi: Schweizerische Literaturbriefe. Frauenfeld 1918
Blanca Röthlisberger: Das Kind in der neueren erzählenden Literatur der deutschen Schweiz. Diss. Bern 1919
Mathilde Mayer: Die positive Moral bei Pestalozzi. Diss. Berlin 1934
J. Jung: Die Spätausgabe von Pestalozzis „Lienhard und Gertrud" in ihren Beziehungen zur Erstausgabe Diss. Berlin 1942
Hans Ferdinand Bürki: Die Auseinandersetzung von Humanismus und Christentum bei Pestalozzi. Eine Untersuchung der bibl. Grundlagen von „Lienhard und Gertrud" in allen drei Ausgaben. Wuppertal-Barmen 1950 (Diss. Zürich)
Erich Klee: Die Familienerziehung bei Pestalozzi. Eine Handreichung für unsere Zeit. Zürich 1955. (= Druck einer Züricher Diss., deren Titel war: „Die Familienerziehung bei Pestalozzi. Ihre Grundlegung in „Lienhard und Gertrud" im Hinblick auf die päd. Situation unserer Zeit")
Emanuel Dejung: „Lienhard und Gertrud" als unbekanntes Alterswerk H. Pestalozzis. In: Erziehung zur Menschlichkeit, Spranger-Festschrift, Tübingen 1957, S. 219–225
Herbert Gudjons: Gesellschaft und Erziehung in Pestalozzis Roman „Lienhard und Gertrud". Weinheim 1971

IV. Größere Zusammenstellungen von Pestalozzi-Literatur

August Israel: Pestalozzi-Bibliographie. Die Schriften und Briefe Pestalozzis nach Zeitfolge. Schriften und Aufsätze über ihn nach Inhalt und Zeitfolge. Zusammengestellt und mit Inhaltsangabe versehen. 3 Bde. Berlin 1903/04 (= Mon. Germ. Paed., Bd. 25. 29. 31)
Willibald Klinke: Pestalozzi-Bibliographie. Schriften und Aufsätze von und über Pestalozzi nach Inhalt und Zeitfolge. Ztschr. f. Gesch. d. Erz. u. d. Unterrichts. Jhrg. 1921/23, S. 21–72
Herbert Schönebaum: Der wissenschaftl. Ertrag des Pestalozzi-Jahres. Ztschr. f. Gesch. d. Erz. u. d. Unterrichts, Jhrg. 1926 (erschienen 1928), S. 179–193
Theodor Ballauff: Vernünftiger Wille und gläubige Liebe. Interpretationen zu Kants und Pestalozzis Werk. Meisenheim 1957 (S. 189–220)
Andreas Flitner: Verständnis und Erforschung Pestalozzis in der Gegenwart. Ztschr. f. Pädagogik, Jhrg. 1958, S. 330–352
Job-Günter Klink / Lieselotte Klink: Bibliographie J. H. Pestalozzi. Schrifttum 1923–1965. Weinheim 1968.
Gerhard Kuhlemann: Pestalozzi-Bibliographie 1966–1977. Päd. Rundschau 34 (1980), S. 189–202